Meiner Schwester (†1988)
und für Michael (†2005)

Christine Steer

Eingeliefert nach Rummelsburg

Vom Arbeitshaus im Kaiserreich bis zur Haftanstalt in der DDR

be.bra
wissenschaft verlag

Bibliografische Information der Deutschen Nationalbibliothek
Die Deutsche Nationalbibliothek verzeichnet diese Publikation in der Deutschen Nationalbibliografie; detaillierte bibliografische Daten sind im Internet über http://dnb.d-nb.de abrufbar.

KulturBrauerei Haus 2
Schönhauser Allee 37, 10435 Berlin
post@bebraverlag.de
Lektorat: Marijke Topp, Berlin
Umschlag: typegerecht, Berlin (Foto: Peter Thieme)
Satzbild: Friedrich, Berlin
Schrift: Linux Libertine 10/12 pt
Druck und Bindung: Friedrich Pustet, Regensburg
ISBN 978-3-95410-099-6

www.bebra-wissenschaft.de

Inhalt

Vorbemerkung und Dank

Mit dem vorliegenden Band liegt nun erstmals in komprimierter Form ein Gesamtüberblick über das berüchtigte DDR-Gefängnis Berlin-Rummelsburg und noch weiter zurückblickend des größten deutschen Arbeitshauses für Obdachlose, Prostituierte und »Asoziale«, dem frühen Vorläufer, vor. Wir haben es hier mit Einrichtungen zu tun, die untrennbar mit dem seinerzeit vorherrschenden gesamtgesellschaftlichen Menschenbild und den jeweiligen Ideologien einhergingen.

Ihr Ansinnen und die Folgen gehören zu den weniger erforschten und dokumentierten Abschnitten der neueren deutschen und zudem auf Berlin bezogenen Geschichte. Doch bedurfte es für die Aufarbeitung erst der Verfügbarkeit der historischen Quellen sowie überhaupt der öffentlichen Wahrnehmung und historischen Herausstellung der Anstalten seit den neunziger Jahren.

Die Studie stützt sich in mehrere Richtungen auf bisher unbekannte Details. Aus Platzgründen mussten dennoch bestimmte Darstellungen stärker und andere schwächer gewichtet werden. Als ein wesentliches Element wird der Frage des Funktionierens der Zwangseinrichtungen nachgegangen, dazu gehören Statistiken und der bauliche Kontext, da die Bauten teilweise heute noch nachvollziehbar sind. Überwiegend geht es jedoch um politische Willkür, durch die Menschen ihre Freiheit, ihre Würde und sogar ihr Leben verloren haben. Der Kern des Buches wendet sich den Verletzungen von Menschenrechten zwischen 1951 und 1989 zu, als in dem Gefängnis auf Grund von politischer Überzeugung, Glauben, widerständigem Verhalten oder einfach nur auf Verdacht hin politische Häftlinge inhaftiert waren. Hierbei spielt auch die Staatssicherheit der DDR eine Rolle.

Wie ähnlich bei anderen Erinnerungsorten werden Einblicke in die mehr als »doppelte Geschichte« von Kontroversen begleitet. Schon aus diesem Grund strebte die Verfasserin eine vielgestaltige und ausgewogene Erschließung als Grundlage für die historische Aufklärung an, ohne allerdings den Anspruch auf Vollständigkeit erheben zu wollen. Wenn der Leser zu Schlussfolgerungen gelangt, dann hat sich die Mühe gelohnt. Sollte die Publikation zudem Anstoß für Ergänzungen und den Ausbau durch weiterführende Forschungen geben, entspräche dies ebenfalls dem Anliegen.

Für die Veröffentlichung konnten recht umfangreiche Bestände im Landesarchiv Berlin (LAB) und im Bundesarchiv Berlin-Lichterfelde (BArch) ausgewertet werden, wobei im LAB noch nicht sämtliche Polizeiakten erschlossen waren. Eingesehen wurden Akten in der Behörde des Bundesbeauftragten für die Unterlagen des Staatssicherheitsdienstes der ehemaligen DDR (BStU). Hier liegen noch Materialien vor, die mutmaßlich weiteren Aufschluss geben können. Wegen fehlender oder lückenhafter Überlieferungen gestalteten sich die Recherchen nicht selten schwierig. Abgesehen von den Archivquellen, den Gesetzen und sachbezogener Literatur stützen sich die

Auswertungen vielfach auf ehemalige politische Häftlinge in der DDR. Die sensiblen und informativen Begegnungen mit ihnen ermöglichten Eindrücke über die Bedingungen in dem Gefängnis und über ihre Haft, welche die Autorin – außer Verhören in der Keibelstraße – selbst nie erlebt hat. Die Auswahl der Zeugen folgte dem Prinzip, für jede Periode des DDR-Systems individuelle Beispiele anzuführen, die gewissermaßen einer politischen Aussage gleichkommen.

Die Autorin dankt allen herzlich für die Unterstützung bei der Erstellung des Buches. Geduldig bei der Erschließung der Akten behilflich waren mir in mehrfacher Hinsicht die Mitarbeiter des LAB und bei der BStU Ulrich Müller und die Leiterin der Abteilung Archivbestände (AR) Birgit Salamon und ihre Mitarbeiter. Vor allem bin ich Rupert Carus (BStU/AR 2) für sein Engagement dankbar. Weiteren Dank schulde ich dem Direktor des Stasi-Museums/ASTAK e.V. Jörg Drieselmann, der mir mit Literatur und Anregungen half und räumlich die Möglichkeit für Befragungen gab, Dr. Bärbel Fest, der damaligen Leiterin der Polizeihistorischen Sammlung beim Polizeipräsidenten in Berlin, Dr. Christian Halbrock (BStU), Christian Malik vom Zentralarchiv der Zeugen Jehovas, Kerstin Risse (BArch) sowie Dr. Martina Weyrauch, seinerzeit Leiterin der Brandenburgischen Landeszentrale für politische Bildung. Zudem danke ich Brigitte Rieger-Jaehner, Markus Schwanitz, Peter Thieme und meinem Sohn John für wichtige Hinweise und die Bereitstellung von Fotos.

Schließlich bin ich den im Buch erwähnten politischen Häftlingen ausdrücklich für ihre Aufgeschlossenheit und ihr Vertrauen verbunden. Stellvertretend nenne ich Dr. Matthias Bath, Michael Bradler, Rainer Buchwald, Mike Fröhnel, Horst Jänichen, Dr. Carlo Jordan, Rolf Kranz, Gino Kuhn, Dr. Jörg Kürschner, Clemens Lindenau, Hartmut Richter, Wolfgang Rüddenklau, Bodo Ruthsatz, Günter Toepfer und Hans-Jürgen W.

Darüber hinaus führte ich Gespräche mit kriminellen Häftlingen, die nicht genannt werden, weil sie Handlungen begingen, wofür sie, wie sie sich äußerten, auch heute bestraft worden wären. Auch ihnen gebührt der Dank.

Und nicht zuletzt danke ich Rainer E. Klemke für das Geleitwort, dem be.bra wissenschaft verlag für die einfühlsame Gestaltung der Veröffentlichung sowie Marijke Topp für das sorgfältige Lektorat.

Berlin, September 2017
Christine Steer

Geleitwort

Rummelsburg hat eine sehr facettenreiche und damit Berlin-typische Geschichte. Gleichwohl ist diese – gemessen an der Verfolgungs- und Leidensgeschichte anderer Opfergruppen – erst vergleichsweise spät in den Fokus der öffentlichen Wahrnehmung gerückt, weil es zumindest für die Zeit vor 1945 keine Zeitzeugen mehr gibt, die diese Geschichte hätten wachhalten und deren Würdigung anmahnen können. Aber auch die DDR-Haftanstalt Rummelsburg als ein Ort des Leidens von Fluchtwilligen, Fluchthelfern, Demonstranten (vom 17. Juni 1953 bis zu denen des Jahres 1989) sowie vieler Widerständiger, die sich mit dem Unrechtsregime der SED nicht abfinden wollten, ist es wert, genauer hinzuschauen, was mit diesem verdienstvollen Buch angeregt wird.

Der Runde Tisch für einen Gedenkort Rummelsburg aus Zeitzeug*innen für die Zeit nach 1945, Anwohner*innen, interessierten Bürger*innen sowie Historiker*innen hat bei der Erarbeitung der Inhalte für den vielschichtigen Gedenkort in Rummelsburg verstanden und herausgestellt, wie sehr die Ausgrenzung der hier in Rede stehenden Personengruppe auch in der Dokumentation des Lebens und Leidens bis heute wirksam ist. Die Initiative für den Runden Tisch ging von den Bewohner*innen aus, die in der mittlerweile zu Wohnungen umgestalteten Gefängnisanlage leben. Sie wollten mehr über die Geschichte des Ortes, an dem sie heute leben, erfahren. Ihre Initiative wurde von der Bezirksverordnetenversammlung und dem Bezirksamt Lichtenberg aufgegriffen und von diesen und der Senatskanzlei gefördert.

Die Arbeit an diesem Thema ist sehr viel schwieriger als die Bearbeitung anderer Opfergeschichten. Es waren und sind für die Zeit bis zum Kriegsende nur sehr wenige Belege auffindbar, Fotos fehlen fast vollständig, Familienalben und Selbstzeugnisse sind in der Regel nicht überliefert und es existieren, wenn überhaupt, nur Zeugnisse der amtlichen Stellen, also jener Stellen, die sich mit der Ausgrenzung und Verfolgung eben dieser Personen beschäftigten. Der in dieser Form unikale Gedenkort Rummelsburg mit seiner App-Führung war ein erster Aufschlag, diesen Ort zum Sprechen zu bringen. Dieses Buch mit dem zugrunde liegenden umfangreichen Quellenstudium kann weitere Wahrnehmungslücken, insbesondere hinsichtlich der DDR-Zeit, schließen.

Die Berlinerinnen und Berliner, die in der Zeit des Arbeitshauses einsaßen, waren schon vor ihrer Verfolgung und Einlieferung in Rummelsburg in der NS-Zeit dem Vergessen anheim gegeben und so auch die Verbrechen, die an ihnen begangen wurden. Die Täter segelten zudem in einem gesellschaftlichen Mainstream, gab es doch schon im ausgehenden 19. Jahrhundert eine ernst zu nehmende internationale wissenschaftliche Diskussion in der Psychiatrie, aus dieser Disziplin heraus nicht auszuheilende Personen durch Zwangssterilisierung an einer Fortpflanzung zu hindern. In Zeiten des Ersten Weltkrieges, der Wirtschaftskrisen und der Inflation sowie der großen Arbeitslosigkeit entwickelte sich schließlich in der NS-Diktatur eine breite Diskussion um

»unwertes Leben«, das angesichts der Versorgungsengpässe im Zweiten Weltkrieg nicht weiter aufwendig zu pflegen und zu ernähren sei. Unter der Rassenideologie der Nazis wurde die gesellschaftliche Ausgrenzung zum Staatsprinzip und die Kriminalisierung, Verfolgung und Ermordung nicht-systemgerechter, kranker und gesellschaftlich ausgegrenzter Menschen offizielle Politik und grausame Wirklichkeit.

Der Umbruch nach Kriegsende änderte am Prinzip der Ausgrenzung von Randgruppen wenig, allerdings an den rigiden Methoden, die unter dem Nationalsozialismus praktiziert wurden. In der DDR wurde der Begriff des Asozialen sogar erstmals in Deutschland in das Gesetzbuch aufgenommen. Ein solcher Gummiparagraf in den Händen eines diktatorischen Regimes, der beliebig gegen nicht-angepasste DDR-Bürger einsetzbar war, gab eine Handhabe, all jene wegzusperren, die auch nur in den Verdacht geraten waren, widerständigen Ideen anzuhängen – oder denen es unterstellt wurde. Auch in der Bundesrepublik gab es übrigens bis in die 60er Jahre hinein Einweisungen in Arbeitshäuser, wenn auch nicht mit den fürchterlichen Folgen für die Betroffenen wie zur NS-Zeit und in einem rechtsstaatlichen Rahmen. Allerdings standen die rechtsstaatlichen Instrumente gerade der betroffenen Personengruppe nur eingeschränkt zur Verfügung. Deshalb soll der Gedenkort in Rummelsburg für die Besucher in der neuen Bundesrepublik immer auch Anregung sein, darüber nachzudenken, wie wir jetzt mit randständigen Gruppen in unserer Gesellschaft umgehen.

Allen Phasen der Geschichte von Rummelsburg gemeinsam ist durch alle Staatsformen hindurch die erstaunliche Kontinuität der Ausgrenzung und Verfolgung von Menschen, die als Aussteiger, Widerständige, Arbeits- und Wohnungslose, als Prostituierte oder aus dem bürgerlichen Nest Gefallene, weniger lebenstüchtige Menschen oder politisch Andersdenkende nicht in das Leitbild der jeweiligen staatlichen Macht passten. Das Spektrum reichte von dem Versuch der »Besserung« und »Erziehung« dieser Menschen, vom Versuch der »Wiedereingliederung«, z. B. in Reformprojekten in der Weimarer Zeit bis zur Zwangssterilisierung und dem sogenannten Euthanasiemord in der NS-Zeit bis hin zur Ausgliederung aus der DDR-Gesellschaft.

Christine Steer hat sich schon sehr früh in ihrer damaligen Funktion als Museumsleiterin in Berlin-Lichtenberg intensiv in die Geschichte dieses besonderen und exemplarischen Ortes deutscher Geschichte eingearbeitet und gab für den Gedenkort Rummelsburg entscheidende Hinweise, ohne die er nicht hätte entstehen können. Es ist ein nicht hoch genug einzuschätzender Verdienst und für den Leser dieses Buches ein Glücksfall, dass sie sich von der schwierigen Überlieferungslage nicht hat abschrecken lassen und über so viele Jahre hinweg an dem Thema und möglichen Quellen drangeblieben ist, um mit diesem Band ein eindrucksvolles Bild von der Geschichte dieses Ortes zu zeichnen, der durch alle Staats- und Gesellschaftsformen hindurch – wenngleich auf jeweils spezifische Weise – ein Ort der Ausgrenzung und der Verfolgung von Minderheiten gewesen ist.

Die Kontinuität des Unrechts gegenüber den in Rummelsburg untergebrachten Menschen ist ein erschreckender Aspekt deutscher Geschichte, dem wir uns – wenn auch spät – stellen müssen und der uns den Auftrag gibt, alles in unserer Macht Stehende zu tun, damit ein solches Menschenbild und ein solcher Umgang mit Menschen anderer Lebensformen und Verhaltensweisen – oder auch schlicht in Not geratenen – nie wieder in unserem Land zur Doktrin erhoben werden darf. Insofern gilt im Guten wie im Bösen das Wort aus Matthäus 25,40 – nicht nur für Christen: »Was ihr getan habt einem von diesen meinen geringsten Brüdern, das habt ihr mir getan.« Daran sollte sich der Wert einer demokratischen Gesellschaft messen lassen.

Berlin, September 2017
Rainer E. Klemke, Leiter des Runden Tischs und des Projekts »Gedenkort Rummelsburg«

1. Vorgeschichte

Städtisches Arbeitshaus Rummelsburg 1879–1945

Die Anfänge

Während Berlin im letzten Drittel des 19. Jahrhunderts als Industriemetropole prosperierte, zeigte sich in aller Deutlichkeit die Doppelgleisigkeit dieser Entwicklung. Im schärfsten Gegensatz dazu gestaltete sich die soziale Not der deklassierten Bevölkerungsschichten, die für Tausende in Armut und Obdachlosigkeit endete. Wie einem verarmten Tischler aus der Blumenstraße in Berlin-Friedrichshain erging es vielen der in schlimmen Wohnverhältnissen lebenden Arbeitern und Handwerkern. Die Großfamilie mit einem behinderten Kind wurde 1872 aus der Wohnung exmittiert, was bei der Bevölkerung anhaltende Proteste auslöste (»Blumenstraßenkrawalle«). In deren Folge zerstörte die Polizei »Barackensiedlungen«, von verzweifelten Familien in der Umgebung der Stadt aufgeschlagene Bretterbuden.[1] Obdachlose überfüllten jetzt noch mehr Asyle, so auch das städtische Arbeitshaus »Ochsenkopf« am Alexanderplatz[2], gegen dessen erschreckende Zustände sich längst schon Kritik regte, die zu seinem Abbruch drängte. Gustav Rasch (1825–1878) überlieferte eine Beschreibung des düsteren, drei Stockwerke hohen Gebäudes, in der es heißt: »Ein Siechenhaus menschlichen Elends, in dem Gefangene, Vagabonden, Schwachsinnige, verlassene Kinder, verrückte, arme Greise, Kranke von beiden Geschlechtern in großen Schlafsälen zusammengeschichtet

Alexanderplatz 1806, rechts im Bild der »Ochsenkopf«

waren«.[3] Unter dem öffentlichen Druck sah sich der Magistrat genötigt, für eine andere Lösung Sorge zu tragen. Um das soziale Problem aus dem Blickfeld zu nehmen, konnte am nördlichen Ufer des Rummelsburger Sees auf ein kommunales Areal zurückgegriffen werden. Mit der Adresse »Hauptstraße 8« entstand dort eines von nahezu 50 Häusern dieser Art – die Hälfte davon schon in Preußen –, die auch »Korrektionshäuser« oder »Korrigendenanstalten« genannt wurden. Es war das mit Abstand größte und von der Bauart und Funktionalität ausgeklügeltste Arbeitshaus Deutschlands. Auf diese Einrichtung, die nachfolgende unterschiedliche politische Systeme durchlief, gehen die Wurzeln des zuletzt DDR-Gefängnisses zurück. Die Haftanstalt Rummelsburg war an dieser Stelle also kein Neubeginn in ihrer Ausrichtung auf Menschenrechtsverletzungen.

Stadtbaurat Hermann Blankenstein (1829–1910), dem Berlin eine Vielzahl von öffentlichen Gebäuden verdankt, plante und baute das Arbeitshaus Rummelsburg 1877 bis 1879 als zweigliedrige Anlage. Aus der zunehmenden Anzahl derer, die aus Mittellosigkeit, Hunger und Verelendung mit der Gesellschaft haderten oder durch Krankheit oder altersbedingt einer Armenfürsorge bedurften, begründete sich der hohe Bestand von 19 ein- bis viergeschossigen Gebäuden und mehreren Nebeneinrichtungen. Deren modernes Pavillonsystem erlaubte eine übersichtliche Aufteilung je nach der vorgesehenen Nutzungsform in Funktionen und Abteilungen. Im Vergleich zu anderen Arbeitshäusern bestand darin ein Vorzug, auch die hygienischen Bedingungen und »Belüftbarkeit und Besonnung« der Häuser waren wesentlich verbessert. Stilgeschichtlich hielt der renommierte Architekt die schmucklosen Backsteinbauten mit flachen Giebeln und Dächern im Duktus der späten Schinkelschule. Doch dürfen aus der besonderen Bauart und der fast malerischen Lage am See keine voreiligen und über den eigentlichen Charakter der Zwangseinrichtung hinwegtäuschenden Schlüsse gezogen werden. Welches karge und erbärmliche Leben viele Menschen hier fristen mussten, lässt sich nicht zuletzt an ihrer hohen Sterberate ablesen. So verstarben hier zwischen 1879 und 1906 an die 2.700 Männer und Frauen.[4]

Eingefriedet war die Anstalt von einer Mauer, ihren Verlauf begrenzte an einer Seite ein zugehöriges Rieselfeld. Von der Hauptstraße führte der Hauptzugang direkt auf das herausgehobene Verwaltungsgebäude, in dem der Direktor und höhere Beamte wohnten und in dem Geschäftszimmer und ein Sitzungsraum zugeordnet waren. Seitwärts lagen zur Straßenseite sechs Beamtenhäuser mit Gärten (davon zwei Doppelhäuser) für die unteren Beamten, Aufseherinnen und Aufseher, die somit ständig verfügbar waren. Von der äußeren Gebäudereihe durch eine niedrig gehaltene Mauer mit einer Wache getrennt, befanden sich im mittleren und rückwärtigen Teil die nach Art einer Dorfkirche in einfacher Weise erbaute Anstaltskirche mit einem 36,5 Meter hohen Turm, danach kam das Maschinen- und Kesselhaus mit einem Wasserturm[5] und mit Bädern, von dem zur Versorgung der Insassen jeweils nach einer Seite die Kochküche kombiniert mit Bäckerei und die Waschküche abgingen. Weitere Details betrafen

Das Arbeitshaus der Stadt Berlin zu Rummelsburg um 1894

eine Werkmeisterei (Haus 9), ein Remisen- und Pferdestallgebäude, ein einstöckiges Lazarett (Haus 7), ein nachträglich 1893/94 mit 38 Zellen gebautes Arresthaus (Haus 8) und abseits gelegen ein Leichenhaus sowie einen Begräbnisplatz. Primär überwogen in diesem Bereich aber die für die Unterbringung der Frauen und Männer vorgesehenen Gebäude 1 bis 4 mit kleinen Räumen und Tag- und Nachtschlafsälen oder in den Häusern 3 und 6 mit Einzel- und großen Gemeinschaftszellen. Die Einrichtung war spartanisch. In drei Reihen standen eng bis zu 60 eiserne Bettgestelle mit Strohmatratzen beieinander, dazu Schemel, einfache Tische, Kleiderregale. Damals gab es noch Nachtgeschirr, Gasbeleuchtung und zur Beheizung eiserne und Kachelöfen. In allen Häusern existierten Strafzellen.

Zur Spezifika

Ohne Unterschied trug jedes Arbeitshaus dazu bei, an den »Rand der Gesellschaft« gedrängte einzelne Menschen und Marginalgruppen von der Gesellschaft sozial zu isolieren. Die Zäsur bildete die gesetzestreue Einhaltung von Handlungs- und Verhaltensnormen nach den jeweils gängigen Wertevorstellungen und Wunschbildern der machtausübenden Eliten über Moral, Umgangsformen und Lebensführung, die gehorsame »Arbeitsamkeit und Fleiß« implizierten. Sich außerhalb dieses Systems bewegende Bettler, Obdachlose, sogenannte Arbeitsscheue, Prostituierte und kleine Straftäter waren suspekt und wurden als ökonomisch nutzlos wahrgenommen. Sie sperrte der Staat in solchen Anstalten einfach weg. Das schürte die Vorurteile gegen sie und half ihre Ausgrenzung und Verfolgung aufrechtzuerhalten. Nicht zuletzt gelangten sie dabei, zusammen mit arbeitsunfähigen, alten, siechen und mittellosen »bescholtenen« Pflegebedürftigen, die unter die »stationäre« Armenpflege fielen und denen andere städtische Hospitäler verschlossen blieben, in das Arbeitshaus Rummelsburg. Dem hier für diese Zeit durchaus erkennbaren Ansatz der Armenfürsorge kam jedoch nur eine untergeordnete Rolle zu. Die Doppelfunktion der Einrichtung dominierte weitgehend der Gefängnischarakter als »Straf- und Arrestanstalt«.

Schon wenige Jahre nach der Inbetriebnahme wuchsen die Aufnahmen über die erwarteten 1.000 Insassen hinaus. Ende 1887 befanden sich in der Anstalt 1.437 Männer und 172 Frauen.[6] Um eine Entlastung zu erreichen, wurden mehrere hundert von ihnen zur Arbeit auf städtischen Rieselfeldern eingesetzt und hier auf den Gütern in Baracken oder in Scheunen und Ställen untergebracht.

Die Bezeichnung der Insassen lautete Korrigenden, Häuslinge und Hospitaliten. Erstere betraf fast ausschließlich wegen »Kleindelinquenz« nach dem sogenannten »Bettlerparagraph« § 361 Reichsstrafgesetzbuch (RStGB)[7] Verurteilte. Im Anschluss an eine verbüßte Gefängnisstrafe vermochten es die Landespolizeibehörden **nach** § 362 Abs. 2–4 RStGB, obendrein **noch** eine »korrektionelle Nachhaft« in einem Arbeitshaus anzuordnen, die bis zu sechs Wochen, aber auch zwei Jahre dauern konnte. Dass auch Kinder[8] und jugendliche Heranwachsende in Frage kamen, kann zumindest für die Anfangsjahre nicht ausgeschlossen werden. Nach dem damaligen RStGB von 1871 begann die Strafmündigkeit mit dem vollendeten zwölften Lebensjahr, nach oben bestand keine Altersbegrenzung. Wieder andere wurden direkt aus dem Polizeigewahrsam oder durch die städtische Armenverwaltung überstellt. Teilweise lassen sich die Kriterien für eine Einweisung nicht genau abgrenzen. Nicht selten kamen ebenso psychisch Kranke und Fürsorgebedürftige in Arbeitshäuser.[9]

Ihre Klassifizierung im Arbeitshaus zeigte sich im Tragen ungleicher Anstaltskleidung, im Verpflegungsgrad, dem zu leistenden Arbeitspensum und in ihrer Unterbringung. Die Häuser mit den Nummern 1 und 2 beherbergten männliche Hospitaliten, 4 und 5 weibliche Hospitaliten und Korrigenden. In den Nummern 3 und 6 wurden hinter einer 3,2 Meter hohen Mauer unter Militärbewachung »stärker zu beaufsichtigende«, straffällige männliche Korrigenden gesondert verwahrt. Die Durchzählung der Häuser übernahm später in derselben Weise auch das in der DDR geführte Gefängnis.

Aufsichtsbeamte überwachten sämtliche Abläufe in der Anstalt, für die Regelsysteme wie eine Haus- und Tagesordnung vorgegeben waren. Den Dienst versahen sie mit einem Seitengewehr. Widersetzte sich ein Insasse, durften Praktiken wie Fesselung, Zwangsstuhl oder Zwangsjacke angewendet werden, von denen heute wohl kaum noch jemand Vorstellungen hat.

Insassen des Arbeitshauses bei Tätigkeiten

Insassinnen des Arbeitshauses zwischen Haus 4 und 5

Bei dem streng durchorganisierten Tagesablauf ging es maßgeblich um »Arbeit und strenge Zucht«. Hauptsächlich die Korrigenden sollten diszipliniert und sittlich gebessert werden. Der Tag begann um 4.30 Uhr in der Frühe, an Sonn- und Feiertagen und im Winter eine Stunde später, und endete mit dem Abendeinschluss um 18 oder 19.30 Uhr. Sofort nach dem morgendlichen Aufschließen der Schlafsäle mussten die Insassen zur Abzählung antreten, sich dann kurz waschen und anziehen und auf dem Hof zu »Stations-Mannschaften« formieren, um zu anstaltsinternen Arbeiten kommandiert zu werden. Im Souterrain einiger Häuser waren Arbeitssäle und Werkstätten eingerichtet, in denen sie Goldleisten, Jalousien und Kisten herstellten und Arbeiten als Maler, Rohrflechter, Schneider, Schuhmacher, Tischler, Schlosser, Schmied, Böttcher, Buchbinder, Pantinenmacher oder das Reißen von Federn verrichteten. Eingesetzt waren sie als Gärtner, in der Küche, der Wäscherei, auf dem Hof, beim Heizen, als Reinigungskräfte oder beim Holzzerkleinern. Bei Nichterfüllung des Auftrages erfolgten strenge Bestrafungen. Insassen höheren Alters und andere Arbeitsunfähige waren von schweren Tätigkeiten oder von der Beschäftigung ausgenommen. Gearbeitet wurde von morgens fünf oder sechs Uhr bis 17 Uhr. Dazwischen lagen um sieben und um zwölf Uhr eine halbstündige Frühstücks- oder Mittagszeit, mittags kam eine kleine Ruhepause hinzu. An Sonn- und Feiertagen war keine Arbeit, dafür der Besuch des Gottesdienstes angewiesen.[10]

Reformversuche in der Weimarer Zeit

Nachdem Anfang des 20. Jahrhundert die Zuhälterei unter die Strafdelikte[11] fiel, gelangten als neue Gruppe »junge, ausgebuffte Männer« in das Arbeitshaus, auf die mit einer Verschärfung der Sicherungsmaßnahmen reagiert wurde. Dem gegenüber stand das »Gesetz zur Bekämpfung der Geschlechtskrankheiten« vom 18. Februar 1927[12], das vor allem zur Aufklärung und Prophylaxe und zu einem bis heute nachwirkenden Paradigmenwechsel in der rechtlichen Behandlung der Prostitution beigetragen hat[13]. Entscheidend war der unstrittige Zusammenhang mit der ungesicherten wirtschaftlichen Situation von Frauen und von schlecht bezahlter Frauenarbeit. Das Gesetz stellte die gewerbsmäßige Prostitution unter Auflagen generell straffrei, wirkte also teilweise entkriminalisierend[14]. Unter bestimmten Bedingungen blieb das Nachgehen von Prostitution aber verboten, die Strafen und die Einweisungen in ein Arbeitshaus fielen jedoch mäßiger aus.[15]

Ein weiteres Feld von Fragestellungen und Debatten sozialkritisch orientierter Protagonisten entwickelte sich aus der gesellschaftlichen Grundhaltung gegenüber Armut und dem Hinausexpedieren von »Unterschichten« durch den Gesetzgeber. Damit kompatibel waren in der Weimarer Republik die Anfänge einer Erziehungsideologie, die zwar aufklärte, der aber mehr theoretische Bedeutung zukam. Beispiele dafür waren zum einen »Asoziale«, eine nach 1900 aufgekommene Redensart auch für Arbeits-

Max Dudzus

häusler. Gefordert wurde eine Neuorientierung der Arbeitshäuser mehr in Richtung »Bewahrungsanstalt«. Die Sensibilisierung für den Besserungsgedanken war für das Arbeitshaus Rummelsburg der Ansatzpunkt für eine liberalere Atmosphäre als im preußischen Kaiserreich. Unter Max Dudzus[16], dem Direktor der Anstalt, milderten sich die Haftbedingungen als Teil der Sanktionen. Nach einer allgemeinen Amnestie für Arbeitshäuser 1919 reduzierte sich die Zahl der Insassen und ging im Laufe der nächsten Jahre beständig zurück. 1927 hatte sich die Belegung auf 800 verringert. Zur Auslastung wurde 1925 obdachlosen deutschen und ausländischen Schnitterfamilien, umherziehende »arme Leute«, die sich für Saisonarbeiten in der Landwirtschaft verdingten und ein entwurzeltes Leben führen mussten, Unterkunft gewährt. Das »Wanderarbeitsheim« wurde nach 1933 wieder aufgelöst, nachdem in das Arbeitshaus im verstärkten Maß verfolgte »Asoziale« eingewiesen wurden.[17]

Ein von Fachkreisen angeregtes, der Fürsorge entsprechendes »Bewahrungsgesetz« kam bis zum Ende der Weimarer Republik aber nicht mehr zustande. Ebenso blieb die Einführung von »Maßregeln der Besserung und Sicherung« in der Schwebe, die dann nach 1933 in verschärfter Ausformung auf das Konto der Nationalsozialisten ging. Unter dem Eindruck der Weltwirtschaftskrise hatte sich außerdem deutlich der biologistische und ökonomistische »Asozialen«-Diskurs zugespitzt[18]. Zu welcher Unheil bringenden Radikalität das führte, zeigte sich unmittelbar unter den Bedingungen der nationalsozialistischen Diktatur.

Im Sog der NS-Ideologie

Schon durch wenige Eingriffe in die seit 1871 nahezu gleich gebliebenen Strafgesetze sowie durch Sondergesetze und -verordnungen gelang den Nationalsozialisten der Ausbau ihrer Ausgrenzungs-, Verfolgungs- und Vernichtungspolitik gegenüber Marginalgruppen und Minderheiten. »Asozial« wurde nach 1933 zu einer Verfolgungskategorie erhoben und für alle möglichen Personenkreise, die nicht in die NS-Ideologie passten, gebraucht.[19] Ein Ziel war die »Ausmerze« aller als »rassisch entartet« und als »minderwertig« und »unnütz« deklassierten Menschen, die als »Gemeinschaftsfremde« – ein NS-Synonym auch für »Asoziale«[20] – außerhalb des vermeintlichen deutschen »Volkskörpers« gestellt wurden. Das richtete sich unter anderem gegen Homosexuelle, Bettler, »Landstreicher«, Prostituierte und Zuhälter, »selbstverschuldete« Fürsorgeempfänger, Wohnungslose, Suchtkranke sowie psychisch Kranke (»psychisch Abwegige«). Sinti und Roma (»Zigeuner«) galten als »fremdrassige Asoziale«. Sie alle zählten, neben politischen Gegnerinnen und Gegnern, Jüdinnen und Juden oder Anhängern der Religionsgemeinschaft der Zeugen Jehovas, zu den ersten Opfern des NS-Terrors.

Auch über die wehrlosen Insassen der Arbeitshäuser brach der Ungeist der neuen Machthaber herein. Das sogenannte »Gewohnheitsverbrechergesetz«[21] mit den in § 42a–n »Maßregeln der Sicherung und Besserung« besiegelte 1933 die Verschärfung von Zwangsunterbringungen. Dem »zweispurigen« Sanktionssystem, das die »unbefristete Sicherungsverwahrung für gefährliche Gewohnheitsverbrecher« (§ 42e) betraf, waren bezeichnenderweise als »gemeinschaftsschädigende Verhalten« Maßregeln für Bagatelldelikte nach § 361 zugeordnet. Statt als Zwischenschritt über die Landespolizeibehörden (§ 362) wurden die Überweisungen in ein Arbeitshaus und das Maß der Strafdauer durch § 42d ersetzt. Diese lagen nun im Ermessen des Gerichts, waren also Angelegenheit des Strafvollzugs. Bei einer Ersteinweisung hatte die maximale Dauer von zwei Jahren Bestand (§ 42f Abs. 2), im Wiederholungsfall hatte sie anzudauern, »solange es der Zweck erfordert« (§ 42f Abs. 1) und war demzufolge zeitlich unbegrenzt, was auch lebenslänglich bedeuten konnte. Danach stieg in Deutschland die Zahl der dauerhaft internierten Arbeitshäusler bis 1938 auf 50 Prozent.[22]

Die Schnelligkeit, mit der die Nationalsozialisten gegen die Menschen vorgingen, lief nicht ohne Gewalt ab, der bereits im September 1933 bei einer reichsweiten Großrazzia, einer »Besonderen Aktion gegen das Bettelunwesen«, Wohnungslose ausgeliefert waren. Von den vermutlich bis zu 100.000 Aufgegriffenen drohte einigen jahrelang ein Arbeitshaus. Ebenfalls wies das Reichsjustizministerium in seinen »Richtlinien für Strafverfahren« 1935 explizit an, Wohnungslose möglichst oft in Arbeitshäuser einzuweisen. Davon blieb das Arbeitshaus Rummelsburg nicht unberührt. Inzwischen gelangten hierher auch Ausländer, die auf der Suche nach Arbeit aufgegriffen wurden.

Am 26. Januar 1938 ordnete der Reichsführer SS Heinrich Himmler einen »einmaligen umfassenden und überraschenden Angriff« der eigentlich für die politische

Gegnerbekämpfung zuständigen Geheimen Staatspolizei gegen »Arbeitsscheue« an. Die nachfolgend unter der Bezeichnung »Arbeitsscheu Reich« durchgeführten Verhaftungen stützten sich auch auf den von Reichsinnenminister Wilhelm Frick ergangenen »grundlegenden Erlaß über die vorbeugende Verbrechensbekämpfung durch die Polizei« vom 14. Dezember 1937. Die Richtlinien des Reichskriminalpolizeiamtes am 4. April 1938 zur Durchführung des Ministererlasses enthielten eine Definition des »Asozialen« und ermöglichten es, die »polizeiliche Vorbeugungshaft«[23] in den Konzentrationslagern Dachau, Buchenwald und Sachsenhausen zu vollstrecken.[24] Bei den reichsweiten »Aktionen« der Gestapo und Kriminalpolizei (zusammengefasst als Sicherheitspolizei) gerieten Tausende Menschen dorthin. Den Ablauf der Aktion zwischen dem 13. und 18. Juni 1938 regelte am 1. Juni 1938 die Anweisung Reinhard Heydrichs, Chef der Sicherheitspolizei. Danach hatte die Kriminalpolizeileitstelle mindestens 200 männliche arbeitsfähige Personen in Vorbeugungshaft zu nehmen, und zwar »Landstreicher, Bettler, Zigeuner und nach Zigeunerart umherziehende Personen und Zuhälter« und »alle männlichen Juden mit einer Gefängnisstrafe von mindestens einem Monat«. Solche Vorstrafen waren für viele jüdische Verfolgte fast unvermeidlich, weil die gegen sie erlassenen diskriminierenden Vorschriften schell zu irgendeinem Verstoß führen konnten.

Vorbereitungen für eine politische Umstellung des Arbeitshauses Rummelsburg führten schon Anfang 1933 zu einem Personalwechsel. Der zuvor in die NSDAP eingetretene August Rake[25] übernahm nun die Anstaltsleitung, die er bis 1945 innehatte, ab August 1944 auch für das benachbarte Waisenhaus. In seiner Amtszeit setzte er alles um, was von oben angeordnet wurde. In diesem Zeitraum wurden auf dem damaligen städtischen Armenfriedhof Marzahn mehr als 1.100 Insassen des Arbeitshauses beerdigt, die wahrscheinlich größtenteils in Rummelsburg gestorben waren.[26] Tote, die keine Verwandten hatten, wurden der Anatomie zu »wissenschaftlichen Zwecken« übergeben.

Weitere Vorgehen waren 1934 aus Kostengründen[27] und in Erwartung eines NS-Gesetzes »zur Bewahrung verwahrloster und gemeinschädlicher Personen«, mit dem das »Asozialenproblem« gelöst werden sollte, die Umbenennung des Arbeitshauses in »Städtisches Arbeits- und Bewahrungshaus« und Planungen für den Ausbau zu einer zentralen Anstalt für Berlin und Brandenburg. Die Einrichtung unterstand dem Landeswohlfahrts- und Jugendamt von Berlin, wie auch ab April 1937 der bisher der Heeresverwaltung unterstellte »Lindenhof«, eine »Zweiganstalt des städtischen Arbeits- und Bewahrungshauses« mit zunächst über hundert männlichen »arbeitsfähigen Bewahrungshäuslingen«. Behördenleiter Karl Spiewok[28], ein hoher NS-Funktionär und Befürworter eines »Bewahrungsgesetzes«, unterteilte die Insassen »in erster Linie nach Arbeitsfähigkeit und Arbeitsunfähigkeit«. Unter ihm und Rake wurden in Anwendung des »Gesetzes zur Verhütung erbkranken Nachwuchses«[29] nachweislich 1935 an neun Männern und 14 Frauen aus Rummelsburg Zwangssterilisationen vorgenommen. Des Weiteren liefen gegen 23 Männer und 17 Frauen Anträge.[30] Die Anstalt

Fritz Behaghel, zu diesem Zeitpunkt noch Bürgermeister von Berlin-Lichtenberg, bei einer Ansprache zur Grundsteinlegung für ein HJ-Heim, November 1937

hatte die Pflicht, Insassen wegen »angeborenen Schwachsinns«, körperlicher Missbildung oder Trunkenheit als »Minderwertige« beim Gesundheitsamt anzuzeigen, das nach einem Gutachten beim »Erbgesundheitsgericht« die Sterilisation beantragte. Im Oktober 1937 folgte die Anordnung einer noch tieferen Deklassierung von Insassen in »Sondergruppen«.[31] In Rummelsburg hatte das Sonderabteilungen für Jüdinnen und Juden zur Folge, auch mit einer größeren Anzahl von »jüdischen Hospitaliten« aus anderen städtischen Hospitälern.[32]

Im Mai 1938 übernahm der Bürgermeister von Berlin-Lichtenberg Fritz Behaghel[33] die Funktion von Spiewok, gleichlaufend wurde das Arbeitshaus dem Referat »Wohlfahrts- und Jugendamt« der Bezirksverwaltung von Lichtenberg übertragen, das dienstwillig und gefügig mit der Gestapo und Polizei kooperierte. Neben den harten und von Drangsal beherrschten Anstaltsbedingungen, zu denen die »Entziehung des Bettlagers auf die Dauer bis zu einer Woche«, Arrest bis zu vier Wochen und eine zulässige Fesselung gehörten, waren die Insassen unverändert in den Anstaltsbetrieben eingesetzt, zeitweise auch in Außenarbeitsstellen auf städtischen Gütern. Der größte Nutznießer der Zwangsarbeit war die Stadt Berlin. Die billigen Arbeitshaus-Gefangenen deckten in der Bäckerei, Wäscherei und den Schuhmacher- und Schneiderwerkstätten der Anstalt den Bedarf vieler öffentlicher Einrichtungen, darunter Krankenhäuser.[34] Nach Ausbruch des Zweiten Weltkrieges wurden sie in hohem Maße in »Stadtkommandos« für kommunale Arbeiten herangezogen. Innerhalb der Anstalt nähten die Frauen tschechische Blusen in SA-Röcke um, besserten Wolldecken aus und strickten für das Heeresinstandsetzungsamt Strümpfe. Auch alte und gebrechliche Insassen hatten jetzt Arbeit zu leisten.

Im ersten Kriegsmonat spitzte sich die Anstaltsbelegung durch den Zuwachs von einigen hundert Frauen und Männern aus dem Hospital »Obdach in Berlin«, dem »Nächtlichen Obdach« in der Nordmarkstraße und aus der Anstalt »Lindenhof« auf weit über 2.000 Menschen der Altersgruppen von 18 bis 91 Jahren zu. Jüngere männliche Insassen wurden zur Wehrmacht eingezogen oder von der die Reichsjustizverwaltung in Sammellager für »zentrale Arbeitsvorhaben des Reiches« überstellt, so im März 1939 an die 155 Arbeitshäuslinge in das Gefangenenlager Rodgau bei Dieburg in Hessen[35], wo sie im Zuge des »nationalsozialistischen Aufbauprogramms« Meliorationsarbeiten und damit verbundene schwere Wege- und Brückenarbeiten verrichten mussten. Wir wissen unterdessen, dass von den vielen in den drei Einzellagern in Rodgau Inhaftierten nur wenige überlebt haben. Noch gegen Ende des Krieges wies man dort auch massenweise alte und kranke Arbeitshausgefangene ein, die innerhalb kurzer Zeit starben.

Bei Kriegsschluss hielten sich im Rummelsburger Arbeitshaus nur noch wenige Insassen auf. Den Sterbebüchern[36] nach waren viele an Schwäche und Krankheit verstorben, für den überwiegenden Teil ist der genaue Verbleib aber ungewiss. Womöglich kamen sie während der alliierten Bombenangriffe auf Berlin ums Leben, da der Luftschutzkeller auf dem Gelände ausschließlich dem Personal vorbehalten war. Dagegen mussten die Gefangenen eingeschlossen in den Häusern ausharren. Es gibt andererseits Hinweise auf Verlegungen in eines der Gefängnisse in der Barnim- oder Lehrter Straße, wo sie freilich ebenfalls Bombardements ausgesetzt waren.

Auch liegt ein Bericht von 1938 vor, dessen Angaben zufolge bei einer Nichteignung für den »Zwangsarbeitseinsatz« Insassen aus der Rummelsburger Anstalt »mehr und mehr« in Konzentrationslager eingeliefert werden sollten.[37] Es folgte 1941 eine Regelung des Magistrats zur Bewahrung von »Asozialen« in Berlin.[38] Hiernach war auch gegen »kriminelle und asoziale Minderjährige« mit Einweisungen in ein Konzentrationslager oder in die inzwischen errichteten sogenannten Jugendschutzlager[39] vorzugehen. Das deckte sich mit der Forderung des Reichsführers SS Heinrich Himmler in einem Fernschreiben, wonach »sämtliche arbeitsfähige männliche Insassen der unter der Provinzialselbstverwaltung stehenden Arbeitshäuser an die Konzentrationslager abgegeben werden sollen«, um sie unter der Verfügungsgewalt der SS zur Zwangsarbeit einzusetzen.[40] Die »Auslese« sollte auf »Asoziale« ausgedehnt werden.[41] Unter dieser Sammelbezeichnung bildeten die Verschleppten in den Konzentrationslagern eine eigene, mit dem »schwarzen Winkel« gekennzeichnete Häftlingskategorie. Es ist erwiesen, dass sie hier elend zugrunde gingen und ihre Todesrate überdurchschnittlich hoch war.

Über diese bedrückenden Bestimmungen hinaus wurden ab 1939 psychisch Kranke, Behinderte und andere »unerwünschte Elemente« durch systematische Tötungen »beseitigt«. Auch die Arbeitshäuser gerieten dabei ins Visier.[42] Ob sich die NS-»Euthanasie«, welche für die Vernichtung von für lebensunwert erachtete menschliche Leben stand, auch gegen jene arbeitsunfähige Insassen von Rummelsburg richtete, die 1940 offiziell »als Entlastung der Überbelegung des Arbeitshauses« für die Verlegung in die Bodelschwinghschen Anstalten in Lobetal und in private Übergangs- und Altersheime ausgewählt wurden[43], kann nur vermutet werden. Hier verlieren sich ihre Spuren, aber die Kenntnisse über die »Euthanasie«-Verbrechen in Bethel sind heute weitreichend erforscht. Die Obstruktionen einzelner Ärzte und des evangelischen Theologen Friedrich von Bodelschwingh (Leiter der von seinem Vater gegründeten Anstalt) konnten die Patientenmorde zwar verzögern, aber nicht verhindern.

Zehntausende Menschen wurden in den Heil- und Pflegeanstalten umgebracht. Seit 1941/42 waren die »Euthanasie«-Morde unter dem Decknamen »Aktion T 4«[44] staatlich planmäßig organisiert. Wahrscheinlich wurde deshalb im Oktober 1941 aus der Landesheil- und Pflegeanstalt Hadamar die dienstverpflichtete 18 Jahre alte Se.[45] an das »Arbeits- und Bewahrungshaus« Rummelsburg versetzt. Hier hatte sie in Meldelisten Vor- und Zuname sowie Grund und Dauer des Anstaltsaufenthalts der Insassen zu erfassen und wöchentlich an die »Gemeinnützige Stiftung für Anstaltspflege«, Tiergartenstraße, weiterzuleiten. Nach dem Krieg wurde Se. unter Anklage gestellt, jedoch im Hinblick auf ihre Tätigkeit nicht verurteilt. Das Landgericht Frankfurt/Main vermerkte aber sinngemäß in den Akten: Nach der glaubhaften Darstellung der Angeklagten Se. waren auch die Insassen von Arbeitshäusern, also Bettler, Landstreicher und Dirnen, als sogenannte »Asoziale« und »Antisoziale« zu vernichten.[46]

Mittels einem »Euthanasie«-Meldebogen ähnlichen »Meldebogens für Gemeinschaftsfremde« wählten im Arbeitshaus Rummelsburg, wie in anderen Anstalten, in einer »Musterbegutachtung« Anfang 1942 eine hochkarätig mit Medizinern, Kriminalbiologen und Verwaltungsfachleuten besetzte Kommission Opfer für die »Euthanasie«-Morde aus. Unter den Begutachtern waren ein sogenannter »Zigeunerspezialist« und »Asozialenforscher«. Von den seinerzeit knapp 1.500 Insassen stuften sie 314 Frauen und Männer für die Tötung ein, 765 sollten als »arbeitsfähig« vorerst davon ausgenommen sein.[47] Da die Zuständigkeit des Gremiums im Frühjahr gestoppt wurde, wissen wir nicht, was weiter mit den Unglücklichen geschah und ob es zur Vollstreckung der Entscheidungen kam. Kirchliche Proteste und wahrscheinlich der sich abzeichnende Stimmungseinbruch in der Bevölkerung, nachdem der Krieg gegen die Sowjetunion ins Stocken geraten war und der Luftkrieg deutsche Städte verstärkt heimsuchte, führten offiziell zu einem Ende der »Aktion T4«, insgeheim wurde sie aber weitergeführt. Wie beim Arbeitshaus gibt es auch hier noch große Forschungslücken, aber nicht alle Unterlagen sind vernichtet. Nach 1990 konnten etwa 30.000 Krankenakten der T4-Dienststelle bei den Aktenbeständen des ehemaligen Ministeriums für

Bericht über die Arbeiten in Rummelsburg.

Es wurden über sämtliche Insassen Meldebogen in der vorgeschriebenen Form ausgestellt; zum Zwecke der restlosen Erfassung wurde anhand der Anwesenheitskartei ein Verzeichnis aller am 13. d.M. anwesenden Insassen angefertigt und mit den ausgestellten Meldebögen verglichen. Dadurch ist die Gewähr gegeben, dass alle Insassen erfasst wurden.

Zahl der ausgefertigten Meldebögen:

Frauen: 499 Männer: 975

975
499
1474

Von diesen 975 Männern konnten 35 nicht untersucht werden, weil sie wegen Seuchengefahr unter Quarantene waren. Diese 35 müssen später nachuntersucht werden. Ihre angelegten Meldebögen befinden sich beim Anstaltsarzt in Rummelsburg.

Dr. [signature]

Berlin, den 16. Februar 1942
Str./Ka.

In den Fällen, in denen alte Melde-bogen verwandt waren, sind Umschreibungen auf neue (3-seitige) erfolgt. Die von Hr. Dr. Steinmeyer z. Zt. ausgefüllten müssen daraufhin noch zur Überprüfung u. Unterschrift übersandt werden.

Bln 18.2.42
[signature]

127496

Kurzbericht eines Gutachters über die »Musterbegutachtung« der Kommission vom 16. Februar 1942

Staatssicherheit (MfS) der DDR gesichert werden, die heute der Forschung im Bundesarchiv Berlin-Lichterfelde zur Verfügung stehen.

Die gleiche Lücke betrifft rassisch Missliebige als eine weitere Gruppe von Opfern im Arbeitshaus Rummelsburg. Thomas Irmer belegte von hier erst kürzlich den Transport von 20 jüdischen Männern und zehn jüdischen Frauen im Alter zwischen 18 und 82 Jahren am 13. Januar 1941 bei einer von mehreren »Sonderaktionen« im Rahmen der NS-»Euthanasie«, die sich gezielt gegen jüdische Patienten im gesamten Reichsgebiet richteten. Sie wurden später in der Heilanstalt Bernburg, eine der sechs großen Tötungsanstalten der NS-»Euthanasie«, ermordet.

Nach dem Krieg

Das »Arbeits- und Bewahrungshaus« bleibt in Nutzung

Nach der Zerschlagung des Nationalsozialismus 1945 gab es im Rahmen der »Wiedergutmachung« weder für Überlebende aus den Arbeitshäusern noch für Häftlinge der »schwarzen Kategorie« (»Asoziale«) aus den Konzentrationslagern eine Entschädigung. Bis auf jene Anstalten, die in der amerikanischen Besatzungszone aufgelöst, indessen nach Gründung der Bundesrepublik wieder eingeführt wurden, blieben sie in beiden Teilen Deutschlands zunächst bestehen, wobei die Einweisungen schwankten und teils rückläufig waren. In der BRD waren die letzten spätestens 1969 abgeschafft. Die DDR hingegen deklarierte 1954 als neuen Typ der Arbeitshausunterbringung »Heime für soziale Betreuung«[48] oder »Sozialheime«, die sich eng an die Tradition der Arbeitshäuser der Vergangenheit anlehnten. Auch hier ging es um »Disziplinierung« und »Arbeitserziehung«. Ende der sechziger Jahre wurden diese Einrichtungen ebenfalls eingestellt.[49] Im Strafvollzug blieb die »Arbeitserziehung« jedoch ein dominanter Bestandteil.

Im Mai 1945 sanktionierte der Magistrat die verwaltungsmäßige Unterstellung des Arbeitshauses Rummelsburg unter die Abteilung Sozialwesen Lichtenberg, wie beim vordem zuständigen nationalsozialistischen »Wohlfahrts- und Jugendamt« mit Sitz im kommunalen »Stadthaus« in der Türrschmidtstraße 24. Ohne die historische Tragweite der NS-Anstalt zu hinterfragen, ging es noch geraume Zeit mit dem Arbeitshaus weiter, lediglich Anstaltsleiter Rake kam für ein Jahr in sowjetische Haft. Selbst die NS-Bezeichnung »Arbeits- und Bewahrungshaus« blieb gleichlautend.

Eine tiefergehende Aufarbeitung der Folgen für die in der gefahrvollen NS-Zeit verfolgten Menschen in der Anstalt wäre nachher Aufgabe der DDR gewesen, doch auch hier – anders freilich als bei kommunistischen Widerstandsopfern – war man weit davon entfernt. Die Gelegenheit der Befragung von Überlebenden und der Auswertung des wahrscheinlich noch vorhandenen Schriftguts wurde damit verpasst. Wohl ohne fehlzugehen darf vermutet werden, dass die mangelnde Bereitschaft auch von der Auffassung über »Sozialdisziplinierung« und über »Asoziale« herrührte, mit der man kaum gebrochen hatte. Das stellten im November 1950 Vertreter der Ministerien für Arbeit, der Justiz und des Innern, der Generalstaatsanwaltschaft und der Magistratsabteilungen Justiz und Volksbildung unter Beweis, die sich über eine »Bewahrungsordnung« für die »Behandlung von Asozialen« verständigten. Deutlich werden darin folgende aus früheren Zeiten wohlbekannten Formulierungen:

»1. Arbeits- und besserungsfähige Asoziale mit vollem Einsatz ihrer Arbeitskraft an eine sinnvolle Arbeit gewöhnen und sie hierdurch zu einer geordneten Lebenshaltung zu erziehen.

2. die arbeitsfähigen aber voraussichtlich nicht besserungsfähigen Asozialen (z.B. Rückfällige) aus dem Gesellschaftsleben entfernen und zur Arbeit anzuhalten.

3. Die arbeitsunfähigen Asozialen sicherzustellen.«[50]

Diese Ansätze seien ausdrücklich hervorgehoben, denn im Kern verloren die Auffassungen über randständige Gruppen unter den Bedingungen des SED-Staates nicht ihre Wirksamkeit (vgl. § 249 StGB-DDR 1968).

Zwar wies das Arbeitshaus Kriegszerstörungen auf, es war jedoch noch nutzbar (vgl. Kapitel: »Hauptbereich und ›Verwahrhäuser‹«). Nahezu intakt war die Anstaltsbäckerei, hier belief sich bereits 1946 die Produktion auf täglich 3.000 Brotlaibe, davon 250 für die Anstalt, 2.000 für sowjetische Armeeeinheiten, 300 für das Hospital Wuhlgarten und 400 für den Straßenverkauf. Das Mehl- sowie Gaskontingent entzog man dem Konsum und anderen Bäckereien und Brotfabriken. Noch bis zur Schließung der Anstalt wurden 94 Prozent aller Krankenhäuser Ost-Berlins mit Backwaren beliefert. Auch die Anstaltswäscherei arbeitete neben dem Eigenbedarf für Dienststellen der Schutzpolizei, der Feuerwehr, für den Magistrat, das Waisenhaus, Krankenhäuser und Kinderheime. Ebenso versorgte die Anstaltsküche die Belegschaft und Schutzpolizei im Kraftwerk Klingenberg mit Kotikow-Essen[51]. Trotz vieler technischer Defekte ließen sich von hier auch beim Deutschlandtreffen (27.–30. Mai 1950) etwa 3.500 Teilnehmer verpflegen.[52]

Notunterkünfte für Flüchtlinge

In dem Chaos im Sommer 1945, als Hunderttausende Flüchtlinge in nicht enden wollenden Trecks in Berlin einströmten, bemühte sich der Magistrat um ihre Versorgung, bevor sie weitergeleitet wurden. In Berlin-Lichtenberg fanden in sechs Flüchtlingslagern täglich bis zu 3.000 Menschen Zuflucht. Da aus den seinerzeit erstellten Lagerlisten Berlins das Arbeitshaus als Anlaufstelle nicht hervorgeht, kann nicht genau bestimmt werden, in welchem Umfang hier bis etwa zum Frühjahr 1946 Einquartierungen und Hilfsmaßnahmen für Flüchtlingsfamilien organisiert wurden. Es dürfte aber in jeder Hinsicht am Notwendigsten gefehlt haben. Bei den Beherbergungen handelte es sich vor allem um Frauen und Kinder. Das stützen auch die Berichte von Gerhard K. und Johann K., die damals als Sechs- und Siebenjährige an der Seite ihrer Mutter und den Geschwistern auf der Flucht vor der näher rückenden Front hierher gelangten. »Wir haben Schreckliches durchgemacht, es ist ein Wunder, dass wir überlebt haben«, schilderten sie ihre schwere Situation, »doch auch im Flüchtlingslager Rummelsburg war der Kampf ums Überleben sehr groß. Täglich sahen wir, wie Leichen auf einem Leiterwagen wegtransportiert wurden«[53]. Auch zwei jüngere Schwestern von Gerhard K. verloren ihr Leben, so wie viele Menschen, die bald nach der Ankunft diversen Krankheiten oder den Strapazen der Flucht erlagen. Wie groß die Not war, lassen allein in den Monaten August und September 1945 über 440 zu beklagende Todesfälle ahnen, wobei unter ihnen Insassen des Arbeitshauses nicht ausgeschlossen werden können. Als häufigste Todesursache werden in den Sterberegistern Unterversorgung und grassierende Epidemien wie Typhus und Ruhr genannt.[54] Beerdigt wurden sie in einem Massengrab auf dem Gelände des Arbeitshauses, weshalb ständig Angehörige Rummelsburg aufsuchten. Die Polizei sah darin eine Gefährdung der Sicherheit für das übernommene Gefängnis und veranlasste im September und November 1951 die Umbettungen auf den Marzahner Friedhof. In der Abteilung 23 fanden elf sowjetische Soldaten und etwa 450 Zivilpersonen[55] ihre letzte Ruhestatt – auch hier anonym, ohne dass ein Stein auf einen ihrer Namen verweist.

Sowjetische Militärpräsenz

Trotz der Nähe Rummelsburgs zum Sitz der Sowjetischen Militäradministration in Deutschland (SMAD) und ihren militärischen und geheimdienstlichen Objekten in Karlshorst blieb dem Arbeitshaus die Besetzung als Untersuchungsgefängnis oder Speziallager des sowjetischen Geheimdienstes NKWD erspart. Hierin unterscheidet sich das hier bald geführte Gefängnis beispielsweise von dem in Torgau, Hoheneck oder Bautzen[56].

Nachkriegsbedingt hielt sich von 1948 bis 1950 aber gut abgeschirmtes sowjetisches Militär auf dem Vordergelände auf. Eine Dienststelle befand sich im Verwaltungshaus. Auf Befehl des Militärbevollmächtigten Popow hatten dort gleichzeitig das Reichsbahnbetriebsamt 4 und Reichsbahnamt Berlin I »eine Zusammenarbeit« abzusichern.[57] Die Renovierung und Instandsetzung der etwa 588 Quadratmeter umfassenden Raumflächen musste die Bezirksverwaltung erbringen. Die Miete belief sich monatlich auf günstige 558,98 RM (0,95 RM pro m^2). Aber auch die Beamtenhäuser A bis D waren teils von sowjetischen Offiziersfamilien bezogen, die wenigen in der Anstalt verbliebenen, hier wohnenden Beschäftigten mussten sich dem unterordnen.

Insassen des Arbeitshauses

Wenn auch die Flüchtlingsbelegung und der Zerstörungsgrad der Häuser kaum mehr im Arbeitshaus Neuzugänge vermuten lassen, erfolgten diese seit Juni 1945 wieder regulär, hielten sich aber in Grenzen. Die Einweisungen liefen noch nach dem alten Schema der Gesetze von 1871 RStGB §§ 361, 362 in Verbindung mit den »Maßregeln der Sicherung und Besserung« nach § 42a und d des »Gewohnheitsverbrechergesetzes« von 1933 als Teil des Strafvollzugs über eine richterliche Anordnung ab. Im Unterschied dazu wurden »Bewahrungsfälle« überwiegend durch Anträge an das Sozialamt ausgelöst.[58] Das konnten bei der Ersteinweisung ein bis maximal zwei Jahre, und, wie von den Nationalsozialisten eingeführt, bei wiederholter Unterbringung eine unbegrenzte Zeit sein. Die Fristen hatten so lange zu dauern, bis die Prüfung des Gerichts ergab, dass der »Zweck« erreicht war. Insofern nahmen die Stigmatisierung und Kriminalisierung sozialer Minderheiten einen neuen Anfang, wenngleich auch nicht in der Schärfe und mit anderem Ausgang als im Nationalsozialismus.

Wer waren nach dem Krieg die verschiedenen Insassen unter dem Dach der Anstalt? In erster Linie hoben sich die Abteilungen des »Arbeitshauses« mit den sogenannten Arbeitshäuslern (wegen Bagatelldelikte verurteilte, strafrechtlich Untergebrachte) und andere Abteilungen im Sinne eines Altersheims oder der »geschlossenen Fürsorge« mit sogenannten Bewahrten (darunter benannt »Altersinsassen«) ab. 1947 belief sich ihr Belegungsstand auf 283 Frauen und Männer, die sich auf 16 »Arbeitshäuslinge«, 187 »Bewahrungshäuslinge« und 80 Pflegebedürftige aufteilten.[59] Mehrheitlich handelte es sich um ältere, schon seit den dreißiger oder Anfang der vierziger Jahre hier anwesende Menschen, die Naziherrschaft und Bombardements überlebt hatten.[60] Näheres über ihr einzelnes Los in Erfahrung zu bringen ist leider in keinem Fall gelungen. Sämtliche Akten, die im damaligen Stadtarchiv (heute: Landesarchiv) Berlin hätten Aufschluss geben können, fielen, versehen mit dem Vermerk »keine Verbrechen enthalten«, schon vor 1989 routinemäßig unter die Richtlinien für Kassation.[61]

Aufmüpfig verhielten sich die Frauen, die wegen Prostitution (»unsittlichen Treibens«) nach Rummelsburg überstellt wurden, um sie, so heißt es in einer Meldung, »mühelos überwachen zu können«.[62] Wie sich herausstellte, konnten ihnen die Bewacher kaum standhalten. Statt »einsichtsvollen«, sahen sie sich hochgradig renitenten und selbstbewussten Frauen gegenüber, die vor Ausbruchsversuchen nicht zurückschreckten. Vermutlich hatte man sie im Haus 5 eingesperrt, das würde jedenfalls zu einer Planung von 1946/47 passen, die dort eine Belegung von 150 über 21-jährigen Frauen vorsah.[63]

1950 waren die meisten Insassen im Alter zwischen 20 und 70 Jahren. Über ihre Verfassung können keine Darstellungen herangezogen werden, doch lassen sich Facetten der Anstaltsverhältnisse aus Berichten über einige durch Gerichtsbeschluss Eingewiesene erschließen. Im Haus 5 befanden sich auf zwei Etagen jeweils in zwei Tages- und Schlafräumen Arbeitshäuslerinnen. Der Magistrat lobte bei einer Besichtigung im Juli 1950 den »außerordentlich guten Zustand« der Räume. Die Frauen arbeiteten in Gärtnereien, im Waisenhaus und im Oskar-Ziethen-Krankenhaus sowie innerhalb der Anstalt in der Wäscherei, Gärtnerei, Nähstube, Küche und im Haus. Darüber hinaus sortierten und verpackten sie Zündhölzer (wohl für die Zündwarenproduktion in Buch). Gewährt wurde ihnen ein Taschengeld von monatlich 1 DM und für die Tätigkeit mit den Zündwaren täglich 0,30 DM.[64]

Demselben Kontrollbericht zufolge hatte sich im Haus 3 die Zahl der männlichen Arbeitshäuslinge auf 57 Männer erhöht. Ihr Einschluss in einem Tagesraum und zwei großen Schlafräumen im Keller und im Erdgeschoss wurde als »völlig ungeeignet« bewertet. Das Haus besaß kein Dach mehr, demzufolge die Decken und Wände ohne Putz, zum Teil verschimmelt und immer feucht waren. Genauso unbrauchbar sahen das Inventar und alle Matratzen aus. Einen ungünstigen Eindruck machte das »Männerhaus« nicht nur äußerlich, sondern vor allem »durch den darin üblen Geruch« und die alten Seeschlachtenbilder aus der Kaiserzeit auch auf eine Pädagogin, die es 1950 im Rahmen einer Studie besichtigte.[65]

Alle arbeitsfähigen Männer waren in Innen- und Außenkommandos eingesetzt, beispielsweise zur Holzzerkleinerung für die Berliner Brennstoffgesellschaft. Tageweise erhielten sie mittwochs und sonnabends ab morgens vier Uhr und sonntags ab acht Uhr Ausgang. Das galt eine Weile auch für die Frauen, wurde bei ihnen aber später unterbunden.

Auch erfährt man aus dem Ende 1950 erstellten Haushaltsplan für das »Bewahrungshaus« und Altersheim, dass die »Arbeitsfähigen« für Tätigkeiten innerhalb der Anstalt jährlich zehn DM als »Arbeitsbelohnung«, andererseits andere bis zu 120 DM Taschengeld erhalten konnten.[66] Insassen und »harmlose Bewahrte«, die außerhalb arbeiten durften, galten als »Selbstzahler« und mussten für die Unterbringung und Verpflegung monatlich 60 DM an die Anstalt entrichten.

Das erübrigte sich 1951 bei Antritt der Volkspolizei zwecks Umwandlung der Anlage in ein Gefängnis. Schon 1949 urteilte der Magistrat, das »Arbeits- und Bewahrungshaus« würde »den Forderungen, die an eine Arbeitserziehung gestellt werden müssten«, nicht entsprechen. Dieselbe Auffassung vertrat im Februar 1950 auch Oberstaatsanwalt Eberlein[67]. Er tadelte die Atmosphäre in der Anstalt, die »in keiner Weise den Anforderungen einer fortschrittlichen demokratischen Erziehung entspricht« und »in ideologischer und kultureller Beziehung kaum etwas leistet«.[68] Erreicht wurde im Juni 1950 der Wechsel unter die gemeinsame Verantwortung der Magistratsabteilungen Hauptsozialamt, Justiz (für das Arbeitshaus) und Jugendförderung. Einzig das Hauptsozialamt wollte an seiner Einzel-Trägerschaft festhalten, sah das Arbeitshaus keineswegs als Strafe für Jugendliche an, sondern als »Erziehungs- bzw. Bewahrungsmaßnahme«, für die »immer die Wohlfahrtsbehörde Vollzugsorgan war«. Schließlich würden sie sich »ständig mit dem gleichen Personenkreis ›Asozialer‹, wie im StGB unter § 42 Abs. 1 und 4 sowie § 361 Nr. 3–5, 6a–8 benannt«, beschäftigen.[69] Ein kommissarisch als Leiter für das Arbeitshaus und den Jugendarrest eingesetzter Herr Schmidt plante noch im Herbst 1950 für das Arbeitshaus an Personalbedarf einen Fürsorger und 24 Erzieher beziehungsweise Aufseher.[70]

Gebäude/Geschlecht	Insassen	Zahl der Insassen
Haus 3 (Männer)	Bewahrte über 21 Jahre	41
	Bewahrte unter 21 Jahre	2
	Arbeitshäusler	36
Haus 4 (Frauen)	Bewahrte über 21 Jahre	64
	Bewahrte (Altersgruppe)	18
	Mädchenerziehungsheim	39
	Jugendarrest	1
Haus 5 (Frauen)	Bewahrte über 21 Jahre	29
	Bewahrte unter 21 Jahre	1
	Arbeitshäuslerinnen	98
Haus 6 (Männer)	Bewahrte (Altersgruppe)	19
	Männerlazarett	23
	ab Ende 1950 auch Arbeitshäusler	-
Haus 8	Jugendarrest	35
Haus 9	Frauenlazarett	23

Tabelle 1: Belegungsstand der Anstalt insgesamt, Juni 1950.[71]

Zwangseinweisungen von Jugendlichen 1949–1951

In der letzten Phase vor der Schließung der Anstalt machten von Mai 1949 bis etwa zum Spätsommer 1951 ein Jugendarrest und Erziehungsabteilungen für 14- bis 21-Jährige beiderlei Geschlechts einen weiteren Schwerpunkt aus. Ab Mai 1950 lag die Altersgrenze durch die in der DDR gesetzlich herabgesetzte Volljährigkeit bei 18 Jahren. In der Forschung sind diese Jugendabteilungen bisher nicht näher untersucht worden, sieht man von der Historikerin Verena Zimmermann ab, die sich als eine der Ersten mit dem System der Jugendhilfe in der DDR wissenschaftlich befasste.[72]

Das mit einem Wohnheim kombinierte Erziehungsheim leitete zusammen mit dem Jugendarrest zuletzt die Fürsorgerin Herta Jä(h)nchen (CDU). An weiterem Personal waren im August 1950 im Jugendarrest sechs Erzieher, im Mädchen-Erziehungsheim sechs Erzieherinnen und zwei Angestellte und im Mädchen-Wohnheim zwei Erzieherinnen angegeben, während eine Stelle mit »besonderer Bedeutung« die FDJ-Gruppenarbeit vorantreiben sollte.[73] Von Seiten der Magistratsabteilung Volksbildung wurde den meisten eine pädagogische Eignung zugeschrieben, ohne jedoch etwas über ihre Qualifikation auszusagen.

Wie viele Jugendliche es in Rummelsburg insgesamt betraf, darüber fehlen Belegungsstatistiken oder sie wurden nicht erstellt. Anfangs betrug ihre Anzahl 114[74], zum Schluss (1951) 34 Mädchen im Erziehungsheim, 40 Mädchen in einer Jugendhilfestelle, 26 Mädchen in der Wohnabteilung und 60 Jungen im Jugendarrest.[75]

In das Räderwerk gerieten für »sozial auffällige, entwicklungsgefährdete, renitente und für schwer erziehbar« befundene Jugendliche, »die sich den gesellschaftlich und staatlich verordneten Normen in der DDR nicht unterordnen wollten«, wie 1950 einem Schreiben des Berliner Oberbürgermeisters zu entnehmen ist.[76] »Rechtzeitig, schon bei ersten Anhaltspunkten«, sollte auf sie »korrigierende Einflussnahme« genommen werden. Die Verfahren ihrer Einweisungen kamen entweder durch die Jugendämter (mit Genehmigung der SMA auch für den Jugendarrest) oder durch das Jugendgericht zustande. Ausschlaggebend für die Unterbringung, Überwachung des Fortgangs, Verlegungen und Entlassungen war das Hauptjugendamt und nach der Umstrukturierung des Magistrats Anfang 1950 die Abteilung Volksbildung, Hauptamt für Jugendförderung und Jugendschutz, die spätere »Jugendhilfe und Heimerziehung«.

Die sozialpädagogische und ideologische Dimension der Jugendfürsorge und Heimerziehung in der DDR war natürlich breiter, als sich das aus den Jugendabteilungen in Rummelsburg ableiten lässt. Diese verdeutlichen aber die Vorgehensweise in der Frühzeit der DDR, als von den Jugendlichen bereits ein hohes Maß an Systemanpassung gefordert wurde, sich Fürsorge und Repression einander schon bedingten. Trotz kontroverser Diskussionen über die künftige Heimerziehung in der DDR, die durchaus Erziehungsansätze der zwanziger Jahre berücksichtigten, wendete man sich relativ schnell stalinistischen Erziehungsmethoden zu, wonach politische Indoktrination und die Unterordnung in kollektive Strukturen im Vordergrund standen.

Was dagegen die Rechtsgrundlagen und die Zuständigkeiten anbelangt, gab es zwischen dem Jugendarrest und der Jugendhilfe und Heimerziehung gewisse Unterscheidungen, die nach der verbüßten »Erziehungszeit« den weiteren Handlungsbedarf bestimmten. Lag nachweislich eine »Besserung« vor, hatte die- oder derjenige sich »bewährt und tadellos geführt«, konnte in das soziale Umfeld der Familie oder in ein »normales« Heim zurückgekehrt werden. Extrem schwer hatten es Jugendliche, die sich nicht unterordneten. Ihnen drohte eine Jugendhaftstrafe oder für unbestimmte Dauer die Überstellung in eines der für ihren militärischen Drill berüchtigten Spezialheime zur Umerziehung. Solche für die Heimerziehung der DDR signifikanten Heime tauchen erstmalig im Juli 1951 in der »Verordnung über die Heimerziehung von Kindern und Jugendlichen«[77] auf. Neben sicher auch nachvollziehbaren Gründen betrafen

Einweisungen zudem alle möglichen anderen Anlässe, beispielsweise Protesthaltungen gegenüber den Systemzwängen oder »versuchte Republikflucht« von sogenannten Ausreißerinnen oder Ausreißern, die von der Polizei aufgriffen wurden.[78] Generell setzte sich etwa ab dieser Zeit die Einteilung in »Normalkinderheime« und »Spezialheime für die Umerziehung schwererziehbarer Minderjähriger« durch, die sich in Durchgangsheime, Aufnahmeheime, Spezialkinderheime und Jugendwerkhöfe aufschlüsselten.[79] Nach dem politischen Willen waren ihnen als oberste Fachinstanz bis zum Ende der DDR das Ministerium für Volksbildung vorgeschaltet, 1963 bis 1989 mit Margot Honecker[80] an der Spitze. Die Einweisungen führte die Volkspolizei aus. Die angestrebte Umerziehung fand in den Heimen oftmals ihren Ausdruck in willensbrechenden »Erziehungspraktiken« unter billigender Inkaufnahme der psychischen Folgen.[81] Für systematische schwere Menschenrechtsverletzungen an Jugendlichen in der DDR stand speziell der 1964 bis 1989 wie ein Gefängnis geführte Geschlossene Jugendwerkhof Torgau[82].

Jugendarrest

Nach einer Vereinbarung über den Jugendstrafvollzug zwischen Generalstaatsanwalt, Strafvollzugsamt und dem Hauptjugendamt vom Juni 1949 sollte für jeden in Groß-Berlin wohnhaften und unter Einschaltung des Gerichts oder der Polizeibehörden im sowjetischen Sektor oder in der Sowjetischen Besatzungszone (SBZ) zu Jugendarrest verurteilten strafunmündigen Jugendlichen die Verbüßung in Rummelsburg vollzogen werden.[83] Die vorgesehene Arrestdauer von maximal zwei Monaten »Kurzarrest« konnte für geringfügig straffällige Jugendliche einer Jugendstrafe vorangestellt werden oder kam als letztes außergerichtliches Mittel in Betracht. Die Anordnung traf die Abteilung Justiz nach einem Beschluss des Jugend- oder Vormundschaftsgerichts.[84] Davon ausgenommen waren zu längeren Freiheitsstrafen verurteilte Jugendliche.

Die Formulierung »Arrest« besagt schon das Prozedere, mit dem man »problematische« Jugendliche zur »Räson« bringen wollte, wie es dann noch ausgearteter in den erwähnten späteren Jugendwerkhöfen der DDR angesagt war. Über die Methoden der Umerziehung durch Abschreckung und Anwendung von Zwang herrschte in Rummelsburg dem Anschein nach aber Uneinigkeit. Der Sinn der Einweisungen wurde als präventive Lektion (»Denkanstoß« und Zeit für eine »Raffung und Besinnung«) begründet, zugleich bestand die Forderung, den Aufenthalt im Sinne eines Gefängnisses nicht leicht zu machen. Der erklärte Anspruch von Prävention statt Strafe war also eingeschränkt und insofern illusorisch, da er nicht ausschließlich dem persönlichen Wohl der Heranwachsenden entsprach. Vielmehr ging es darum, Anpassung zu erzwingen, die keinen Raum für eine individuelle Entwicklung zuließ. Das geht aus Berichten der zuständigen Behörden hervor, auf Darstellungen von Betroffenen kann dabei nicht zurückgegriffen werden. Von ähnlichen Einrichtungen ist aber bekannt, dass sie bei den jungen Menschen oft jahrelang als traumatische Erfahrung nachwirkten.

Hauptsächlich handelte es sich um Jugendliche aus der staatlichen Heimerziehung, denen die Heimleitung ihre Verhaltensweise, Verstöße gegen die Heimordnung, kleinere strafbare Vorkommnisse etc. zur Last gelegt und dem Jugendamt anzeigt hatte. Einige hatten eine »grobe Dummheit« begangen, waren aber »sonst ganz ordentlich« und sollten eigentlich von Einweisungen ausgenommen sein. Andere lassen den Schluss einer gewissen Gewaltbereitschaft zu, zumindest muss diese Haltung unterstellt werden, nachdem bei ihnen während einer Zellenkontrolle (April 1950) Hieb- und Stichwaffen entdeckt wurden.[85] Homosexuelle Jugendliche (»Strichjungen«) hatten es nach dem damaligen Verständnis doppelt schwer. Vertreter einer Jugendhilfekommission scheuten sich nicht, sie als »Konfliktpotential« und »untragbare Fälle« abzustempeln. Wie bei »typischen Wegläufern und Haltlosen« wäre im kurzzeitigen Jugendarrest von ihnen »keine Besserung zu erwarten«.[86]

Einer Einweisung im Haus 8, dem ursprünglichen Arresthaus für Arbeitshäuslinge, hatten sich im Juli 1949 die ersten 24 Jugendlichen zu fügen, bis zum Jahresende waren die 30 Arrestplätze voll belegt. Zeitweilig stiegen die Aufnahmen aber um das Doppelte.

Jeder Neuankömmling wurde auf Ungeziefer untersucht, ihm wurden die persönlichen Sachen abgenommen und Anstaltsbekleidung und Schuhe übergeben, die über Spenden der Bevölkerung beschafft wurden. Im Anschluss kam er in eine Einzelzelle, die gerade Platz für eine Liegestatt, einen kleinen Tisch und einen Hocker bot. Obgleich die Zellentür unverschlossen blieb und täglich für mindestens eine Stunde ein Aufenthalt im Freien eingeräumt war[87], kann vermutet werden, dass sich der Druck für den Betroffenen kaum abmildern ließ. Sprechzeiten für Eltern waren nur bei dringenden Anlässen vorgesehen und fanden in Gegenwart eines Erziehers statt. Ein Mitbringen von Geschenken und Lebensmitteln war nicht erlaubt.

Zu den Pflichten der Jugendlichen gehörten der Unterricht in »Gegenwarts- und Gesellschaftskunde« und die Teilnahme an Veranstaltungen zu politischen Anlässen. Besonders die Jugendorganisation FDJ, die bekanntlich für die gesamte Jugend der DDR zuständig sein wollte, legte sich ins Zeug, beschaffte »gesellschaftlich-bildenden« Lesestoff und sorgte anlässlich des 71. Geburtstages des sowjetischen Diktators Stalin am 21. Dezember 1950 für die Übergabe eines westseitig im Parterre von Haus 6 gelegenen »Tages- und Kulturraums«. Für ihre im begrenzten Rahmen zugebilligte arbeitsfreie Zeit hatte auch das Hauptjugendamt 1.000 DM für Sportgeräte und Unterhaltungsspiele freigegeben.

Für die unter Aufsicht eines Arbeitserziehers auf dem Anstaltsgelände erfolgenden Aufräum- und Gärtnerarbeiten und Tätigkeiten in der Küche und Bäckerei erhielten die Jugendlichen zwei bis vier Zigaretten als »Arbeitsentlohnung«. Später griff ein Rauchverbot und es wurde ihnen bei der Entlassung ein »Arbeitsgeld« ausgehändigt. Oft fehlte es überhaupt an Möglichkeiten für eine Beschäftigung, die ja ein Ansporn für ihre Besserung sein sollte. Den Anstaltsrichtlinien zufolge wurde auch Berufsschulunterricht erteilt.

Keiner der Jugendlichen kam an den Erziehern vorbei. Wie in der späteren Haftanstalt Rummelsburg galt beim Personal die SED-Mitgliedschaft und weniger die Eignung, wofür ein ehemaliger Seemann ein anschauliches Beispiel lieferte. Auch ihm stand »auf Grund seiner Parteizugehörigkeit« eine Förderung zu, obwohl er keinerlei pädagogische Kenntnisse hatte und ein »ausgesprochen negatives Verhalten« an den Tag legte. Als »haltlos« und »schmutzig an Körper und Kleidung« wurde er beschrieben.[88] Bei ihm handelte es sich um ein besonders krasses Beispiel eines unfähigen Betreuers, dessen Willkür die Jugendlichen ausgesetzt waren. Zudem bestanden Restriktionen. Kleinere, wie das Verbot Radio zu hören, konnten noch hingenommen werden. Schlimmer war eine bis zu drei Tage mögliche »Einschließung«, die mehrmals im Monat geschehen durfte. Eine körperliche Züchtigung unterlag dem Verbot. Es liegen keine Erkenntnisse vor, ob Erzieher dieses umgangen haben. Manche nutzten aber ihre Vormachtstellung, verhinderten durch »Kollektivstrafen« über Tage die Freizeitstunden der Jugendlichen oder ignorierten unverhohlen ihre Entlassungstermine.

Sich zu widersetzen war schwierig, dennoch eskalierte die Situation im Juli 1950. Fünf 16- und 17-Jährige durchbrachen ihr Schweigen, indem sie in einem Schreiben an die Jugendhilfestelle die eklatanten Missstände offenlegten. Dank eines solchen Dokuments liegt uns heute ein Zeugnis über die dortigen Zustände, die Versorgung und hygienischen Bedingungen vor. Das Essen war durch »Maden, Blattläuse und Haare« ungenießbar, das Brot verschimmelt und die Butter ranzig. Nach der Arbeit mussten sie »oft schmutzig essen«, weil Waschutensilien fehlten, und es plagten sie Ungeziefer.[89] Auch unterrichtete im August 1950 die Magistratsabteilung Justiz (Strafvollzug) den Oberbürgermeister über das Arbeiten von Jugendlichen morgens um vier Uhr in der Anstaltsbäckerei, obwohl das Jugendschutzgesetz dies verbot.

Als Reaktion folgte der Entwurf von »Richtlinien«[90], deren Sinn und Zweck mit den gesellschaftlichen Kräften und wahrscheinlich mit der Bezirksleitung der SED abgestimmt wurden. Daraufhin lockerte sich jedenfalls der Erziehungsdrill. Kritisch monierte nach einer Inspektion im März 1951 ein Vertreter des Jugendamtes die »Veränderung des Charakters« des Jugendarrestes in eine »Mischung von Gefängnis und Erholungsheim«. Dort habe die Erziehung nachgelassen, beanstandete er, »die Stimmung war so gut, wie ich sie in der Jugendarrestanstalt noch nicht erlebt habe. Für viele Jungen [...] ist der gegenwärtige Aufenthalt [...] keine Strafe sondern eine Zeit der Verhätschelung, in der sie der Arbeit entwöhnt werden.«[91] Doch auch wegen der Einzelunterbringung wurde die Wirksamkeit des Jugendarrestes angezweifelt. Die Jugendfürsorger befürchteten bei den Jungen eine »Gewöhnung an das Alleinsein«, durch die sie sich danach schwerer in eine Gemeinschaft einordnen könnten.

Schon bald nach Auflösung des Arbeitshauses Rummelsburg entledigte sich die DDR mit dem 1952 verabschiedeten eigenen Jugendgerichtsgesetz (JGG)[92] des »Jugendarrestes« als Institution ohnehin. Obgleich die politische Zielvorstellung die Erziehung der

Jugendlichen zu »vollwertigen Bürgern« des SED-Staates und zu »aktiven Mitarbeitern beim Aufbau einer fortschrittlichen Gesellschaft« war, verfügte das JGG durchaus über moderne Ansätze im Jugendstrafrecht (JStrR).[93] Beispielsweise kam es auch zur Abschaffung der 1943 neu eingeführten Strafart Jugendgefängnis von unbestimmter Dauer (§ 6 RJGG). In Anlehnung an das alte JGG beinhaltete das neue Gesetz vor allem die sanktionsrechtliche Zweiteilung und Nachrangigkeit der Freiheitsentziehung gegenüber von außergerichtlichen Erziehungsmaßnahmen. Das Jugendgericht konnte demnach Verwarnungen, Weisungen und Schutzaufsichten erteilen oder eine alleinige oder neben einer Strafe verhängte Erziehungsmaßnahme (§§ 9, 14 JGG 1952) in einem Jugendwerkhof (Anstalten der Heimerziehung der Jugendhilfe) anordnen. Bei verurteilten Jugendlichen wurde die Vollstreckung der Freiheitsentziehung in einem Jugendhaus (§ 17 JGG 1952) oder in einer Jugendstrafanstalt angewandt. Als Strafvollzugseinrichtungen waren sie dem Ministerium des Innern unterstellt, weshalb jugendliche »Straftäter« auch in das Gefängnis Rummelsburg gelangten. 1968 wurde das Jugendstrafrecht in das allgemeine Erwachsenenstrafrecht des Strafgesetzbuches der DDR eingegliedert und die direkte gerichtliche Einweisung in Heime der Jugendhilfe über das Strafrecht ersatzlos gestrichen.[94] Zuvor hatte man in der DDR aber 1966/67 mit der Einrichtung eines »Arbeits- und Erziehungskommandos« für unter 18-Jährige in Rüdersdorf bei Berlin (vgl. Kapitel: »Dienstaufsicht über Jugendliche im ›Objekt Rüdersdorf‹ 1966/67«) kurzzeitig den Grundgedanken des Jugendarrestes noch einmal aufgegriffen.

Erziehungs- und Wohnheim für Mädchen

Außer dem Jugendarrest existierte im Haus 4 ein Erziehungs- und Wohnheim für in Gewahrsam genommene »schwierige« Mädchen, das bisweilen mit der Einrichtung für »milieugeschädigte und erziehungsschwierige Pfleglinge« im danebenliegenden Waisenhaus verwechselt wird.

Die Aufnahmefähigkeit umfasste 140 bis 160 Plätze. »Die Räume waren hell und sauber, die Aufenthaltsräume groß, die Schlafsäle waren in kleine Schlafkojen unterteilt, in denen etwa je vier Betten standen. Die Insassen waren nicht nur junge Mädchen, sondern auch eine Reihe älterer Frauen, zum Teil auch mit den typischen Zeichen der Verwahrlosung. ... Es handelte sich um obdachlose Flüchtlingsfrauen, die hier ihren Lebensabend verbrachten.«, schrieb im Sommer 1950 die Leiterin eines Mädchenheimes in Sachsen in einem Bericht über ihre Visitation der Anstalt mit Studentinnen.[95]

In das Wohnheim durften diejenigen Mädchen wechseln, die eine »anhaltende Besserung« und sich »auch sonst vernünftig« und nicht »sexuell labil« zeigten. Zu diesen gesellten sich längst Entlassene, denen zunächst eine Bleibe in einer Wohnstätte in der Buchberger Straße 1 zugewiesen war, die ihnen nach Herabsetzung des Volljährigkeitsalters aber wieder entzogen wurde.

Um Pfingsten 1950 herum löste Herta Jä(h)nchen als neue Heimleiterin ein Fräulein Gumtz ab. Im Dezember hielten sich im Erziehungsheim 32 und in der Wohnabteilung 26 Mädchen auf. Besonders im Erziehungsheim waren sie einer belastenden Erfahrung ausgesetzt, die sich durch ihre übermäßige Aufenthaltsdauer potenzierte und sich auf mehrere Wochen bis auf über zwei Jahre belaufen konnte. Sie durften sich nicht frei bewegen und waren gruppenweise in den Zimmern eingeschlossen. Täglich stand ihnen gerade eine halbe Stunde im Freien zu, in einem kahlen Hof hinter dem Haus, der kaum Platz bot.[96] Unterbunden werden sollte ein Zusammentreffen mit den »Arbeitshäuslingen«. In Gruppen wurden sie zu Küchen- und Haushaltsarbeiten angehalten, Stricken und Nähen gehörten dazu. In den zugebilligten Freizeitstunden von 16 bis 22 Uhr lagen fast keine Beschäftigungsmöglichkeiten vor. Die bereits zitierte Pädagogin aus Sachsen, die auch die fehlende FDJ-Arbeit kritisierte, fand 1950 folgende Situation vor:

»Wir sahen Mädchen bei der Arbeit, einige strickten, andere stopften und nähten, die meisten sortierten Streichhölzer, die bei der Maschinenverpackung nicht erfasst worden sind. Sie wurden gebündelt und in Kästchen gefüllt, die Norm war etwa 70 Pakete am Tag. Dabei saßen sie ziemlich stur da. Das ganze Heim machte den Eindruck eines Gefängnisses alten Schlags, zumal die Erzieherin dauernd mit dem Schlüsselbund rasselte. Alle Türen waren verschlossen, selbst die Toilette.

Die Frage, ob es eine schulische oder sonstige kulturelle Betreuung gibt, wurde von den Mädels verneint. ›Wir werden immer nur angeguckt, und jeder sagt, daß das hier nicht richtig ist, aber helfen tut uns keiner – zu uns kommt ja doch keiner!‹ Es entsteht der Eindruck, daß die Erzieherinnen mehr fürsorglich, um nicht zu sagen arbeitsaufseherisch, als pädagogisch ausgerichtet waren.«[97]

Anfang Mai 1950 suchten Mädchen der Situation zu entfliehen und beschwerten sich über die Ernährung, die Kleidung und hygienischen Bedingen, ohne dass die Schreiben von den Erzieherinnen an höhere Stellen abgeschickt wurden. So kam es zur Revolte. Die Mädchen verbarrikadierten sich und warfen Matratzen und Möbel aus dem Fenster. Eines von ihnen wollte sich mit verknotetem Laken aus dem Fenster abseilen, verunglückte dabei und kam ins Krankenhaus. Gegenüber den überprüfenden Magistratsvertretern beschrieb ein Mädchen ihren Aufenthalt »als Hölle«.[98] Offenbar konnte erst ein größeres Polizeiaufgebot die Unruhe beilegen.

Danach erhielten die Mädchen neue Kleidung, Schuhe sowie einen Ball und durften, wie damals beliebt, Volkstänze einüben. Die Türen im Haus wurden jetzt offen gehalten und die Erzieherinnen ausgewechselt. Bei »Fleiß und guter Führung« bestand nun die Möglichkeit, monatlich zwei »Urlaubstage« gewährt zu bekommen, was als lehrreiche Maßnahme gedacht war. »Im Allgemeinen werden sie jetzt satt«, konstatierte das Jugendamt nach einem Kontrollbesuch. Das Essen war zwar »wenig abwechslungsreich«, die tägliche warme Mittagsmahlzeit und an zwei Tagen in der Woche ein warmes Abendbrot würden »aber ihr Essensverlangen stillen«. Außerdem bekamen sie drei bis sechs DM »Arbeitsbelohnung« für jeden Arbeitsmonat auf ein Konto gutgeschrieben. Wie viel Raum schulischen Angeboten zugemessen wurde, lässt sich nicht beurteilen, aber von nun an fanden Musik- und Zeichenunterricht und Kurse für Schreibmaschine und Stenographie statt. Mit Geldern der FDJ wurde ein Kulturraum eingerichtet und ein Radio besorgt. Bedenklich verhielt sich allerdings Heimleiterin Jä(h)nchen. Sie ließ sich von den Spenden für die Mädchen zum Kauf einer »kostbaren Schmuckuhr für den Tisch« verleiten.

Die Schließung des Arbeitshauses war schon so gut wie geklärt, da gelangten im Januar 1951 abermals 40 Mädchen zwischen 14 und 18 Jahren aus dem Durchgangsheim und der »Auffangstelle« in der Magazinstraße 3–5[99] mit ihrer Betreuerin Hildegard Kondziele nach Rummelsburg. Im Sommer wechselten sie aus den »renovierungsbedürftigen, nicht sehr schönen Räumen« in das »Haus Seeblick« des angrenzenden Waisenhauses, einem im improvisierten Zustand befindlichen »Aufnahme- und Durchgangsheim«. Genauso betraf der Umzug das Mädchen-Erziehungsheim, wohingegen das Wohnheim aufgelöst und die Jugendlichen auf andere Heime verteilt oder bei Volljährigkeit entlassen wurden. Die im Waisenhaus Untergebrachten zogen dann Anfang 1952 in das in Alt-Stralau 34 eröffnete »Hauptpflegeheim für schwererziehbare Mädchen« um, das als »Durchgangsheim« bis 1964 ebenfalls die Kondziele führte.[100]

2. Wegbereiter des DDR-Strafvollzugs

Exkurs: Handlungsebenen in der SBZ und frühen DDR

Sowjetische »Speziallager« und Sondergerichte

Für die systematische Ausschaltung einschließlich des zu Unrecht erfolgten Freiheitsentzugs von Zigtausenden Menschen in der DDR war die SED-Diktatur nicht alleinige Ursache. Zu berücksichtigen sind hierbei die Vorboten nach dem Kriegsende in der Sowjetisch Besetzten Zone (SBZ), von denen zumindest die sowjetischen Militärtribunale (SMT) und die Geheimpolizei mit ihren auf dem Gebiet der SBZ/DDR geführten »Speziallagern«[101] angeführt werden sollen. Es ist zwar korrekt, dass sich alle Alliierten auf die Einrichtung von Lagern zur Entnazifizierung und Entmilitarisierung Deutschlands als Ganzes geeinigt hatten, in der SBZ unterschieden sich die Strafverfolgung, die Haftdauer und die Situation in den Lagern aber wesentlich von denen der westlichen Besatzungsmächte.[102] Vor allem ging unter der sowjetischen Besatzung die Angst einflößende Allmacht des NKWD/MWD[103] und sowjetischen Geheimdienstes NKGB/MGB[104] um, die oft aus reiner Willkür Verhaftungen durchführten und dabei nicht nur der Vergeltung belasteter Nationalsozialisten nachgingen. Ebenso gerieten viele Unschuldige und der »Sowjetisierung« kritisch gegenüberstehende politische Widersacher in ihre Fänge. Nicht wenige Menschen verschwanden dabei einfach ohne Erklärung, haltbare Anschuldigung oder rechtmäßige Überprüfung der Schuldmutmaßung und die Möglichkeit einer Verteidigung. Nur bei einer Minderheit der Verhafteten erfolgte eine Verurteilung durch die SMT, die sich auch nach dem offiziellen Ende der Entnazifizierung 1948 durch SMAD-Befehl Nr. 35[105] weitgehend die Aburteilung von politischen Gegnern vorbehielten und sich auch nach Gründung der DDR noch einschalten und die Linie vorgeben konnten.[106] Bis hinein in die fünfziger Jahre und mit Hilfe der Staatssicherheit fanden noch Verhaftungen statt, teils mit anschließender Deportation in Arbeitslager in der Sowjetunion.[107]

So mancher, der in der SBZ ein sowjetisches Lager überlebt hatte, war wegen seiner freiheitlichen Gesinnung nochmals den Mühlen der politischen Strafjustiz in der DDR ausgeliefert. Dieser Zusammenhang lässt sich, wenn überhaupt, nur schwer trennen. Gleiches widerfuhr dem in diesem Buch mehrfach erwähnten Horst Jänichen, der zunächst als Oberschüler von der Verhaftung durch sowjetische Sicherheitsorgane betroffen war. Die Verfolgung von Halbwüchsigen (zum Teil sogar jünger als 14 Jahre) wegen einer angeblichen Anhängerschaft zu einer »Wehrwolf-Gruppe« war zu jener Zeit keineswegs eine Ausnahme. Obwohl Jänichen nie dazugehörte, musste er eine längere Lagerhaft erdulden. Zu diesem Zeitpunkt konnte er freilich nicht ahnen, welches langjährige politische Haftschicksal ihn anschließend auch in der DDR (darunter Rummelsburg) erwartete (vgl. Kapitel: »Berichte von und über Betroffene«).

Die Zustände in den Lagern und die hohen Opferzahlen dienen als Beweis, wozu die sowjetische Besatzungsmacht fähig war.[108] Ähnlich handhabten die seit 1946 innerhalb der Landespolizeibehörden etablierten »Kommissariate 5« (K 5) ihre Methoden. Hinter den Dezernaten verbarg sich eine politische Sonderpolizei, die bei den Fahndungen nach Nazis eng mit der SMAD und dem NKWD zusammenarbeiteten und auch jene Personen bekämpften, »die eine demokratische Gesellschaftsordnung auf bürgerlich-liberaler Grundlage aufbauen wollten«[109]. Den Helfershelfern waren 1947 mit Befehl Nr. 201[110] etliche Kompetenzen zugestanden worden. Da sich in der DDR aus ihren »Kadern« ein Teil der Angehörigen des MfS rekrutierte, gelten die Kommissariate als Vorläufer der Staatssicherheit. Den ersten Schatten warf damals bereits Erich Mielke[111] als einer der Schlüsselfiguren. 1946 war er als Vizepräsident der Deutschen Verwaltung des Innern (DVdI) für die Personalpolitik der reorganisierten Polizeiformationen der SBZ zuständig, in der DDR dann von 1957 bis 1989 der erste Mann im Ministerium für Staatssicherheit.

Politische Strafjustiz

Die Deutsche Zentralverwaltung für Justiz (DVJ)[112] und die Deutsche Verwaltung des Innern (DVdI)[113] mussten nach Staatsgründung der DDR im Oktober 1949 nur noch in Ministerium der Justiz (MdJ) und in Ministerium des Innern (MdI) umbenannt werden. Ihre politische Bestimmung entsprach dem 1945/46 erfolgten Ausbau der Apparate durch die SMAD nach sowjetischem Muster, bei dem auch die SED als Kaderschmiede der künftigen Diktatur nicht untätig blieb.[114] Demgemäß traf man in den Ministerien auf allen Ebenen dann die Personalauswahl.

Nicht anders gestalteten sich die Schwachstellen des Gerichtswesens, die größtenteils NS-belastete Juristen betrafen. An ihre Stelle waren schon in der SBZ überwiegend sogenannte Volksrichter getreten – im Schnellverfahren fachlich und ideologisch geschulte Laien und »aus der Arbeiterklasse« stammend.[115] 1947 hob man auch die Beschränkung von Staatsanwälten und Richtern für NS-Prozesse vor deutschen Gerichten nach dem Kontrollratsgesetz Nr. 10 (KG 10)[116] auf. Machtpolitisch gestärkt, nutzte hernach die Justiz ihre Stellung zur »Sowjetisierung« des Strafprozessrechts. Aufgrund ihrer Verfügungen konnten die Organe der Innenministerien der damaligen Landesregierungen die Untersuchungsverfahren durchführen, waren Verhaftungen ohne richterliche Genehmigung möglich und kamen die Verhafteten bis zum Urteilserlass nicht in Gefängnisse des Gerichts (bis dahin für die U-Haft), sondern der für den Strafvollzug zuständigen Polizei.[117]

Als rechtliche Grundlage der 201-Verfahren diente, das KG 10 ergänzend, die Kontrollratsdirektive 38 (KD 38)[118] von 1946, auf die sich später unter dem Vorwand der Entnazifizierung auch die DDR-Justiz zusammen mit Art. 6 der Verfassung der DDR von 1949[119] bei politischen Strafverfahren berief (vgl. Kapitel: »Der Freiheit beraubt – Einzeldelikte«).

Als einer der Ersten verwies Gerhard Finn[120], der selbst in seiner Jugend im sowjetischen »Speziallager 2« (ehemals KZ Buchenwald) »schwerste Misshandlungen« erleben musste, schon 1960 auf die sowjetischen Lager und die Verflechtung von »sowjetzonaler Justiz« und politischer Strafjustiz in der DDR.

Die enge Verbindung wurde nach Beräumung der letzten Sonderlager durch die sowjetische Seite im Frühjahr 1950 und der dabei erfolgten Übergabe von Tausenden Internierten zur weiteren Strafverbüßung oder für eine Aburteilung durch deutsche Gerichte offensichtlich.[121] Von den berüchtigten sogenannten Waldheimer Prozessen waren mehr als 3.400 Angeklagte betroffen.[122] Auf diese Weise probten die Justizorgane kommende Verfahrensweisen zur Aburteilung insbesondere für politische Anklagen.

Mit an oberster Stelle zu verantworten hatte die »Terrorjustiz« Max Fechner,[123] von 1949 bis 1953 Justizminister der DDR, davor seit 1948 Präsident der Deutschen Justizverwaltung (DJV). Ernst Melsheimer,[124] von Mitte 1946 bis 1949 Vizepräsident der DJV und Hilde Benjamin,[125] von August 1946 bis 1949 Leiterin des Personalwesens der DJV, waren weitere Exponenten des Stalinismus, die maßgeblich die Rechtspflege und Verschärfung des Strafrechts in der DDR beeinflussen konnten: Melsheimer 1949 bis zu seinem Tod 1960 als erster Generalstaatsanwalt der DDR und Benjamin von 1949 bis 1953 als Vizepräsidentin des Obersten Gerichtes der DDR und Vorsitzende einer Reihe von Schauprozessen sowie von 1953 bis 1967 als Justizministerin der DDR.

Ohne an das Prinzip der dreistufigen Gerichtsorganisation[126] anzuknüpfen, waren in der DDR Justiz, Gerichte und die Rechtsprechung »fest in das einheitliche System der Machtausübung eingegliedert«[127]. Ihre Unabhängigkeit gab es faktisch zu keinem Zeitpunkt. Die Staatsführung steuerte die Strafvorschriften, behielt sich Letztentscheidungen vor und konnte sie nach Bedarf dem jeweiligen innenpolitischen Kurs als auch der außenpolitischen Lage anpassen, was sich unter Wilhelm Pieck, ab 1960 unter Walter Ulbricht und nach 1971 unter Erich Honecker unterschiedlich auswirkte.[128]

Wie es die Verfassung vorschrieb, wurde nicht zuletzt auch bei dem Typus des Richters auf politische Willfährigkeit geachtet: »Richter kann nur sein, wer dem Volk und seinem sozialistischen Staat treu ergeben ist«[129].

Gleichsam wirkten als »Gesellschaftliche Gerichte« in volkseigenen Betrieben, staatlichen Verwaltungen und Wohnbezirken seit 1953 Konfliktkommissionen und seit 1963 Schiedskommissionen. Ihnen war aufgegeben, sich Vergehen kleiner Missetäter anzunehmen und unterhalb der staatlichen Gerichtsbarkeit geringfügige Rechtsstreitigkeiten abzuwickeln. Ihre Rückwirkung auf die Politik bewiesen sie bei der »Gewährleistung von Ordnung, Disziplin und Sicherheit« und sie übten Einfluss, wenn es um die »gesellschaftliche Erziehung und Selbsterziehung« von »gefährdeten« Personen (z. B. in leichten Fällen von »Arbeitsscheu« und »Asozial«) ging.[130]

Verwaltung Strafvollzug im MdI

Die Grundstruktur des MdI prägten in den Anfangsjahren die von der DVdI übernommene »Hauptverwaltung Deutsche Volkspolizei« (HVDVP)[131] und die neu gebildeten »Hauptverwaltung für Ausbildung« (HVA)[132] und »Hauptverwaltung zum Schutz der Volkswirtschaft«[133]. Einige Bereiche wurden später umorganisiert.

Noch verfügte das Justizministerium über den Strafvollzug. Nach sowjetischem Vorbild sollten aber das MdI und die Deutsche Volkspolizei (DVP), die als schlagkräftig, klassenmäßig und politisch zuverlässig galt,[134] die Hebung eines repressiven Strafvollzugs und strengeren Haftregimes »als gewöhnlich bei der Justiz« gewährleisten. Nicht zuletzt war dafür die wachsende Zahl politischer Häftlinge maßgeblich. Erste Gefängnisse, in die Internierte aus den sowjetischen Lagern überführt wurden, gab die Justiz bereits 1950 ab. Am 16. November 1950 wurden dann auf dem Verordnungsweg die Anforderungen des Strafvollzugs zur »Sache der Republik« erklärt und stufenweise dem Innenressort überantwortet.[135] Darunter fielen sämtliche 200 Strafvollzugsanstalten.[136] Tobias Wunschik bewertet ihre Übertragung an das MdI als »Absage der SED-Machthaber an einen ›humanen Strafvollzug‹«[137]. Einige zuvor sowjetische Lager wurden dabei direkt dem MfS unterstellt.

Im MdI oblag die Dienstaufsicht über die Vollzugs- und U-Haftanstalten der »Hauptabteilung Strafvollzug« der HVDVP, ab 1956 als eigenständiges Leitungsorgan »Verwaltung Strafvollzug« (VSV) umstrukturiert und mit Sitz im MdI in Berlin-Mitte, Mauerstraße 29–32, später 34–38. In Verbindung mit dem Referat »Strafvollstreckung« hatten die Organe des MdI gesetzlich auch die Todesstrafe zu vollstrecken.

Die Tätigkeit der VSV ordnete sich in die Gesamtaufgaben des Ministers des Innern ein, der unveröffentlichte Verordnungen, Beschlüsse und Weisungen für die Handhabung des Strafvollzugs erließ oder zum Erlass dem Ministerrat unterbreitete.

Allen voran gab es vorläufige Strafvollzugsordnungen.[138] Obwohl sie die Aufgaben und Befugnisse für den Strafvollzug längst innehatten, regelte gesetzlich erst das Strafvollzugs- und Wiedereingliederungsgesetz (SVWG)[139] die Zuständigkeit des Innenministers, der VSV und auf der nachgeordneten Ebene die des Gefängnisleiters und der Strafvollzugsangehörigen. 1977 wurde das SVWG durch das Strafvollzugsgesetz (StVG)[140] und das Wiedereingliederungsgesetz (WEG)[141] abgelöst. Interne Dienstvorschriften und Direktiven des Innenministers waren aber weiter rechtens. Als wichtigste Bestimmung floss die 1977 erlassene in fünf Teile gegliederte Strafvollzugsordnung[142] ein. Die Entscheidungsstruktur zwischen dem MdI, dem Präsidium der Volkspolizei (PdVP) und der Strafvollzugseinrichtung (StVE) war jedoch sehr komplex und kaum durchschaubar. Nicht unter die Gesetze fiel die Untersuchungshaft. Hier richtete man sich noch bis zum Ende der DDR nach rudimentären Festlegungen der StPO in § 130 und nach internen Untersuchungshaftvollzugsordnungen (UHVO)[143].

Für den Leiter[144] des »Führungs-« und »obersten Vollzugsorgans« VSV standen zuvorderst die Anleitung und Kontrolle der Gefängnisse des MdI. Er konnte Entscheidungen des Gefängnisleiters aufheben, war ermächtigt, die zentrale Gefangenenkartei[145] zu führen, und hatte die Einweisung der Verurteilten und ihren Haftarbeitseinsatz zu sichern. Der Staatsanwalt übte die Aufsicht aus.

Unmittelbar unterstanden die Gefängnisse aber der Dienst- und Fachaufsicht der Deutschen Volkspolizei, Abteilung Strafvollzug (SV), die nach der Verwaltungs- und Gebietsreform der DDR vom Juli 1952[146] in den Bezirksstädten den jeweiligen Bezirksbehörden (BdVP) unterstellt waren. [147] In Ost-Berlin handelte es sich um das Präsidium der Volkspolizei[148] in der Keibelstraße. Als Leiter der Abteilung SV fungierte hier Anfang 1951 der Leiter der VPI Mitte VP-Kommandeur Kurt Wendt, noch im gleichen Jahr VP-Kommandeur Hentschel, seit Ende 1953 Oberstleutnant der VP Gerhard Mischnik und in den achtziger Jahren Oberstleutnant Härtel. Ihnen unterstand auch das Gefängnis Rummelsburg.

3. Vom Arbeitshaus zum Gefängnis

Verortung und Beschaffenheit der Haftanstalt Rummelsburg

Umnutzung als Gefängnis

Ob Arbeitshaus oder Strafvollzug, darüber wurde gestritten. Den Ausschlag gab letztendlich das Fehlen eines Männergefängnisses im Ostsektor nach der Spaltung der Berliner Justiz im Januar 1949.[149] Männliche Gefangene mussten deswegen überwiegend ins Frauengefängnis Barnimstraße überführt werden.

Dem künftigen Gefängnisstandort Rummelsburg wurde mit Magistratsbeschluss vom 12. April 1951[150] Genüge getan. In der inzwischen gegründeten DDR war der Strafvollzug schon dem MdI zugeordnet und bereits mit Wirkung vom 1. Januar waren die Ost-Berliner Haftanstalten an die Volkspolizei übergegangen.[151] Nicht ganz freiwillig und wenig angetan mussten diese zum 17. April 1951 auch das Arbeitshaus übernehmen und zum Gefängnis ausbauen.

Bei der Volkspolizei stand ein durch Härte und Genugtuung (gegenüber politischen Häftlingen) bestimmtes Haftregime im Vordergrund. Über den Hergang in Rummelsburg liegt folgende nachträgliche Meinungsäußerung aus dem Jahr 1957 von einem Oberfeldwebel Pannier vor: »Bevor die VP den Strafvollzug übernommen hatte, wollte ein Herr Eberlein [Oberstaatsanwalt] einen völlig neuen Strafvollzug aufbauen. Nach seiner Theorie, durfte sich kein Wachtmeister erlauben, einem Gefangenen ein schlechtes Wort zu sagen. Er verkehrte mit den Gefangenen so, dass er sie in sein Zimmer kommen ließ, um sog[enannte] Erziehungsgespräche mit ihnen zu führen. Auch bekamen sie übers Wochenende Urlaub und hatten sich wieder Montag beim Leiter der Anstalt zu melden. Dieser Zustand wurde bei der Übernahme durch die VP schnellstens wieder beendet.«[152]

In einer Dienstbesprechung erklärte VP-Kommandeur Wendt: »Das Außenlager Rummelsburg ist ab 6. Mai 1951 eine selbständige Anstalt.«[153] Von Außenlager konnte bald keine Rede mehr sein, denn Rummelsburg sollte die »größte Dienststelle« und »Gradmesser für die im Gesamtmaßstab geleistete Arbeit in den Vollzugs- und Untersuchungsgefängnissen der DDR« werden.[154]

Die reguläre Postanschrift lautete Hauptstraße 8, von Untersuchungshäftlingen ging die Post unter Angabe der Vollzugsanstalt Rummelsburg und des Aktenzeichens des Gerichtsvorgangs aber an den Generalstaatsanwalt von Groß-Berlin, Berlin C 2, Littenstraße 16–17.[155] Ab 1. November 1954 war für Häftlinge unter Hinzufügen der internen Haus- und Stationsnummer als Adresse das Postschließfach 11, Berlin-Lichtenberg, beziehungsweise später das Postamt Berlin 1134[156] vorgegeben. Fast deckungsgleich betraf das Schließfach 11a, Berlin-Lichtenberg 4, das Haftarbeitslager (HAL) des MfS in Berlin-Hohenschönhausen (nicht zu verwechseln mit dem zentralen MfS-Untersuchungsgefängnis).

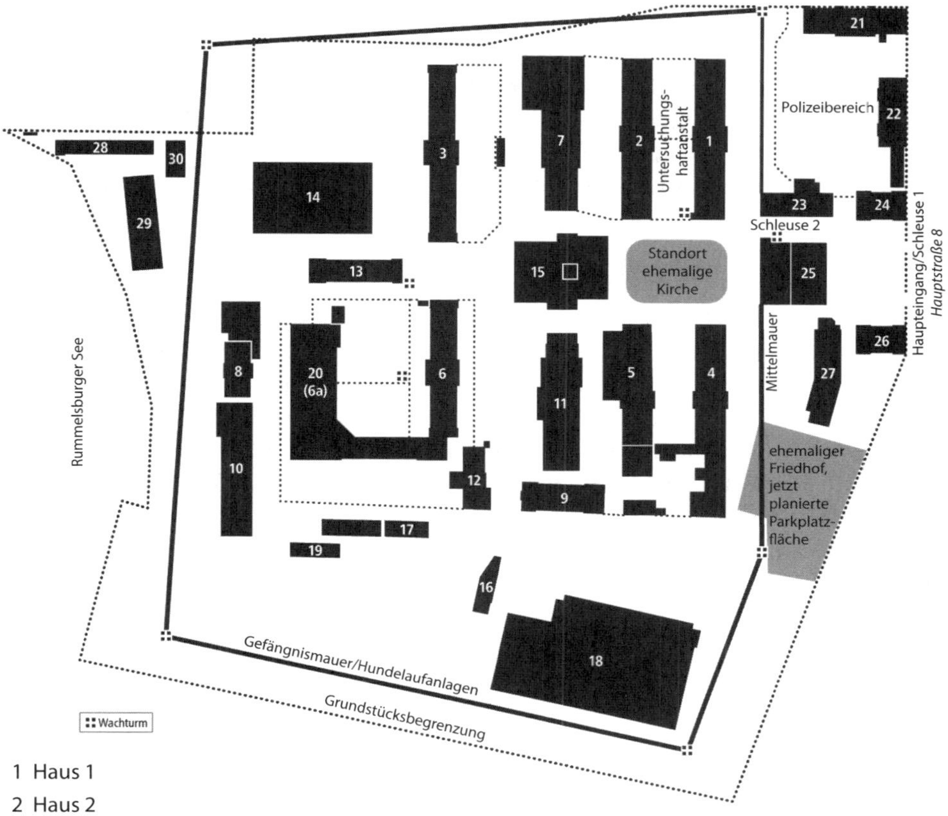

1 Haus 1
2 Haus 2
3 Haus 3
4 Haus 4 mit angrenzender Malerei
5 Haus 5 mit angrenzender Tischlerei
6 Haus 6
7 alte Küche/Bäckerei
8 Haus 8 mit angrenzender Gärtnerei mit Gewächshaus
9 Haus 9
10 Haus 10
11 Wäscherei/VEB Rewatex
12 Lager
13 Kartoffelschälhaus/ehemalige Tischlerei
14 Wirtschaftsgebäude/neue Küche
15 Heizhaus/ehemaliger Wasserturm
16 Nebengebäude
17 Nebengebäude
18 Industriehalle VEB Elektro-Apparate-Werke
19 Feuerwehr
20 Industrieanbau (Haus 6a)
21 Haus A/B
22 Haus C mit zugehörigen Garagen
23 Wache/Besuchsdurchführung
24 Haus D
25 Haus E/Verwaltung mit angrenzender Turnhalle für SV-Personal
26 Haus F
27 Transportdienst
28 Hundezwinger
29 Seehalle/Lager
30 Diensthundewesen

Lageplan der Haftanstalt Rummelsburg, 1988/89. Nicht benannt: Nebengebäude

Allgemein diente »Zuchthaus« nicht mehr als Gefängnisbezeichnung, kam aber noch bis 1968 im Gesetz vor. 1950 traf das Justizministerium für Gefängnisse die Namensregelung »Vollzugsanstalt« (V.A./VA). Ab 1955 wurde auf Weisung der HA SV der Begriff »Strafvollzugsanstalt« (StVA) eingeführt, der sich in den siebziger Jahren in »Strafvollzugseinrichtung« (StVE) für den Vollzug von männlichen »Strafgefangenen« und in »Strafvollzugs-Abteilung« (StV-Abteilung) für den Vollzug von Frauen unterteilte. In den Akten wird Rummelsburg etwa seit 1974/75 StVE genannt, was auch im Dienststempel ersichtlich war.

Zudem erhielt das Gefängnis Rummelsburg als Zusatz »Berlin I« zuzüglich »UHA I« und das Frauengefängnis in der Barnimstraße »Berlin II«. Für das seit 1951 innerhalb des Polizeipräsidiums in der Keibelstraße bestehende Untersuchungsgefängnis traf »UHA Berlin-Mitte«, später »UHA II« (von den Häftlingen »Keibeldiele« genannt) zu.[157] Infolge des Abrisses der Haftanstalt Berlin II war ab Sommer 1973 ein neues Frauengefängnis in der Grünauer Straße 132–134 in Berlin-Köpenick[158] in Nutzung, das der schon seit den sechziger Jahren als »Leit[haft]anstalt« eingestuften StVA Rummelsburg als »StV-Abteilung« unterstand.

Die Gefängnisse lassen sich aber nicht immer eindeutig zuordnen, einzelne Bezüge und Fakten sind in den Berichten des MdI und PdVP oft nur allgemein unter StVA/StVE zusammengefasst.

Vorhof und Polizeihäuser

Im Gefolge des Anstaltswechsels hatte das MdI über sieben Jahrzehnte in Nutzung gewesene Häuser übernommen, muffiges Gemäuer, das zudem durch Schäden aus dem Zweiten Weltkrieg belastet war. Nach den Maßstäben der DDR durch Schleusen, Sicherungsanlagen, Freistundenhöfe, Anbauten und Neubauten zum Gefängnis ausgebaut, war das Objekt dann bald mit dem einstigen bei Übernahme kaum mehr vergleichbar. Zum Schluss, also 1990, umfasste es rund 30 meist zwei- oder dreigeschossige teilunterkellerte Gebäude und diverse Nebeneinrichtungen.

Die Zweiteilung der Anlage fußte noch auf Blankensteins Bebauungsplan. Um beide Bereiche überhaupt betreten oder befahren zu können, mussten unter der Prämisse der höchsten Sicherheit künftig Kontrollen an Schleusen passiert werden. Hier wurden der Personalausweis abgenommen und Passierscheine ausgegeben. Der erste Einlass erfolgte von dem Zugangstor an der Hauptstraße 8 über die Schleuse 1. Um die Schleuse 2 (vgl. nächstes Kapitel) zu erreichen, die in den inneren Gefängnisteil führte, musste ein größerer Hofplatz (Vorhof)[159] überquert werden. Hier an der Mittelmauer dominierte das dreigeschossige Verwaltungshaus (Haus E) mit davor eingelassenen Fahnenmasten die übrigen Gebäude in seiner Reichweite. Wegen seines hohen Erkennungsfaktors durften die ankommenden Häftlinge auf dem Vorhof nicht aussteigen, denn sie sollten nicht gleich wissen, wohin man sie gebracht hatte.

11 Polizeihäuser A/B und C (v.l.n.r.), 2011

Kellergitter am Haus D (Häftlingsarbeit), 2011

Blick auf das Verwaltungsgebäude und Schleuse (Mitte), UHA Haus 1 und 2 (links), Haus 4 (rechts), um 1972

Ausgrabungen des Friedhofes, 2012

In den siebziger Jahren befanden sich in dem Hauptgebäude die Gefängnisverwaltung und diverse Technik- und Lagerräume, was von der Planung eines Kulturraums für etwa 150 Personen, vier Seminarräumen, einer HO-Verkaufsstelle, vergitterten Auffangzellen und einem Warteraum für »Publikum« in den fünfziger Jahren abwich. Ende der siebziger Jahre bot eine an die Rückfront (ausgerichtet in den inneren Gefängnisteil) angebaute Sporthalle ausschließlich den SV-Angehörigen die Gelegenheit für Körperertüchtigung, im Keller übten sie am Schießstand. Unter der Losung »Jeder Volkspolizist Träger des Sportleistungsabzeichen« – später auch als »Dynamo Rummelsburg« in Verbindung mit der MfS-eigenen Sportgemeinschaft »Dynamo Berlin« – war der propagierte »Dienstsport« längst aber üblich.

Im vorderen Bereich reihten sich hinter der Außenmauer die zweigeschossigen vormaligen Beamtenwohnhäuser des Arbeitshauses, jetzt Diensträume und Wohnungen des Strafvollzugs und anderer Diensteinheiten der Polizei. Hier lautete die interne Kennzeichnung der Häuser wie früher alphabetisch von A bis F. In den Grundrissplänen lassen sich das Doppelhaus A/B und Haus C als Wohnhäuser und später in den achtziger Jahren als Polizeiobjekte der Kriminalabteilung K I und seines Dezernats II ablesen.[160] Sie bildeten mit einem Hof und einer von der Hauptstraße aus betret- und befahrbaren Schleuse einen abgegrenzten Polizeibereich. Im und nach dem August 1968 sollen sich hier aus Furcht vor dem Übergreifen der tschechoslowakischen Reformidee (»Prager Frühling«) auf die DDR auch Militär und Kasernierte Volkspolizei aufgehalten haben.[161] In den Kellern der Blöcke A bis C waren etwa Anfang der Achtziger Zellen eingebaut[162] worden, in die man nicht nur nach Fußballspielen randalierende Fans in Gewahrsam nahm (vgl. Kapitel: »›Zentraler Zuführungspunkt Rummelsburg‹«), und im Haus A lagerten in einer Asservatenstelle entweder Akten oder beschlagnahmte Gegenstände. Hinzu kamen Kellerräume für den KCB-Schutz. Gemeint waren wohl Volkspolizei-Bereitschaften, für Aufklärung und Luftraumwarnungen.[163] Allerdings wurde schon 1972 erwogen, den Einsatz von chemischen Kampfstoffen (KCB[164]) zu prüfen, da insbesondere durch den Ausländervollzug Geiselnahmen und andere terroristische Handlungen befürchtet wurden.[165]

Haus D mit der Anmeldung (Rezeption) rechts der Schleuse 1 und linkerhand Haus F gehörten nicht mehr zu den Polizeihäusern. Im Haus D lagen Räume für Besucher und für Diplomaten und dort saß ein Verbindungsoffizier (VO) der Stasi. In dem sogenannten Ledigenheim Haus F wohnten unverheiratete SV-Angehörige. Es verfügte über eine HO-Verkaufsstelle für das Personal. In den späten siebziger Jahren betrieben die Bewacher hier einen FDJ-Freizeitklub, in dem sie auch feierten und sich dabei im betrunkenen Zustand auch mal Schulterstücke und Dienstkrawatten abschnitten.[166] Die Räumlichkeiten umfassten das gesamte Kellergeschoss und waren mit holzgetäfelten Paneelen, diversen Mobiliar und Technik (u. a. zwei damals noch teure Farbfernseher) unter DDR-Bedingungen erstaunlich großzügig ausgestattet. Heute sind die Häuser teils privat saniert und bezogen. Allein bei dem Doppelhaus A/B und Haus C war die Vergabe (2016) offen, so dass hier an den Sicherheitsgittern vor den Kellerluken noch Häftlingsarbeit sichtbar ist.

Zugangssituation Schleuse 2 noch ohne Wachgebäude, links Verwaltungshaus, um 1955

Nur Eingeweihte wussten, dass in dem Gefängnis am Rande der Außenmauer hinter Haus F auch ein kleiner Friedhof mit Grabstellen von Waisen und Betreuern des früheren städtischen Waisenhauses Hauptstraße 7[167] und von später beigesetzten Beamten des Arbeitshauses existierte. Die Errichtung eines eingeschossigen Flachbaus für die Nutzung durch das MfS und später den Transportdienst der StVA (Haus I) führte Ende der siebziger Jahre[168] zu seiner Versieglung für benötigte Parkflächen. Über die Begräbnisstätte wurde eine dicke Betondecke gegossen, ohne dass Umbettungen erfolgten. Erst durch eine archäologische Prospektion im Jahr 2011 konnten die sterblichen Überreste geborgen und 2014 auf dem Zentralfriedhof Friedrichsfelde überführt werden. Der eigens gestaltete Gedenkort wurde am 19. November mit einer interreligiösen Zeremonie eingeweiht.[169] Soweit die Namensfindung der Verstorbenen durch Sichtung der kirchlichen Sterberegister möglich war, sind sie auf einer großen Tafel verzeichnet.

Hauptbereich und »Verwahrhäuser«

Die öde und trostlose graue Atmosphäre im Hauptteil der Anlage, dem eigentlichen Gefängnis mit den Vollzugs- und U-Hafthäusern (sogenannte »Verwahrhäuser«) konnte größer nicht sein. Was schon in der anfänglichen Umbauphase als »zweckmäßige Unterbringung« der Häftlinge eingeräumt worden war, zeigte sich nur zu bald. Das Gefängnis wirkte heruntergekommen. Allenthalben traten außen und in den Gebäuden Mängel und Schäden auf. Bei fehlendem Material wurde laufend improvisiert. Auf diesem qualitativ niedrigen Stand bewegte sich das Gefängnis bis ziemlich zum Ende der DDR, was letztlich die Häftlinge zu spüren bekamen. Für sie verbesserten sich kaum die Haftbedingungen noch die unwürdige Enge und Ausstattung der Zellen (vgl. Kapitel: »Sich in Haft fühlen«).

An der Mauer zur Seestraße Überbleibsel des Hundelaufgangs mit Futterstellen, 2011

Die Mauer um das Gefängnis wurde durch Gefangene gleich zu Beginn von zwei- bis zweieinhalb Meter (davon etwa 30 Meter kriegszerstört) massiv auf fünf Meter aufgemauert, ebenso im Innern die niedrige Teilungsmauer. 500.000 Ziegelsteine wurden verwendet.[170] Über die Umfassungsmauer kam Maschendraht. An vier ihrer Ecken hielten auf sieben Meter hohen baugleichen Wachtürmen bewaffnete Posten Stellung, anfangs ohne Sprechverbindung, der Nachrichtenaustausch erfolgte durch Blinkzeichen. An der Mittelmauer, der Schleuse 2, den U-Hafthäusern 1 und 2, auf der Mittelachse zwischen den Häusern 3 und 6 und auf dem Freiganghof von Haus 6 standen weitere Postentürme. Auf Menschen abgerichtete Schäferhunde bewachten in Laufanlagen zu beiden Seiten der Außenmauer (mit Ausnahme an der Hauptstraße) und nach innen ausgerichtet entlang der Mittelmauer. Für gewöhnlich wurden neun bis 20 Hunde in abseits gelegenen Zwingern an der Wasserseite gehalten. Von den Laufgängen ließen sich in den letzten Jahren noch Reste hinter dichtem Gestrüpp ausmachen. Die »Diensthunde« sollen nach Schließung der StVE 1990, ähnlich wie die Hunde an der innerdeutschen Grenze, weil »nicht mehr einsetzbar«, getötet worden sein.

Der Zutritt ins Gefängnisinnere war nur über die Schleuse 2 möglich, einem doppelten Torsystem für Personen und Fahrzeuge mit einer massiven zweigeschossigen, nicht unterkellerten Wache (Haus G) mit Wachturm, die eine übrig gebliebene kleine Pforte des Arbeitshauses ersetzte. Die elf Räume des Wachgebäudes teilten sich der operative

Haus 10, links, rechts daneben der Industrieanbau an Haus 6, um 1975

Dienst und das Nachrichtenwesen. Durch einen separaten Zugang getrennt, fand dort die Besuchsdurchführung für Häftlinge und Verhaftete (U-Haft) statt. Im Obergeschoss lagerten Waffen und Munition.[171]

An der Schleuse hatte sich ausnahmslos jeder einer strengen Kontrolle zu unterziehen. Weil die höchste Sicherheitsstufe galt, mussten zwei Schließanlagen jedes Mal erst auf- und wieder zugesperrt werden. Das betraf die sogenannte »Gefangenenbewegung« wie Zu- und Abgänge der Häftlinge, ihre Zu- und Rückführung zur Arbeit, zu Rechtsanwälten, zu Vernehmungen oder zum medizinischen Dienst (MD) ebenso wie das Strafvollzugspersonal und die Vertreter der Arbeitseinsatzbetriebe. In den siebziger Jahren bezifferten sich die Durchgänge an der Schleuse auf täglich 1.400 Personen[172],1982 auf etwa 2.000 Personen[173] (vgl. Kapitel: »Zahlenmäßige Belegung«).

Hinter der Schleuse gliederten sich die Gefängnisbauten. Beginnend an der Rückseite des Verwaltungsgebäudes, lagen auf der Mittelachse in Reihe vorneweg die später abgerissene Kirche, der Wasserturm, der mit dem seitlich abgehenden Heizhaus mit hohem Schornstein und den Wirtschaftsgebäuden der Wäscherei (Rewatex), Bäckerei und Küche den Mittelpunkt der Haftanstalt bildete, Haus 7 als Tischlerwerkstatt (vor 1945 das Lazarettgebäude des Arbeitshauses und in der Nachkriegszeit als Turnhalle genutzt) und am Ende vor der Umwehrungsmauer an der Wasserseite zwei kleine Gewächshäuser. Ab hier trennten die StVA nur noch wenige Meter vom Rummelsburger See. So titulierten die Häftlinge das Gefängnis auch als »Hotel am See« – wie es die inhaftierten Frauen in Köpenick für ihre direkt an der Dahme liegende Haftanstalt ebenfalls taten.

Von Mauern und gespanntem Stacheldraht umgeben, gingen fast über die gesamte Länge der Mittelachse nahezu symmetrisch zu beiden Seiten die durchnummerierten zweistöckigen Häuser 4 und 5 und die Gefängnishäuser 1, 2, 3 und 6 ab. Gebäude und

Mauern waren etwa zwei Meter hoch und weiß getüncht, um die Gefangenen besser erkennen zu können. Dazwischen patrouillierten Streifenposten mit Hunden.

Bei den Blöcken 4 und 5 handelte es sich um sogenannte Funktionsgebäude. Haus 4 mit seinen 1957 eingerichteten Zugangs- und Abgangszellen galt als »Transportgebäude«. Hier befanden sich neben Aufnahmestationen die »Effekten«, und hier warteten die Häftlinge auf ihren Transport in andere Gefängnisse oder auf ihre Entlassung. Haus 5 besaß einen Kinosaal, vorwiegend aber Hauswerkstätten und Betriebsteile, die im Kapitel über die Arbeitseinsatzbetriebe benannt werden. 1952 bis Mitte der fünfziger Jahre hielt außerdem das Bereitschafts-Kommando II mit Bewachungskräften, die dienstrechtlich der DVP unterstanden, das Gebäude bezogen.

Abseits der Mittelachse stand Haus 8, zunächst ein Vollzugshaus, dann durchgehend eine Haftkrankenhausabteilung. Daneben wurde mit dem vorgegebenen Sicherheitsabstand zur rückwärtigen Außenmauer 1971 durch Häftlinge Haus 10, ein typischer DDR-Bau, gesetzt. In Sichtweite lag Haus 9. Anfangs war hier eine Krankenhaftstation (Lazarett) eingerichtet, ab den siebziger Jahren Schulungs- und Diensträume, darunter ein Dienstzimmer für »andere Sicherheitsorgane«, sowie ein Verkaufsraum, ein Lager, eine Häftlingsbücherei und für die Arbeitskommandos von Haus 5 ein Essensraum. In den achtziger Jahren befanden sich hier eine Kantine, ein Speiseraum und eine Bücherei für die SV-Angehörigen. Hinzu kamen auf dem Gelände kleinere, separat liegende Bauten wie eine Trafostation oder Räume für die Feuerwehr, diverse Lager, Garagen und ein Reparaturstützpunkt, zumindest zeitweise auch für sämtliche Gefangenentransportwagen (GTWs[174]) der MdI-Gefängnisse Ost-Berlins.[175]

Auch der zwischen 1951 und 1954 erfolgte Wiederaufbau der gegen Ende des Krieges schwer getroffenen Häuser 1 und 2 sowie des teilzerstörten Hauses 3 für die Häftlingsunterbringung basierte auf Häftlingsarbeit von täglich 350 bis 400 Gefangenen. Eine weitere Baustelle war 1953/54 das auf Anordnung des MdI an Haus 6 winkelförmig angebaute Industriegebäude 6a. Schon frühzeitig bestand die wichtigste Aufgabe darin, Arbeitsplätze zur Ausbeutung der Arbeitskraft der Häftlinge zu gewinnen. Seit 1972 diente dem gleichen Zweck eine Werkhalle des Treptower Betriebes EAW, ein in Höhe der Häuser 4 und 5 auf einer früheren Rieselfeldfläche errichteter größerer flacher Plattenbau (vgl. Kapitel: »Arbeitskommandos innerhalb der StVE«). Aus Bauzeichnungen von 1951/52 ist zu ersehen, dass als Bestandteile der Haftanstalt an dieser Stelle ursprünglich eine Gärtnerei und eine Schweinemast mit Ställen, Kartoffelkeller, Futterküche, Strohlager und Ausläufen vorgesehen waren.[176] Ein anderer Vorschlag beabsichtigte den Bau eines Schlachthauses. Solche damals nicht unüblichen Pläne wurden in der DDR auch anderswo für Gefängnisse erwogen.

Bei der teilzerbombten Anstaltskirche des früheren Arbeitshauses fiel Mitte der fünfziger Jahre die Entscheidung für einen Abriss. Schon 1947 hatte der Lichtenberger Bezirksrat Lipschitz[177] im Arbeitshaus die Gehaltszahlungen des im Dezember 1932 berufenen, aus Reinberg stammenden evangelischen Pfarrers Walter Schröder unterbinden lassen, die statt der städtischen Verwaltung die Kirche selbst tragen sollte.[178] Vergeblich brachte das evangelische Konsistorium Berlin-Brandenburg im Januar 1954 den Wiederaufbau der Kirche zur Sprache. Das von den Kirchenvertretern an die Abteilung Strafvollzug des Polizeipräsidiums gerichtete Schreiben war höflich und auffällig kurz abgefasst. Da die Kirche keine selbständige Parochie mehr war, konnte sie ihren Bemühungen kaum Nachdruck verleihen, wollte sie nicht die zugebilligte seelsorgerische Begleitung von Häftlingen gefährden (vgl. Kapitel: »Seelsorge«).[179]

1964 erfasste die Abteilung SV den Stand des Gefängnisausbaus mitsamt der Infrastruktur und dem Fuhrpark, aber ohne die Gebäude im Vorhofbereich. Mit sieben »Verwahrhäusern«, sechs Wirtschaftsgebäuden (einschließlich für die Produktion), zwei Verwaltungen und einem Wachgebäude gab es insgesamt 16 größere Bauten.[180] Mit wenigen Ausnahmen bewegte sich dieser Bestand bis 1989 etwa in dieser Größenordnung, wobei auf die sich zwischenzeitlich teils ändernden Nutzungen noch eingegangen wird.

Ausbau und Planung in den achtziger Jahren

Mehrere »Operative Forderungsprogramme« der Abteilung SV und des Gefängnisleiters deuteten in den siebziger Jahren auf die Absicht eines mittelfristigen Umbaus des Gefängnisses hin. Im Gegensatz zu den durch billige Häftlingsarbeit zu erwirtschaftenden generell hoch veranschlagten vielen Millionen Mark, die in jedem Volkswirtschaftsplan eine feste Größe waren, ließen solche Investitionen jedoch auf sich warten. Die SED setzte mehr auf Wachstumsbranchen und die Warenproduktion. Ohnehin unterschied sich der abgewirtschaftete Zustand der Haftanstalt nicht von dem stetigen Verfall anderer Gefängnisse und Bereiche in der DDR. Beeinträchtigungen wie defekte Schließeinrichtungen[181] und Schäden an der Beschallungsanlage, den Postentürmen und Außenmauern waren auch in den achtziger Jahren keine Ausnahme.[182] Selbst für ausreichende Beleuchtung an den Mauern, auf dem Gelände oder in den Gebäuden gab es keine Gewähr – mal klappte es nicht mit dem Nachschub von Glühbirnen, mal passten die Lieferungen nicht.

Für halbwegs Regulierungen standen dem MdI mit der Staatsplanung 1981 bis 1985 für bauliche Grundfonds und Investitionsmittel im Strafvollzug mäßige 61 Millionen Mark zu.[183] Allein 20,4 Millionen Mark umfasste davon die »Kapazitätserweiterung« des Frauengefängnisses Köpenick durch den Neubau eines Zellengebäudes mit 329 »Verwahrplätzen« und einer Wache. In Rummelsburg wurden neben der Einführung neuer Handfunksprechgeräte, eines Tischröntgengerätes (beispielsweise für Pakete) und eines elektronischen Schallverstärkers die ersten Infrarot-Lichtschranken und kapazitiven Meldungsgeber (Initiatoren) zur »Feststellung operativ relevanter Ereignisse in Form von Annäherungen, Entfernungen, Anwesenheit oder Bewegung von Personen oder Gegenständen, Fahrzeugen usw.«[184] erprobt. Auch die mit 60 V geladenen elektrischen Leitungen und alten Scheinwerfer an der Umfassungsmauer sollte es nicht mehr geben, dafür aber eine Mauerkronensicherung und eine »Rundumbeleuchtung« mit Lichtmasten.

In der zweiten Hälfte der achtziger Jahre zeichnete sich ein Ansteigen der Gefangenenzahlen, vor allem von Häftlingen aus nichtsozialistischen Staaten und West-Berlin, ab. Um sie sämtlich in Rummelsburg konzentrieren[185] zu können, sollte der zentrale Charakter des Gefängnisses angepasst werden. Die Mittel stellten SED und Ministerrat im Fünfjahrplan 1985–1990 aus dem Etat des Staatshaushalts bereit. Eine bereits in den siebziger Jahren bestätigte »Komplexe langfristige Baukonzeption der STVE Berlin und UHA I SV-Objekt Rummelsburg – Dokument GVS Nr. B 012926«[186] rückte damit wieder in den Fokus.

Ohne eine Grundstückserweiterung vorzusehen, umfasste die sechste und letzte Fassung 1988 die Modernisierung, den Ausbau oder Abbruch von Gebäuden und neu zu errichtende Plattenbauten. Die Planung von weiteren »Verwahrräumen« zur »höheren mengenmäßigen Verwahrung der Häftlinge«[187] bedeutete auch die »Perfektionierung« der Sicherheit und Isolation in der Haft. Genauso drängte man auf eine Nutzungsausweitung der Produktions- und Funktionsgebäude. Die DDR wollte international nicht auffallen. Bei der ebenfalls beabsichtigten Verbesserung der Zellenunterbringung ging es also weniger um Besorgnis um die Häftlinge. Hingegen drohte der Abriss des Häuserbestands A bis E, Backsteinbauten von 1879, die dem MdI schon längere Zeit ein Dorn im Auge waren. Lediglich beim Doppelhaus A/B gab es Überlegungen für eine Aufstockung.

Durch den gesellschaftlichen Umbruch in der DDR 1989 blieb davon vieles bloß auf dem Papier, jedoch soll kurz vorher ein erster Bauschub nicht unerwähnt bleiben. Anfang 1988 gelang der Anschluss an die neue Heiztrasse des Kraftwerkes Klingenberg und im vierten Quartal wurde nördlich von Haus 3 der Neubau eines unterkellerten, eingeschossigen Wirtschaftstrakts mit den fünf »relativ selbständigen Funktionseinheiten Küchenbetrieb, Schälbetrieb, Verwaltungs- und Kontrollbereich, technischer Versorgungsbereich und Verkaufsstellenbereich«[188] begonnen und noch bis zu Ende ausgeführt. Der Speiseraum war gleichzeitig ein Mehrzwecksaal, der genügend Platz für »Filmveranstaltungen und Maßnahmen der staatsbürgerlichen Erziehung und Bildung« bot, um auf die Häftlinge ideologisch einwirken zu können. Auch der Küchenbereich hatte größere Ausmaße. Importierte Elektrogeräte aus der BRD gehörten zur seiner Ausstattung. Man war auf erhebliche Essensportionen eingestellt, hatte 1986 dafür schon den Flachbau Haus 7 auf das »Arbeitskommando Kartoffelschälbetrieb«[189] umgestellt und die hier betriebene Tischlerei nach Haus 5 verlegt. Allerdings wurde das brandneue Wirtschaftsgebäude schon kurz nach der Wende 1989 wieder abgetragen.

Die nächsten Bauabschnitte gelangten nicht mehr zum Zuge. Auf der Agenda stand noch ein Funktionsgebäude (Haus H) mit einem zweigeschossigen Verbindungsbau an das Wachgebäude (Haus G/Schleuse 2) mit verspiegelten Fenstern, um Beobachtungen von außen, besonders von Haus 1 (UHA), abzuwenden. Der viergeschossige Plattenbau sollte einerseits die Leitungsriege mit dem Gefängnisleiter und dem SED-Parteisekretär sowie verschiedene andere Diensträume aufnehmen, andererseits auch einen HO-Verkauf, Besucherwarteräume sowie Sprechkabinen und – »um dem Strafvollzug der DDR eine Repräsentation zu geben« – mit Räumen für die Besuchsabhaltung von Diplomaten punkten. Im Kellergeschoss (wie bereits kleiner in den Polizeihäusern und im Wachgebäude eingerichtet) legte man für insgesamt 520 Kräfte aus der StVE, der Kriminalpolizei (K I/4, Dezernat II) und der Staatssicherheit Wert auf größere Schutzräume für »KCB-Lagen«.[190] Weitere Planungen betrafen im Haus 4 einen Ambulanzanbau und eine Abteilung für forensisch-psychiatrische Begutachtungen, im Haus 8 einen »Funktionsbereich Disziplinar- und Sicherungsmaßnahmen« und bei den Gefängnishäusern 1 bis 4 und 10 eine Aufstockung um jeweils eine Geschosshöhe, im Haus 3 zusätzlich für den Frauenvollzug.[191]

Als wollte man die Unzerstörbarkeit der SED-Diktatur demonstrieren, beinhalteten die Vorgaben auch die Schaffung von »Verwahrplätzen«, 400 für Gefangene aus nichtsozialistischen und sozialistischen Ländern im Ausländervollzug, außerdem 150 für Gefangene aus der DDR zur Durchführung von Dienstleistungen und Versorgungsarbeiten in der StVE. Gleichsam wäre die UHA II im Polizeipräsidium in Rummelsburg integriert worden, das war schon länger vorprogrammiert.[192] Insgesamt sollte es in der Untersuchungshaft in Rummelsburg 950 »Verwahrplätze« und an »Verwahrräumen« für Verhaftete 400 für Einzelunterbringungen und etwa 140 für die gemeinschaftliche Unterbringung von drei bis vier Häftlingen geben. In diesem Zusammenhang wäre an Stelle des alten Wirtschaftsgebäudes (Bäckerei und Küche) rechwinklig neben Haus 3 als Nummer 3a ein achtgeschossiger Plattenbau hochgezogen worden, mit 300 Einzelzellen und Räumlichkeiten für die Untersuchungsorgane (Vernehmungsräume), für Rechtsanwälte und das Dezernat II der Kripo.[193] Im Keller waren Werkstätten und Lager für die Zuweisung von Häftlingsarbeit im Zweischichtsystem geplant, jedoch auch 15 Arrestzellen, »ausgestattet« mit Holzliegen mit Stangenarretierung und hinter einem verschlossenen Teilungsgitter mit Waschtisch und Toilette. Die Planungsunterlagen zeigen die Verbindung zwischen den Häusern 3 und 3a durch eine Personen- und Kfz-Schleuse, und – auf der Berechnungsgrundlage von fünf Quadratmetern pro Häftling – einen 1.000 Quadratmeter großen Freistundenhof.[194] Mehr an eine Szenerie erinnernd, hätte die Mitte des mit Gehwegplatten ausgelegten Hofes eine Grünfläche und ein Blumenbeet geschmückt und an den Seiten hätten 14 Bänke, zwei stationäre Tischtennisplatten, ein Lebensmittel-Verkaufskiosk und eine Toilette gestanden. Dem Ganzen war freilich auch eine drei Meter hohe Mauer, nach innen mit vier Reihen Stacheldraht, sogenannten Abweisern, ein Postenturm und die Umfahrung des Hofes durch die Bewacher mit einem Kfz zugedacht.[195]

Das Ausmaß der Abschottung

»Bedrohung« von außen

Als im letzten Drittel des 19. Jahrhunderts das Arbeitshaus erbaut wurde, siedelten sich in der Nähe gerade in dieser Zeit zunehmend auch gewerbliche Anlagen und Industrie an, später kam das kolossale Kraftwerk Klingenberg hinzu, wobei die Miethausbebauung nur einen geringen Teil ausmachte.

Bei Übergabe des Gefängnisses an das MdI 1951 stellte genau diese Umgebung ein »Sicherheitsrisiko« dar. Grundsätzlich sollte Rummelburg – wie alle Gefängnisse der DDR – von der Öffentlichkeit abgeschottet und nach allen Seiten verborgen werden, was hinter den Mauern vor sich ging. Dem entsprach auch die Anonymisierung des Gefängnisses, für dessen Existenz es auf keinem Stadtplan Ost-Berlins einen Anhaltspunkt gab. Wo sich Außenstehende hätten eventuell Einsicht verschaffen können, wehrten aufgeforstete Pappeln neugierige Blicke ab. Die Bäume stehen in Richtung Seeufer zum Teil noch heute. Umgekehrt musste alter Baumbestand, wie die hohen Kastanien auf den Freistundenhöfen neben Haus 3, einer »freien Beobachtungs- und Schießweite« weichen. Als eine Art Vorfeldsicherung waren auch um das Gefängnis herum Schilder mit der Aufschrift »verbotene Zone« aufgestellt, an der Wasserseite befanden sich Stacheldrahtabsperrungen und vor der Umwehrungsmauer an der Hauptstraße schränkten »Höckersperren« und »Spanische Reiter« den Durchgangsverkehr ein. Überhaupt durfte in der Nähe weder geparkt noch fotografiert werden. Wer es dennoch riskierte, musste seine Zuführung zur Wache, die Überprüfung und Erfassung seiner Personalien und das Einziehen der Filme in Kauf nehmen. Außerdem wurde er dem MfS angezeigt. Bei Zuwiderhandlungen war jeder Turm- oder Torposten verpflichtet, Alarm zu schlagen. Im Gegenzug wussten die Verantwortlichen ihren willentlichen Eifer zu belobigen.

Um einem anderen Sicherheitsproblem aus dem Weg zu gehen, wurde im »Beobachtungsfeld« Rummelsburger See ein unterirdisch einmündender Kanal als mögliche Fluchtroute streckenweise zugeschüttet und durch ein Eisengitter versperrt. Auch die anfangs noch zugelassene Schifffahrt in der Bucht untersagte man später. Transporte für die sich am Ufer anreihende Industrie wie auch für das Gefängnis, beispielsweise von Kohle und Material, ließen sich aber nicht völlig vermeiden. Bojen markierten eine hinreichende Distanz zum Ufer.

Das fast paranoide Sicherheitsbestreben der DDR führte auch zur Überwachung der umliegenden Wohnblöcke unter höchster Geheimhaltung durch Dienstzweige der Polizei und gesondert durch die Staatssicherheit. Um Auffälligkeiten und möglicherweise eine Bedrohung zu erkunden, erstellte das MfS noch in den siebziger Jahren Panoramafotos.[196] Längst aber waren die Bewohner schon erfasst und politisch durchgecheckt,[197] was in der DDR-Diktatur nicht ungewöhnlich war. Wer in der Nähe des Gefängnisses wohnen durfte, hing auch von dem Ansprechpartner für die Anwohner,

Warnschild vor der StVE

dem Abschnittsbevollmächtigten (ABV) ab. Die willigen Helfer des Staates gab es zur polizeilichen und politischen Überwachung der Bevölkerung nach dem Vorbild der Milizorgane in der Sowjetunion seit 1952 in den Polizeibehörden. Zu einer ihrer dienstlichen Obliegenheiten gehörte in einem feststehenden Wohngebiet die Kontrolle der nach der gesetzlichen Meldepflicht in der DDR geführten Hausbücher. Das ermöglichte ihnen einen genauen Überblick über jeden Hausbewohner und den Nachweis und die Dauer seiner Besuche. Durch sie ließen sich also »feindliche und kriminelle Elemente« gut kontrollieren und beobachten.

Im »Ermittlungsbericht« über die Anwohner in der Hauptstraße gelangten die Zuträger 1963 zu folgender »positiven« Einschätzung: In der Hauptstraße 8 (im Wohnbereich auf dem vorderem Gefängnisgelände) waren von 26 Mietparteien 20 in der Haftanstalt, drei bei der VP (VSV, Bereitschaft und UHA II Berlin-Mitte) beschäftigt, drei weitere (wahrscheinlich MfS) werden nur als »nicht beim Strafvollzug oder der VP beschäftigt« benannt. Weiter heißt es über die Mieter der Reichsbahnhäuser Nr. 24 bis 26a, dass sich diese »stets vorbildlich« verhielten, mehrfach als Hausgemeinschaften ausgezeichnet worden waren und sich an den Staatsfeiertagen »um eine gute Beflaggung der Häuser« kümmerten. In Nr. 21 bis 23 wohnten Angehörige der Transportpolizei und anderer bewaffneter Organe der DDR sowie in Nr. 21 und 26 Mitarbeiter der Nationalen Front. In der Nr. 20 hatte vorschriftsmäßig der FDJ-Jugendklub des Kraftwerkes Klingenberg die Räume der ehemaligen Gaststätte »Ochsenkopf« angemietet.[198] Andere kamen weniger gut weg. Keine »zufriedenstellenden Ergebnisse« brachte beispielsweise in den siebziger Jahren die langfristige Beobachtung von Mietern mit Westkontakten, mit Vorstrafen, von psychisch Kranken (»geisteskranke Personen«) und von ehemaligen Grenzgängern, hier geriet besonders die Hauptstraße 41–47 ins Visier des MfS.[199]

Genauso hatten Staatssicherheit und Volkspolizei Zugriff auf die Belegschaft der in der Hauptstraße tätigen Betriebe. Wie akribisch die Erkundungen hier erfolgten, soll im Folgenden an einigen Beispielen aus den Jahren 1957 und 1963[200] aufgezeigt werden. Gegenüber dem Gefängnis lag ein Minol-Tanklager. Von seinen 90 Beschäftigten gehörten 15 Mitarbeiter der SED, 81 dem FDGB und drei der Kampfgruppe an. Bei dem an die Haftanstalt anliegenden Grundstück Hauptstraße 7 erübrigte sich eine Kontrolle, da es sich dort zunächst um ein Kinderheim (ein Gebäude des ehemaligen städtischen Waisenhauses), dann um Baracken für Einheiten der Grenzpolizei und nach dem Mauerbau 1961 um ein sukzessiv ausgebautes Kasernenobjekt handelte, in dem das Grenzregiment »Nikolai Bersarin« mit seinen zur »Sicherung der Sektorengrenze« beauftragten Grenzkompanien kaserniert war.[201] Links der Haftanstalt befand sich in der Hauptstraße 9–13 das »unübersichtlich angeordnete Fabrikgelände« des Aceta-Werkes, von dem der Leiter Abteilung SV Mischnik glaubte, es gehe von dort »Gefahr bei besonderen Lagen« aus und verlangte, in diese Richtung vor der Gefängnismauer einen 20 Meter breiten Schutzstreifen anzulegen.[202] Die dort vertretenen Betriebe nahm das MfS besonders gründlich unter die Lupe. Das betraf die Teforma Gummiwarenfabrik mit 186 Beschäftigten, die Deutsche Handelszentrale (DHZ) für Gummi, Asbest und Kunststoffe mit 180 Beschäftigten (SED 19, NDPD 1, LDPD 1, FDJ 26, DSF 90 Prozent, FDGB 100 Prozent, Kampfgruppenstärke 11) und den Meteorologischen Wetterdienst, ein dem MdI unterstellter Betrieb mit 40 Beschäftigten (SED 2, FDGB 40), ferner die Betriebe Haushalts- und Elektrogeräte mit 96 Beschäftigten (SED 6, Leiter LDPD, FDGB 76) und die Mosterei Großmann mit zwölf Beschäftigten, von denen niemand organisiert war, aber »keine feindlichen Tätigkeiten« zu erwarten waren. Hinzu kam ein gut bewachtes HO-Speziallager zur Versorgung von sowjetischen Dienststellen. Seine 28 Beschäftigten (SED 6, FDGB 28) setzten sich etwa zur Hälfte aus sowjetischen Staatsangehörigen zusammen.

Innerer Objektschutz

Innerhalb der Haftanstalt betrafen die sicherheitspolitischen Maßnahmen die Verhinderung von Ausbruchsversuchen oder Meutereien, die Niederhaltung von »staatsfeindlichen Tätigkeiten« der Häftlinge und die Verteidigung im Angriffsfall von außen oder im Kriegszustand. Oberste Priorität hatte die enge Verbindung zu »allen operativen Kräften, den benachbarten Firmen und anderen Bereichen«[203]. Darin einbezogen waren das MfS, die Abteilung Kriminalpolizei (K) im Polizeipräsidium sowie Kampfgruppen und Aufsichten in den Arbeitseinsatzbetrieben.

Die Anweisungen für Einsätze und regelmäßige Alarm- und Kampfeinsatzübungen erteilten der Innenminister und der Präsident der Volkspolizei. In Alarmplänen war detailliert festgelegt, wer wann und wo eingesetzt wurde und im Falle eines Angriffs wen zu benachrichtigen hatte. Auf dieser Befehlsgrundlage hatten sich im Gefängnis innerhalb eines vorgegebenen Zeitplans der Einsatzstab und sämtliche Strafvollzugsbediensteten in militärischer Ausrüstung einzufinden.

Abgesehen von der Schutzpolizei bei der Bewachung der Gefangenentransporte, wurden auch territoriale Bereitschaften als Wachkommandos für eine Gefahrenabwendung der StVE aufgestellt. 1959 schuf das MdI innerhalb seiner militärischen Einsatzkräfte die Stelle eines militärischen Kommandeurs und 1960 in den BDVP und im PdVP die des einen Stabschefs.[204] Diesen war Rummelsburg bei »besonderen Lagen«[205] unterstellt, wobei der Umstand, dass das Gefängnis innerhalb des Sperrgebietes nach West-Berlin lag, den Ausschlag für einen besonderen sicherheitspolitischen Kontrollschwerpunkt gab. Als große Gefährdung wurde der »äußerst rege Flugverkehr über Rummelsburg als Einflugschneise für den Flughafen Tempelhof« angesehen. »Das gesamte Objekt [Gefängnis] muß also als vom Gegner ständig aufgeklärt gelten«, bewertete die Abteilung SV 1963 den Sicherheitsstatus des Gefängnisses.[206] 1978 kann einer Analyse der Abteilung VII des MfS entnommen werden, dass »nach wie vor für Aufklärungszwecke westliche Flugzeuge über die StVE fliegen und Militärmissionen aus West-Berlin an ihr vorbeifahren«. Auch würden anonyme Anrufe aus der BRD und West-Berlin mit Forderungen zur Freilassung aller politischen Gefangenen eingehen.[207] Ein in diesem Zusammenhang eingeleiteter Operativ-Vorgang (OV) »Rummel« sollte mögliche Verbindungen zu SV-Angehörigen der Haftanstalt aufklären (vgl. Kapitel: »Verankerung in Rummelsburg«).

Wie überall in der DDR waren auch in Rummelsburg solche Daten wie der 17. Juni 1953 und der 13. August 1961 alljährlich angstbesetzt und führten zu einer Verstärkung der Sicherheitsvorkehrungen. Ebenso rechnete man grundsätzlich mit Krisensituationen anlässlich von Staatsbesuchen und Parteitagen der SED, von Wahlen oder solchen inszenierten Massenveranstaltungen wie Deutschlandtreffen, Weltjugendfestspielen oder Aufmärschen am 1. und 8. Mai oder am 7. Oktober (Gründung der DDR 1949). Die Anordnungen umfassten jedes Mal die »Beobachtung der Luft«[208] und Kontrollen des Fahrzeugverkehrs und von Zivilisten in der Nähe der Haftanstalt, während man sich hinter ihren Mauern auf die Einberufung der Einsatzleitung, die Alarmierung der Streifenposten und Erhöhung der Dienststärke, die Bewaffnung und auf Transportreserven sowie eine medizinische Versorgung einstellte. Für diese Zeit war für Häftlinge eine Besuchersperre verhängt, wurden die Zellen und Produktionsstätten verschärft durchsucht und das Gelände bis hoch zu den Dächern der Gefängnishäuser nach »Flugblättern u.a. Hetzschriften« durchforstet, die konspirativ ebenso dem ND, der SED-Tageszeitung »Neues Deutschland« in den DDR-Gefängnissen für Häftlinge, beigelegt sein konnten. Besonders betrafen die Befehle die noch strengere Überwachung der politischen Häftlinge, in der Sprache der SED, von Häftlingen mit »staatsgefährdenden Delikten« und »Feinden der DDR«[209].

17. Juni 1953

Als im Juni 1953 die Missstimmung in der DDR zur Krise wurde, gab es unter den Streikenden auch eine aktive Anhängerschaft aus dem Berliner Bremsenwerk, den Elektro-Apparate-Werken »J. W. Stalin« und dem Glühlampenwerk, alles spätere »Arbeitseinsatzbetriebe« der Häftlinge aus Rummelsburg. Die Proteste griffen ebenfalls auf das Kraftwerk Klingenberg und das Gaswerk am Blockdammweg über, ohne sich dabei auf das nahe Gefängnis auszuwirken, was denkbar gewesen wäre. Dass es mit der Forderung nach Freilassung der politischen Häftlinge nicht von den Kabelwerkern aus Oberschöneweide belagert wurde, hatte seinen Grund. Die Protestler dort wussten von den Arbeitern des Akkumulatorenwerkes etwas mehr von der Haftanstalt, weil hier eines ihrer ersten Außenarbeitskommandos mit etwa 90 Häftlingen[210] eingesetzt war. Beide Betriebe lagen in der Wilhelminenhofstraße, da sprach sich das natürlich herum. Ihr Streikführer, der Maschinenarbeiter Herbert Buley (1926–2011), rekapitulierte den Weg des Marsches zum Ost-Berliner Zentrum, mit dem sich die Belegschaft am 17. Juni 1953 anderen Köpenicker Betrieben angeschlossen hatte, nochmals im Jahr 2003. In einem Interview machte er deutlich, dass er beim Durchmarsch von Rummelsburg die Kollegen gerade noch vom Erstürmen des Gefängnisses abhalten konnte, denn »das hätte unnötiges Blutvergießen gegeben«[211]. Außerdem glaubte er, die politischen Gefangenen würden sowieso bald entlassen.

Ausgelöst hatte die Unruhen der Beschluss des Ministerrats der DDR im Mai 1953 über eine Erhöhung der Arbeitsnormen um mindestens zehn Prozente, auf die besonders die Arbeiter empört reagierten. Der anschließend von der SED Anfang Juni eingeleitete »Neue Kurs«, bei dem Fehler der Sowjetisierungspolitik eingestanden und eine Verbesserung der Lebenshaltungskosten versprochen wurde, verfehlte seine Wirkung, zumal von einer Rücknahme der Normenerhöhung keine Rede war. Am 16. Juni traten die Bauarbeiter der Ost-Berliner Stalinallee in einen Streik, der sich am 17. Juni zu einem Generalstreik ausweitete und das ganze Land ergriff. In vielen Orten waren die Behörden und DDR-Truppen nicht mehr Herr der Lage, woraufhin es zum Einsatz sowjetischer Einheiten kam. Es gab Tote und Verletzte, viele Streikteilnehmer wurden verhaftet und teils in Schauprozessen verurteilt und es begann eine groß angelegte politische Säuberungsaktion[212] (vgl. Kapitel: »Frühe Urteile«). Der am 17. Juni ab 13 Uhr ausgerufene Ausnahmezustand wurde erst am 11. Juli wieder aufgehoben.

Vor dem Frauengefängnis in der Barnimstraße hatten etwa 900 Demonstranten schon am 16. Juni abends gegen 21 Uhr das Öffnen der Gefängnistüren und die Freilassung von Häftlingen gefordert. Der VP traten sie mit Sprechchören entgegen: »Nieder mit der SED«, »Stürzt die Regierung« und »Wir holen euch hier raus, morgen früh um sechs Uhr seid ihr alle frei«. Innerhalb der Anstalt entstand große Unruhe, doch es kam zu keinen gewaltsamen Ausbrüchen.[213]

Am 17. Juni erreichte die Anstaltsleitung in Rummelsburg erst gegen 11.30 Uhr ein Fernschreiben der HVDVP.[214] Der Befehl lautete: »Alle Verlegungstransporte von Häftlingen durch Kfz und sämtliche Gefangenentransporte nach und über Berlin mittels GSTW und der Eisenbahn bis auf weiteres abstoppen«. Während es in der Stadt zu Ausschreitungen kam, wurde der Operativstab der Haftanstalt über die Geschehnisse »nicht genügend« unterrichtet. Bei Auslösen einer Alarmstufe hätte eigentlich jeder Fahrzeug- und Publikumsverkehr eingestellt, die Tore geschlossen, die Wachen verstärkt und die Häftlinge sofort in die Zellen gebracht werden müssen. Polit-Stellvertreter VP-Rat Frank sprach offen davon: »Im Falle eines Überfalls auf die Vollzugsanstalt hätte sie der Gegner wahrscheinlich stürmen können, da eine ungenügende Anzahl von Waffen und Munition zur Verfügung standen und selbst an den kritischen Tagen Häftlinge innerhalb der Anstalt zur Arbeit eingesetzt waren.«[215] Allerdings rechnete auch nach der Verhängung des Ausnahmezustands in Berlin nicht jeder SV-Angehörige mit einer »bedrohten Lage«. So ließ sich Genosse VP-Oberwachtmeister Kuppe nicht davon abhalten, seine Nachtschicht am 17. Juni früh gegen sieben Uhr zu beenden, einen dienstfreien Tag zu nehmen und erst wieder am 19. Juni zum Dienst zu erscheinen. Einem anderen Genossen, der »Nachrichten über verletzte und tote Volkspolizisten verbreitete«, schenkte man zu diesem Zeitpunkt noch keinen Glauben.[216] Unmittelbar nach dem gescheiterten Volksaufstand wurden versteckt in der Effektenkammer 35 Gummiknüppel entdeckt. Höchstwahrscheinlich wäre fast eine kritische (»ernste«) Situation entstanden, wie man danach glaubte.[217]

Der 17. Juni setzte ein Signal, danach wollte die SED nichts dem Selbstlauf überlassen. Jetzt verlangte der Parteichef der obersten Gefängnisleitung über die Stimmung unter den eigenen Leuten wie gleichermaßen unter den Gefangenen täglich Informationen. Aus den Lageberichten geht hervor, dass in den ersten zwei Wochen nach dem Aufstand eine Gruppe von acht »aufständischen« Häftlingen (vermutlich im Haus 3) einen gewaltsamen Ausbruch geplant hatte, der aber misslang. Noch bevor sie sich absetzen konnten, wurden sie in Einzelhaft »isoliert«. Auch sollen Zeitungen in Westdeutschland von über Monate hinweg in Ketten gehaltenen Häftlingen berichtet haben. [218] Andere, innerhalb der Anstalt als Elektriker beschäftigte Häftlinge, fabrizierten heimlich einen improvisierten Detektorapparat. Über diese Informationsquelle brachten sie über die »feindlichen« West-Berliner Rundfunksender RIAS und SFB Meldungen zu den Ereignissen und ihren Verlauf in Erfahrung.[219]

Damit sich der Juni-Aufstand nicht auf die Stimmung der VP-Angehörigen auswirkte und bei ihnen Ängste oder gar Zweifel hervorrief, befahl die Parteileitung »Blitzveranstaltungen« und politische Schulungen, aber auch »zu ihrer Entspannung« während des Ausnahmezustands Kulturveranstaltungen unter Mitwirkung des Laienchors und der Musikgruppe der Vollzugsanstalt.[220] In zahlreichen Versammlungen mussten sie ihre »Disziplin und Dienstfreudigkeit« sowie ihre »Bereitschaft zum Schutze der sozialistischen Staatsmacht« bekunden.[221] Um auch in dieser Situation den Schulterschluss mit der SED-Führung zu demonstrieren, gingen damit die üblichen Resolutionen einher, wie beispielsweise eine Entschließung auf das Treuegelöbnis der Volkspolizei zur Regierung, Partei und Volkspolizei. Im Gegenzug erhielten am 1. August in Berlin die

17. Juni 1953, Holzschnitt, Gino Kuhn 2013

Gehaltsgruppen VP-Anwärter bis VP-Oberkommissar eine Lohnerhöhung und außerdem Zuschläge. Um im »Ernstfall schnell reagieren zu können«, verstärkte der Chef der DVP die VP-Bereitschaften. »Schlagkräftige operative Einheiten« sollten es sein, jeder seit dem 1. Juli 1953 in den VP-Dienst eingetretene bis zu 25-Jährige wurde dorthin beordert.[222]

Vor allem mehrten sich seit dem 17. Juni die Häftlingseinweisungen (vgl. Kapitel: »Zahlenmäßige Belegung«). Unter den Inhaftierten befand sich der erwähnte Streikführer Herbert Buley, den die Staatssicherheit gleich am 18. Juni verhaftet hatte und mit vielen anderen Gefangenen in ein bereits überfülltes Lager in Friedrichsfelde, eine Viehhalle des früheren Magerviehhofs, brachte. Hier waren »auch alte Leute, die kaum noch am Stock gehen konnten«. Nachdem »wurde das Licht ausgemacht. Es wurden LKW reingefahren, die Tore geschlossen und die Motoren angemacht. So daß die ganzen Abgase in die Halle reinkamen und die Leute umfielen wie die Fliegen. Einige sind dann an die Fenster ran, die aus Glassteinen bestanden, wo frische Luft durchkam. Und als die dort rankamen, wurden Maschinenpistolen reingehalten, wurde geschossen.« Anschließend nach Hohenschönhausen transportiert, wurde Herbert Buley gleich mit Schlägen empfangen. »Man fasste mich in die Haare, ins Genick und schlug mich mit dem Gesicht immer gegen die Tür, so daß mir sämtliche Zähne kaputt gingen, ich geblutet habe. Und anschließend wurde ich dann in so eine Freilaufbox gebracht, in der wir 24 Stunden ununterbrochen im Kreis rumlaufen mussten.«[223]

In der Stasi-Haft wurde er jede Nacht verhört, bis er unverhofft Anfang Juli entlassen wurde. Am 19. September legte ihm die Stasi erneut Handschellen an, man warf ihm vor, als Anführer den Amerikanern zum dritten Weltkrieg verhelfen zu wollen. Im März 1954 wurde er nach Rummelsburg verlegt (vgl. Kapitel: »Frühe Urteile«).

Der 17. Juni 1953 veränderte auch das Leben von Hardy Firl (Jahrgang 1931), der bei der Mitropa arbeitete. Als er sich den Protesten anschloss, war er 21 Jahre alt. Sein Verhältnis zur DDR war schon vorher angespannt. Ganz vorne an der Spitze des Demonstrationszuges trug er ein Banne, auf dem »freie Wahlen« stand. »Wir dachten, jetzt schaffen wir's, jetzt kommt die Einheit, der Umschwung.« Am Alexanderplatz musste er mit anderen Arbeitern vor russischem Militär fliehen, doch am Ostbahnhof umzingelten sie Polizisten, trieben sie auf einen LKW und brachten sie nach Friedrichsfelde-Ost (Magerviehhof). Was dort passierte, war der reinste Terror. Hardy Firl beschreibt die »Scheinerschießungen« gleich bei der Ankunft als das schlimmste Ereignis seines Lebens. »Wir mussten uns an die Wand stellen, Hände hoch, Beine breit, drei Stasileute mit Maschinengewehren im Rücken, die Läufe auf uns gerichtet.« Es folgten erste Vernehmungen im Stasi-Gefängnis Magdalenenstraße. Er wurde geschlagen und musste die Mitgliedschaft in DDR-feindlichen Gruppen gestehen und unterzeichnen. Wegen Anstiftung zum Streik (»Rädelsführerschaft«) und Hetze gegen die Regierung (»Aufruhr«) wurde er zu drei Jahren Zuchthaus verurteilt, die er in Rummelsburg in einer kleinen Fünferzelle absaß. 1956 entließ man ihn zwei Tage vor seinem regulären Haftende. Danach setzte er sich in den Westen ab, kehrte nach kurzer Zeit aber nach Ost-Berlin zu seiner Familie und seinen Freunden zurück.[224]

In der DDR-Historiografie wurde der Volksaufstand als ein vom Westen geplanter konterrevolutionärer Putschversuch bezeichnet, in der Bundesrepublik erklärte der Bundestag bereits am 3. Juli 1953 den 17. Juni als »Tag der deutschen Einheit« zum Feiertag. In diesem Bewusstsein gärte es durchgehend bis 1989 auch in Rummelsburg. Sobald sich das Datum jährte, artikulierten sich einzelne Häftlinge und nahmen dafür eine Arreststrafe auf sich. So provozierten 1966 Untersuchungsgefangene mit einem selbstgefertigten Flugblatt »gegen Walter Ulbricht und die SED«, ein anderer opponierte wegen der Erschießung von »wehrlosen Menschen an der Mauer«. Ein Häftling stellte eine brennende Kerze an das Fenster seiner im dritten Stockwerk liegenden Zelle, mit der Begründung, dass seine Cousine im Alter von zwölf Jahren am 17. Juni 1953 in Gesundbrunnen von der DDR-Grenzpolizei erschossen worden sei. Ein weiterer Häftling ritzte in der U-Haft in die Wand »Tötet Ulbricht«, und ein Häftling aus dem Jordan schrieb an seine Arrestzellenwand: »Freiheit, keine Mauer, nieder mit dem Diktator, Ghetto muß weg, Mauer weg, Freiheit«.[225]

Auch in späteren Jahren versuchten Häftlinge Flugblätter herzustellen, in denen sie zu Schweigeminuten aufriefen. Bei einer Filzung der Zellen wurden solche in den siebziger Jahren (um 1977/78) entdeckt. Für den Betreffenden bedeutete das zusätzlich zu seinen vier Jahren Haft noch zwei weitere Jahre.[226] Von der gleichen Grundhaltung geleitet hatten am Tage des 17. Juni 1975 im Vollzug gleich 65 Häftlinge, vorwiegend aus der Bundesrepublik und West-Berlin, vor ihrer Arbeitsaufnahme früh um sechs Uhr drei Schweigeminuten für die Opfer des Volksaufstandes einzulegen gewagt. Zudem rechnete bei Arbeitsschluss die Mehrheit des »Ausländerkommandos« ihre Tagesergebnisse gegenüber den Bandleitern nur mit symbolischen 17 oder 53 Prozent ab, obwohl sie die Arbeitsnorm mit 120 bis 130 Prozent erfüllt hatte. Das eingeschaltete Dezernat II der Kriminalpolizei und die Abteilungen VII und IX der Bezirksverwaltung für Staatssicherheit Berlin unterzogen elf Gefangene einem Verhör, um die Namen der »Rädelsführer« zu erfahren. Die Protestler wurden mit Einzelhaft bestraft, als Arbeitskräfte allerdings nicht aus den Arbeitskommandos herausgezogen (vgl. Kapitel: »Die unwürdige Behandlung in der Haft«).[227]

Nicht anders war auch 1977 der 24. Jahrestag des Volksaufstandes für die SED-Parteiführung ein heikles Datum, das auf einen Freitag fiel. Tage vorher erfuhren Häftlinge aus der von 14.30 bis 23.30 Uhr dauernden Spätschicht, dass sie am 18. Juni, einem eigentlich arbeitsfreien Samstag, zum Ableisten von Überstunden antreten müssten. So wollte man sie schon im Vorfeld des 17. Juni provozieren, um potentielle aktive Gefangene sondieren zu können, vermutete Matthias Bath, der sich der Weisung nicht beugte und, wie andere, dafür Arrest in Kauf nahm. Zehn Tage verbrachte er im Keller-Gewahrsam (vgl. Kapitel: »Umgang durch das Bewachungspersonal«).[228] Von dem fast ein Drittel der Häftlinge, die sich der Maßnahme verweigern wollten, nahmen nach den Drohungen der Offiziere des Hauses, denen sie einzeln vorgeführt wurden, einige wieder die Arbeit auf.[229]

13. August 1961

Zu den Abläufen in der Haftanstalt während der Abriegelung der Sektorengrenze zwischen Ost- und West-Berlin 1961 lassen sich in den Akten ausführlichere Meldungen finden, als das für den 17. Juni 1953 der Fall ist. Der Gewaltakt des Mauerbaus mit dem die Machthaber der DDR den Widerstand gegen ihre Herrschaft und »Abwanderungen in den Westen« abzuwenden suchte, war für die meisten Menschen unvorhersehbar gewesen.

An jenem Sonntag, dem 13. August 1961, startete der unter höchsten Geheimhaltungsgrad geplante Präventivschlag mit einer groß angelegten militärischen Aktion. Ulbricht hatte den Beginn als »X-Zeit« auf ein Uhr nachts festgelegt.[230] Um Mitternacht wurden in den Kasernen der Nationalen Volksarmee, der Volks- und der Grenzpolizei der DDR »Gefechtsalarm!« ausgelöst, die nach dem 17. Juni 1953 aufgebauten SED-Kampfgruppen aus den Betrieben mobilisiert; und für den Fall westlichen Widerstandes standen im Hintergrund die Streitkräfte des Warschauer Paktes bereit.

Noch vor Mitternacht am 12. August ging in Rummelsburg ein Einsatzbefehl des Polizeipräsidenten ein. Punkt 23.27 Uhr erteilte Hauptmann der VP Bickel, der in Vertretung zuständige Gefängnisleiter, das Kommando zur Alarmierung des militärischen Leitungsstabes der Haftanstalt, der früh um 2.15 Uhr des Folgetages in vollständiger Besetzung zusammentrat. Um 2.30 Uhr wurde Gefechtsalarm ausgelöst.

Laut Einsatzplan hatten sich bei Vollalarm alle SV-Angehörigen umgehend in die Haftanstalt zu begeben. Um zehn Uhr früh war mit 229 Genossen die volle Einsatzstärke hergestellt, wobei nicht jeder die »vorgeschriebene Einsatzbekleidung« trug und bei den »zur Gefahrenabwendung« festgelegten Maßnahmen die Absicherung einer nächtlichen Notbeleuchtung vergessen wurde.[231]

Dem ungeachtet gaben sich die Volkspolizisten des Strafvollzugs schlagkräftig, die Turmposten trugen Stahlhelme, die Einsatzgruppen erhielten Gasmasken und oben auf dem Wasserturm überwachte ein Beobachter mit Feldtelefon die Umgebung. Er musste nach Menschenansammlungen Ausschau halten und unverzüglich Meldung erstatten, falls die Lautsprecherwagen mit den »Hetzübertragungen der Klassengegner an der Staatsgrenze« bis nach Rummelsburg zu hören wären. Am 14. August hatte die Haftanstalt die Aufnahme von 550 »Neuzugängen« vorzubereiten. Für die Anlieferung von Betten wurden morgens ad hoc um 9.30 Uhr etagenweise die Häftlinge der Häuser 1 und 2 in die Häuser 3 und 6 verlegt. Auch innerhalb der Stationen fanden Verschiebungen statt, wobei hierbei unter höchsten Vorkehrungen die strikte Trennung der in den Außenkommandos oder im Sonderkommando »Entwurfsbüro des MdI« zur Arbeit eingesetzten Häftlinge von den anderen Insassen berücksichtigt werden musste.[232]

Unter den Häftlingen war man sich relativ schnell einig: Hier spielte sich kein Probealarm ab. In den Zellen rumorte es: »Wenn sie schon hier so auffahren, muss es schlimm genug draußen aussehen«[233]. Bei einigen keimte ein Funken Hoffnung auf, dass die SED-Politik vor dem Scheitern stehe. Im Ausländervollzug Haus 6 widersetzten sich morgens um viertel acht Uhr Häftlinge den Anweisungen des Wachhabenden und verweigerten die ihnen zugewiesene Arbeit. »Zur Brechung der Provokation wurden Polizeiknüppel eingesetzt«, meldete Bickel, »sie nahmen die Arbeit danach wieder auf.«[234]

Aus dem Tagesrapport eines leitenden Wachtmeister geht am 19. August hervor: »Es liegt eine sonderbare Stille unter den Gefangenen, in Wirklichkeit wird in den Verwahrhäusern aber heftig diskutiert«[235]. Die verhasste Polizei mit ihren Schlagstöcken wurde als »Friedensverteidiger« und »Demokratieverkünder« verhöhnt. Die Zuträger unter den Häftlingen, die inoffiziellen Zelleninformanten (ZI), merkten sich jedes Detail dieser Gespräche: »Jetzt kann man sich nicht einmal mehr Westzigaretten kaufen, ein Kino und seine Angehörigen drüben besuchen, soweit ist es schon mit Deutschland gekommen. Da wollen sie den Friedensvertrag und machen die Grenzen dicht.« Und der Gefangene K., der vor der Inhaftierung Angehöriger der VP war, äußerte: »Da hast du deine Diktatur des Proletariats, daß war ein kleiner Geschmack davon.«[236] Wie aufgeladen die Stimmung war, zeigte sich noch nach Tagen. Als endlich am 21. August wieder eine Freistunde erlaubt war, reagierten die U-Häftlinge von Haus 3 während der

Berliner Mauerbau 1961, Öl auf Leinwand, Gino Kuhn 2011

Hofrunden ausdauernd lautstark singend und mit Pfiffen, sodass der Hofgang abgebrochen werden musste.[237]

Den Unmut über den Mauerbau teilte jedoch nicht jeder Häftling, mancher suchte nach einer Rechtfertigung, sah darin Potential für die Reduzierung von Straffälligkeit, so würden »die Schiebereien aufhören«.[238] Glaubt man den Berichten des Gefängnisleiters, wurden im Haus 3 auf Station A für U-Häftlinge aus der DDR »bei Bekanntgabe der Anordnung Bravo-Rufe laut« und 38 Gefangene des Kommandos Batterie sollen sich zum Ableisten einer Sonderschicht von vier Stunden verpflichtet haben.[239]

Abgesehen von den Vergünstigungen, die sich solche Häftlinge erhofft haben mögen, wahrscheinlich waren gezielt auch IMs eingesetzt, spiegeln diese Fälle getreu die »politische Erziehungsarbeit« an den Häftlingen wider. Seit Beginn des Jahres 1961 fanden vor allem für Gefangene der Gruppe I, den sogenannten rot-eingestuften Kandidaten und Mitgliedern sowie ehemaligen Mitgliedern der SED, 14-tägige Presseschauen und »staatspolitische Schulungen« statt. Zu den Polit-Informationen zählten auch »geeignete Musiksendungen« des DDR-Rundfunks. Ebenso mit »weltanschaulichen Themen« gedrillt wurden zweimal monatlich in der Produktion eingesetzte Häftlinge.[240]

Nach dem 13. August 1961 wurde aus Furcht vor Übergriffen auf die Haftanstalt schnell reagiert und die Leitungsebene durch einen militärischen Stab erweitert.[241] Um die Kampfbereitschaft für eine Fliegerabwehr zu sichern, sollten die Wachtürme mit Maxim-Maschinengewehren bestückt werden, die zwar geliefert, wohl aber nicht aufgestellt wurden.[242]

Zugleich ging es um eine »Störfreimachung« nach innen. Dazu gehörte die tägliche Berichterstattung an das PdVP über die »Stimmung« unter den Gefangenen. Die

Analyse richtete sich auch gegen die Strafvollzugsbeschäftigten, die in eigens durchgeführten Dienstversammlungen teils wegen »verwerflichen Verhaltens« politisch ins Schussfeld gerieten. Beispielsweise nahm man nun bei einem Genossen das Verschweigen der Arbeitsstelle seines Sohnes in West-Berlin gewahr.[243] Andererseits erfuhren auch sie seitens der Bevölkerung »Anfeindungen«, die bis in die Familien hineinreichten. Doch diesmal standen die Agitatoren der SED bereit, um Unruheherden vorzubeugen, die Genossen »auf Linie« zu bringen und in den Parteigruppen und in Politschulungen Überzeugungsarbeit zu leisten. In dem Maße, wie die Teilung in Ost und West schon erste Spuren hinterlassen hatte, machten sie sich daran, auf Stimmungen und Unzufriedenheiten einzuwirken. Sie argumentierten für die »Notwendigkeit der Grenzschließung für die DDR« und gaben Fragestellungen vor: »Worin der Sinn des 13. August liegt. Worin seine Notwendigkeit besteht. Die historische Rolle der Arbeiterklasse in der DDR. Wie die historische Rolle am 13. August zum Ausdruck kam. Wer ist ein guter Deutscher. Warum wurden die Maßnahmen nicht schon früher durchgeführt ...« usw.[244]

Dienst in der Haftanstalt

Die Leitung

In erster Linie benötigten die höheren Dienstränge in der Polizei ein marxistisch-leninistisches Grundwissen, sollten ideologisch gefestigt sein und die Verwirklichung der führenden Rolle der SED sicherstellen. In den »Führungskreis« der Haftanstalt Rummelsburg schafften es also nur politisch besonders zuverlässige »Kader«. Insgesamt amtierten hier die neun Leiter: 1951–1954 Pelka,1954–1955 Neumann, 1955–1958 (Friedrich?) Hahn, 1958–1961 Otto (Gerhard?) Auerswald und 1961 Willi Bickel (davor vertrat er bereits mehrfach den Leiter), 1961–1967 Palz, 1967–1974 Otto Grimm, 1974–1986 Arno Schmidt-Bock, 1986–1990 Bernd Witschel. Die meisten waren im Rang eines Offiziers, nur am Anfang war die Stelle mit mittleren Diensträngen der VP besetzt. Ihnen nachgeordnet war, wie auch dem PdVP, der jeweilige Leiter und die Bewacher der StVA angeschlossenen UHA I, der 1972 Hauptmann des SV Hofer, ab 1973 Hauptmann des SV Günter Schewe, 1986 Major des SV Becker und zuletzt Staatswissenschaftler und Hauptmann des SV Thomas Gassan vorstanden.[245]

Als Teil der »Nomenklatura« des MdI unterstand der Leiter der StVA direkt dem Präsidenten der Volkspolizei Berlin und war hinsichtlich der Erfüllung der Aufgaben und Dienstdurchführung gegenüber ihm oder seinem Stellvertreter Strafvollzug und Feuerwehr rechenschafts- und berichtspflichtig, wie grundsätzlich auch dem Leiter der HVSV des MdI und dem 1. Sekretär der SED-Bezirksleitung.

Bereits der erste Anstaltsleiter VP-Kommandeur Pelka wurde von seiner nur kurzen Amtszeit wieder entbunden, weil er sich gegenüber »ideologischen Vorgaben wenig

Hochschule der Deutschen Volkspolizei in der Cecilienstraße im heutigen Bezirk Berlin-Marzahn. 1962 gegründet, waren wie bei der Projektierung und Baudurchführung der an gleicher Stelle 1955 eröffneten »Höhere Polizeischule« Häftlinge aus Rummelsburg eingesetzt, 1978

Auszeichnungsmedaille für langjährige Tätigkeit im Strafvollzug Rummelsburg von 1970, Vorder- und Rückseite, Durchmesser sechs Zentimeter, 75 Gramm

aufgeschlossen verhielt«, wie es hieß. Die Verwaltungsbürokratie machte ihm »Lockerungen im Führungsstil« und eine »allzu große Sorglosigkeit bei der Wachsamkeit und Sicherheit der Anstalt« zum Vorwurf. Auch brauche es mehr Parteieinfluss: »Die Partei führt mehr oder weniger im Schlepptau der Dienststellenleitung ihre Arbeit durch«[246]. In seine Amtszeit fiel der Volksaufstand vom 17. Juni 1953. Nach der Abberufung Pelkas im Herbst 1954 tauchte er zwei Jahre später als kommissarischer Leiter der Abteilung »E« im PdVP auf. 1960 war er im Polizeipräsidium als Oberstleutnant der Leiter des Operativstabes.

Sein Kommissarischer Nachfolger wurde im November 1954 ein VP-Rat Neumann.[247] Nicht näher begründet ist seine kurze Leitungszeit bis Anfang Februar 1955, vermutlich diente sie nur zur Überbrückung. Er galt als »Scharfmacher« und gab die künftige Generallinie vor: »Als verantwortungsvolle Funktionäre sind wir verpflichtet, den Kampf gegen das Versöhnlertum mit allen Kräften zu führen.« Als negative Beispiele mussten der für die Schuhmacherei zuständige Genosse VP-Meister Kern und der für die Schlosserei verantwortliche VP-Meister Kleinert herhalten. Der eine sprach nicht von Strafgefangenen, sondern von Brigadieren, der andere hatte sich seinen Bericht für die SED-Parteigruppe über das 21. Plenum des ZK der SED (12.–14. November 1954) von einem Häftling schreiben lassen.[248] Gemeint war auch der Leiter des Bäckereibereiches, der schon seit 1918 ununterbrochen seinen Dienst versah, damals noch im Arbeitshaus. Seine humanistische Einstellung war noch der Weimarer Zeit verpflichtet, in der DDR-Anstalt wurde sie ihm als politische Schwäche ausgelegt.

Mit Hauptmann und VP-Rat Hahn, der gerade erst die Zentralschule der DVP Radebeul abgeschlossen hatte und über keinerlei Praxis im Strafvollzug verfügte, sollte das Leitungsproblem behoben werden.[249] So umgehend nach dem Studium eingesetzt, wollte er gleich den Strafvollzug nach den Festlegungen des oben genannten 21. Plenums der SED auf die »große Linie der Partei« umstellen und eine höhere Arbeitsproduktivität der Häftlinge durchsetzen. Wegen Führungsschwächen wurde er im Frühsommer 1958 abgelöst und als Personalleiter und stellvertretender Parteisekretär eingesetzt.[250]

Danach übernahm Oberstleutnant der VP Otto (Gerhard?[251]) Auerswald den Leitungsposten. Zwischendurch musste er der Abteilung SV des PdVP vorstehen, deren eigentlicher Leiter Oberstleutnant Mischnik im August 1960 bekannt gab: »Der lange Zeit aus der Arbeit der Anstalt [Rummelsburg] herausgenommene Auerswald übernimmt wieder seinen Dienst als Leiter der Anstalt«[252]. Kaum wieder in Rummelsburg, lehnte Auerswald im Oktober 1960 die Möglichkeit der Herabsetzung der Haftstrafe aufgrund des sogenannten »Gnadenerweises des Staatsrates der DDR« für mindestens zwei Häftlinge mit der Begründung ihrer »feindlichen Einstellung zur DDR« und »großen Gesellschaftsgefährlichkeit« ab. Einer hatte wegen Diversion zehn Jahre, der andere wegen Spionage zwölf Jahre Zuchthaus abzusitzen.[253]

Durch Auerswalds längere Abwesenheit übte die Leitung zeitweise sein Stellvertreter, der seit 1954 »Stellvertreter Allgemein« der Haftanstalt war, Hauptmann der VP

Willi Bickel (1928–2009), aus. Er hatte auch schon den Anstaltsleiter Hahn vertreten. Nachdem Auerswald nochmals 1961 für Monate als Leiter der Abteilung »Geheime Verschlusssache« (Staatsgeheimnisse)[254] ins PdVP wechselte, nahm Bickel wieder die Stellung des Leiters wahr. Sein Leumund war nicht der beste. Die Häftlinge kannten ihn als Schläger.[255] Persönlich stellte er seinen Einsatz in Rummelsburg besonders »in der Bekämpfung der Gefangenenentweichungen« als Erfolg dar. Mit seiner Art, »mit der er sich über alles hinwegsetzt, um sein Ziel zu erreichen«, kamen aber selbst seine Kollegen nur bedingt klar, einige wollten partout nicht mit ihm zusammenarbeiten.[256] Daneben kursierte innerhalb der VP das Gerücht, er sei mit einem »desertierten« ehemaligen Sicherheits-Leiter des VPKA Eisenach eng befreundet gewesen, worüber man das MfS in Kenntnis setzte. Nach nur wenigen Monaten wurde Bickel »wegen Vorfällen«, bei denen er »ein schlechtes Beispiel gab«, die in den Berichten nur angedeutet und nicht näher ausgeführt sind, nicht zur Beförderung und Bestätigung als Dienststellenleiter eingereicht und aus dem Dienstzweig Strafvollzug herausgenommen.[257] Ob ihm die Übergriffe auf Häftlinge oder interner Ungehorsam zum Vorwurf gemacht wurden, bleibt offen. Anschließend wurde Bickel Leiter der Schutzpolizei, VP-Inspektion Berlin-Mitte. Zum Oberstleutnant der VP aufgestiegen, erhielt er 1981 den »Vaterländischen Verdienstorden« der DDR in Bronze.[258]

Im September 1961, also kurz nach dem Mauerbau, wurde die Leitungsfunktion an Major des SV Palz übertragen. Der langjährige Bereitschaftskommandeur der PdVP, zuletzt Hauptmann der VP und Bereitschaftskommandeur der II. Bereitschaft Rummelsburg[259], konnte sich auf militärische Erfahrungen berufen. In seine Leitungsperiode fiel die Verschärfung der auf marxistisch-leninistische Prinzipien ausgerichteten Polit- und Parteiarbeit, auf die 1963 Innenminister Friedrich Dickel[260] auch in der Polizei drängte. Nach den Beschlüssen des VI. Parteitag der SED (15.–21. Januar 1963) wurden erstmals in einer Instruktion für die Parteiorganisationen der SED und die Politorgane in der Polizei der Grundsatz »Die wichtigste Quelle der Stärke und Kraft der Deutschen Volkspolizei ist die Führung durch die Sozialistische Einheitspartei ...«[261] aufgenommen. Auch in Rummelsburg verwiesen leitende Offiziere auf die Notwendigkeit eines neuen Arbeitsprinzips, »um eine größere Wirksamkeit des polizeilichen Dienstes zu erreichen«. Ein »Leiter neuen Typs« sollte durchgesetzt werden.[262] Der ständigen Kritik von Mischnik nach zu urteilen, entsprach Palz dem nicht. 1967 wurde er wegen »Verletzung der Dienstaufsicht« abgelöst. Ihm war das »freundschaftliche Verhältnis« zwischen einzelnen VP-Angehörigen und Gefangenen zum Verhängnis geworden.[263]

Der Nachfolger, Oberstleutnant des SV Otto Grimm, bot offenbar weniger Angriffspunkte als seine Vorgänger und brachte es bis 1974 auf sieben Jahre Gefängnisleitung. Zuvor war er als Hauptsachbearbeiter der VSV für Zivil- und strafrechtliche Angelegenheiten, Haftunterbrechung, Erkennungsdienst, sozial-versicherungsrechtliche Fragen, Entlassenen-Betreuung und Gnadenvorgänge zuständig gewesen.[264] Als Gefängnisleiter nahm er am 5. November 1973 von Willi Stoph[265], dem DDR-Staatsratsvorsitzenden, der 16 Jahre später selbst in Hohenschönhausen in Haft saß, für die Haftanstalt den Karl-Marx-Orden[266] entgegen.

Bei dem vorletzten Anstaltsleiter handelte es sich bis 1986 um Oberst des SV Arno Schmidt-Bock (Jahrgang 1927). Er hatte Mitte der fünfziger Jahre die Höhere Polizeischule Berlin in Kaulsdorf absolviert, war hier zweimal als »Bester Schüler« ausgezeichnet worden und einer von 14 der in die Parteileitung der dortigen Grundorganisation der SED mit 262 Mitgliedern gewählten Genossen.[267] Weitere Kenntnisse erwarb er sich im Fernstudium an der juristischen Fakultät der Humboldt-Universität. Unter anderem als Leiter der Abteilung I der VSV eingesetzt, wurde der »parteitreue und prinzipienfeste Offizier« nach Genehmigung des ZK der SED im Dezember 1966 als Stellvertreter der VSV Nachfolger von Oberst des SV Hans Kohoutek und im Oktober 1967 erster Stellvertreter des Leiters der VSV.[268] Etwa drei Jahre nach Übernahme der Leitung der Haftanstalt Rummelsburg erhielt Schmidt-Bock 1977 den »Vaterländischen Verdienstorden« der DDR in Bronze.[269]

Als letzter Leiter fungierte bis zur Schließung des Gefängnisses im November 1990 der Staatswissenschaftler und Oberst des SV Bernd Witschel, ab Mai 1990 mit der Dienstgradbezeichnung SV-Direktor der StVE Berlin. Bei seinem Amtsantritt 1986 war er 43 Jahre alt.[270] Bei seinem Stellvertreter handelte es sich um Rolf Wollbrück.

Die Staatssicherheit als Teil des Haftgefüges

Untersuchungsgefängnisse des MfS

Das Ministerium für Staatssicherheit (MfS) führte in Eigenregie 17 Untersuchungsgefängnisse,[271] die noch geheimer gehalten wurden, als die Gefängnisse des MdI. Nur wer in die Fänge des Apparates geraten war, erfuhr von der Willkür, den Drohungen, Tag- und Nachtverhören und der Isolation, die ihn dort zermürben und gefügig machen sollten.

Stasi-Minister Erich Mielke schwor alle MfSler auf Wachsamkeit gegen die »Staatsfeinde«[272] ein, wie er es im Jahr 1979 auf einer zentralen Dienstkonferenz deutlich machte: »Und wenn sich ein Verbrecher, ein verkommenes Subjekt deshalb etwas antut, weil er merkt, daß wir ihn erkannt haben und mit aller Konsequenz gegen ihn vorgehen, dann ist das noch tausendmal besser, als wenn es ihm gelingt, seine verbrecherischen Absichten zu verwirklichen oder uns weiter anderen Schaden zuzufügen. [...] Die sozialistische Gesetzlichkeit strikt durchzusetzen, alle Möglichkeiten voll auszuschöpfen, das gilt erst recht in Bezug auf Feinde, die auch weiterhin wie Feinde behandelt werden.«[273]

Für eine Gewähr, sie alle dingfest zu machen, sorgte längst schon ein hoher Bestand von Hauptamtlichen und informellen Zuträgern.

Mit seiner Machtfülle vermochte das MfS nach Belieben die »wirksame Bearbeitung« von politischen Strafsachen an sich zu ziehen, vor allem von Straftaten, die im

Innenhof Gefängnis Magdalenenstraße, 1992

Strafgesetzbuch der DDR als staatsfeindliche Delikte benannt waren. In die Zuständigkeit der Abteilung XIV »Untersuchungshaft/Strafvollzug« fielen die Zuführung und Verwahrung der Untersuchungshäftlinge, die Hauptabteilung VIII nahm die »Beobachtung/Ermittlung« vor und die Hauptabteilung IX ermittelte als »Untersuchungsorgan« für Strafprozesse und führte Festnahmen und Vernehmungen durch.[274]

In Berlin-Lichtenberg liefen zwischen Frankfurter Allee und Rusche- und Normannenstraße die Fäden der Staatssicherheit im MfS[275] zusammen. Hinzu kamen in Ost-Berlin drei Untersuchungsgefängnisse (nicht zu verwechseln mit den UHA des MdI) für Verhaftete, gegen die seine Diensteinheiten ermittelten, oder für einzelne verurteilte Häftlinge, für die man sich aus politischen oder geheimdienstlichen Gründen besonders interessierte. Immer im Ungewissen über die Dauer, mussten sie hier Tage oder Wochen durchstehen. Selbst die Transporte dorthin wurden brutal gehandhabt. Um die gefesselten Häftlinge durch Angst zu destabilisieren, stülpte man ihnen beispielsweise in den fünfziger Jahren einen Sack über den Kopf[276] oder nahm ihnen durch eine spezielle Brille die Sicht und die Orientierung.[277]

Die UHA I in der Gensler- und Freienwalder Straße in einem geheimen Sperrgebiet in Berlin-Hohenschönhausen diente dem MfS als zentrales Untersuchungsgefängnis. Seine fensterlose Zellenanlage im Keller für die Isolationshaft, das sogenannten »U-Boot«, war berüchtigt. Anfang der sechziger Jahre entstand ein übermäßiger Gefängniskomplex durch Neuanlagen mit einem Zellen- und Vernehmungstrakt.[278] Angrenzend an die U-Haftanstalt betrieb die Staatssicherheit Anfang der fünfziger bis Mitte der siebziger Jahre das »Lager X« als Haftarbeitslager (vgl. Kapitel: »›Kommando

X‹ (MfS) und ›Sonderkommando S‹«). Viele der Häftlinge saßen vor ihrer Verurteilung schon nebenan in der Untersuchungshaft. Ihre Einlieferung sollte verschleiert werden, wiederholt wurde eine größere Anzahl von ihnen über die Haftanstalt Rummelsburg geschleust. Rummelsburg diente auch als Tarnadresse für die Poststelle des Lagers.[279]

Bei der UHA II in der Magdalenenstraße,[280] ab 1982 mit neuem Zugang von der Alfredstraße, handelte es sich um einen vier Stockwerke hohen Gefängnisaltbau aus der Kaiserzeit neben dem Amtsgericht Lichtenberg. Stasi-Offiziere nahmen hier Verhöre vor. Dorthin gelangten die Verhafteten entweder gleich nach der Festnahme, folglich noch bevor sie dem Haftrichter vorgeführt und nach Hohenschönhausen überstellt wurden, oder vor ihrer Haftentlassung. Die Zellen hatten statt Fenster nur Glasbausteine und einen kleinen Lüftungsschlitz. Bevor das MfS 1953 das Gefängnis teilweise und 1956 komplett übernahm, hielt darin seit 1945 der sowjetische Geheimdienst NKWD/MWD Menschen eingekerkert. Es heißt, im Gerichtsgebäude sollen sowjetische Militärtribunale (SMT) Urteile gefällt und Hinrichtungen vollzogen haben.

In der Magdalenenstraße erfolgten überwiegend für ausländische und bundesdeutsche Häftlinge aus der UHA I Hohenschönhausen die Besuchstermine und »Anwaltssprecher« mit diplomatischen oder konsularischen Vertretungen. Um ihren wahren Haftort zu verbergen, brachte man auch aus anderen Gefängnissen der DDR Einsitzende extra dorthin.[281]

Zu denen, die in das Stasigefängnis gerieten, zählte 1968 auch die Liedermacherin Bettina Wegner (Jahrgang 1947).[282] Sie hatte mit Freunden Flugblätter gegen den Einmarsch der Warschauer-Pakt-Truppen in die Tschechoslowakei und die Niederschlagung der Reformen in Prag verbreitet. Später machte ihr Song mit dem Refrain »Magdalena, Magdalena, Magdalena« die Runde und wurde zum Inbegriff für die staatliche Repression der Staatssicherheit und für die UHA II an diesem Ort. Auch der Schriftsteller und Dissident Jürgen Fuchs (1950–1999) verfasste einen Roman mit dem Titel »Magdalena«.[283]

Dass hier noch 1969 Scheinerschießungen vorgenommen wurden, musste Anatol Rosenbaum, bevor er nach Waldheim und später nach Rummelsburg kam (vgl. Kapitel: »Fluchtversuche und Fluchthelfer«), miterleben:

»Dort angekommen bringt man mich in eine Einzelzelle. Ich bekomme ein außergewöhnlich gutes Essen. Nach sechs Stunden Wartezeit werde ich durch einen langen, dunklen, unterirdischen Gang geführt. Die Wachmannschaft, mit Karabinern bewaffnet, läuft hinter mir her. Ich drehe mich um und sehe, wie sie die Karabiner auf mich anlegen. Die Gewehrschlösser knacken wie bei einem Ladevorgang. Habe ich zuvor die Henkersmahlzeit bekommen? Panische Angst überkommt mich. Wollen sie mich von hinten erschießen? Vor lauter Angst entleere ich meine Notdurft in die Hosen. Ich erreiche lebend das Ende des Ganges und werde in einen hell erleuchteten Raum geführt. Dort begrüßt mich mit Grinsen der Vernehmungsoffizier. Er sieht, wie blaß ich bin. Die Abschreckung hat gewirkt.«[284]

Ein weiterer Standort des MfS war die seiner Berliner Bezirksverwaltung unterstellte UHA in der Arkonastraße 56 in Berlin-Pankow,[285] einem alten Gerichtsgefängnis. Als es 1951 für »besondere Häftlinge« des MfS freigemacht wurde, verlegte man die Insassen in das gerade eröffnete Gefängnis Rummelsburg.[286] Es war demnach das erste Zusammentreffen von Rummelsburg mit der Staatssicherheit. Dazu wirkten sich im Polizeipräsidium in der Keibelstraße und in der Haftanstalt Rummelsburg ein »ständig besetzter Stützpunkt« der Staatssicherheit aus.

Verankerung in Rummelsburg

Allein durch die geringe Reichweite zum MfS und seinen Ost-Berliner Untersuchungsgefängnissen scheint die Aussage, das Gefängnis Rummelsburg hätte stärker in seinem Fokus gestanden, gerechtfertigt zu sein. Auch der hohe Anteil an politischen Häftlingen war von Belang. Gegen sie ermittelte die Staatssicherheit zwar, nach der Urteilssprechung gehörte der Vollzug aber zu den Aufgaben des MdI/Volkspolizei,[287] so in Rummelsburg wie in anderen berüchtigten Gefängnissen. Der Einfluss und Aktivitäten des Apparates in den MdI-Gefängnissen, wie auch gegenüber dem MdI, der Verwaltung Strafvollzug (VSV) und der Polizei, verebbten indessen nicht.[288]

Keinen Zweifel ließ die Staatssicherheit vor allem an ihrem anhaltenden Interesse und ihren Befugnissen gegenüber politischen Häftlingen, die sich aber auch auf politisch auffällig gewordene Kriminelle bezogen, die beispielsweise unerwartet erst in der Haft um Ausreise in die Bundesrepublik ersuchten (vgl. Kapitel: »Steigende Anträge auf ›ständige Ausreise‹«). Um sie bei »Provokationen politischer Art« oder Verweigerungen der ihnen auferlegten hohen Arbeitsnormen zu diskreditieren, konnte sie auf die zusätzliche Erschwerung der Haft durch Einschränkungen oder Entzug von »Vergünstigungen« erwirken und »Zersetzungsmaßnahmen« oder disziplinarische Bestrafungen oder Isolierungen durch einen der Aufseher anweisen. Selbst Entlassungen und die Verlängerung einer Haftdauer durch einen entsprechenden Urteilsspruch unterlagen ihrem Einfluss.[289]

Zudem dürfte sich das MfS zur Unterbringung ihrer Untersuchungshäftlinge auch Rummelsburgs bedient haben, wenn es eine Überbelegung in der MfS-UHA Hohenschönhausen erforderte. Mit ziemlicher Sicherheit kann davon ausgegangen werden, dass der politische Häftling Mike Fröhnel kein Einzelfall war. Selbst wenn die Anklage noch gar nicht stand, wurde er nach Rummelsburg »abgeschoben« (vgl. Kapitel: »Berichte von und über Betroffene«). In der Regel fanden für sie in Hohenschönhausen oder in der Magdalenenstraße aber weiter Verhöre oder Treffen mit den Angehörigen oder dem Anwalt statt, für die sie sich in eine »Ausgeh«-Altuniform umkleiden mussten.[290] Die Angehörigen nahmen an, der Verhaftete sei am Besuchsort untergebracht. Er selbst durfte über seinen Aufenthaltsort und über die Haftumstände ja nicht sprechen.

Umgekehrt brachte man bis 1975 Gefangene aus dem »Lager X« des MfS in Hohenschönhausen zur Besuchsdurchführung nach Rummelsburg (vgl. Kapitel: »›Kommando X‹ (MfS) und ›Sonderkommando S‹«).

Politisch gewollt war die Vernetzung mit der Gefängnisleitung und ihrem vorgesetzten Verwaltungsapparat. In der Funktionssprache des MfS verkörperte die Verbindung die »Einheit von Sicherheit und Zusammenwirken«. In dieser Kombination erfolgten turnusmäßig Abstimmungen, Koordinierungen und laufend durch den Gefängnisleiter »Lageeinschätzungen«. Vorschriftsmäßig hielt die Operativgruppe der Haftanstalt über interne telefonische Querverbindungen Kontakt.[291]

Neben der erwähnten HA IX des MfS wirkte sich am engsten die HA VII »Abwehrarbeit MdI/DVP«[292] aus. Während sich die Krise in der DDR 1988/89 immer mehr zuspitzte, agierten zuletzt in Rummelsburg mindestens auch noch die HA II »Spionageabwehr«, die auch an der Bekämpfung politisch Andershandelnder beteiligt war, und die HA XX »Staatsapparat, Kultur, Kirche, Untergrund«, die unter anderem »die Federführung auf dem Gebiet der Verhinderung bzw. Aufdeckung und Bekämpfung ›politisch-ideologischer Diversion‹ (PID) und ›politischer Untergrundtätigkeit‹ (PUT)«[293] hatte. Nach dem harten Vorgehen gegen Oppositionelle und Demonstranten im Januar 1988 und im Oktober 1989 kam es besonders durch diese Diensteinheiten zu Zuführungen nach Rummelsburg (vgl. Kapitel: »›Zentraler Zuführungspunkt Rummelsburg‹«).

Rückhalt hatten die Hauptamtler durch Verbindungsoffiziere (VO), die möglichst unerkannt bleiben sollten. Ihren Sitz hatten sie im Haus 6.[294] Ein Vernehmungsraum befand sich neben der ersten Schleuse im Haus D. Vermutlich war von ihnen im Haus 1 (U-Haft) bei der KI/4 ebenfalls ein Offizier im besonderen Einsatz (OibE) eingesetzt. Räumlichkeiten unterhielt in den siebziger Jahren auf dem Vordergelände auch die MfS-Verwaltung Rückwärtige Dienste, Abteilung Kfz-Wesen. Einzelheiten, wie die Linien des MfS im Umfeld der Haftanstalt operierten, wurden schon im Kapitel »Das Ausmaß der Abschottung« angesprochen.

Wenngleich Staatssicherheit und Polizei betont staatskonform waren, verlief ihre Zusammenarbeit nicht spannungsfrei. In der ersten Zeit wurde den Mitarbeitern des MfS kaum Einlass in Rummelsburg gewährt. Greifen musste erst die Order von höherer Befehlsebene, »den Genossen des MfS mit dem roten Ausweis künftig uneingeschränkt Zutritt zu gewähren«.[295] 1962 beurteilte der Leiter der Abteilung Strafvollzug Mischnik den Umgang miteinander als »unbefriedigend« und »schlecht«.[296] Die Kritik entzündete sich oft anhand der innerhalb von Rummelsburg geführten Erfassungsstelle für das »Lager X« des MfS.

Ab den siebziger Jahren wurde der Zusammenarbeit indessen grundsätzlich »Stabilität und Fortschreibung von Bewährtem« zugeschrieben.[297] Hiermit gingen die Kontrolle und Überwachung des Mitarbeiterstamms der Haftanstalt einher, keiner war davor im Dienst und im privaten Bereich gefeit.[298] Um Störungen, »ideologische Verfehlungen« oder »Spionagetätigkeiten« aufzudecken, wurde nahezu lückenlos jede Einzelheit verfolgt, aus der kleinste Verdachtsmomente einer Verstrickung in den Westen durch Verwandtschaftsgrade oder andere Kontakte resultieren konnten. In solche verdeckt geführten Operativen Vorgänge (OV) oder Operativen Personenkontrollen

(OPK) waren Hauptamtliche und Inoffizielle Mitarbeiter des MfS involviert (vgl. nächstes Kapitel).[299]

In dieser Richtung waren bereits 1954 Ermittler der frühen Abteilungen VII und XIV des MfS gegen den längst verurteilten 31-jährigen VP-Angehörigen R. aus der HVDVP aktiv, der in Rummelsburg wegen des Vorwurfs einer angeblichen »antidemokratischen Einstellung« (wahrscheinlich kritische Äußerungen gegen die SED) einsaß. Noch im Nachhinein initiierte das MfS, dem die geringe Strafe des Urteils nicht passte, gegen ihn einen OV.[300] In der Regel gingen aber frühzeitige Vorarbeiten voraus. So observierte über Jahre die für Spionageabwehr zuständige HA II/1 in einer längeren OPK durch »Georg« (ein »angeschleustes« Ehepaar, Mitarbeiter des MfS) den Referatsleiter der Abteilung Agitation des MfS Hauptmann T. und seine in der Verwaltung der Haftanstalt Rummelsburg als Stenotypistin arbeitende Ehefrau. Sie wurden als »Peter« und »Petra« vom MfS geführt. Beide gerieten 1975 durch ihre Westverwandtschaft unter Spionageverdacht, was aber nicht stimmte. Im Ergebnis verlagerte sich nach Abbruch des »Sondervorgangs Kiesel« 1978 das Interesse des MfS auf die Anwerbung des Familienanhangs von T. in der Bundesrepublik, den man nun aufforderte, einen Kontakt herzustellen.[301]

An diesem Beispiel deutet sich bereits die vom MfS gesteuerte IM-Arbeit auch von Mitarbeitern des Strafvollzugs an. Die Staatsicherheit sicherte den Zugriff durch die Anwerbung von Offizieren im besonderen Einsatz (OibE), die sie als hauptamtliche Mitarbeiter verpflichtete und die in tschekistischer Weise die »ständige und unmittelbare Zusammenarbeit« gewährleisten sollten.[302] In der Regel betätigten sich in solcher Funktion die Leiter der Verwaltung Strafvollzug (VSV), der HA Kriminalpolizei, der Dezernate der Volkspolizei sowie deren Stellvertreter. Untersuchungen hinsichtlich eines möglichen Bezugs der Gefängnisleiter von Rummelsburg konnten aber im Rahmen dieser Publikation nicht berücksichtigt werden. Als Hinweis soll zumindest der Sohn des letzten Leiters Schmidt-Bock erwähnt werden, dessen Name 1991 in einer OibE-Liste in der »taz. die tageszeitung« veröffentlicht erscheint.[303]

Vermutlich ahnte nicht einmal die Gefängnisleitung, in welchem Maße die Staatssicherheit Nachforschungen anstellte. Obwohl angefragt hätte werden können, besorgte sich das MfS 1979/80 heimlich einen Überblick über die Haftanstalten des MdI.[304] Der Befund besagte, in der UHA I Rummelsburg und UHA II im Polizeipräsidium lagen Ende Dezember 1979 bei 26,5 Prozent und am 20. März 1980 bei 24,5 Prozent der Verhafteten ein Überschreiten der gesetzlich vorgeschriebenen Untersuchungshaftdauer von drei Monaten vor. Desgleichen war die UHA Rummelsburg bei einer angegebenen Normalkapazität von 336 und operativ von 550 am 20. Februar 1980 mit 602 Verhafteten und 87 »Anderen« (Hausarbeiter, am Stichtag rechtskräftig Verurteilte, Transportgefangene) sowie am 20. März mit 576 Verhafteten und 182 »Anderen« überfüllt.[305] Auf die gleiche Weise organisierte sich die Staatssicherheit 1988 Statistiken, wonach in den MdI-Gefängnissen der DDR am 20. November insgesamt 20.704 Menschen im Strafvollzug und 5.007 Menschen in der U-Haft in Gefangenschaft genommen waren.[306]

Ein anderer Vorgang, der Rückschlüsse über die weit über das offizielle Maß hinausgehenden Befugnisse des MfS zulässt, bezieht sich auf Tausende in der Haftanstalt Rummelsburg gelagerte Gefangenenakten. Zur Endarchivierung wurden sie an die Staatssicherheit übergeben, die zwischen 1987 und Januar 1989 ab dem Entlassungsjahrgang 1950 viele vernichtete oder nicht mehr zugänglich machte.[307]

Informanten des MfS und der Volkspolizei

Das MfS durchdrang, wie bei der Überwachung der DDR-Bevölkerung, auch die Gefängnisse durch angeworbene, heimlich tätige Inoffizielle Mitarbeiter (IM). Es konnte ein als Zelleninformant (ZI) ausgesuchter Häftling sein, der Informationen über Mithäftlinge weitergab, sodass die Staatssicherheit wesentlich mehr Möglichkeiten hatte, unmittelbarer und verschärfter einzuwirken. Besonders politische Häftlinge sollten beobachtet werden. Für die Zuträger unter den Häftlingen war ein als »Führungs-IM« (FIM)[308] angeworbener Wachhabender oder »Erzieher« zuständig. Zu eigen machte sich das MfS außerdem die Anwerbung von Häftlingen für eine IM-Tätigkeit nach der Haft. Die Stasi ihrerseits zeigte sich gegenüber den Spitzeln nicht kleinlich, köderte sie mit materiellen Vergünstigungen oder eine in Aussicht gestellte Strafmilderung und vorzeitige Haftentlassung. Mancher ging deshalb bereitwillig eine solche Verpflichtung ein, bei einigen schwang wohl Geltungssucht mit, sie konnte aber ebenso unter dem Druck von Drohungen zustande gekommen sein.

Die Informanten erfasste das MfS intern in »Funktionstypen«. Sogenannte auskunftsbereite Strafgefangene (ASG) stellten sich »aufgrund ihrer positiven Einstellung zur DDR« freiwillig für eine Zusammenarbeit zur Verfügung, mussten also weder angeworben noch verpflichtet werden.[309] Als solche fungierten in Rummelsburg zwischen 1975 und 1977 der Jurist K. alias »Karl«[310] und der Rundfunk- und Fernsehmechaniker V., mit Decknamen »Peter«[311], der wegen »Spionage« zu 15 Jahre Haft verurteilt worden war. Beide sammelten für die Diensteinheit XIV/3 Informationen über einen bestimmten Häftling und über Neuzugänge. Als »Belohnung« erhielten sie Geld und Sondergenehmigungen für Treffen mit Angehörigen.

Wiederum stand die Volkspolizei dem Spitzel- und Denunziantenwesen des MfS keinesfalls nach und hatte ähnlich Zugriff auf die Häftlinge.[312] Verdeckt durch eigene Konspiration oder über Informanten war vor allem das 1964 bei der Kriminalpolizei eingerichtete »Dezernat I«[313] aktiv. Die kurz auch als »K I« bezeichnete politische Polizei wurde durch MfS-Offiziere geführt. Mit »speziellen Mitteln und Methoden« war sie für die Bearbeitung politischer Delikte und die Strafverfolgung zuständig.[314] Oft waren die Kompetenzen zwischen der K I und seinen Arbeitsrichtungen[315] aber nur unscharf von den Diensteinheiten des MfS abgegrenzt, woraus arbeitsteilige Vorgehensweisen oder Überschneidungen resultierten. Die Kirchen sowie die verbotenen Zeugen Jehovas bearbeiteten allerdings nur das MfS oder die Sondereinheit I/U der Kriminalpolizei,[316] wie auch in Rummelsburg. Innerhalb der K I bestand für die inoffizielle Arbeit zur »Sicherung der Strafvollzugsanstalten durch IM-Arbeit mit Strafgefangenen« die Arbeitsrichtung K I/4 »Allgemeiner Strafvollzug«(auch AR I/4).[317] Ihr gehörten Offiziere für Kontrolle und Sicherheit (OKS) an, die in Rummelsburg im Haus 1[318] (U-Haft) saßen. Die Häftlinge nannten sie ironisch »Offiziere für Konfekt und Süßigkeiten«. Aus dem Kreis der Insassen warb die K I/4 Inoffizielle Kriminalpolizeiliche Mitarbeiter (IKM) und Kriminalpolizeiliche Kontaktpersonen (KK) an und setzte, wie das MfS, auskunftsbereite Strafgefangene (ASG)[319] ein.

Nach der Aufdeckung von Straftaten wurden die Quellen dem Dezernat II der K I[320] und dem MfS zur weiteren Bearbeitung zugeleitet. Für die Untersuchungen in der UHA I in Rummelsburg und in der UHA II in der Keibelstraße standen dem Dezernat bei »Delikten mit hoher Gesellschaftsgefährlichkeit« direkt vor Ort Räumlichkeiten zur Verfügung. Seit Anfang der achtziger Jahre lassen sich für Rummelsburg im vorderen Teil der Anlage in den Häusern A bis D sowohl das Arbeitsgebiet K I/4 als auch das Dezernat II zuordnen. In einigen Kellern der Gebäude wurden 1984/85 für die Zubringung von Verhafteten extra Zellen ein- oder ausgebaut (vgl. die Kapitel: »›Zentraler Zuführungspunkt Rummelsburg‹«).

Zu diesem Zeitpunkt waren in Rummelsburg als »Aufklärungs- und Untersuchungskräfte« zuständig: Für »Strafgefangene« der DDR der Leiter der K I/4 und der Verbindungsoffizier des MfS, für ausländische »Strafgefangene« (einschließlich der BRD) nur der Verbindungsoffizier des MfS, für Verhaftete (U-Haft) aus der DDR der Offizier des Dezernats II der K I und für verhaftete Ausländer wieder nur der Verbindungsoffizier des MfS.[321] Sie trugen VP-Uniformen, sodass sie in ihrem Tun und Treiben nicht offen auffielen. Außer der Staatssicherheit hatten sechs Mitarbeiter der K I/4 und drei Mitarbeiter des Dezernats II durch Hausausweise direkten Zugang zur Haftanstalt.[322]

4. Strafvollzug und Untersuchungshaft in Rummelsburg

Die »Strafgefangenen« (allgemein)

Zahlenmäßige Belegung

Der strenge Geheimhaltungsgrad des Strafvollzugs gehörte zum Wesen des SED-Staates. Mit den offiziellen Kriminalstatistiken verhielt es sich nicht anders, stets vermittelten sie den Eindruck von niedrigen Gefangenenzahlen. Nur für den Dienstgebrauch bestimmt waren auch die Statistiken, die über das Meldewesen der Haftanstalten an das MdI und die Volkspolizei gingen. In den Akten sind solche relevanten Angaben der StVE Rummelsburg zwar überliefert, aber nur lückenhaft, weisen teils Abweichungen auf oder ermöglichen keine zweifelsfreie Zuordnung zur Haftanstalt. Die Einsichtnahme reichte trotzdem aus, um ihr im Laufe der Jahre im Ganzen die immense »operative Kapazität« von Zehntausenden Gefangenen im Vollzug (»Strafer«) und in der Untersuchungshaft (»Untersucher«) zuschreiben zu können. Zu dem Rückschluss tragen auch die unentwegte Fluktuation durch »Zu«- und »Abgänge« während der zeitweiligen U-Haft von oder in eine andere Haftanstalt oder zur Staatssicherheit[323] oder vor einem Freikauf durch den Westen bei. Sogar entgegen eigenen Vorschriften wurden meistens mehr Häftlinge untergebracht, als es das Gefängnis hergab.

Bis 1968 sah die Strafverbüßung noch die Vollzugskategorien »Zuchthaus« (Freiheitsstrafen über ein Jahr bis lebenslänglich – wegen Verbrechens) und »Gefängnis« (Freiheitsstrafen bis fünf Jahre – wegen Vergehens) vor.

	Gefängnis	Zuchthaus	U-Haft	Gesamt
Anfang 1952	120	153	659	932
Ende 1952	799	570	583	1.952
Anfang 1953	1.195		653	1.850
Ende Juli 1953	1.317		1.294	2.611
Ende 1953	1.220		1.164	2.384

Tabelle 2: StVA Rummelsburg, Gefangenenbestand 1952/53.[324]

1952 und 1953 verdichteten sich die Zugänge auf 3.367 und 5.744 Häftlinge, die Verlegungen lagen bei 1.412 und 1.481 und die Entlassungen bei 1.373 und 3.727. Die nochmalige Forcierung 1953 trat durch die Übernahme von Häftlingen aus anderen Strafeinrichtungen (vgl. nächstes Kapitel) und durch Festnahmen während und nach dem Arbeiteraufstand am 17. Juni ein. Einige Quellen verzeichnen sogar das beträchtliche Ausmaß von 4.000 Häftlingen.[325] Anfangs saßen in Rummelsburg ebenfalls Frauen ein, vermutlich verurteilte Prostituierte noch aus dem Arbeitshaus. Ihr Anteil war aber marginal; als minderschwere Fälle konnten sie befristet »auf Urlaub« gehen.[326]

Von 1957 bis 1959 war für das Gefängnis die gesetzliche Belegungsnorm (normativ) von insgesamt 2.037 Personen festgelegt.[327] Während die Zahlen 1957 darunter lagen, schwollen sie im folgenden Jahr auf 2.166 (Vollzug 1.172, U-Haft 994)[328] an; in einer anderen Quelle ist von über 2.300 die Rede. Auch 1959 war die StVA wieder durchschnittlich im Vollzug mit 1.260 Gefangenen und in der U-Haft mit 900 Verhafteten überbelegt.[329] Seit dem vierten Quartal 1959 lautete die offizielle Aufnahmekapazität auf 1.941.[330] Im ersten Quartal hatten sich durch Verlegungen von Gefangenen aus der UHA Berlin-Mitte, von anderen Dienststellen des Strafvollzugs, der »Standortarrestanstalt« Berlin-Köpenick sowie vom MfS an die 1.094 Einweisungen ergeben, zugleich fanden 875 Entlassungen statt und 202 Häftlinge wurden in andere Haftanstalten überführt oder dem MfS übergeben. Einige jugendliche Insassen gelangten dabei in das Durchgangsheim Haus 13 des Hufelandkrankenhauses Berlin-Buch[331] oder in »Heime für soziale Betreuung« (Umschreibung für frühere Arbeitshäuser).

Unmittelbar nach dem Mauerbau 1961 liefen die Verhaftungen von Personen, die Kritik am Staat und den Sperrmaßnahmen geübt hatten oder beim Fluchtversuch gefasst worden waren, auf Hochtouren.

1961 pro Quartal	gesamt	Vollzug	U-Haft
1.	1.031	694	337
2.	938	525	386
3.	1.731	678	1.053
4.	2.134	1.134	1.000

Tabelle 3: StVA Rummelsburg, Gefangenenstatistik 1961.[332]

Die Zahlen der Neuzugänge stiegen so heillos nach oben, dass zum Teil Armeezelte Abhilfe geschafft haben sollen. [333] Die Verhafteten mussten selbst an Sonn- und Feiertagen verlegt werden.

Ab 1962 waren die normativen Belegungsvorgaben auf maximal 1.878 und spätestens 1964 für die nächsten Jahre auf 1.150 gesenkt worden. Einem Vermerk des West-Berliner Untersuchungsausschusses Freiheitlicher Juristen (UFJ) nach, soll im April 1963 aber eine geschätzte Belegung von etwa 5.000 Häftlingen erreicht worden sein.[334] Nachweislich bezifferten sich im ersten Quartal 1964 die Häftlinge auf 1.760, davon 1.410 im Vollzug.[335] Wie die Abteilung Strafvollzug darlegte, betrug die maximale Aufnahmefähigkeit bei besonderen Lagen unter Einbeziehung aller Räumlichkeiten und Nichteinhaltung der gesetzlichen Belegungsnormen jedoch 3.000 Personen[336], wobei das MfS eine Steigerung bis auf 4.000 Häftlinge für möglich hielt.

Nach in unregelmäßigen Abständen meist zu den Jahrestagen der Gründung der DDR verkündeten Amnestien gingen die Häftlingszahlen durchschnittlich auf etwa 950 zurück, davon waren in der Regel 250 U-Häftlinge. Neuzugänge füllten aber das Gefängnis schnell wieder. So hob der durch den sogenannten »Gnadenerlass« vom 6. Oktober 1964 bedingte Anfang 1965 Insgesamtbestand von 884 Gefangenen bis zum Jahresende wieder auf 1.598 (1.230 Vollzug, 352 U-Haft) an. Der Jahresdurchschnitt der Belegung betrug 1.275 Häftlinge.[337] Damit einher gingen 2.898 Zugänge und 2.209 Abgänge. Das waren 721 Zugänge mehr als 1964.

1968 bot das neue Strafgesetz der DDR eine erste Gelegenheit zur Handhabung bei bekundeten Protesten gegen den Einmarsch der Warschauer-Pakt-Staaten in die ČSSR (»Prager Frühling«). Wegen ihres Widerstands gegen die Intervention gerieten Tausende Menschen in die Gefängnisse. Allein in Rummelsburg verdoppelten sich die Gefangenenzahlen auf etwa 2.500, in die abweichend auch wenige Frauen einbegriffen waren.[338]

In den siebziger sowie achtziger Jahren bewegte sich der Umfang der normativen Belegungskapazität bei 550 im Vollzug und bei 336 in der U-Haft. Die Herabstufung lässt sich mit dem Ringen der DDR um internationale Anerkennung und im Zusammenhang mit dem Freikauf von politischen Häftlingen erklären. Operativ schwankten die Aufnahmen dennoch jährlich zwischen 600 bis 800 im Vollzug[339] und bis zu 630 in der U-Haft.[340]

Aus Stichproben über die täglichen Zu- und Abgänge lassen sich außerdem 1985 von Januar bis Ende September 4.241 Zugänge (1984: 4.473) und 1.219 Entlassungen (1984: 1.137) ableiten. Dem gegenüber stand im gleichen Zeitraum die Verlegung von 3.062 Häftlingen (1984: 3.481), darunter aus der Untersuchungshaft 2.793, in andere Gefängnisse.[341]

Zusammensetzung der Häftlinge und Haftgründe

Aus der zentralen Funktion der Strafanstalt Rummelsburg und den abgestuften Vollzugsarten resultierte eine durch die Herkunft und die Gründe des Gewahrsams geprägte Gefangenenstruktur. Politische Gefangene und »Allgemeinkriminelle« sperrte man zusammen. Hinzu kam, stärker als in manchen anderen Gefängnissen der DDR, die Mischung von deutschen und ausländischen Häftlingsgruppen. Diese Aufschlüsselung blieb im gesamten Zeitraum der StVE eine Konstante, wenn auch der jeweilige Anteil unter den Insassen schwankte.

Dass über die einzelnen Häftlinge verhängte Strafmaß lag bei mehreren Monaten bis zu einem oder mehreren Jahren Freiheitsentzug, besagte in Einzelfällen aber auch »lebenslänglich«. Wiederholt handelte es sich um ein- oder mehrfach Rückfalltäter.

In den Anfangsjahren sollen angeblich auch zum Tode Verurteilte nach Rummelsburg verlegt worden sein, bevor sie zur Vollstreckung in ein anderes Gefängnis kamen. Von Belang für die Wirksamkeit des strafrechtlichen Sanktionssystems war die Einteilung der Freiheitsstrafen in die Vollzugsart strenge Kategorie I (»schwerster Vollzug«, ständiger Einschluss von Häftlingen), allgemeine (Kategorie II) und leichte (Kategorie III), die sich durch unterschiedliche Härte und Strenge unterscheiden sollten. Die mit Einführung eines verschärften Vollzugs 1974[342] weiter ausdifferenzierten Vollzugsarten erwiesen sich als wenig praktikabel und wurden mit Erlass des StVG 1977 zweigliedrig in »allgemeinen Vollzug« und in »erleichterten Vollzug« vereinfacht.

Doch nicht jeder nach den in der DDR gültigen Gesetzen verurteilte Straftäter war tatsächlich einer. Viele Gerichtsentscheidungen hatten nur als Vorwand einen kriminellen, tatsächlich aber einen politischen Charakter (vgl. das Kapitel »Politische Häftlinge«). Auch bei kriminellen Häftlingen kann vermutet werden, dass nach rechtsstaatlichen Grundsätzen nicht jede Verurteilung oder Strafhöhe dem Delikt angemessen waren. Solche Nachweise waren aber nicht Ziel der Recherchen, wenngleich ein Großteil der Häftlinge in Rummelsburg ein ganzes Repertoire von leichten oder schweren kriminellen Delikten bediente. Abgesehen von dem typischen Nachkriegsdelikt »Schieberei« oder solchen Beispielen wie das eines Handwerkers, der bei Arbeiten im Staatsratsgebäude der DDR für sein Eigenheim das benötigte Linoleum abzweigte, oder ein anderer, der unter der Hand Bockwürste und Fleischwaren verkaufte, ließe sich noch manches Urteil hinterfragen. Durchgehend bis 1989 betraf es hauptsächlich »Vergehen am Volkseigentum«, folglich Eigentumsdelikte, aber auch Verkehrssünder, Schläger, Betrüger oder wegen Sittlichkeits- oder Tötungsverbrechen verurteilte Personen.

Straftaten	**1982**[343]	**1983**[344]
Eigentumsdelikte	51,0	56,8
Gewaltverbrechen	5,4	5,5
Sittlichkeitsdelikte	7,3	3,0

Tabelle 4: StVE Rummelsburg, Häftlingsanteil in Prozent (Auswahl).

In Sachen Kriminalität musste das Marxisten-Dogma, dass diese als »Muttermal« des Kapitalismus dereinst automatisch absterben würde, also revidiert werden, da wenig Grund zum Optimismus bestand. So stand dann auch 1968 in der Begründung des neuen DDR-Strafrechts: »Die Kriminalität verschwindet nicht von allein. Denn die Verhältnisse, die sind eben doch nicht so.«

Im Sommer 1951 überschnitt sich mit der polizeilichen Übernahme des Gefängnisses Rummelsburg die Auflösung der Vollzugsanstalten Köpenick und Pankow, deren Gefangene, zusammen mit provisorisch im Frauengefängnis Barnimstraße untergebrachten verurteilten Männern, dorthin verlegt wurden.[345] Weitere U-Häftlinge und

»Kurzstrafer« kamen 1952/53 nach Schließung des Jugendhauses Köpenick und der Stadtvogtei (VP-Untersuchungshaft) dazu.[346]

Ohnehin handelte es sich in Rummelsburg meist um »Kurzstrafer«. Nur im Haus 8 (etwa ab 1953 das Haftkrankenhaus) waren zuerst 144 »Langstrafer«, also solche mit fünf Jahren bis zu lebenslänglichem Freiheitsentzug, aufgenommen.[347] Hier gab es sichere Vergitterungen, nachts wurde das Gebäude mit Scheinwerfern angestrahlt.

1952 wurden in die StVA auch »psychisch Auffällige« eingewiesen, »deliktmäßig schwere Fälle«, für die ein Antrag auf medizinische Untersuchung vorlag.[348] Nicht genau ersichtlich ist, ob es sich um laufende Verfahren oder bereits Verurteilte handelte. Die Untersuchungen nahmen Ärzte der Heil- und Pflegeanstalt Wuhlgarten und der Psychiatrischen- und Nervenklinik der Charité vor.

1963 bildeten unter den »Kurzstrafer« mit bis zu drei Jahren Freiheitsentzug vorwiegend die Gruppe der Jugendlichen den Kern: zwei Prozent: jünger als 18 Jahre; 30 Prozent: 18 bis 21 Jahre; 30 Prozent: 21 bis 26 Jahre; 30 Prozent: 26 bis 40 Jahre der Rest: 40 bis 65 Jahre und darüber.[349]

In den siebziger und achtziger Jahren war vor allem der Anteil der Insassen mit einer Strafe bis zu drei oder fünf Jahren beträchtlich. »Langstrafer« (Kategorie I, »schwerster Vollzug«) sollten in andere Gefängnisse der DDR verlegt werden, das war schon 1955 vorgesehen gewesen, ohne es aber vollends umzusetzen.[350]

Strafmaß (Jahre)	**1982**[351]	**1983**[352]
bis 1	6,8	3,7
1–2	23,6	25,0
2–3	49,5	47,7
3–5	14,4	20,9
5–10	4,7	6,2
10–15	1,8	1,6
lebenslänglich	0,4	-

Tabelle 5: Statistik StVE Rummelburg: Häftlingsanteil in Prozent.

Für Frauen der angeschlossenen StV-Abteilung Köpenick lag die Vollzugsdauer vorwiegend bei ein bis zwei Jahren, teils bei sechs Monaten bis zu einem Jahr, gegen sechs bis acht Prozent bei zwei bis drei Jahren und von weniger als zwei Prozent bei drei bis fünf Jahren.[353]

Unterschiedliche Staatsbürgerschaften

In Rummelsburg eingewiesen wurden neben Deutschen aus Ost und West ebenfalls Ausländer, auch aus »sozialistischen Bruderländern«. Jede Gruppe saß für sich in Vollzugsabteilungen. Deutsche aus der Bundesrepublik und West-Berlin waren gleichfalls zu »Ausländern« bestimmt, da ungeachtet der Verfassung-DDR 1949 mit dem Erlass des Staatsbürgerschaftsgesetzes[354] 1967 die gemeinsame deutsche Staatsangehörigkeit nicht fortgalt. Die eigenständige Staatsbürgerschaft der DDR floss dann in die neue Verfassung 1968 ein.

1968 verfügte die Verwaltung Strafvollzug (VSV) die »Einweisungen von Strafgefangenen«[355] neu. Männliche Gefangene aller Vollzugsarten, deren Wohnsitz nicht in der DDR lag, hatte die StVA Rummelsburg aufzunehmen. Hiernach also auch aus nichtsozialistischen Staaten einschließlich der Bundesrepublik und West-Berlin. Eine weitere Festlegung der VSV von 1981 traf nochmals auf die Verbüßung der Strafe von ausnahmslos in Rummelsburg einsitzenden Häftlingen mit Herkunft aus sozialistischen Ländern zu.[356]

Ende 1976 befanden sich in Rummelsburg 300 »ausländische« Gefangene aus 26 Staaten im Vollzug, darunter wegen Verletzung des Transitabkommens verurteilte Bür-

Staat	Häftlinge	Staat	Häftlinge
VR Bulgarien	1	Palästina	5
DR Algerien	25	Österreich	4
Frankreich	3	VAR (Vereinigte Arabische Emirate)	1
Ghana	1	VR Polen	1
Griechenland	1	VR Ungarn	1
Tunesien	1	SAR (Saudi-Arabien)	4
Iran	1	Spanien	1
Irak	1	Türkei	3
Jugoslawien	6	BRD	84
Kamerun	1	West-Berlin	136
Kanada	1	Staatenlos DDR	1
Zaire	1	Staatenlos BRD/WB	1
Libanon	2	DDR – mit Wohnsitz BRD/WB	13

Tabelle 6: StVE Rummelsburg, »Ausländerübersicht« vom 1. Dezember 1976.[358]

ger aus der Bundesrepublik, aber auch Ausländer, die sich oftmals zur Arbeit oder Ausbildung in der DDR aufhielten oder sie als Transitland nutzten. Die MfS-Abteilung VII wertete aus, dass der Gegner durch das »Abschöpfen« entlassener BRD-Bürger über umfassende Kenntnisse des Ausländervollzugs verfüge.[357]

1981 unterschieden sich die Gefangenen in 526 aus der DDR und 240 Ausländer ähnlicher Länderherkunft wie nach Tabelle 6, darunter eingestuft 58 Westdeutsche und 68 West-Berliner.[359] Ein Jahr später wurden unter den 781 Gefangenen im Vollzug 205 Ausländer aus 26 Staaten und unter den 810 Untersuchungshäftlingen 25 Ausländer aus elf Staaten gefangen gehalten.[360] Die Schwerpunkte der Straftaten lagen zu 51,5 Prozent bei »Staatsverbrechen« (§§ 96–107 StGB), zu 14,9 Prozent bei »Ungesetzlichen Grenzübertritt« (§ 213) und zu 25,1 Prozent bei Zollvergehen (davon Verstoß gegen das Suchtmittelgesetz 11,5 Prozent). Es folgten Vergehen wie »Widerstand gegen staatliche Maßnahmen« (§ 212), »Öffentliche Herabwürdigung« (§ 220), aber auch bei 8,5 Prozent schwere Verkehrs- oder Sittlichkeitsdelikte.[361]

Staat	1982	1983
West-Berlin	24,9	26,7
BRD	17,6	16,5
arabisch-afrikanischer Raum	37,6	46,6

Tabelle 7: StVE Rummelsburg und StV-Abteilung Köpenick, Häftlingskategorien in Prozent.[362]

Die verschiedenen Nationalitäten der Häftlinge brachten Probleme. Fehlten Möglichkeiten einer Übersetzung, wurden Briefe einfach nicht ausgehändigt, weil man beispielsweise terroristische Inhalte befürchtete. Mit diesem Dilemma waren 1985 Gefangene aus Sri Lanka, überwiegend aus der dort politisch verfolgten Bevölkerungsgruppe der Tamilen, konfrontiert. Als Flugreisende waren sie unverhofft festgenommen worden, als sie über Schönefeld nach West-Berlin einreisen wollten.[363] Sie wussten noch nichts von einer neuen Vereinbarung zwischen beiden deutschen Staaten, nach der diesen Asylbewerbern kein DDR-Transitvisum mehr ohne Einreisevisum in ihr Zielgebiet erteilt werden sollte.[364]

Jugendliche Straftäter

Abteilungen für den Jugendstrafvollzug

Das Jugendgerichtsgesetz von 1952 sah den Jugendstrafvollzug in Jugendhäusern vor. Nicht weiter verfolgt wurde dennoch ein anfänglich im Haus 9 in Rummelsburg geplantes. Für jugendliche Straftäter, die das 18. Lebensjahr bereits vollendet hatten, nutzte man künftig Zellen im Haus 2 und bis Ende 1957 im Haus 6 und für die Untersuchungshaft teils Haus 2 und oben den linken Flügel von Haus 1. Die Urteile der Jugendlichen lauteten damals auf Raub, Mord oder schwere Direktive-Fälle.

Auf 40, maximal 72 in der Untersuchungshaft und durchschnittlich 35 bis 40, maximal 90 im Vollzug belief sich 1954 die Belegung mit jungen Häftlingen.[365] Ihre Beaufsichtigung erfolgte unter Leitung von VP-Rat Volkmann durch zwölf »Erzieher« und vier Wachtmeister. In geschlossenen Kolonnen wurden sie zur Freistunde geführt, so marschierten sie auch zur Arbeit, beispielsweise zum Bau eines Sportplatzes, der aber auf keinem Geländeplan vermerkt ist.

Die Richtlinien für die Jugendlichen boten zwar Ansätze für eine Resozialisierung, doch noch 1959 lautete das Resümee des VP-Meisters Szuwalski: »Vor zwei Jahren wurde schon die Weisung für die Einrichtung von Jugendstationen herausgegeben. Die jugendlichen Strafgefangenen sind in den Zellen zu neunt untergebracht und arbeiten im Haus 9. Sie haben aber zu wenige Tätigkeiten, schlagen andere Jugendliche und demolieren. Zwei Drittel der Zeit liegen sie untätig in den Verwahrräumen herum. Die Lehrer, die sie unterrichten sollten, sind weggeblieben.«[366] Dabei sollten ursprünglich die »besten Genossen« alle Register ziehen, um sie unter Kontrolle zu bringen und nicht systemkonforme Einflüsse und Anhaltspunkte für kriminelle Entwicklungen austilgen.[367] Auch eine Bücherei und stundenweise Unterricht im Haus 5 im Kinosaal sollten Grundlage für »richtiges Denken« sein.

Die »besondere isolierte Verwahrung« der Jugendlichen sah so aus, dass sie oftmals statt in einer eigenen Abteilung ohne räumliche Trennung vom Erwachsenenstrafvollzug ablief. Wie nachlässig der Umgang mit ihnen gehandhabt wurde, zeigt auch folgendes Beispiel aus der U-Haft. Im Mai 1958 erschienen drei Mütter vor dem Gefängnistor und verlangten die Freilassung ihrer Sprösslinge, was von der Jugendstaatsanwaltschaft in einem Schreiben angekündigt worden war. Doch sie waren sich selbst überlassen, dabei hatten sie schon tags zuvor vergeblich gewartet. Ihr energisches Auftreten nutzte nichts, da in Rummelsburg keine Verfügungen vorlagen. Heraus kam, dass die Mitteilung unrichtig und eine Freilassung überhaupt nicht vorgesehen war.[368]

Anfang 1961 mahnte die Abteilung Strafvollzug auch für unter 18-Jährige Jugendabteilungen an,[369] davon war man aber weit entfernt. Besonders nach dem Mauerbau kam es zu einem deutlichen Anstieg von verurteilten Jugendlichen. Obwohl hier die Anweisung zur Verlegung in ein Jugendhaus erteilt wurde, blieben sie wochenlang in Rummelsburg. Zu guter Letzt konnte keiner mehr aufgenommen werden.[370]

Durch die Einrichtung von Jugendabteilungen für unter 26-Jährige in der U-Haft auf Station B im Haus 1[371] und bei mehrfach Vorbestraften im Haus 2 besserten sich 1963 zeitweise ihre Haftbedingungen etwas. In Erscheinung traten hier VP-Hauptwachtmeister Reinhard Bolz und VP-Meister Seidenschnur. Die Jugendlichen waren jetzt in einem Gemisch aus Gemeinschaftsräumen und Zellen untergebracht. Die Belegung einer Zelle war schon 1962 auf vier reduziert worden.[372] Es bestand die Möglichkeit der Besuchserlaubnis einmal pro Monat. Um bei den jungen Gefangenen eine sozialistische Einstellung und Arbeitsdisziplin durchzusetzen, wurde bei der Erziehung die Teilnahme an allgemein- und berufsbildenden schulischen Maßnahmen angewandt. Darauf sowie auf Sport und Freizeit (Basteln, Anfertigung von Schachfiguren, Modellbau) war ihr Tagesablauf ausgerichtet. Die Jugendbibliothek umfasste 100 Bücher und 50 Broschüren. Anlässlich des III. Deutschlandtreffens der Jugend in Ost-Berlin (16. bis 18. Mai 1964) innerhalb des Gefängnisses durchgeführte sportliche Wettkämpfe hatten vor allem das Ziel, befürchteten Unruhen vorzubeugen. In Vorträgen und Filmen wurde die »Rolle und Bedeutung der Aufgaben der Jugendlichen in der DDR« erklärt, und auch hier der erstmals in der DDR ausgestrahlte Jugend-Rundfunksender DT 64 eingesetzt.[373]

Der Zwangsakt der Ausbürgerung des Liedermachers Wolf Biermann aus der DDR 1976 setzte eine Protestwelle in Gang. Bis 1977/78 hinein gab es in der U-Haft eine hohe Konzentration von Jugendlichen, die vor allem dagegen aufbegehrt hatten.[374] Dabei gelangte nicht jeder auf eine Station für Jugendliche, viele wurden wie und mit Erwachsenen ständig unter Verschluss gehalten. Das hatte auch in den achtziger Jahren Gültigkeit. Andre M. berichtete der Autorin im September 2011 über die U-Haft in Rummelsburg, die er 1986 in einer Zelle im Haus 2 in der ersten Etage verbrachte. Der Klempner hatte sich mit der Staatssicherheit angelegt, durchlief Hohenschönhausen und wurde, ohne dass ihm ein Urteil ausgehändigt wurde, zu eineinhalb Jahren Haft verurteilt. Bevor er zum Schluss in Rüdersdorf war, teilte er sich in Rummelsburg mit Kriminellen und mit 15-Jährigen eine Zelle. Er vermutete die Jugendlichen hier, weil Rüdersdorf überfüllt war.

Dass diese Auskunft glaubwürdig ist, bestätigte auch Stefan Lauter (Jahrgang 1967). Er war ebenfalls erst 15 Jahre alt, als er im Sommer 1982 die »schreckliche Erfahrung« mit seiner ersten Haft machen musste. Über den Punk, der aufgrund von Konflikten in Schule und Elternhaus in eine Jugendhilfe-Einrichtung kam und sich dort der »Erziehung zu einer vollwertigen sozialistischen Persönlichkeit« widersetzte, war eine Arreststrafe von vier Wochen verhängt worden. Für 17 Tage kam er in die U-Haft nach Rummelsburg und für elf Tage ins Jugendhaus Wriezen.[375]

Jugendbeistand

Von 1976 bis 1986 war Martina Weyrauch (Jahrgang 1958) vor und nach ihrem Studium der Rechtswissenschaft ehrenamtlich als Jugendbeistand tätig. In dieser Zeit lernte sie die Jugendhaft in Rummelsburg kennen, wo sie einem Jugendlichen in der U-Haft beigeordnet war.[376] Die damals 17-Jährige war zuvor noch nie in einer Haftanstalt gewesen. Als Leiterin der Brandenburgischen Landeszentrale für politische Bildung rekonstruierte sie die Erinnerung daran im Rahmen einer Ausstellung im Jahre 2002:

»Der Mensch, der mir in der Untersuchungsanstalt als Insasse begegnete, entsprach nie meinen Vorstellungen, die ich mir auf Grund des Studiums der Akte, des Gesprächs mit den Eltern, den Klassenkameraden und der Jugendhilfe gemacht hatte. Die ihm (es handelte sich in der Mehrzahl um männliche Jugendliche) zur Last gelegten Delikte wie z. B. Diebstahl, Raub, Sachbeschädigung, Körperverletzung oder unbefugte Kfz-Benutzung erzeugten in meinem Kopf regelmäßig eine Vorstellung von dem Täter, der, wenn nicht angsteinflößend, doch zumindest verwegen, draufgängerisch hätte sein müssen. Doch die Wirklichkeit sah anders aus. Der hier ohne seine Clique auf sich allein gestellte Jugendliche war zurückhaltend, verschüchtert und ängstlich. Wir brauchten eine ganze Weile, bis wir miteinander richtig ins Gespräch kamen und er Vertrauen zu mir fasste. Mir begegnete bei diesen Terminen also niemals ein ›Monster‘, sondern ein auf sich zurückgeworfener isolierter Mensch, der in Erwartung seiner Gerichtsverhandlung mehr oder weniger vorbereitet, mehr oder weniger schuldbewusst, aber immer sehr unsicher und einsam war.«[377]

Dienstaufsicht über Jugendliche im »Objekt Rüdersdorf« 1966/67

Anfang der sechziger Jahre lockerte die DDR ihre Jugend- und Kulturpolitik. Nachdem sich in dem erwünschten Maße keine Staatskonformität einstellen wollte, kam es zu einem neuerlichen restriktiven Kurs der SED-Führung.[378] Nun galt vom Klassenfeind Musik und Fernsehen »abhören«, »Beatles-Fans« sein oder Jeans und lange Haare tragen pauschal wieder als Zeichen von »negativ-dekadent«, »asozial« und provozierend. Desgleichen waren Gruppenbildungen von Jugendlichen unerwünscht; ihre Treffpunkte wurden registriert und beobachtet.[379] Das verstärkte Vorgehen gegen diese Zielgruppe zeigte im ersten Halbjahr 1966 in Ost-Berlin die »Aufklärung« von 42 solcher Gruppierungen bei 30 eingeleiteten strafrechtlichen Maßnahmen.[380] Am 7. Oktober 1966 waren es annähernd hundert in Polizeigewahrsam genommene »Provokateure«.[381]

Speziell aber sollte zur Abschreckung von »rebellischen« 14- bis 18-Jährigen ein Exempel statuiert werden,[382] das selbst in der DDR einmalig war. Ungeachtet der bestehenden Rechtslücke und ungeklärten Rahmenbedingungen wurde am 27. November 1966[383] in Rüdersdorf bei Berlin ein »Arbeits- und Erziehungslager« für kurzfristige Sanktionen an männlichen Minderjährigen in Betrieb genommen, das bis Oktober 1967 existierte. Es handelte sich um eine massive Steinbaracke auf dem brachliegenden alten Zementwerk Rüdersdorf in der Ernst-Thälmann-Straße 82–83. Rundum waren ein Sicherheitszaun und ein Hundelaufgang gesetzt. Nach 1945 kam auf dem Areal bereits ein sowjetisches Lager für Kriegsgefangene und für nach Befehl 201 Verurteilte (Entnazifizierung) vor. In der DDR war Rüdersdorf dann als Arbeitslager und zuletzt als Strafvollzugseinrichtung für Erwachsene verschrien.

Doch zurück zum Minderjährigen-Lager. Ob der Uneinigkeit der involvierten Behörden war es dem MdI und nicht der Jugendhilfe der Volksbildung unterstellt. Insofern oblag die Durchführung, wie beim Strafvollzug, der Polizei. Lediglich nach der neuen

Jugendhilfeverordnung[384] ließ sich, abgetrennt vom Strafvollzug, für Jugendliche eine »zeitweise Isolierung und Zuführung zur Arbeit« begründen. Die Einweisungen nahm das Referat Jugendhilfe vor, das auch die Entscheidung traf, ob die begrenzte Höchstdauer von acht Wochen ausreichte oder eine Verlängerung oder eine Einweisung in einen Jugendwerkhof folgen sollte. Der Einsatz von Psychologen und Sozialarbeitern war hierbei nicht üblich.

Die Dienstaufsicht über das Lager hatte der Leiter der StVA Rummelsburg Major Palz bzw. sein Nachfolger Oberstleutnant Grimm[385], die auch teils mit Maschinenpistolen bewaffnete 16 Männer Wachpersonal[386] und wahrscheinlich einen Offizier als Leiter des »Erziehungskommandos« stellten. Von der Magistratsabteilung Volksbildung wurden drei bis vier »Erzieher« zugewiesen.

Die vorgesehene Kapazität bewegte sich bei 40 bis 45 Aufnahmen. Einesteils aufgrund des Vorwurfs »parasitär« zu leben,[387] hatten das Lager im Februar 1967 schon 73[388] und zwischen Januar und Oktober 190 Halbwüchsige durchlaufen.[389] Zur Verbüßung einer Haftstrafe sollten aus der StVA Rummelsburg (um auf »labile Bürger auszustrahlen«) auch sämtliche zur »Arbeitserziehung« verurteilten 18- bis 21-Jährigen nach Rüdersdorf eingewiesen werden.

Auch die Hausordnung fußte auf Bestimmungen des Leiters der StVA Rummelsburg. Über produktive Arbeit sollte den Jugendlichen Ordnung und Disziplin und ein staatsbürgerliches Bewusstsein eingebläut werden. Das Unrecht und der harte Umgang mit ihnen wurden durch den maßgebenden Leiter der Abteilung Strafvollzug Mischnik (PdVP) noch geschürt:

»Die meisten haben keine Begriffe von Ordnung, Sauberkeit und Disziplin, ein Teil ist erheblich verdreckt und verwahrlost. Durch die Maßnahmen erlernen sie eine aufrechte Körperhaltung, Grüßen, Antreten und Marschieren. [...] Offensichtlich positiv haben sich die Formen eines – im gewissen Sinne – militärischen Umgangstones und der Ordnung sowie Organisation des Tagesablaufes bewährt. Das Wecken, Frühsport, Heraustreten, Antreten, Stuben- und Revierreinigungen sowie die Bewegung innerhalb und außerhalb der Unterkunft erfolgen grundsätzlich auf Kommandos der SV-Angehörigen, wobei Widerspruch und Undiszipliniertheiten nicht geduldet und sofort geahndet werden. Alle wesentlichen Handlungen der Jugendlichen werden laufend und streng kontrolliert.«[390]

Mischnik räumte zwar ein, vereinzelt käme es »zu Überspitzungen wie Brüllen, unsachliche Äußerungen, Stehen mit dem Gesicht zur Wand und dergleichen«, verschwieg dabei aber, dass die Verpflegungssätze nicht eingehalten wurden und ein Erzieher wegen Misshandlung eines Jugendlichen entlassen und ebenso VP-Angehörige abgelöst werden mussten.

Der durch die Einweisung seines Sohnes zutiefst erbitterte Vater des Jugendlichen M., wie Mischnik ebenfalls ein systemtreuer Genosse, nahm dazu eine Gegenposition ein. M. und seine Freunde hatten sich des Öfteren getroffen. Zum Hören westlicher Musik waren ihre Kofferradios mit dabei, was nicht gut ausgehen konnte. Leichtsinni-

Rainer Buchwald (rechts im Bild) im Gespräch mit Roland Jahn, dem Bundesbeauftragten für die Unterlagen der Staatssicherheit, 2013

Clemens Lindenau, 2017

gerweise schnitzte M. auch noch in eine Bank »Rolling Stones« ein. Dass eine Inhaftierung in Rüdersdorf passieren würde, damit hatte der unerfahrene Junge nicht gerechnet. Was M. nach seinen vom 12. Dezember 1966 bis zum 3. Januar 1967 verbrachten Wochen anschließend über die haftähnlichen Bedingungen und Schikanen berichtete, zeigte bei seinem Vater Wirkung, der nicht zögerte, direkt Walter Ulbricht mit den Vorwürfen in einer »Eingabe« zu konfrontieren.[391]

Der in den Akten überlieferte Hergang gleicht der Sicht von anderen ehemaligen Insassen. Rainer Buchwald, der als 16-Jähriger 1967 für acht Wochen in Rüdersdorf war, weil er seine Ablehnung eines Anwerbeversuchs des MfS für eine Spitzeltätigkeit weitererzählt hatte, wie auch Clemens Lindenau, über den es damals als 17-Jährigen hieß, er sei »politisch nicht tragbar«, sind zwei dieser Zeugen. So ließen die Aufseher Jugendliche auf dem Boden kriechend robben oder im »Entengang« durch die Baracke laufen oder sich lange im Laufschritt bewegen. Sie wurden nackt zum Waschraum getrieben und dort mit einem Wasserschlauch kalt abgespritzt, ohne sich danach abtrocknen zu dürfen.[392]

Auch die »Erziehung durch Arbeit« prägte Rüdersdorf. Als Vertragspartner regelte der Leiter der StVA Rummelsburg die Vereinbarungen mit dem Kalk- und Zementwerk.[393] Unter Bewachung arbeiteten die Jugendlichen dort täglich acht Stunden im Transportbereich aber auch im Steinbruch. Es handelte sich um schwere Arbeiten, beispielsweise alte Schwellen herausbrechen, Gleise verlegen und Schotter schütten.[394]

Unter 16-Jährige verrichteten Hilfsarbeiten. Der Betrieb führte Lohnlisten und überwies den geringen Lohn an die Haftanstalt Rummelsburg, die ihn zur Deckung der Lagerkosten, für die Verpflegung und für Rücklagen einbehielt.[395]

Im Februar 1967 forderte Generalstaatsanwalt Streit[396] von Rüdersdorf eine höhere wirtschaftliche Rentabilität, die Umgestaltung zu einem geschlossenen Jugendwerkhof und die Übergabe an die Jugendhilfe. Nur die Bewachung sollte weiterhin durch die Polizei erfolgen. Das war nicht durchsetzbar. Ende August 1967 übergab der Leiter der StVA Rummelsburg das Lager samt Personalunterlagen an den Gefangenenbereich für gerichtlich verurteilte Jugendliche des Strafvollzugs Rüdersdorf, den die Bezirksverwaltung der Volkspolizei Frankfurt/Oder überwachte.[397] In der Folgezeit setzte sich bis Ende 1989 die Verbindung zwischen Rummelsburg und Rüdersdorf über den Strafvollzug fort, so durch Zu- und Abgänge von Gefangenen.[398] Häftlinge aus Rummelsburg und der U-Haftanstalt des MfS Berlin-Hohenschönhausen gelangten über Rummelsburg nach Rüdersdorf, wiederum wurden in Rüdersdorf Eingewiesene über Rummelsburg entlassen. Bernd-Dieter Hüge gelangte 1969 erst nach dem Vollzug in Rüdersdorf in Rummelsburg in Haft.[399]

Obwohl sie keine strafbaren Vergehen begangen hatten, wurden die Jugendlichen in Rüdersdorf kriminalisiert, und auch anschließen wirkte sich das Lager auf ihren Lebensweg aus. Nach dem Fall der DDR gelang es Reinhard Herbermann als Erstem, rehabilitiert zu werden. Der damals 17-jährige musste 1967 sieben Wochen Rüdersdorf auf sich nehmen. »Ich habe nie jemandem von Rüdersdorf erzählt. Das hatte immer so einen Makel und man war abgestempelt, wenn man in Rüdersdorf gewesen war. Viele haben wirklich gedacht, na das sind Asoziale und die haben was auf dem Kerbholz.«[400] Dass in dem Lager die Menschenwürde zigmal verletzt wurde und die Unterbringung rechtsstaatswidrig war, haben nach 1990 auch die anderen Betroffenen von den Gerichten der Bundesrepublik bestätigt bekommen.[401]

Religiöse und Randgruppen

Zeugen Jehovas

Obwohl die Zeugen Jehovas nach dem Zweiten Weltkrieg als »Opfer des Faschismus« (OdF) anerkannt waren und auch die Verfassung-DDR 1949 eine Glaubens- und Gewissensfreiheit und ungestörte Religionsausübung garantierte, wurde die Vereinigung im August 1950 in der DDR erneut verboten. Seitdem kam es zu massiven Verfolgungen und Verhaftungen, Zeugen Jehovas wurden teils in Schauprozessen vor Gericht gestellt und bis zu lebenslanger Zuchthaushaft verurteilt.[402] Die Urteile stützten sich auf »Boykotthetze« nach der KD 38 und Art. 6 Abs. 2 Verfassung-DDR 1949.[403]

Über die Jahre hinweg trug es ihren Anhängern auch längere Haft in Rummelsburg ein.[404] Wir wissen es 1956/57 von Werner T. und 1957 von Werner G. (Jahrgang 1933),

Hans-Jürgen W., um 1975

Kurt O. (Jahrgang 1910) und Werner S. (Jahrgang 1934). Anstoß waren ihre heimlichen Treffen und die Verbreitung ihrer Schriften.

Mit dem fortschreitenden Prozess der Entstalinisierung wurden die Glaubenstreuen ab Mitte der sechziger Jahre mehr mit Ordnungsstrafen belegt, jedoch der Predigtdienst und ihre Schriften weiter als »staatsfeindlich« angesehen.[405] Verurteilungen geschahen jetzt vor allem wegen Nachrichtenübermittlung und staatsgefährdender Propaganda und Hetze. Hinzu konnte Spionage kommen. Auch hierfür sind für Rummelsburg Namen bekannt.

Besonders empfindlich reagierte der SED-Staat auf ihre konsequente Ablehnung jedes weltlichen Eides und des Militärdienstes. Mit der 1962 eingeführten allgemeinen Wehrpflicht[406] von 18 Monaten entstand für die jungen Anhänger ein weiterer Belang für eine Verfolgung. Unter dem Vorwurf der Missachtung der Rechtsvorschriften der DDR folgten größere Verhaftungswellen.[407] Nach der Verurteilung wurde eine große Zahl von ihnen im MfS-Haftarbeitslager »Lager X« eingesetzt (vgl. Kapitel: »›Kommando X‹ (MfS) und ›Sonderkommando S‹«). Ausgangspunkt oder der Weg der Entlassung oder der Verlegung in ein anderes Gefängnis führte viele über Rummelsburg. Wie beispielsweise den 25-jährigen Maurer Klaus V.[408] aus der Nähe von Halberstadt, der im Dezember 1967 über die STVA entlassen wurde oder 1975 Michael S.[409] und Hans-Jürgen W.[410], beide 23-jährig, aus Berlin und beruflich Zimmerleute. Die drei hatten den Wehrdienst abgelehnt und waren, wie zumeist bei diesem »Tatbestand«, jeweils zu einem Jahr und acht oder neun Monaten Freiheitsentzug verurteilt worden.

Hans-Jürgen W. sprach 2016 darüber: »Mit der Verhaftung mussten wir rechnen, nur wussten wir nicht, wohin wir kommen würden, befürchteten vor allem die Trennung von unseren Familien durch Abschiebung in den Westen. Mich holten sie am 2. November 1973 im Morgengrauen um 5 Uhr ab. In der U-Haft in der Keibelstraße war mir in der Zelle die Bearbeitung von Oberledernähten an Damenschuhen zugewiesen. Nach Verhören durch einen Militärangehörigen wurde ich dann fünf Tage später vom Militärgericht Berlin ›wegen Nichtbefolgung des Einrufungsbefehls zum Wehrdienst bei der NVA‹ [Anklagebegründung] verurteilt. Anschließend brachte man mich mit zwei anderen Glaubensbrüdern in einem Barkas mit der Aufschrift ›Frischer Fisch‹ nach Rummelsburg. Fünf Tage war ich im Haus 5, noch in ziviler Bekleidung, mit acht Mann in einer Zelle eingesperrt. Von Haus 4 holte mich dann, mit einer Knebelkette gefesselt, die Stasi in das ›Lager X‹ Hohenschönhausen ab.«[411]

Wenn auch die offene Verfolgung abnahm, blieben die Zeugen Jehovas sozial und gesellschaftlich isoliert. Auch unter ihrer Anhängerschaft gelang es der Staatssicherheit Informanten (IM) anzuwerben.[412] So ließ sich der 1966 zu zwölf Jahren Zuchthaus[413] verurteilte leitende Angestellte der Vereinigung Werner L. dazu als IM »Kreuz«[414] verleiten. Möglicherweise knickte er wegen seiner 1950 gemachten Hafterfahrungen ein. Damals zu einer lebenslänglichen Zuchthausstrafe verurteilt, war er nach zehn Jahren aufgrund eines Gnadenerlasses freigekommen.[415] 1966 erging das Urteil gegen ihn wegen Nachrichtenübermittlung und fortgesetzter staatsgefährdender Propaganda und Hetze im schweren Fall.[416] Nach Verhängung der Strafe wurde L. zur Arbeit in die MfS-Haft nach Berlin, aber bereits nach vier Jahren im Mai 1969 über Rummelsburg entlassen. Er soll von der BRD freigekauft worden sein.[417]

Meine Haftzeit als Zeuge Jehovas 1961/65 – Bodo Ruthsatz

Verhaftung

Am 20. Dezember 1961 klingelte es früh um 4.30 Uhr an meiner Wohnungstür, Berlin-Prenzlauer Berg, Hufelandstraße 12, Sturm. Es standen drei Personen an meiner Tür und zwei weitere eine halbe Treppe tiefer. Sie erklärten, dass ich verhaftet sei. Ich durfte nicht mehr mit meiner Frau sprechen, noch mich verabschieden. Man legte mir Handschellen an. Zwei Personen blieben zurück und ich wurde in einem BMW weggefahren. Obwohl es draußen dunkel war, beobachtete ich die Fahrroute und erkannte, dass ich in Berlin-Hohenschönhausen in das Stasi-Untersuchungsgefängnis gefahren wurde. Hier unterzog man mich einer eingehenden Leibesvisite und nahm mir alles Persönliche bis zum nackten Zustand ab. Ich bekam Anstaltskleidung mit gelben Streifen und Hauspantoffeln. Dann wurden Bilder von mir gemacht und sämtliche Fingerabdrücke genommen. Einige Tage später wurde ich dem Untersu-

Bodo Ruthsatz (Jahrgang 1930), um 1961

chungsrichter vorgeführt, der mir erklärte, dass gegen mich wegen Zugehörigkeit zu einer fremdländischen Agentenorganisation ein Ermittlungsverfahren durchgeführt würde.

Verhöre

Dann begannen für mich die Verhöre. Es drehte sich stets darum einzugestehen, dass ich als Zeuge Jehovas Agententätigkeit durchgeführt habe. Da die Gemeinschaft verboten war, wurde sie als Spionageorganisation eingestuft, die für den amerikanischen Geheimdienst unter dem Deckmantel religiöser Tätigkeit arbeitete. Man wollte wissen, wie wir religiöse Zusammenkünfte durchführten, wer die Leitung innehätte, woher wir unsere religiöse Literatur bekämen und wie wir anderen Menschen von unserem Glauben erzählten. Man legte mir Namen vor, um zu bestätigen, dass ich die Glaubensbrüder kenne. Selbst ob meine Frau auch eine Zeugin Jehovas sei, wurde ich gefragt. Ich lehnte grundsätzlich alle diesbezüglichen Fragen ab.

So gab es stets zwischen mir und meinem Vernehmer große Unstimmigkeiten. Oft schrie er mich an, dagegen begann die Vernehmung ein anderes Mal mit einem Witz. Ich musste sehr wachsam sein, um nicht auf seine Tricks reinzufallen. Wenn er etwas protokolliert hatte, standen dort oft Wörter, die ich nicht verstand. So unterschrieb ich das Protokoll einfach nicht. Im Endergebnis musste er oft alles neu schreiben. Das machte ihn sehr wütend. Dafür bekam ich die ganze Zeit nichts zu lesen und war monatelang allein in meiner Zelle.

Das Ziel der Vernehmung war, die Schwächen des Gefangenen kennenzulernen, um ihn dann zum seelischen Zusammenbruch zu bringen. Einmal bekam ich jemanden in meiner Zelle dazu. Ich war sehr misstrauisch, denn ich ahnte, dass man mich aushorchen wollte. Er blieb auch nicht lange. Nach etwa einem Monat teilte man mir mit, dass ich von meiner Firma (Institut für Regelungstechnik), wo ich als Konstrukteur arbeitete, fristlos entlassen sei.

Gedanken

Da ich weder etwas zum Schreiben noch zum Lesen hatte, musste ich mir in meinen Gedanken etwas aufbauen, um die Zeit zu vertreiben. Im Geiste hielt ich biblische Vorträge, ging Bibelschriftstellen durch oder hielt Zwiegespräche mit meiner Frau. Einmal zählte ich, wie viele Male der Wachmann am Tag durch den Spion kuckte. Ich kam auf 115 Mal. Das war etwa alle neun Minuten, dass man beobachtet wurde, auch nachts, dabei ging jedes Mal das Licht an. Hatte man seine Arme unter der Decke, rumste es wieder an der Tür. Man sollte seine Arme immer in Sichtweite halten. Das fiel mir persönlich sehr schwer. So wurde ich nachts sehr oft aufgeweckt.

Ging die Zellentür auf, musste man sich sofort mit dem Gesicht zum Fenster stellen und die Hände auf dem Rücken halten. Wenn sie einen zum Vernehmer führten, sprach die Wachmannschaft mit den Gefangenen nur vier Worte: »Kommen Sie«, »gehen Sie«, »stehen Sie« oder »ran«. »Ran« bedeutete, dass man sich im Flur mit dem Gesicht an die Wand zu stellen hatte. Hände mussten grundsätzlich immer auf dem Rücken sein. Wurde man zur Vernehmung geführt, waren alle Lampen im Flur auf rot gestellt, damit man keinen anderen Gefangenen zur gleichen Zeit aus seiner Zelle ließ. Die Gänge waren alle mit einem roten Läufer ausgelegt, es sollten keine Schritte gehört werden.

Die Vernehmung wurde in einem Nebenbau, in einem kleinen Raum durchgeführt. Der Gefangene saß auf einem Hocker hinter der Tür. Obwohl die Türen alle abgepolstert waren, hörte man die Schreie der Vernehmer aus den anderen Räumen. Als mein Vernehmer mich einmal fragte, wie es mir so ging, antwortete ich: »sehr gut«. Er reagierte sauer, hätte es lieber gesehen, ich wäre seelisch zusammengebrochen. Diesen Triumph habe ich ihm nie gegeben.

In der Zeit der Untersuchung durfte ich nur einmal einen kurzen Brief an meine Frau schreiben. Auch ich bekam ein paar Zeilen von ihr. Ich konnte nur Belangloses schreiben, da meine Frau den Brief sonst nicht erhalten hätte. Meine Frau wusste bis zum Prozess nicht, wo ich mich aufhielt. In der ganzen Zeit bekam ich von außen keine Mitteilungen. Noch nicht einmal das Datum wurde mir mitgeteilt. So zählte ich, so gut es ging, die Tage mit.

Anklage

Plötzlich, es musste Ende Mai 1962 gewesen sein, bekam ich den Befehl, meine Sachen zu packen. Dann musste ich meine zivilen Kleider anziehen. Da ich mit Winterkleidung, also mit Wintermantel und Stiefeletten eingeliefert worden war, musste ich das bei der Wärme anziehen. Dann bekam ich Handschellen angelegt und wurde in einem kleinen Lieferwagen, der kleine Zellen hatte, eingesperrt. Es war sehr eng, ich konnte mich kaum bewegen. Ich bemerkte nur, dass es in Richtung Norden ging. Als die Zellentür nach etwa drei Stunden aufging, mussten mich die Wärter festhalten, da ich sonst umgekippt wäre.

Einen Tag später erfuhr ich, dass ich in Neustrelitz bei der Stasi war. Nach ungefähr einer Woche wurde ich einem Mann vorgeführt, der mir sagte, dass ein Prozess gegen mich stattfinden würde und dass er mein Verteidiger sei. Er hatte an seiner Jacke ein Parteiabzeichen. Er erklärte mir, ich solle alles eingestehen, dann würde ich dabei am besten wegkommen. Ich erklärte ihm, dass ich keinen Wert auf seine Verteidigung legte, wenn er diese Einstellung habe, und dass ich mich selbst verteidigen wolle. Er gab mir für 15 Minuten die Anklageschrift zum Lesen. Jetzt wusste ich erst richtig, worum es ging. Dann wurde mir die Anklageschrift wieder weggenommen, die ich nie mehr wiedersah. Ich wusste nur noch, dass es 23 Anklagepunkte waren. Unter anderem stand darin, dass ich mit einigen Personen die Bibel studierte, beispielsweise mit meinem Onkel. Dass ich als führende Person der Zeugen Jehovas galt. Dass ich biblische Schriften verbreitet habe, und dass ich bei anderen Zeugen Jehovas gewesen sei, um sie in ihrem Glauben zu ermuntern.

Dann wurde ich wieder in einen Wagen verladen. Es ging nach Neubrandenburg. Dort teilte man mir mit, dass heute mein Prozess stattfinden würde. Alles geschah unter Ausschluss der Öffentlichkeit. In zwei Stunden war alles erledigt. Eindeutig war alles vorher schon festgelegt. Ich hatte keine Chance, mich zu verteidigen. Das Urteil lautete sieben Jahre Zuchthaus, vier Jahre wegen Spionage und drei Jahre wegen Hetze. Mein Urteil und meine Anklageschrift habe ich nie zu sehen bekommen. Am selben Tag kam ich in die Haftanstalt Altstrelitz. Nach 14 Tagen wurde ich nachts auf dem Bahnhof Neustrelitz in den sogenannten »Grotewohlexpress« (Gefängniswaggon) eingeladen, über Cottbus (eine Nacht) ging es dann nach Torgau.

Haftanstalt Berlin-Rummelsburg

Nach zwei Jahren teilte man mir im Oktober 1964 mit, dass ich verlegt werden würde. Es ging mit dem Haftzug über Magdeburg (dort verweilte ich eine Woche). Es stellte sich heraus, dass sie in Berlin-Rummelsburg für das Projektierungsbüro Fachkräfte benötigten. Ich sollte als Konstrukteur im Sanitärfachbereich arbeiten. Das schloss ein, dass ich von der Kalkulation bis zur Projektierung alles entwickeln müsste. Ich war Sanitärprojektierer für Wasser, Abwasser und Gas. Es wurden Feuerwehren, Tankstellen, Kindergärten, Großküchen und einzelne Einfamilienhäuser projektiert.

Wir Gefangenen schliefen in einem großen Saal mit etwa 40 Betten und arbeiteten in einem großen Projektierungssaal in einem an der Straße liegenden Haus.

Ich muß ehrlich gestehen, dass das Rummelsburger Gefängnis eine jämmerliche Anstalt war. Unsauber, keine guten Sanitäreinrichtungen und die medizinische Betreuung ließ zu wünschen übrig.

Die einzige Freude war, dass ich das Gefühl hatte, in der Nähe von Zuhause zu sein. Meine Frau reichte im April 1965 einen Antrag auf Haftentlassung ein, da meine Mutter schwer erkrankt war (Schlaganfall) und meine Schwiegermutter ebenfalls.

Ende Juni bekam sie von der Staatsanwaltschaft ein Schreiben, das besagte, dass ich nicht frühzeitiger entlassen werden könne, da ich ein Unverbesserlicher sei und mich nicht geändert hätte. Meine Frau teilte mir das nicht mit, um mich nicht zu beunruhigen.

Weitere Hafterfahrungen

Es gibt noch viele kleine und große unangenehme Einzelheiten, die ich im Laufe der Haftzeit erlebt habe. So zum Beispiel, dass ich in 36 Betten geschlafen habe, die zum Teil unmöglich zum Liegen waren. Oder dass ich in einer Zelle war, die so kalt war, dass das Eis an den Wänden glitzerte. Darauf bekam ich eine Nieren- und Blasenentzündung, die in der Krankenzelle auskuriert werden musste.

Die ersten Briefe, die ich an meine Frau schrieb, musste ich mehrere Male schreiben, da ich bestimmte Wörter und Sätze nicht schreiben sollte.

Von vielen lieben Freunden bekam ich Pakete geschickt, die mir nicht ausgehändigt wurden. Man sagte mir, dass ich unterschreiben sollte, dass ich diese Pakete nicht haben wolle. Ich unterschrieb natürlich nicht und hatte dementsprechend auch den anschließenden Ärger. Das waren nur einige Dinge, mit denen man so fertig werden musste.

Entlassung

Ende Juni wurde ich von meiner Arbeit plötzlich abgeholt und in eine Einzelzelle gebracht. Nach ein paar Tagen stand ein Stasi-Offizier vor meiner Zelle und befahl mir mitzukommen. Ich musste in einen Lieferwagen mit kleinen Zellen einsteigen. Ich versuchte wieder den Weg zu verfolgen. Es war die Magdalenenstraße in Lichtenberg. Dort stieg ich auf dem Hof aus und man führte mich in einen dunklen Raum. Vor mir saß ein Mann mit einer kleinen Tischlampe. Links auf dem Tisch stand ein Karton. Er fragte mich, ob dieser Karton mir gehöre. Ich verneinte. »Machen sie den Karton auf.« Ich öffnete ihn und sah meine gesamten Effekten. Dann sagte er: »Wir haben sie hierher geholt, um sie für ihre Entlassung vorzubereiten.« Ich konnte es nicht glauben und jubelte innerlich vor Freude. Zwei Tage später wurde ich wieder einem Offizier vorgeführt, der mir sagte, dass ich nach dem Westen überführt werden sollte, aber auch hier bleiben könnte. Ich entschied mich, ohne zu zögern, für Letzteres. Meine Reststrafe, so teilte man mir mit, würde in vier Jahre Bewährung umgewandelt werden. Ich bekam aber nie eine schriftliche Mittelung darüber. Am 8. Juli 1965 gegen 17 Uhr wurde ich entlassen. Obwohl ich fast die ganze Zeit ingenieurtechnische Arbeit geleistet hatte, bekam ich bei der Entlassung, ohne Abrechnung und Quittung, nur 141 Mark ausgezahlt.

Am 27. Januar 1992 wurde ich von der Staatsanwaltschaft Neubrandenburg aufgrund meines Antrages vollständig rehabilitiert. Ich habe keinen Antrag auf Rechtsbeugung gestellt, noch stellte ich einen Antrag auf Verfolgung der Personen, die mir Leid zugefügt haben.

(Red. bearbeitete, eingekürzte Wiedergabe)

Das Stigma »asozial« (§ 249)

Zur Einordnung der Strafartbestimmung im Sinne von »Asozialität« gehört zunächst der Hinweis auf das frühere Arbeitshaus Rummelsburg mit seinen traditionell rigorosen Praktiken der »Erziehung und Besserung durch Arbeit«. Seinen Niederschlag fand der Ausdruck aber erst im allgemeinen Strafrecht der DDR 1968 in § 249 »Gefährdung der öffentlichen Ordnung durch asoziales Verhalten«.

An diesem Straftatbestand hielt die DDR bis zu ihrem Ende fest. Unter Verzicht auf »Landstreicherei« und »Bettelei« – »als dem Sozialismus wesensfremde Erscheinungen« – erinnerte er im Kern an den früheren § 361 RStGB (vgl. Kapitel: »Zur Spezifika«). Umso erstaunlicher war das Verbot von Prostitution, sonach ihr Betreiben eingestanden wurde.[418] Die Ursache von »Asozialität« wurde auf die »noch im Innern der DDR existierenden Rudimente der kapitalistischen Gesellschaft« zurückgeführt. Das MfS benannte dafür »das Wirken der politisch-ideologischen Diversion sowie die Auswirkungen der massenhaften Verbreitung bürgerlicher Unkultur und dekadenter Lebensweisen in der BRD und in Westberlin auf politisch und moralisch ungefestigte Personen in der DDR«.[419]

Keiner geregelten Arbeit nachgehen oder seinen Job kündigen, ohne gleich einen anderen zu suchen, hatte Folgen, ebenfalls unbotmäßiges Arbeitsverhalten und mangelnde »gesellschaftliche Disziplin«. Wer nur andeutungsweise die Aufmerksamkeit auf sich lenkte, galt bereits als kriminell gefährdet. Das hing vielfach von der Willkür der Behörden[420] und der Betriebe ab, die ideologisch voll in die Verhaltenskontrolle der Bevölkerung involviert waren.

Bestraft wurde, wer länger als drei Tage unentschuldigt der Arbeit fern blieb. Mit dem 3. StÄG von 1979 wurden die Straftatbestände in § 249 präzisiert. Das Zeitmaß des »Nichtarbeitens« verkürzte sich jetzt durch die Aufhebung des für den Zugriff auf »Arbeitsscheue« bestimmten Vokabulars »Hartnäckigkeit«. Unter den Gegebenheiten einer Konfliktlage musste für ein Boykottieren der Arbeit und fehlende Arbeitsdisziplin keine Dauer des »Nichtarbeitens« mehr nachgewiesen werden. Zugleich erfüllte der Einschub »Sicherheit« in § 249 Absatz 1 und 2 und im Gesetzestitel die Anforderung für eine zusätzliche Strafzuschreibung wegen »Staatsfeindlichkeit«.

Das eigentlich Primäre des § 249 war jedoch, wie im Falle anderer Paragraphen des StGB, die Möglichkeit seiner Auslegung zur Verdeckung politischer Strafzwecke und zur Umdeutung widerständigen Verhaltens. Dafür soll das Beispiel des damaligen Aktivisten in der kirchlichen Friedensbewegung Bernhard Freutel (Jahrgang 1957) angeführt werden. Unter dem Vorwand seiner vermeintlichen »kriminellen Gefährdung« wurde der Elektriker aus Berlin im April 1982 zu sechs Monaten Haft verurteilt, die er in Rummelsburg zubrachte. Zum Verhängnis geworden waren ihm unverschuldete Monate der Arbeitslosigkeit und ein mit der Mutter abgesprochener Unterhaltsrückstand von 195 Mark. Eine zugesagte neue Arbeitsstelle durfte er nach der Kündigung der alten plötzlich nicht mehr antreten. Darauf folgten kurze Zeit später erneut zehn Monate Haft. Weiteren solcher perfide konstruierten Freiheitsberaubungen entging er nur durch eine Arbeit als Friedhofsgärtner bei der Kirche.[421]

Desgleichen war der DDR mit § 249 ein Strafmittel für Ausreiseantragsteller an die Hand gegeben.[422] Gingen sie bewusst keiner Arbeit nach, um ihre »politische Einstellung« zu bekunden oder ihrem Anliegen Nachdruck zu verleihen (vgl. Kapitel: »Ausreisebegehren und ›Republikflucht‹ [§ 213]«), konnten sie wegen angeblichen asozialen Verhaltens verhaftet werden. Oder sie verloren durch ihre Ausreisewilligkeit ihre Arbeit und ein neues Arbeitsverhältnis wurde lange verhindert, um sie zu verunsichern und zu diskreditieren. Seit 1976 konnte sich die Strafjustiz auf eine Anordnung von Innenminister Dickel berufen, bei Ausreiseantragstellern, die ihre »feindliche Einstellung durch hartnäckige Arbeitsverweigerung demonstrieren«, den Tatbestand des »asozialen« Verhaltens anzuwenden.[423] Wie selbst internationale Abmachungen durch interne Anweisungen umgangen, politische Gründe verschleiert und die Betroffenen kriminalisiert wurden, war aber nicht ohne Weiteres erkennbar.

Ähnlich verhielt es sich mit jugendlichen Zielgruppen, die sich durch individualisierte Lebensentwürfe oder auf andere Weise zu behaupten suchten und so gegen die Anpassungsforderungen von Staat und Partei aufbegehrten (vgl. Kapitel: »Punker – eine neue Häftlingsgruppe«). Selbst wenn kulturelle Bestrebungen (z. B. Musik-Bands aus der westlich orientierten Jugendsubkultur) nur von persönlichen Interessen bestimmt waren, wurden sie politisch ausgelegt und in das »Asozialen«-Strafrecht eingeordnet.

1982 lassen sich in Rummelsburg unter den DDR-Häftlingen 11,5 Prozent einer Verurteilung nach § 249 zuordnen. Im Frauen-Strafvollzug Köpenick waren sie mit 73,8 Prozent die größte Deliktgruppe (meistens wegen Prostitution), was in etwa dem Durchschnitt in beiden Haftanstalten in den achtziger Jahren entsprach.[424]

Was dem Staat mit § 249 vorschwebte, da wusste er sich mit vielen seiner Bürger in Übereinstimmung, die den politischen Spannungsgehalt der Bekämpfung von »Asozialität« und des »Nichtarbeitens« nicht erkannten. Selbst im engsten Familienkreis kam es bereitwillig zu Denunziationen, was ein Beispiel zeigt. Nach einer Führung der Autorin über das ehemalige Gefängnisgelände im Jahre 2011 bekannte ihr eine sichtlich bewegte Teilnehmerin eine Entscheidung, die sie schon lange belastete. Mit »Auch ich habe damals als überzeugte SED-Genossin funktioniert und nicht realisiert, welche durch nichts zu rechtfertigende Diskriminierung ich meinem Sohn antue«, begann sie. »Damals [Anfang der 1980er Jahre] hielt ich es für richtig, ihn anzuzeigen, und das nur, weil er für einige Tage seiner Arbeitsstelle ferngeblieben war.« Danach ging alles sehr schnell, meinte sie, er wurde als sogenannter Asozialer verurteilt und saß in Rummelsburg seine Haftstrafe ab. »Bis heute hat er mir meinen Fehler nicht verziehen und lehnt jeglichen Kontakt ab«, gestand sie mit resignierter Offenheit.[425]

Aufenthaltsbeschränkung und »Arbeitserziehung«

Nach sich ziehen konnte § 249 auch ein Aufenthaltsverbot an bestimmten Orten oder Gebieten der DDR oder ein Tätigkeitsverbot. Nach der Verordnung von 1961,[426] die ihren vollen Umfang 1968 über das neue StGB erreichte, konnte außerdem »Arbeitserziehung« angeordnet werden. Da kein Strafrahmen festgelegt war, drohte Betroffenen unbefristet ein Arbeitslager beziehungsweise ein »Arbeitserziehungskommando« (AEK).[427] Abgeschafft wurde die Strafart »Arbeitserziehung« 1977 mit dem 2. Strafrechtsänderungsgesetz (StÄG)[428], wie außerdem der im StGB 1968 aufgenommene § 42 (Arbeitserziehung)[429] komplett aufgehoben und in § 249 der gleiche Begriff gestrichen wurde. An der Sache änderte das freilich nichts, denn 1979 besagte eine interne Anweisung, was Arbeitserziehung weiterhin zu bedeuten hatte: »Die Arbeitserziehung ist eine Strafe mit Freiheitsentzug und findet Anwendung, um arbeitsscheue Personen mittels staatlichen Zwanges zu einem geregelten und arbeitsamen Leben zu erziehen. Sie ist gegen unbelehrbare Arbeitsbummelanten, arbeitsscheue Spekulanten und parasitäre Elemente gerichtet.«[430]

4.1 Politische Häftlinge

Politisch motivierte Strafverfolgung

Exkurs: Zum Begriff des »politischen Gefangenen«

Die Zahlen der Inhaftierungen in der DDR wegen politischer Kerndelikte zwischen 1960 und 1990 werden auf etwa 230.000 geschätzt. Den höchsten Anteil hatten wegen »asozialen Verhaltens« 130.000 Verurteilte. Hinzu kamen etwa 50.000 politische Verurteilungen in der Zeit davor.[431]

Die politische Haft bezog sich also nicht ausschließlich auf die als Oppositionelle und Widerständler eingestuften Deliktgruppen. Praktisch konnte jeder wegen einer an sich unpolitischen Verhaltensweise in politische Haft geraten. Folgerichtig lag nicht bei jedem politischen Häftling bei seiner Verurteilung eine direkte politische Handlung oder Unterlassung zugrunde. Streng genommen besitzt die Definition eines »politischen Gefangenen« neben dem rein juristischen Ausmaß offensichtlich »eine politische, moralische und ideologische Dimension«.[432]

Der renommierte Publizist zahlreicher Standardwerke zur politischen Justiz und zur Staatssicherheit in der DDR, Karl Wilhelm Fricke (Jahrgang 1929), der selbst einmal politischer Häftling in den Fängen des MfS[433] war, geht die Definition der Betroffenen folgendermaßen an: »Ein politischer Häftling ist jemand, der wegen seiner Gesinnung und seinem daraus sich ergebenden Verhalten, wegen seiner Zugehörigkeit zu einer sozialen Schicht oder Klasse oder wegen seiner politisch und/oder religiös begründeten Gegnerschaft zur SED und zum Kommunismus in Haft genommen wurde.«[434]

Der Begriff »politischer Gefangener«, wie ihn später die DDR-Betreuungsgruppen von Amnesty International gebrauchten, tauchte aber weder im Strafrecht noch im offiziellen Sprachgebrauch noch in der Außendarstellung des Landes auf. Schon 1951 hatte Justizminister Fechner diese Bezeichnung verboten: »Wer unsere antifaschistisch-demokratische Ordnung angreift, wer den Aufbau unserer Friedensordnung stört, begeht eine strafbare Handlung und wird seiner verbrecherischen Taten wegen bestraft. Die Strafgefangenen dieser Art sind deshalb keine ›politischen‹ Gefangenen, sondern kriminelle Verbrecher«.[435] Wer auf die eine oder andere Art nicht in die verordnete Politik passte, galt folglich allgemein als Krimineller, was sich grundsätzlich im Strafvollzug fortsetzte. Noch im Januar 1987 hieß es in einem geheimen Schreiben des MdI an die HA VII des MfS: »Entsprechend den Prinzipien des sozialistischen Strafrechts der DDR ist eine strafrechtliche Verantwortlichkeit von Personen lediglich wegen ihrer politischen Grundeinstellung ausgeschlossen. Von diesem Rechtsgrundsatz ausgehend gibt es in der DDR auch keine ›politischen Straftäter‹ und ›politischen Gefangenen‹.«[436]

Dass Opfer von SED-Unrecht durch politische Urteile der DDR-Strafjustiz in verschiedenster Weise Benachteiligungen erfahren haben, darüber sind wir heute durch die rechtsstaatliche Überprüfung der Unrechtsverfahren hinreichend im Bilde. Häufig leiden Betroffene immer noch schwer unter den Folgen. Sie haben Anspruch auf eine Rehabilitierung und Haftentschädigung, die in Details ein verwaltungsrechtliches, berufliches und strafrechtliches Rehabilitierungsgesetz regeln.[437]

Exkurs: Menschenrechtswidrige Normen als Haftgründe

Im Vergleich zu demokratischen Verfassungsstaaten fand das Recht als Maß und Schranke in der DDR nur insoweit Ausdruck, als es den Interessen der Politik der SED nicht widersprach. So ermöglichten es eine Reihe von unrechtauslösenden Paragraphen im DDR-Strafrecht den Richtern und Staatsanwälten politische Urteile zu begründen. Durch ihre unbestimmte Formulierung (»Gummiparagraphen«) waren der Willkür der Auslegung fast keine Grenzen gesetzt.

Rechtsgrundlage	Strafbarkeit
§ 13 »Staatsverrat«	Zuchthaus nicht unter fünf Jahren, Vermögenseinziehung
§ 14 »Spionage«	Zuchthaus nicht unter drei Jahren, Vermögenseinziehung
§ 15 »Sammlung von Nachrichten«	Zuchthaus bis zu zehn Jahren
§ 17 »Staatsgefährdende Gewaltakte«	Zuchthaus oder Gefängnis nicht unter sechs Monaten
§ 18 »Angriffe gegen örtliche Organe der Staatsmacht«	Zuchthaus oder Gefängnis nicht unter sechs Monaten
§ 19 »Staatsgefährdende Propaganda und Hetze«	Zuchthaus oder Gefängnis nicht unter drei Monaten
§ 20 »Staatsverleumdung«	Gefängnis bis zu zwei Jahren
§ 21 »Verleitung zum Verlassen der DDR«	Zuchthaus oder Gefängnis nicht unter sechs Monaten
§ 22 »Diversion«	Zuchthaus nicht unter drei Jahren, Vermögenseinziehung
§ 23 »Schädlingstätigkeit und Sabotage«	Zuchthaus, Vermögenseinziehung

Tabelle 8: Ausschlaggebende Grunddelikte für Urteile gegen politische Häftlinge nach dem StEG.

Der bündige Überblick soll verdeutlichen, welche Normen die fundamentalen Menschen- und Bürgerrechte missachteten und der Strafjustiz reichlich Spielraum für politische Interpretationen boten, die dann, als »kriminelle Straftaten« gebeugt, viele Menschen zu »politischen Strafgefangenen« machte. Von ihnen mangelte es auch in Rummelsburg nicht.

Anfangs konnte jeder, der sich in Wort und Tat gegen die »Arbeiter- und-Bauern-Macht« stellte, mit dem weit auslegbaren »Boykotthetze«-Artikel 6 (Abs. 2) der Verfassung-DDR 1949 strafrechtlich belangt werden. Leicht begründen ließ sich damit selbst das »Verlassen der DDR«[438] und die Ausschaltung von politisch Andersdenkenden und Widersachern. Ab 1957 waren es neben dem Passgesetz (vgl. nächstes Kapitel) die neu definierten Delikte (Tabelle 8) des Strafrechtsergänzungsgesetzes (StEG)[439], die politische Urteilsbegründungen ermöglichten, auch um Proteste und Unruhen zu unterdrücken, denkbar beispielsweise gleich den Volkserhebungen in Polen und Ungarn 1956.

Wie die Denkmuster der SED waren auch die Gesetze immer Wandlungen unterworfen. Am weitesten ging 1968 mit der sogenannten großen Reform des DDR-Strafrechts das neue »sozialistische Strafgesetzbuch« (StGB)[440], von dem Justizministerin Hilde Benjamin mit geradezu zynischem Pathos vor der Volkskammer behauptete, mit dem kapitalistischen Strafrecht, »welches auch dazu diente und dient, politische Gegner zu verfolgen, zu diskriminieren und mundtot zu machen«, hätte es nichts gemein.[441]

Gesetzesgrundlage	Strafbarkeit nach Freiheitsstrafe
§ 96	»Hochverrat« Nicht unter zehn Jahren, lebenslänglich, Todesstrafe[443]
§ 97	»Spionage« Nicht unter fünf Jahren, lebenslänglich, Todesstrafe
§ 98	Ungesetzliche »Sammlung von Nachrichten« Zwei bis zu zwölf Jahren. Ab 1979 nicht unter fünf Jahren
§ 99	»Landesverräterischer Treuebruch«, 1979 neu gefasst: »Landesverräterische Nachrichtenübermittlung« Zwei bis zu zwölf Jahren. Lebenslänglich und Todesstrafe entfielen mit dem StÄG 1977/79
§ 100	»Staatsfeindliche Verbindungen«, 1979 neu gefasst: »Landesverräterische Agententätigkeit« Ein bis zu fünf, ab 1979 bis zu zehn Jahren
§§ 101, 102	»Terror« Nicht unter drei Jahren, lebenslänglich, Todesstrafe

Gesetzesgrundlage	Strafbarkeit nach Freiheitsstrafe
§ 103 und § 104	»Diversion« und »Sabotage« Nicht unter drei Jahren, lebenslänglich, Todesstrafe
§ 105	»Staatsfeindlicher Menschenhandel« Nicht unter zwei Jahren, später kam lebenslänglich hinzu
§ 106	»Staatsfeindliche Hetze«. Ein bis zu fünf oder zehn Jahren
§ 107	»Staatsfeindliche Gruppenbildung«, neu gefasst: »Verfassungsfeindlicher Zusammenschluß« Zwei bis zu acht oder drei bis zu zwölf Jahren, später kam bis zu fünf Jahren hinzu
§ 212	»Widerstand gegen staatliche Maßnahmen« Bis zu fünf oder acht Jahren
§ 213	»Ungesetzlicher Grenzübertritt« (vgl. nächstes Kapitel)
§ 214	»Beeinträchtigung staatlicher oder gesellschaftlicher Tätigkeit« Zwei, später drei bis zu fünf Jahren
§ 215	»Rowdytum«. Bis zu zwei oder fünf Jahren
§ 217	»Zusammenrottung«. Ein bis zu fünf, später bis zu zwei Jahren oder ein bis acht Jahren
§ 218	»Vereinsbildung zur Verfolgung gesetzeswidriger Ziele« Bis zu zwei, später bis zu fünf oder bis zu acht Jahren
§ 219	»Ungesetzliche Verbindungsaufnahme« Bis zu drei, später bis zu fünf Jahren
§ 220	»Staatsverleumdung«, neu gefasst: »Öffentliche Herabwürdigung«. Bis zu zwei, später bis zu fünf Jahren
§§ 245, 246	»Geheimnisverrat« (vergleichbare Funktion wie § 219) Zwei bis zu acht Jahren
§ 249	»Gefährdung der öffentlichen Ordnung durch asoziales Verhalten«, neu gefasst: »Beeinträchtigung der öffentlichen Ordnung und Sicherheit durch asoziales Verhalten« Bis zu zwei Jahren oder bis fünf Jahren

Tabelle 9: Ausschlaggebende Grunddelikte für Urteile gegen politische Häftlinge nach dem StGB 1968 und weiter ausdifferenziert im 2. und 3. StÄG (Ausschnitt).

Mit dem StGB verband sich das Prinzip der Resozialisierung im Strafvollzug und es entfielen solche umstrittenen Delikte wie Homosexualität unter Erwachsenen (§ 175)[442] und Ehebruch (§ 172) und ebenso die gesetzliche Bezeichnung »Zuchthaus«, dafür eröffneten sich durch dutzende Paragraphen, die auf politische Tatbestände zugeschnitten waren, Grundlagen für ein größeres Ausmaß der Strafverfolgung mit langen Freiheitsstrafen. Das betraf vor allem im »Besonderen Teil« das 2. Kapitel »Verbrechen gegen die Deutsche Demokratische Republik« (§§ 96–111), das 8. Kapitel 2. Abschnitt »Straftaten gegen die staatliche und öffentliche Ordnung« (§§ 210–224) sowie den 5. Abschnitt »Sonstige Straftaten gegen die allgemeine, staatliche und öffentliche Ordnung«, dem außer § 249 paradoxerweise nur noch § 250 »Tierquälerei« zugeordnet war.

Als weitere Strafzumessung kam die »Aufenthaltsbeschränkung« hinzu, die nach §§ 51–53 StGB 1968 für die Dauer von zwei bis fünf Jahren oder unbefristet als Zusatzstrafe verhängt werden konnte.

Ausreisebegehren und »Republikflucht« (§ 213)

Die heute oft schöngefärbte Sicht auf die DDR blendet einfach aus, dass ihr schon seit Anbeginn massenhaft Menschen den Rücken kehrten oder aus ihr herauswollten. Dieser Drang ließ sich weder durch Gesetze noch durch den Mauerbau eindämmen. Das Land »ohne behördliche Genehmigung« zu verlassen, war verboten, was gesetzlich immer weiter ausgebaut und perfektioniert wurde.

Gemäß § 8 Abs. 1 Passgesetz[444] drohten dafür bis zu drei Jahre Gefängnis, insbesondere reagierte die DDR 1968 mit dem eigens im neuen Strafgesetz eingeführten § 213 »ungesetzlicher Grenzübertritt«, dem wohl bekanntesten politischen »Straftatbestand« des Regimes für eine Strafverfolgung wegen »Republikflucht«. Weiter Angst und Abschreckung schüren sollte die Anhebung des Freiheitsentzuges 1979 (3. StÄG) von einem auf bis zu fünf, im schweren Fall auf bis zu acht Jahre. Bereits ein Verdacht, die Vorbereitung oder der Versuch reichten aus. Mit harten Strafen musste auch rechnen, wer von einem Fluchtplan oder einer Fluchtabsicht wusste und diese »Verbrechen gegen die DDR« nicht meldete.[445]

In den siebziger Jahren ging die DDR die Rechtspakte zur Gewährung der Allgemeinen Erklärung der Menschenrechte der Vereinten Nationen und die Zusatzabkommen für individuelle Rechte ein.[446] Dabei wurde sie zur völkerrechtlichen Verbindlichkeit verpflichtet, ihren Bürgern die Ausreise zu gestatten, was freilich nicht in ihrem Sinne war. Entsprechend ging es jetzt nicht nur um die Bekämpfung der »Republikflucht« und der Fluchthilfeorganisationen, sondern vordergründig auch um das Unterbinden von Ausreisebegehren.[447] Die »Erfordernisse« führten zur Ausweitung von Paragraphen (vgl. Tabelle 9) und zu Strafverschärfungen in den Strafrechtsänderungsgesetzen (StÄG) und in anderen Rechtsvorschriften.[448] »Offensiv auftretende« Antragsteller konnten nun strafrechtlich belangt werden.[449] Verfänglich war in diesem Zusammenhang auch die Kontaktaufnahme zu Institutionen, Organisationen oder zu Personen in der Bundesrepublik.

Gerd L. traute sich, auf die 2. Novelle des StÄGs zu reagieren. Ungeachtet der Gefahr einer Verhaftung machte er noch am Abend der Gesetzesbilligung am 7. April 1977 seiner Empörung Luft: »Da habt ihr euer neues Strafgesetz. Kennst du den § 213? Sollen die lebenslänglich hinter den Mauern sitzen? Wollt ihr die lebenslänglich einsperren, die Fluchthilfe begehen?« Der Anruf ging gegen 23 Uhr anonym in der StVA Rummelsburg ein. Der operative Diensthabende traute seinen Ohren nicht, meldete den Vorfall umgehend der Staatssicherheit. Für die war es über Fangschaltung leicht, als »Täter« einen vierzigjährigen Familienvater von drei Kindern aus Berlin-Friedrichshain zu stellen.[450]

Treibende Kraft um »Ausreiseantragsteller von ihrem Ansinnen abzubringen« und wenn andere Maßnahmen nicht griffen, war mit der Dienstanweisung Mielkes Nr. 2/83[451] ein »Katalog der Waffen«, der als strafrechtliches Arsenal nach dem StGB die §§ 99, 100, 106, 214, 217, 219, 220 und 249 benennt. Unter Rückgriff auch auf diese Paragraphen wurden jährlich Tausende Ausreiseantragsteller zu Haftstrafen verurteilt.[452] Dennoch nahmen viele Menschen den Verlust der Arbeit, Ausgrenzung, Vernehmungen durch die Polizei und die Staatssicherheit bis hin zur Kriminalisierung und Verurteilung in Kauf. Eine andere Alternative hatten sie auch nicht, wollten sie bei einer Flucht über die Grenze nicht ihr Leben aufs Spiel setzten.

Erst als die Mauer längst zur offenen Grenze geworden war, erlaubte am 29. Dezember 1989 eine Verordnung die visafreie Einreise von Bürgern der Bundesrepublik und West-Berlins in die DDR, der am 11. Januar 1990 das »Gesetz über Reisen von Bürgern der DDR in das Ausland« folgte, welches die Kriminalisierung eines der grundlegenden Menschenrechte beendete.

Schlimmes Schicksal – Jürgen Gottschalk

Wer keine Möglichkeit über Fluchthelfer hatte, suchte verzweifelt selbst nach einem Weg für ein Entkommen aus der DDR, natürlich immer in der Hoffnung, dass es gelingen würde. Zwischen dem 13. August 1961 und Oktober 1989 gingen dabei rund 6.500 Menschen das Wagnis ein, über die Ostsee zu fliehen, tatsächlich gelang es nur etwa 900 von ihnen. Bei dieser Flucht starben mindestens 174 Menschen (seit 1950 waren es mindestens 189 Opfer). Ihre Leichen wurden an den Strand angespült oder gingen den Fischern in die Netze. Manche der Fluchtsuchenden gelten aber bis heute als verschollen oder sind namentlich unbekannt geblieben.[453]

Jürgen Gottschalk, am 11. Februar 1944 in Chemnitz geboren, war einer von vier Todesopfern, die zwischen Dezember 1968 und November 1969 während einer sogenannten »Republikflucht« über die Ostsee ums Leben kamen. Er hatte schon einen Fluchtversuch hinter sich, damals war er Student der Kunsthochschule Berlin-Weißensee. Im Sommer 1965 wurde er bei der Anfahrt in das Grenzgebiet entlang der Ostsee, einer etwa fünf Kilometer breiten sogenannten Schutzzone,[454] der man sich nicht nähern durfte, erkannt, verhaftet und der MfS-Abteilung IX Groß Berlin übergeben. Er kam in die MfS-Untersuchungshaftanstalt Berlin-Pankow und geriet nun wegen versuchter »Republikflucht« in die Mühlen der DDR-Justiz. Am 5. Oktober 1965 verurteilte ihn das Stadtbezirksgericht Berlin-Mitte zu einer Haftstrafe von einem Jahr und acht Monaten. Anschließend war er zur Arbeit im »Lager X« des MfS Berlin-Hohenschönhausen gefangengesetzt. Acht Tage vor Haftende wurde er am 21. Februar 1967 zur Entlassung in die StVA Rummelsburg verlegt.[455] Von der Möglichkeit, über die Ostsee in den Westen zu gelangen, ließ er sich trotzdem nicht abbringen. Im achten Jahr des Mauerbaus 1969 ging er das gleiche Wagnis abermals ein. Um die Posten und hohen Beobachtungstürme an der Küste, von denen mit Scheinwerfern regelmäßig die Strände abgesucht wurden, zu umgehen, entschied er sich für eine Flucht über Warnemünde. Von hier fuhr eine Fähre ins dänische Gedser, allerdings ohne DDR-Bürger an Bord. Auch der Warnemünder Hafen war nicht frei zugänglich. Hoffnung macht erfinderisch, jedenfalls schaffte er es, nicht entdeckt zu werden. Wie sehr er bei dem gefährlichen Versuch, sich von dem Fährschiff »Warnemünde-Gedser« ziehen zu lassen, sein Leben gefährdete, darauf dürfte er nicht vorbereitet gewesen sein. Es war ein milder, frühherbstlicher Freitag, als Jürgen Gottschalk auf diese tragische Weise am 5. September 1969 sterben musste, nur weil er von Deutschland nach Deutschland gelangen wollte. Er wurde nur 25 Jahre alt.

Vielfach gelitten in Rummelsburg

Quantitativer Anteil der »Besserungsunwilligen«

Bei Befragungen von ehemaligen DDR-Bürgern, die damals als Außenstehende selektiv etwas von der Existenz des Gefängnisses Rummelsburg gewusst haben, erklärten der Autorin die meisten, sie hätten hinter den Mauern ausschließlich »gewöhnliche Kriminelle« vermutet. Über alle Entwicklungsstufen der DDR hinweg waren hier aber über Monate oder Jahre in Größenordnungen mehr politische Häftlinge ein Bestandteil, als es mancher für möglich hält oder gehalten hat. Da alles streng geheim war, vermied auch die Gefängnisleitung Aussagen darüber. Vereinzelt ließen sich Hinweise vor allem aus Ordnungsmerkmalen in den Statistiken der nur für den Dienstgebrauch Berichterstattung an die Abteilung SV ableiten, denen aber Untersuchungen von Häftlingsakten nachfolgen müssten. Die Auswertung in diesem Buch kann also nur eine vorläufige sein.

Nach dem gegenwärtigen Erkenntnisstand lag der Anteil der politischen Häftlinge in Rummelsburg für die DDR-Zeit im Ganzen gesehen vermutlich bei bis zu 35 Prozent, wobei hier die meisten nicht die gesamte Strafzeit verbrachten (vgl. Kapitel: »Zahlenmäßige Belegung«). Vorab durchliefen sie in einer U-Haftanstalt des MfS die Untersuchungs- und Ermittlungsverfahren. Nach der Verurteilung wurden alle Gewahrsame, sofern in Ausnahmen die Staatssicherheit nicht weiter über sie verfügte, in den Strafvollzug des MdI übergeben, in der Regel zusammen mit einer Begleitakte und einer »persönlichen« und »politischen« Beurteilung. Das entsprach den gesetzlichen Vorschriften. Verlegungen nach Rummelsburg noch während der U-Haft kamen trotzdem vor und auch während des Haftvollzugs war die Bespitzlung politischer Häftlinge durch Abteilungen des MfS nicht vorbei (vgl. die Kapitel: »Die Staatssicherheit als Teil des Haftgefüges«).

In der Bundesrepublik dürfte man von Anfang an über die politischen Häftlinge in Rummelsburg Bescheid gewusst haben, da die Ostbüros von SPD, CDU und FDP, die Kampfgruppe gegen Unmenschlichkeit (KgU) und der Untersuchungsausschuss Freiheitlicher Juristen (UFJ) aus Zeugenaussagen politisch Verfolgter nach der Haftentlassung Informationen erhielten und auch die Zentrale Erfassungsstelle Salzgitter Daten erfasste. Direkter konfrontiert wurde der Westen spätestens 1957. Im Februar durfte Herbert Beckh, ein Vertreter des Internationalen Komitees des Roten Kreuzes, erstmals mit Rummelsburg ein Gefängnis in der DDR inspizieren, gefolgt im Sommer von anderen Haftanstalten.[456] Ihm sollte das gerade erst ausgebaute Gefängnis Rummelsburg als Musteranstalt vorgeführt werden, was offensichtlich sogar gelang. Die Haftbedingungen waren aber zweifelhafter als das resümierend von Beckh festgestellt werden konnte. Mit Bedacht hatte das MdI dafür den Strafvollzug ohne die U-Haft ausgewählt.

Beckh gab an, er hätte in Rummelsburg unter den etwa 600 Gefangenen viele politische Häftlinge vorgefunden. Eine Trennung zwischen diesen Gruppen gebe es nicht und die »materiellen Haftbedingungen« würden zwar »nicht wesentlich über den Minimalbedingungen« liegen, aber noch den internationalen Rot-Kreuz-Vorschriften entsprechen.[457] Heute ermöglichen die Archivunterlagen aber einen genaueren Einblick. So lagen die Gefangenenzahlen im ersten Quartal 1957[458] mit fast dem doppelten Umfang (davon 844 Häftlinge im Vollzug) weit über dem benannten Schätzwert und wuchsen bis zum Jahresende noch an. Nahezu gleich blieben bis Dezember die Angaben von 147 Häftlingen, die wegen »staatsgefährdender Verbrechen« einsaßen.

Die Antwort, weshalb in Rummelsburg vor allem »Politische« mit kürzeren Haftstrafen die Gefangenschaft verbüßten, während oftmals für »Langstrafer« eine vorübergehende Überstellung in Betracht kam, gab bereits 1959 Gerhard Finn: »... weil das Gefängnis nur wenige Kilometer von der Sektorengrenze nach Westberlin entfernt liegt«[459]. Er vermutete hier annähernd 1.300 Gefangene, darunter 450 aus politischen Gründen. Auch bei dieser Schätzung muss vom Vollzug ausgegangen werden. Nachweislich befanden sich hier in dem Jahr insgesamt zwischen 1.800 bis 2.000 Häftlinge.

In dieser Zeit (1957) war zur statistischen Erfassung der Gefangenen (ohne U-Haft) die Rubrik »Staatsverbrechen/Staatsgefährdende Delikte« eingeführt worden. Abteilungsleiter SV Mischnik errechnete 1962/63 für Rummelsburg etwa zehn Prozent der

Inhaftierten, die darunter fielen.[460] Der Aussagegehalt genügt aber nur bedingt für eine Aufschlüsselung und ist nicht repräsentativ, weil außer »Staatsverleumdung« (§ 20)[461] nicht erkennbar ist, welche anderen politischen Delikte darunter gefasst waren.

Der Meinung von Häftlingen zufolge, die nach ihrem Freikauf aus der DDR auf der bundesdeutschen Seite im Notaufnahmelager Gießen befragt wurden, harrten Ende 1969 etwa 200 politische Häftlinge in Rummelsburg aus.[462]

1982 befanden sich unter den 1.591 Insassen im Vollzug und in der U-Haft 4,9 Prozent wegen »ungesetzlichen Grenzübertritts«, 2,9 Prozent wegen »Widerstand gegen staatliche Maßnahmen« und zwei Prozent wegen »Landesverräterische Nachrichtenübermittlung«. Hinzu kamen 21 Prozent wegen »staatsfeindlichen Menschenhandels«, wegen des gleichen Deliktes gelangten im selben Jahr weitere 49 verurteilte Gefangene nach Rummelsburg.[463]

Der Freiheit beraubt – Einzeldelikte

Frühe Urteile

Auch wenn es den Opfern von politischen Urteilen in der DDR schwer fällt, über ihre Haftzeit zu sprechen, haben individuell hauptsächlich sie – und das noch vor Beginn jeglicher Forschungen – entscheidende Nachweise erbracht. Dass in dieser Hinsicht nicht jedes Schicksal aufgezeigt werden kann, versteht sich von selbst. Einzelne Beispiele sollen aber zumindest als Demonstration dienen, um bestimmte Grundlinien der Strafverfolgung abzuleiten (vgl. auch Kapitel: »Das Stigma ›asozial‹ [§ 249]«).

Im Laufe der fünfziger Jahre waren bei Enteignungen reihum oft Bauern während der Zwangskollektivierung in der Landwirtschaft und Vertreter von Wirtschaftsbetrieben und des Mittelstandes Gegenstand von »Schauprozessen«.[464] Oft wurden Wirtschaftsverbrechen[465] vorgeschoben. Eine Chance, dagegen zu klagen bestand nicht. Noch Mitte der sechziger Jahre war in Rummelsburg das statistische Formblatt GM 1[466] eine Grundlage. Erfasst wurde darin die »soziale Stellung der Inhaftierten« nach den Kriterien »privat-kapitalistische und Mittelschichten, darunter Handwerker oder Gewerbetreibende«, »Klein-, Mittel- und Großbauern«, »Mitglieder einer LPG oder PGH« sowie »Arbeiter«, darunter »Landarbeiter«.[467]

Vielfach waren auch ehemalige Sozialdemokraten und die Unterstützer der Organisationen »Untersuchungsausschuß freiheitlicher Juristen« und »Kampfgruppe gegen die Unmenschlichkeit« Anlass für eine strafrechtliche Verfolgung. Drakonische Strafen erhielten beispielsweise Horst Jänichen und Herbert Mießner aufgrund ihres Widerstands gegen die SED-Unrechtsherrschaft. Zur Umschreibung der politischen Verfahren befand das Gericht bei beiden auf Verbrechen wegen angeblichen Verstoßes gegen Artikel 6 der Verfassung-DDR in Kombination mit der »Gefährdung des Friedens« nach der KD 38 von 1946 (vgl. Kapitel: »Berichte von und über Betroffene«).

Im Vordergrund eines Schauprozesses im Mai 1954 gegen Herbert Buley und drei weitere Angeklagte stand der Vorwurf der »friedensgefährdenden, faschistischen Propaganda« wegen ihrer Teilnahme am Arbeiterstreik vom 17. Juni 1953 (vgl. Kapitel: »17. Juni 1953«, hier auch Hardy Firl). Als Streikführer wurde Herbert Buley zu vier Jahren Gefängnis verurteilt, die er in Rummelsburg verbüßen sollte, und man erkannte ihm die bürgerlichen Rechte ab. Bei seiner vorzeitigen Entlassung im Juni 1956 war er physisch und psychisch schwer gezeichnet. Kurz danach ging er mit seiner Familie nach West-Berlin, wo er mit zu den Gründern des Arbeitskreises 17. Juni gehörte.[468]

Vermeintliche und wirkliche Abwerbungen von DDR-Bürgern konnten als »Spionage« oder »Sabotage« zurechtgebogen werden und zu langen Haftstrafen führen. Der 27-jährige Gerhard J. saß 1952 einige Monate in Rummelsburg wegen Diebstahls an Buntmaterial ein. Im Dezember gleichen Jahres wurde er erneut verhaftet, diesmal vom MfS (Abt. IX) wegen »Betätigung als Agent imperialistischer Geheimdienste«, speziell der amerikanischen Geheimdienststelle CIC in der Schloßstraße in Berlin-Steglitz. Der gelernte Fleischer wollte dem CIC Militär der sowjetischen Streitkräfte zuführen, erhoffte sich von der Vermittlung Westmark, 1.000 für einen sowjetischen Offizier, 500 für einen Soldaten. Für das lukrative Geschäft versuchte er in der Gaststätte Thiemann in der Boxhagener Straße ausgerechnet einen Volkspolizisten als Helfershelfer zu überreden. Aus dem »Vorführbericht« des MfS geht hervor, J. habe den »inneren Frieden des deutschen Volkes gestört«. Im März 1953 verhängte der Strafsenat des Stadtgerichts in einem öffentlichen Prozess in Auslegung der KD 38 acht Jahre Zuchthaus gegen ihn.[469] Gleiches Strafmaß betraf wegen Spionage 1960 den 25-jährigen Horst D. und 1962 erhielt der 20-jährige Peter K. dafür sechs Jahre Zuchthaus. Beide saßen beim MfS in der U-Haft und waren danach mit in Rummelsburg inhaftiert.[470]

Klaus Schulz-Ladegast (Jahrgang 1941) war 1959 in den Westen geflüchtet, aber im Juli 1961 zu seinen Eltern nach Ost-Berlin zurückgekehrt. Schon am 19. August 1961 wurde er wegen des Verdachts der Spionage abgeholt, allerdings bald sein Vater enttarnt, der für den Bundesnachrichtendienst arbeitete. Für den 20-Jährigen folgten ein Vierteljahr im Stasi-Gefängnis Berlin-Hohenschönhausen, dann Einzelhaft in der Magdalenenstraße und, nach monatelangen Verhören, zu vier Jahren Haft verurteilt, Haft in den Gefängnissen Rummelsburg, Waldheim und Torgau. 1964 aus der Haft entlassen, flüchtete er drei Jahre später in die Bundesrepublik.[471]

Als Beispiel für die Untersuchungshaft sei der 61-jährige Elektromonteur G.R. erwähnt, der sich im Sommer 1957 in Schwierigkeiten brachte. Er stand im Verdacht, zwei Volkspolizisten im Auftrag einer West-Berliner »Agentenzentrale« abgeworben und es bei einem dritten versucht zu haben und wurde »wegen Verleitung von VP-Angehörigen zum Desertieren« und »Beihilfe zur Republikflucht« verurteilt. Erschwerend wurde ihm »Staatsverleumdung« angelastet, weil er in einem Lokal ausgesprochen hatte, dass »die Jugend ... als Kanonenfutter ausgenützt [wird] und ... die DDR verlassen und in den Westen gehen [soll]«. R. war von der Staatssicherheit verhaftet und nach Verhören in die U-Haft Rummelsburg verlegt worden.[472] Das über ihn verhängte Strafmaß geht aus den bisher eingesehenen Akten nicht hervor.

Manchmal genügten schon ein politischer Witz oder eine »falsche Meinungsäußerung«, um wegen »staatsgefährdender Propaganda und Hetze« ins Netz der Staatssicherheit und politischen Justiz zu geraten, wie es der inzwischen verstorbene Bruder von Gundula M.[473] erleben musste. Was dem Studenten 1958/59 in Rummelsburg eineinhalb Jahre Haft einbrachte, war der Vorwurf, ein Bild von Walter Ulbricht verunglimpft zu haben.

»Staatsfeindliche Hetze«

Bei Ferrucio Zilli, genannt Timo (Jahrgang 1945), handelte es sich um einen Italiener aus Friaul, der seit 1965 und noch heute in West-Berlin lebt. 1970 geriet er, leicht alkoholisiert nach einer Betriebsfeier, beim Umsteigen auf dem S-Bahnhof am Grenzübergang Friedrichstraße mit einem DDR-Grenzposten aneinander, wurde festgenommen, zusammengeschlagen und gefesselt in das Stasi-Gefängnis Berlin-Pankow abtransportiert. Dort als Untersuchungshäftling »Links« einbezogen, wehrte er sich gegen Prügel, provozierte, schimpfte auf die DDR und musste in die Folterzelle 36. Nach sechs Monaten zu dreieinhalb Jahren Haft verurteilt, lautete die Begründung: »staatsfeindliche Hetze« und »Gefahr für die sozialistische Gesellschaftsordnung«. Danach kam er nach Rummelsburg, als Häftling Nummer 856082. Hier gingen die Verwerflichkeiten weiter, er wurde geschlagen, in Dunkelhaft gesperrt und an den Händen aufgehängt. Die Einzelheiten sind im Kapitel »Isolationshaft im Arrest« und in seinem Buch[474] belegt.

Von Lutz Hildebrandt (Jahrgang 1947) wurde 1967 die Verurteilung wegen »staatsgefährdender Hetze« und »Staatsverleumdung« von zwei Jahren und sechs Monaten im Berufungsverfahren auf ein Jahr und acht Monate herabgesetzt. Verhaftet worden war er, weil er Plakate mit Propaganda zum VII. Parteitag der SED abgerissen hatte. Nach über 14 Monaten Untersuchungshaft in Hohenschönhausen verbüßte er die Haftstrafe mit sieben Mann in einer Zelle in Rummelsburg. Hier wurde er aufgrund seines schlechten Gesundheitszustandes und fehlender Haftplätze im Zusammenhang mit Protesten während des Prager Frühlings vorzeitig entlassen.[475]

Für den DDR-Oppositionellen Bernd Eisenfeld (1941–2010) hatte im September 1968 in Halle die Verteilung von 180 selbst gefertigten Flugblättern mit dem kritischen Text »Denkt bitte nach! Bitte schweigt nicht!« aus Lenins »Dekret über den Frieden« schwerwiegende Folgen. Er wollte gegen die Niederschlagung der Reformbewegung in der damaligen Tschechoslowakei ein Zeichen setzen und wurde verhaftet. Als er im Februar 1969 unter Ausschluss der Öffentlichkeit durch das Bezirksgericht Halle wegen »staatsfeindlicher Hetze« der schweren Kategorie verurteilt wurde, lagen hinter ihm stundenlange Verhöre in der Untersuchungshaft im Gefängnis »Roter Ochse«. Wäh-

Jörg Kürschner, 2016

rend seiner zweieinhalb Jahre Vollzugshaft hießen die Stationen: Berlin-Rummelsburg, Karl-Marx-Stadt (heute: Chemnitz), Cottbus, Bautzen I. Auch hier war er Schikanen ausgesetzt, ebenso musste seine Familie Intrigen durch die Staatssicherheit erdulden. Das MfS hatte den unverbesserlichen »Staatsfeind« aber schon länger im Blick gehabt, bereits nach dem Mauerbau war er durch offene Briefe an die Regierungen im Westen, an die UNO, an Prominente und an die SED und DDR-Staatsführung auffällig geworden. Seinem stets erneuerten Ausreiseantrag in die Bundesrepublik wurde erst 1975 stattgegeben.[476]

Der westdeutsche Journalist Jörg Kürschner (Jahrgang 1951) trat 1980 in einer Neun-Mann-Zelle in Rummelsburg seine gesamte Haftzeit an, nachdem ihn im Juli das Bezirksgericht Gera wegen »staatsfeindlicher Hetze« zu fünf Jahren und acht Monaten verurteilt hatte. Der damals 28-Jährige war Ende Dezember 1979 am Grenzübergang Herleshausen/Wartha verhaftet und »eingezwängt in eine Ein-Mann-Zelle und mit Handschellen gesichert« in einem als Gemüse-Kleinbus getarnten Barkas in die Untersuchungshaftanstalt des MfS in Berlin-Hohenschönhausen gebracht worden. Im Glauben, er würde abgeschoben werden und Einreiseverbot in die DDR erhalten, ahnte er nicht, dass er erst Jahre später freikommen sollte. Ihm wurde seine in die DDR eingeführte Literatur vorgeworfen. Bei mehrfachen Besuchen eines Freundes (der auch verhaftet wurde) in Jena hatte er gewagt, an ihn, versteckt in der Kopfstütze seines VW-Käfers, in der DDR verbotene Literatur, etwa von Robert Havemann oder Rudolf Bahro, weiterzugeben. In den ersten zwei Wochen seiner über sechs Monate anhaltenden Verhöre in der Untersuchungshaft in Hohenschönhausen saß Kürschner in einer Einzelzelle. Ende 1981 erging der Ausweisungsbeschluss der DDR aufgrund des Freikaufs durch die Bundesregierung. Vorher verbrachte er in Karl-Marx-Stadt noch einmal zehn Tage in Einzelhaft. Heute ist er Vorsitzender des Fördervereins der Gedenkstätte Berlin-Hohenschönhausen.[477]

Fluchtversuche und Fluchthelfer

Nach der Grenzschließung 1961 nahmen unter den Häftlingen in spürbarer Weise die DDR-Bürger zu, die eine Flucht aus dem Land vorbereitet oder versucht hatten.

Über Dieter von Wichmann (Jahrgang 1938) erfährt man in einem Dokumentarfilm,[478] dass mehrere seiner Fluchtversuche aus der DDR scheiterten und er schließlich zu professionellen Fluchthelfern Kontakt aufnahm. Im Oktober 1963 durch Mitarbeiter des MfS verhaftet, wurde er vier Monate in der UHA Berlin-Hohenschönhausen durch Einzelhaft, Leseverbot und zermürbende Verhöre unter Druck gesetzt. Im Februar 1964 lautete das Urteil gegen den 26-jährigen Tontechniker am Berliner Friedrichstadtpalast zwei Jahre Gefängnis wegen »ungesetzlichen Grenzübertritts«, »ungesetzlicher Verbindungsaufnahme« und »Verstoßes gegen das Paßgesetz«. Nach 15 Monaten Haft in Rummelsburg kaufte ihn im Mai 1965 die Bundesrepublik frei.[479]

Der Haftgrund von Hans A. Burmeister (Jahrgang 1937) war ebenfalls »Versuch des unerlaubten Verlassens der DDR« nach dem Passgesetz. Das Urteil brachte ihn 1966 unter anderen ins Haftarbeitslager Rüdersdorf und für ein halbes Jahr in Rummelsburg hinter Gitter. Im April 1967 fand in der MfS-UHA Magdalenenstraße eine letzte Befragung statt, ob er bei seiner Absicht, in den Westen gehen zu wollen, bleibe. Er erhielt seine Entlassungspapiere aus der Staatsbürgerschaft und konnte mit dem Arbeitsgeld allein in einem nahen Kaufhaus einkaufen. Zusammen mit einem anderen Häftling geleitete ihn tags darauf Rechtsanwalt Vogel mit seinem Mercedes über die Bornholmer Brücke nach West-Berlin zu Rechtanwalt Stange. Vogel gab ihnen noch mit auf den Weg, möglichst alle öffentlichen Auftritte zu vermeiden.[480]

Der Ost-Berliner Kinderarzt Anatol Rosenbaum (Jahrgang 1939) wurde nach seiner gescheiterten Flucht aus der DDR 1968 wegen »Republikflucht« und als »zionistischer Agent« bereits nach dem neuen StGB verurteilt. Die bis November 1970 andauernde Odyssee vor allem durch die Gefängnisse der Staatssicherheit, wobei er auch Rummelsburg miterlebte, erlitt er damals als Anatol Held. Nachdem sich der SPD-Politiker Herbert Wehner und der Staat Israel jahrelang für ihn eingesetzt hatten und die Bundesrepublik ihn freikaufte, durfte er 1975 ausreisen. 2006 setzte er sich publizistisch mit seinen Hafterlebnissen auseinander.[481] Da litt er schon einige Jahre an chronischer Leukämie, vermutlich eine Folge von Röntgenbestrahlungen durch die Stasi während seiner Haftzeit in Cottbus. Nach seiner Genesung nahm er den alten jüdischen Namen seiner Familie Rosenbaum an.

Michael Bradler vor dem ehemaligen MfS-Gefängnis in Berlin-Hohenschönhausen, 2012

Dagegen kam für den 1961 in Ost-Berlin geborenen Michael Bradler eine riskante Flucht über die Grenze nicht infrage. Zunächst geprägt von den fest in Staat und SED integrierten Eltern, änderte sich seine Sicht nach dem Tod der Mutter, als er bei den Großeltern aufwuchs, die 1977 in die Bundesrepublik übersiedelten. Nachdem der Bescheid seiner Anträge auf Ausreise jedes Mal ablehnend war, fuhr er im Januar 1982 zum Grenzübergang Sonnenallee und forderte, sofort nach West-Berlin gelassen zu werden. Von der Stasi verhaftet, folgte nach der UHA Magdalenenstraße eine Einzelzelle in Berlin-Hohenschönhausen. Nach etlichen Vernehmungen wurde er nach fünf Monaten wegen »landesverräterischer Agententätigkeit« zu 16 Monaten Freiheitsstrafe verurteilt. Am 16. Juni 1982 gelangte Bradler mit einem als Wäschereifahrzeug »Rewatex» getarnten Barkas in die Durchgangshaft nach Rummelsburg, verbrachte hier zwei Wochen im Keller zusammen mit sieben Leuten in einer Transporterzelle von drei mal sechs Metern, mit Doppelstockbetten, einem langen Tisch, aber ohne Stühle. Nachts kamen Ratten aus der Toilette. Ende Juni ging es für den Strafgefangenen mit angeschwollenen Händen und Füßen infolge der Fesselung über Stunden in einer der unerträglich stickigen winzigen Zellen im »Grotewohl-Expreß« ins Gefängnis Cottbus, dessen »Roter Terror» berüchtigt war. Am 14. Oktober 1982 wurde Bradler von der Bundesrepublik freigekauft und lebt bis heute im Westteil Berlins.[482]

Erhard Neubert (Jahrgang 1946) saß wegen Fluchtversuchs gleich zweimal in der DDR-Haft. Der erste scheiterte im Oktober 1964, seine Haftstrafe verbüßte er bis zur Entlassung im Juni 1966 in Rummelsburg. Im April 1972 unternahm er in Ungarn einen zweiten Anlauf und wurde erneut verhaftet, im Oktober 1972 aber aufgrund einer Amnestie freigelassen.[483] Nach Genehmigung seiner Ausreise aus der DDR 1974 übersiedelte er nach West-Berlin. Geradeso erging es Rainer Dellmuth (Jahrgang 1948), der erstmals als Jugendlicher im Dezember 1967 wegen »Vorbereitungshandlungen zum illegalen Verlassen der DDR« zu einem Jahr Haft verurteilt wurde. Vom Gefängnis in der Keibelstraße nach Rummelsburg gelangt, saß er in der Zelle zusammen mit einem älteren Häftling, der lediglich »eine Fuhre Kies privat verscherbelt« hatte und nun »wegen Vergehen gegen das Volkseigentum« zehn Monate absitzen musste. 1971 wurde Dellmuth nochmals wegen »versuchten schweren Grenzdurchbruchs« und »ungesetzlicher Verbindungsaufnahme« zum ZdF (= brieflicher Kontakt zu Darstellern einer Fernsehserie) zu zwei Jahren Haft verurteilt und diesmal aus der Stasihaft in Pankow nach Rummelsburg verlegt. Seine Haftzeit verbrachte er noch in den Haftanstalten Gera, Cottbus und Karl-Marx-Stadt. Im November 1972 gelangte er auf dem Wege des Häftlingsfreikaufs in die Bundesrepublik.[484]

Auch Jürgen-Kurt Wenzel (Jahrgang 1947) hatte bereits zwei Fluchtversuche hinter sich und saß deshalb sieben Monate im Jugendgefängnis Luckau. 1965 unternahm er zusammen mit Freunden nochmals ein Entkommen aus der DDR, das genauso fehlschlug. Wenzel verbrachte vier Jahre und zehn Monate in den Gefängnissen Brandenburg und Rummelsburg, hier wurde er 1970 entlassen. Durch eine fingierte Familienzusammenführung gelang es ihm, mit Frau und Sohn 1974 legal nach Hamburg auszureisen.[485]

Der damals ebenfalls erst 18-jährige Cliewe Juritza (Jahrgang 1966) wusste schon frühzeitig, dass er in keinem eingemauerten Land leben wollte, doch zweimal missglückte auch ihm eine Flucht. Bei der ersten über Ungarn fiel er bei der Kontrolle im Zug zur ungarischen Grenzstadt Sopron auf, wurde aber freigelassen, weil er dem Druck im Verhör standhielt. Als er 1984 über die innerdeutsche Grenze fliehen wollte, ereilte ihn in der Nähe von Eisenach erneut seine Festnahme und zunächst Inhaftierung in Gotha. Anschließend in der Untersuchungshaft in Rummelsburg in einer Zelle mit fünf Kriminellen, erhielt er von einem Mithäftling einen solchen Faustschlag, dass er durch den Raum flog und hinter der Toilette wieder aufwachte. Zu zwölf Monaten Haft wegen »Verdachts auf versuchten ungesetzlichen Grenzübertritt« verurteilt, verbüßte er diese im Jugendhaus Halle, wurde nach zehn Monaten aber im Rahmen des Häftlingsfreikaufs in die Bundesrepublik abgeschoben. Seine Haftzeit verarbeitete er in einem autobiografischen Buch.[486]

Einen hohen Preis zahlten auch BRD-Bürger, die sich aus unterschiedlichen Einsichten um Fluchtwillige oder Ausreiseantragsteller in der DDR bemühten, was eine latente Gefahr darstellte, da es von der DDR als organisierter Menschenhandel verfolgt wurde. Viele wurden gefasst und saßen als verurteilte Fluchthelfer in Rummelsburg ein. Die meisten erfüllten nach den Strafgesetzen der DDR den Tatbestand §§ 105, 213 StGB 1968[487] oder es ging um die Verletzung von Bestimmungen über die Einreise oder den Aufenthalt sowie über den Transit durch die DDR. Dieser Personenkreis »politischer Täter«, der unter Umständen für einen Freikauf durch die Bundesrepublik vor-

Matthias Bath, 2017

gesehen war, verbüßte seine Haft auf gesonderten Stationen im Haus 2, ab 1973 waren davon im Haus 3 vier eingerichtet, 1977 wechselten sie ins Haus 6 (vgl. Kapitel: »›Verwahrhäuser‹ und Zellen«).

Der Student Eberhard Bolle (Jahrgang 1939) aus West-Berlin gehörte zu den ersten, die nach der Grenzabriegelung gleich am 20. August 1961 Fluchthilfe riskierten. Einem Freund in Ost-Berlin wollte er den Ausweis eines Spandauer Kommilitonen zugänglich machen. Beim Überbringen geriet er dann am Bahnhof Friedrichstraße in verschärfte Grenzkontrollen, wobei der Pass zum Vorschein kam. Das Urteil wegen »Verleitung zur Republikflucht« von zwei Jahren Haft saß er 20 Monate in Rummelsburg ab, am 23. April 1963 wurde er hier entlassen.[488]

Der mehrfach in anderen Kapiteln genannte West-Berliner Staatsanwalt Matthias Bath (Jahrgang 1956) geriet als Student ebenfalls schon beim ersten Versuch, Ostdeutschen zur Flucht zu verhelfen, in den Strafvollzug der DDR. Bei dieser Fahrt mit drei Flüchtlingen im Kofferraum eines PKW wurden die Beteiligten am 9. April 1976 am DDR-Grenzübergang Marienborn festgenommen. Nach Monaten in der Untersuchungshaft in Berlin-Hohenschönhausen wurde Bath wegen § 105 am 6. September durch das Bezirksgericht Frankfurt/Oder zu fünf Jahren Freiheitsstrafe verurteilt und anschließend in den Strafvollzug Rummelsburg eingegliedert. Nach 40 Monaten in Haft, davon drei Jahre in Rummelsburg, kehrte er im Juli 1979 von der Bundesrepublik freigetauscht nach West-Berlin zurück (vgl. Kapitel: »Häftlingsfreikauf«).[489]

Für den Schriftsteller und Regisseur Einar Schleef (1944–2001) wurde Pfarrer Klemens Niermann (1928–2007) aus dem Bistum Münster zum erfolgreichen Fluchthelfer. Er schleuste ihn über die Tschechoslowakei und Wien aus der DDR in den Westen. Der Plan, auch der Verlobten von Schleef aus Ost-Berlin versteckt im Auto über die Grenze zu verhelfen, ging dagegen nicht auf. Offensichtlich wurde ein Telefonat abgehört, infolgedessen Niermann am 25. März 1977 verhaftet wurde. Die Staatssicherheit in Neustrelitz hielt ihn sechs Wochen in strengster Einzelhaft, bevor er wegen Fluchthilfe zu dreieinhalb Jahren Gefängnis verurteilt und nach drei Monaten Vollzug in Rummelsburg freigekauft wurde.[490]

1982 saßen unter anderen von neun kleinen mehr oder weniger privaten Fluchtunternehmen insgesamt 49 Helfershelfer ihre hohen Haftstrafen in Rummelsburg ab.[491]

Neben diesen und vielen anderen Helfern, bei denen schlichtweg humanitäre Gründe den Ausschlag für Fluchtaktionen gaben, hatte man es zudem mit kommerziellen, teils nicht unumstrittenen Fluchthilfeorganisationen zu tun, wie die von Kay-Uwe Mierendorff geleitete. Während seine Fahrer in DDR-Haft gelangten, verdiente er damit viel Geld. Michael Gregorovitz, einer seiner Gehilfen, musste sich Mitte der siebziger Jahre im Vollzug in Rummelsburg auf neun Jahre[492] einstellen (wahrscheinlich wurde auch er freigekauft). Ihm war es gelungen, an die hundert DDR-Bürger in den Westen zu bringen.[493] Für ein Honorar von Mierendorff angeworben und ohne wirklich zu ahnen, worauf er sich eingelassen hatte, versuchte auch Klaus-Dieter Precht auf der Transitstrecke Lauenburg-Berlin am Abend des 16. Juli 1976 in seinem verplombten Kleintransporter ein Ehepaar mit Kind (mit Schlafmitteln betäubt) nach West-Berlin zu schleusen. Am Grenzkontrollpunkt Staaken wurden sie verhaftet. Precht, im September 1976 wegen »staatsfeindlichen Menschenhandels« zu dreieinhalb Jahren Haft verurteilt, saß achtzehn Monate im Gefängnis Rummelsburg. Seine Haftentlassung am 20. Januar 1978 kam ebenfalls durch Freikauf zustande.[494]

Heinrich Hagen (1946–2013) hatte bereits in den fünfziger Jahren erlebt, wie der elterliche Hof in Basse, nahe Rostock, im Rahmen der Zwangskollektivierung enteignet und einer LPG zugeordnet wurde. Aber erst in den siebziger Jahren sah er in der DDR keine Zukunft mehr für sich. Der zuletzt Hauptreferent im Amt für Rechtsschutz der DDR nahm Verbindung zu einer Fluchthelfergruppe auf, was gründlich fehlschlug.

Nach seiner Verhaftung 1976 übte die Staatssicherheit in elfmonatiger Untersuchungshaft in Berlin-Pankow psychischen Druck auf ihn aus und verabreichte ihm Psychopharmaka. Die mehrfache Anwendung einer Zwangsjacke in Leipzig-Meusdorf und vier Monate Isolationshaft hinterließen bei ihm zusätzliche Spuren. Bevor Hagen nach seiner Verurteilung im März 1977 zu sechs Jahren Haft in das Gefängnis Brandenburg in die Zugangszelle mit elf anderen Häftlingen, davon allein neun wegen Mordes Verurteilten, gelangte, brachte er vierzehn Tage in Rummelsburg zu. Als »Geheimnisträger« war ihm eine Ausreise versperrt. Nach seiner Entlassung arbeitete er als Hausmeister in Berliner Schulen.[495]

Die unwürdige Behandlung in der Haft

Was politische Repression in der DDR bedeutete, zeigte sich schonungslos im Strafrecht und setzte sich in den Gefängnissen fort. Für politische Häftlinge gab es keinen gesonderten Strafvollzug. Als hätten sie Verbrechen begangen, erfolgte unter den allgemeinen Haftbedingungen ihre Behandlung in dem gleichen Maße wie die von Mitgefangenen, die wegen eines kriminellen Deliktes einsaßen, darunter Sexualstraftäter und andere Gewalttäter. In der räumlichen Enge der Zellen waren sie Drangsalierungen und brutalen Übergriffen von Mithäftlingen ausgesetzt. Neben dem erzwungenen Zusammenleben mit Kriminellen ist in diesem Zusammenhang auch ihre rechtlose Lage zu nennen. Das Gefühl des Ausgeliefertseins sollte sie demütigen, zermürben und verunsichern und sie sollten unter der sozialen Isolation leiden.

All dies gehörte zur quälenden Haftsituation von politischen Häftlingen, die sie bewältigen mussten und die sie noch stärker als andere Mitgefangene prägte, davon sollte man ausgehen. Dabei erlebte nicht jeder einen Rückhalt durch seine Familie. Diese schmerzhafte Erfahrung machte Hardy Firl nach seiner Verhaftung 1953 (vgl. Kapitel: »17. Juni 1953«). Sein Vater, als treuer Genosse mit dem SED-Staat verbunden, besuchte ihn in den drei Jahren seiner Haft nicht ein einziges Mal in Rummelsburg. Er konnte dem Sohn sein Aufbegehren gegen die DDR nicht verzeihen. Das Verhältnis blieb noch bis zum Tod des Vaters 1994 schwierig.[496] Ähnlich war es bei Günter Toepfer: »Wenn du deinen Ausreiseantrag nicht zurückziehst, bist du nicht mehr mein Sohn!« Diese Worte des Vaters trafen 1982 in der Untersuchungshaft auch Michael Bradler »wie eine Keule«. Danach sahen sie sich nie wieder. Der Vater starb zwei Jahre später, seinen Sohn hatte er im Testament aus der Erbfolge ausgeschlossen.[497]

Politische Gefangene zählten zu den erklärten »Feinden der gesellschaftlichen Verhältnisse«.[498] Inoffiziell unterschied man sie in den Haftanstalten in »Besserungswillige« und »Besserungsunwillige«, wobei die Gründe ihrer Haft tabuisiert wurden, um weder bei Mitgefangenen noch beim Personal Verständnis aufkommen zu lassen. Schon 1955 forderte die Staatsanwaltschaft ihre separate Unterbringung, da diese leicht Verbindung unter sich aufnehmen konnten und unter Umgehung der Vorschriften Briefe an Rechtsanwälte schrieben. Vorgesehen war ihre Einteilung und Kennzeichnung in bestimmte Kategorien. In Rummelsburg war damals vor allem die Überlassung eines Lehrbuches über Radiotechnik durch einen Unterkommandeur an einen politischen Gefangenen ausschlaggebend. Solche Bücher in der Hand von »staatsgefährlichen Verbrechern« bewirkten eine Gefahr, ließ die Gefängnisleitung wissen, »wir haben es in der Regel mit Intelligenzlern zu tun, die, wie schon vorgekommen, Apparate fertigen und Verbindung zum Westen aufnehmen«.[499] Um sie »auf Linie zu bringen«, wurde mehr Wachsamkeit und härteres Durchgreifen gegen sie angewiesen, oder wie es 1957 Mischnik als Vorgabe herausstellte: »Die Strafen in unserem Strafvollzug haben eine doppelte Funktion. Einmal die Unterdrückung und einmal die Erziehung. Von uns aus gesehen steht die Unterdrückung im Vordergrund, denn sie hat ebenfalls schon eine bestimmte erzieherische Wirkung«.[500]

Noch stärker differenzierte der Rechtspflegeerlass vom 4. April 1963[501] zwischen echten »Feinden« und lediglich »ideologisch zurückgebliebenen Straftätern«. Ab dem 1. Januar 1964 waren Freiheitsstrafen »nach dem Charakter und der Schwere der Straftaten« in den Kategorien I bis III als »strenge, allgemeine und erleichterte Vollzugsart« durchzuführen,[502] genauer gefasst wurden Schweregrad und Besonderheiten im »Strafvollzugs- und Wiedereingliederungsgesetz« von 1968. Für politische Gefangene bedeutete die Einstufung meist die Kategorie I mit den härtesten Haftbedingungen, gemeinsam mit Schwerkriminellen, die hohe Haftstrafen zu verbüßen hatten. In der Kategorie II befanden sich Häftlinge bis zu einer maximal dreijährigen Freiheitsstrafe wegen »Straftaten gegen die Arbeiter-und-Bauern-Macht«.

Zwar waren in den regulären Haftanstalten der DDR offiziell für »Politische« keine extra erniedrigenden Haftbedingungen vorgesehen, einzelne Bedienstete des Strafvollzugs verhielten sich besonders ihnen gegenüber aber schikanös, sei es, weil sie sich geistig unterlegen fühlten oder ihnen als linientreue Anhänger des Systems ablehnend gegenüberstanden (vgl. Kapitel: »Umgang durch das Bewachungspersonal«).

Berichte von und über Betroffene

Für mich blieb die Zeit zehn Jahre stehen – Horst Jänichen 1946/1950 verhaftet

Verhaftung mit gerade 15 Jahren

Am 23. April 1946, meinem letzten Ferientag als Oberschüler, holten mich morgens kurz vor sechs Uhr zwei Zivilisten des sowjetischen Ministeriums für Staatssicherheit (MGB) von zu Hause in Berlin-Lichtenberg, Siegfriedstraße 195, ab. Bei einem erkannte ich unter dem Staubmantel die russische Uniform. Meine Mutter beruhigten sie, es werde nur einige Tage dauern, ich solle aber Kopfkissen und Decke mitnehmen. Obwohl ein milder Frühling herrschte, bestand sie darauf, dass ich eine Skihose und eine Joppe anzog. Wie eine Vielzahl von jungen Leuten auch, wurde ich der Zugehörigkeit zu einer »Wehrwolfgruppe«, einer gegen Ende des Krieges gegründeten nationalsozialistischen Untergrundorganisation, verdächtigt. Dass ich solcher Verbindung nie angehörte, hinderte die Besatzer nicht, mich gefangen zu halten. Es gab keine Verurteilung.

In sowjetischen Lagern gefangen

Zuerst brachten sie mich in die Schloßstraße[503] in ein Kellergefängnis. Hinter einer massiven Bunkertür lagen die Verliese, in denen ich teils allein, teils zu zweit oder zu viert eingesperrt war. Ich besaß die wärmere Kleidung, andere waren nur in kurzärmligen Hemden festgenommen worden. Wir schliefen auf den blanken Brettern der Holzdoppelbetten, nicht einmal Strohsäcke gab es. Nachts vernahm man laute Musik; ver-

Horst Jänichen (Jahrgang 1931) bei der Einweihung des Gedenkortes Rummelsburg, Januar 2015

mutlich sollten die Schreie während der Vernehmungen übertönt werden. Auch ich erlebte Misshandlungen durch Schläge und Tritte. Kein Verhör, in dem ich nicht ganz gemein geohrfeigt worden bin, meistens war mein Hemd vom Nasenbluten durchtränkt. Die nächtlichen Verhöre zogen die Verkürzung der Schlafenszeit von 22 bis sechs Uhr nach sich. Am Tag durfte man nur sitzen, und zwar immer in der Mitte der Pritsche, ein Anlehnen an die Wand war nicht gestattet. Wer einschlief, musste dafür eine Stunde stehen. Morgens erhielten wir ein winziges Stück trockenes Brot, einmal täglich eine dünne Suppe, die ungenießbar war, so sehr roch und schmeckte sie nach der Bakelitschüssel,[504] abends gab's nur Tee.

Die gesamten vier Wochen meiner Haft durfte ich mich kein einziges Mal waschen. Völlig verwahrlost hatte auch in meiner ersten Zelle ein etwa 40 Jahre alter Mensch gehockt. Zuerst glaubte ich, er hätte eine Macke. Er vegetierte hier bereits drei Monate vor sich hin – ungewaschen, unrasiert, die ungekämmten Haare völlig zugewachsen.

Anschließend kam ich in das sowjetische »Speziallager Nr. 3« des NKWD/MWD in Berlin-Hohenschönhausen[505] und von hier im Oktober 1946 in das ehemalige NS-Konzentrationslager Sachsenhausen in Oranienburg, das die sowjetische Geheimpolizei als »Speziallager Nr. 7« für NS-Verbrecher und politisch Missliebige in der SBZ nutzte. Hier verlor ich meinen Freund Helmut, der an Tbc starb. Ihm musste ich versprechen, nach meiner Haftentlassung seine Mutter zu informieren, doch sagte ich immer:

»Quatsch, das erledigst du selbst.« Aber ich wusste, er würde nicht überleben. Als ich später wieder zu Hause war, traute ich mich erst nicht, ihr die traurige Nachricht zu sagen. Das war ein furchtbarer Moment. Viele Angehörige haben bis heute keine offizielle Nachricht über die Todesfälle in den sowjetischen Internierungslagern erhalten. Mein Freund liegt in einem der Massengräber in Sachsenhausen, die erst nach der politischen Wende 1989 gefunden wurden.

Nach der Entlassung

Erst am 31. Juli 1948 wurde ich aus der sowjetischen Haft entlassen, musste mich aber zur Verschwiegenheit verpflichten. Meine Mutter habe ich nie wieder gesehen. Sie war schon im Oktober 1946 gestorben, ohne dass ich im Lager davon erfahren hatte. Die Blumen, die ich gekauft hatte, musste ich nun auf ihr Grab legen. So etwas vergisst man sein Leben lang nicht.

Wieder in Freiheit, nahm ich Kontakt mit der antikommunistischen Widerstandsorganisation »Kampfgruppe gegen Unmenschlichkeit« (KgU) in West-Berlin auf und berichtete über die Situation in den Lagern. Mit Freunden, die ebenfalls aus sowjetischen Lagern kamen, streuten wir Flugblätter im Osten der Stadt und malten an die Wände ein großes »F«, das Signum der KgU. Da ich den verfolgten Sozialdemokraten nahe stand, verteilte ich für die SPD Prenzlauer Berg auch die Zeitung »Der kleine Telegraph«. Eine weitere Aktion waren während der Demonstration am Alexanderplatz am 1. Mai 1949 die sogenannten Flugblätterraketen, bei der wir mit Papprohren Zettel mit antikommunistischen Parolen in die Luft schossen. Dies waren alles Auslöser für unsere Verhaftung am 29. Dezember 1950 durch das neu gegründete DDR-Ministerium für Staatssicherheit (MfS).

In den Fängen der Staatssicherheit

Meine Verhaftung erfolgte vor der Haustür in der Lychener Straße, wo ich inzwischen bei einem Freund wohnte. Nach vier Wochen im Polizeigefängnis[506] wurde ich in die U-Haftanstalt der Staatssicherheit Prenzlauer Allee/Fröbelstraße überstellt. Die Hände auf dem Rücken gefesselt bekam ich noch eine Schweißerbrille aufgesetzt. In dem engen Transporter saßen neben mir ein Begleiter und vor mir noch zwei weitere. Wir fuhren fast eine ganze Stunde, obgleich es sich um eine Fahrstrecke von etwa zehn Minuten handelte. Ich erkannte die Geräusche der Hochbahn in der Schönhauser Allee, die mehrmals zu hören und dann wieder weg waren. Da wusste ich, die Stasi fährt mit mir im Kreis.

Wieder musste ich in ein Kellergefängnis in Einzelhaft, die hat mich schwer belastet. Geschlagen wurde ich bei der Stasi nicht, doch bediente man sich anderer Methoden. Abgesehen von dem Verlies, der fehlenden Verbindung nach draußen und der vollkommenen Beschäftigungslosigkeit kam insbesondere der Schlafentzug einer psychischen Folter gleich. War es abends endlich an der Schlafenszeit, ging es wieder zur Vernehmung – und am nächsten Tag musste man wieder wach bleiben.

Mitte Mai verlegten sie mich zurück ins Polizeigefängnis, dann in die Stadtvogtei. Ich befand mich mit sechs, aber auch mit bis zu 15 oder 30 Gefangenen auf der Zelle. Eine Menge alte, in der Regel umgängliche Justizbeamte taten hier noch ihren Dienst.

Urteil und Strafmaß

Ein Jahr nach der Verhaftung fand am 7. Dezember 1951 vor der 4. großen Strafkammer beim Landgericht (Dircksenstraße) mit drei Berufs- und zwei Laienrichtern der Prozess gegen mich und meine Freunde statt. Zwei Zeitungen berichteten darüber. Wir galten als Agenten der KgU. Von uns fünf erhielt ich die höchste Strafe. Wegen »faschistischer Propaganda« nach Verstoß gegen Kontrollratsbeschluss 38 und nach Befehl Nr. 2 des Kontrollrates (»Einziehung und Ablieferung von Waffen und Munition« – wegen der Raketen aus Pappe) bin ich zu acht Jahren Zuchthaus und außerdem zu den obligatorischen Sühnemaßnahmen verurteilt worden, die bis 1958 in der DDR noch üblich waren. Sie bedeuteten Ehrverlust und Aufenthaltsbeschränkungen innerhalb der DDR. Weder durfte man Mitglied einer Partei oder Gewerkschaft sein, wählen, noch gewählt werden, keine Zuwendungen aus öffentlichen Kassen beziehen und nur mit einfacher Arbeit beschäftigt werden. Da ich mit neun weiteren Häftlingen einen Ausbruch vorbereitet hatte, was ab drei Personen als Meuterei galt, wurde mein Strafmaß noch um zweieinhalb Jahre erhöht, mir später aber als Bewährung erlassen.

Haftzeit in Rummelburg

Nach der Urteilsverkündung erfolgte der Vollzug zunächst noch in der Stadtvogtei, die dann geräumt wurde, weil sie mitten in der Stadt lag. Ende Juni 1953, es herrschte nach dem 17. Juni noch das Ausnahmerecht, ging es für vier Monate nach Rummelsburg. Dort waren sie noch am Einrichten. Als »Langstrafer« kam ich auf Station »Dora« der oberen Etage von Haus 2. In der unteren Etage befanden sich die »Kurzstrafer«.

Die kleine Zelle teilten wir uns zu neunt. Darin standen Dreifachbetten, ein langer Tisch und, im Gegensatz zu den Toilettenkübeln in der Vogtei und in der Prenzlauer Allee, immerhin eine Wassertoilette. Es war auch relativ sauber. Den Steinfußboden mussten wir immer bohnern. Noch war in der Zelle das Rauchen erlaubt, wenn die Angehörigen Zigaretten gekauft hatten. Wärter gaben ihnen ein- bis zweimal am Tag Feuer, mehr organisierten sich die Gefangenen selbst. Ein Krug, der zweimal am Tag mit Wasser gefüllt werden konnte, musste dafür trocken bleiben. Mit einem Stück Holz und einem Nagel wurde dann »gepinkt«, indem man den Nagel solange auf den Krug schlug, bis es Funken sprühte. Aus einem in Zeitung eingeschlagenen, verkohlten Taschentuch wurde dann »Lunte gemacht«. Wasser zum Trinken holten wir uns deshalb aus dem Klobecken, haben unter das Spülwasser unsere Schüssel gehalten. Später in der Haft in Halle durfte nicht mehr geraucht werden, und in Waldheim durften nur die Leute rauchen, die gearbeitet haben.

So wie in den sowjetischen Lagern wurde in Rummelsburg nicht mehr gehungert, aber das Essen war sehr schlecht, keine Vitamine, kaum Gemüse – also Mangelernährung. Obst gab es überhaupt nicht – bis auf Weihnachten, da »bescherten« sie uns einen Apfel und paar Lebkuchen. Zweimal die Woche wurde ein kleines Stück Wurst verteilt, Brot gab es genug. Mittags handelte es sich oft um Graupen und zu Pampe verkochte Nudeln, zwischendurch mal Pellkartoffeln, sonntags Salzkartoffeln und manchmal ein Stückchen Fleisch dazu. Im Winter konnten die Kartoffeln gefroren sein. War die Versorgungslage in der DDR besonders eng, gab es »Drahtverhau«, einen wie ein Stacheldrahtgeflecht getrockeneten harten Kohl, den man nach dem Einweichen versucht hatte weichzukochen. Er schmeckte abscheulich. In Waldheim war der auch üblich. Einmal wurde während der Woche unverhofft Blumenkohl mit holländischer Soße und Salzkartoffeln ausgeteilt. Wir überlegten, ob vielleicht eine Delegation zur Besichtigung gekommen war. Der Grund erklärte sich dann schnell: Der derartig mit Käfern und anderem Ungeziefer durchsetzte Blumenkohl musste aus dem Handel genommen werden. Auf der gesamten Station verweigerten sich aber auch die Häftlinge. Offenbar geriet das Personal in Panik, hatte Sorge, etwas könnte nach draußen dringen, und ließ noch einmal Pellkartoffeln mit Soße zubereiten. Ein Eingeständnis, das sich im Strafvollzug der DDR wohl nicht wiederholte.

Einmal im Monat durften Angehörige zur Besuchzeit kommen und in vorgegebenen Mengen und überteuert einen HO-Einkauf vornehmen konnten. Wer keinen Besuch erhielt, mit dem wurde in der Zelle geteilt. Das war nicht nur unter den Politischen klar. Auch unter Wirtschaftlern lief das so, die oft gut betucht waren, jedenfalls die West-Berliner unter ihnen, die meistens vollen Einkauf bekamen. Gemeinhin ging es bei den Besuchen relativ leger zu. Da die Besucher nicht auf das Gelände durften, fanden die Gespräche, so glaube ich, beim Verwaltungshaus statt. Wir durften zwar über die Haft und über den Fall nicht reden, aber der Wachmann konnte nicht alles überblicken. Es gab zu dieser Zeit einfach noch Spielräume. Es stand eine Gitterwand, da ließ man immer drei, vier Leute zu. Vorne stand ein Wachmann, der passte auf, dass du nichts durchreichst. Deshalb musstest du gleich in die Ecke flitzen, dort konntest du dann alles erzählen, was der nicht mehr hören konnte, weil dazwischen andere saßen. Das wurde dann erst krass, als wir, wie wir sagten, »in die Zone« verlegt wurden.

Auf unserer Etage lagen vorne Dusch- und Waschzellen. Morgens wurden wir zellenweise zum Waschen gebracht, dann wieder in die Zelle zurück. Einmal am Tag hatten wir Hofgang, für 30 Minuten immer im Kreis herumgehend. Ansonsten kamen wir nicht raus. Im Allgemeinen gab es in Rummelsburg auch noch keine Arbeit, für »Langstrafer« und Politische war sie damals ohnehin nicht vorgesehen. Wir mussten also den ganzen Tag in der engen Zelle durchhalten und uns zu beschäftigen versuchen. Vor allem spielten wir Schach. Skat war untersagt, doch in einem toten Winkel neben den Betten saßen die Skatspieler. Alle 14 Tage bekamen wir vier Bücher aus der Bücherei, auch DDR-Zeitungen konnten bestellt werden, meistens lasen wir die Berliner Zeitung. Ins Bett legen tagsüber war natürlich verboten, man musste also aufpassen. Es hing immer vom Schließer ab, wie der sich verhielt und ob der guckte. Hier in Berlin kannte man meistens ihren Klarnamen, einige hatten einen Spitznamen. Wenn einer »Schweinebacke« oder »Lederarsch« genannt wurde, dann war mit dem schlecht Kirschen essen. Etwas anderes waren »Opa Fiedler« oder »Papa Kühn«. Erinnern kann ich mich an »Papa Haak«, den Hauskommandanten von Haus 2, einen Polizeimeister. Hauptwachtmeister Schorn hingegen war ein ganz übler Bursche von etwa Mitte dreißig. Er schubste, schikanierte und schlug die Häftlinge. Über sein Verhalten gegenüber Arrestanten hörte man die schlimmsten Dinge.

Die politischen Häftlinge waren in Rummelsburg noch gesondert untergebracht. Die Häftlingsgruppe der »Wirtschaftler«, das waren Schieber, hatten ganze Ladungen Holz oder Papier nach West-Berlin gebracht, wofür sie im Osten wegen Sabotage sehr hohe Strafen erhielten. Ob in Rummelsburg Schwerkriminelle einsaßen, weiß ich nicht. Mir fallen nur drei oder vier Kriminelle wegen Einbruchs in der Eisenbahnerbank ein, die durch die Decke gingen und den Tresor der Reichsbahn ausgeraubt haben.

Dass gewisse kriminelle Gruppen in Rummelsburg das Sagen hatten und Mithäftlinge schikanierten, wie es Häftlinge berichten, die später eingesperrt waren, gab es zu meiner Zeit nicht. Auch die Kriminellen und »kleinen Eierdiebe«, zwar aus einem anderen Grunde als wir inhaftiert, hatten mit der DDR nichts am Hut. Deshalb war das Spitzelwesen noch nicht sehr ausgeprägt. Misstrauisch wurde man, wenn einer häufig nach draußen oder nach vorne geholt wurde. Hatte ein Spitzel jemanden verpfiffen, kam das raus. Ob der von Torgau nach Waldheim oder von Waldheim nach Bautzen oder von Bautzen nach Halle kam, der war verbrannt. Offenbar änderte sich das nach 1961, als die Mauer zuging und viele politische Gefangene anfingen zu resignieren und die Kriminellen Oberwasser gewannen.

Nach der Haft

Anfang Oktober 1953 folgte für mich auf Rummelsburg das Zuchthaus »Roter Ochse« in Halle, dann überwiegend das berüchtigte Zuchthaus Waldheim, aus dem ich am 9. Januar 1959 entlassen wurde. Meine acht Jahre Haft musste ich voll absitzen. Gleich nach dem Erhalt eines Personalausweises verließ ich die DDR und meldete mich im Aufnahmelager Berlin-Marienfelde als Flüchtling. Seitdem lebe ich in West-Berlin. Wir haben alle eine viel längere Haftzeit hinter uns als die später Inhaftierten, aber uns hat man nach unserer Flucht geholfen, den Anschluss zu bekommen. Diejenigen, die in der Spätphase der DDR inhaftiert waren, sind benachteiligt, weil sie gegen die DDR waren und deshalb dort nichts geworden sind. Sie führen heute praktisch ein Leben an der Sozialhilfegrenze.

In West-Berlin engagierte ich mich für die SPD als zweiter Vorsitzender der Jungsozialisten, als Mitglied des Abgeordnetenhauses und zuletzt in der Bezirksverordnetenversammlung von Tiergarten. Als im Jahr 2002 die Berliner SPD mit der SED-Nachfolgepartei PDS eine Koalition einging, trat ich nach 42 Jahren aus der Partei aus. Beruflich war ich im Bezirksamt von Tiergarten, danach in der Berliner Pressestelle des Ministeriums für innerdeutsche Beziehungen sowie im Arbeitsstab »Neue Länder« des Bundesministeriums des Innern, und dort zuletzt als Referatsleiter tätig. Seit Eintritt in den Ruhestand stehe ich der Gedenkstätte Hohenschönhausen als Zeitzeuge für Führungen und Seminare zur Verfügung.

Heute empfinde ich für die Leute, die mir so etwas angetan haben, keinen Hass. Sie waren vielleicht von ihrem Staat überzeugt, aber auch das ist Vergangenheit.

Bei mir liegt das nun schon sehr lange zurück, los lassen einen zehneinhalb Jahre Haft aber nie. Im Unterbewusstsein ist das immer gegenwärtig, ich habe inzwischen aber einiges relativiert.

(Eingekürztes Interview der Autorin 2014)

Als Sozialdemokrat in Bedrängnis – Herbert Mießner 1953 verhaftet

Herbert Mießner (1912–1985) war einer der prominenten Sozialdemokraten in Ost-Berlin, der sich schon nach 1945 der Politik der KPD und der Sowjetischen Militäradministration und auch 1945/46 dem Vereinigungsprozess von KPD und SPD zur SED entgegenstellte.

Mießner trat 1928 in die Partei ein, 1930 war er Mitglied im Reichsbanner Schwarz-Rot-Gold und nach dem Krieg 1946 bis 1947 Jugendsekretär in Berlin-Lichtenberg. Er wechselte dann als Kreissekretär der SPD nach Berlin-Weißensee. Dort kam es im Mai 1953 auf der Straße zu seiner Verhaftung. Der Prozess fand nach dem 17. Juni unter Ausschluss der Öffentlichkeit statt. Ihm wurde die Verbreitung von »Hetzschriften« (SPD-Zeitungen), sein Eintreten für eine selbstständige Sozialdemokratie und seine Gegnerschaft der Zwangsvereinigung im Jahr 1946 vorgeworfen, die seine »feindselige Einstellung« belegen, lautete es im Urteil.[507] Wegen »friedensgefährdender faschistischer Propaganda« nach KD 38, einer oft für Sozialdemokraten üblichen Anklageformel, erhielt er eine dreijährige Zuchthausstrafe,[508] der er von 1953 bis 1956 in Rummelsburg ausgesetzt war.

Seine Frau Gisela, eine geborene Mannheim, hatte er bei der SPD kennengelernt. Sie verlor mit seiner Verhaftung die kleine Rente als Verfolgte des Naziregimes und die Möglichkeit, bei der Stadtverwaltung zu arbeiten. Gleiches traf ihre jüdischen Angehörigen.

Herbert Mießner stand vor Ablauf seiner Haftzeit auf einer Liste, die auf Beschluss der ZK-Kommission der SED zur Überprüfung von Angelegenheiten von Parteimitgliedern 85 Sozialdemokraten für eine Begnadigung vorsah, deren Freilassung aber nicht mit einer Straftilgung verbunden war.[509] »Wir glauben, daß ihre Freilassung [der verhafteten SPD-Mitglieder] wesentlich dazu beitragen wird, ungerechtfertigte Vorurteile und andere Hemmnisse, die einer Verständigung der Arbeiterparteien in ganz Deutschland entgegenstehen, zu überwinden«, heißt es in einem im Neuen Deutschland am 3. Mai 1956 veröffentlichten Schreiben von Walter Ulbricht und Otto Grotewohl an den SPD-Vorstand in Bonn.[510] Hintergrund dieses Umdenkens war das damals noch vorherrschende Wiedervereinigungsbestreben beider deutscher Staaten. Die SED

Rudi Müller (rechts), Vorsitzender der SPD Berlin-Lichtenberg 1948–1961, und Herbert Mießner (links) 1956 bei seiner Haftentlassung vor dem Gefängnis Rummelsburg

als staatstragende Partei der DDR hatte 1956 angesichts des drohenden Verbotes der KPD ein besonderes Interesse, mit der SPD in der BRD als nunmehr größter Arbeiterpartei zu einem tragfähigen Konsens zu kommen.[511]

Nach seiner Entlassung flüchtete Herbert Mießner mit seiner Frau und seiner inzwischen geborenen Tochter nach West-Berlin. Seine Frau Gisela erlebte 1991 noch die Aufhebung seines Urteils.

Eine kleine Ergänzung von der Sozialdemokratin Hannelore Grunow sei an dieser Stelle eingefügt. Sie erinnerte sich an private Treffen vieler SPD-Mitglieder vor 1961 für Wanderungen, manchmal auch für Dampferfahrten von Treptow aus. Wenn diese an der Haftanstalt Rummelsburg vorbeiführten (was später nicht mehr möglich war), baten sie den Kapitän um das langhaltige Ertönen der Schiffssirene. Die inhaftierten Genossen wussten dann, dass an sie gedacht wurde.[512]

Verraten – Günter Toepfer 1961 verhaftet

Verhaftung

Als 19-Jähriger suchte ich gleich nach dem Mauerbau 1961 eine Möglichkeit, um in den Westsektor zu gelangen. In meine Absicht weihte ich nur meinen Freund ein. Uns kam die Idee, in einen der Busse mit amerikanischen Soldaten zu gelangen, die zur Besichti-

Günter Toepfer (Jahrgang 1941), erkennungsdienstliches Erfassungsbild bei der Verhaftung, 1961

gung zum Ehrenmal nach Treptow fuhren. Im Beisein der Amerikaner würde es wohl niemand wagen, einen Flüchtling zu erschießen, glaubten wir. Dass dieser Weg nicht realisierbar war, wurde uns schnell klar, nachdem wir uns in Treptow umgesehen hatten. Überall waren mir dort Pärchen und Stasileute aufgefallen, deshalb verwarf ich die Überlegungen wieder. Was ich nicht wusste, mein Freund und eine weitere Person, der ich später im Prozess begegnete, suchten nochmals Treptow auf, worauf sie von der Stasi geschnappt wurden. Während der Verhöre hat mein Freund mich dann verraten. Am 13. September klingelte es plötzlich frühmorgens bei mir zu Hause, das heißt an der Wohnung meiner Eltern in Karlshorst, und zwei Stasileute in Zivil verhafteten mich wegen »Staatsverbrechen«. Meine anwesende Mutter erfuhr weder, wer mich abführte noch wohin ich gebracht wurde.

Untersuchungshaft in Hohenschönhausen

In einem gewöhnlichen Pkw wurde ich in die Magdalenenstraße in ein Wohnhaus befördert. Über Stunden verhörten mich mehrere Leute. Von hier führte ein direkter Zugang zum Gefängnis, in dem ich eineinhalb Tage verbrachte. Danach transportierte man mich in einem getarnten Barkas, in dem kleine Zellen eingebaut waren, nach Hohenschönhausen. Um mich zu desorientieren, hatte man mir eine Decke über den Kopf gezogen und fuhr diese kurze Strecke sehr lange. Bei der Einlieferung sah ich nichts von der Haftanstalt, auch danach kannte ich dort nur meine Zelle und die Zelle auf dem Freiganghof.

Nachdem, was ich heute von den Röntgenmethoden der Stasi weiß, macht mich im Nachhinein das Fotografieren bei der Aufnahme stutzig. Es handelte sich um zwei

Räume. In dem einen befanden sich ein Holzschemel, der für Profilaufnahmen mit einem Hebel um 90 Grad gedreht werden konnte, und eine Aufnahmewand. Der Stasimitarbeiter verließ aber den Raum und fotografierte mich vom zweiten Raum aus.

Die gesamte Haftzeit lief ich jetzt unter der Häftlingsnummer 202561 bzw. 202562. Die erste Ziffer 2 bedeutete die Belegungsgröße der Zelle, die letzten zwei das jeweilige Jahr. In der ersten Woche teilte ich mit einem Häftling namens Torge eine Zweierzelle mit je einer Holzpritsche und einer Wassertoilette ohne Deckel. Ihn hatten sie schon psychisch zerrüttet, was sich auch auf mich übertrug. In den Verhören war ihm erzählt worden, seine hochschwangere Frau habe einen Selbstmordversuch unternommen, sei durch die Genossen aber gerettet worden. Wenn er nicht »klar Tisch« mache, drohe sie es zu wiederholen. Ich erlebte gerade dieses Stadium, in der er sich im Wechsel mit Weinen hatte korrumpieren lassen und die ihm vorgegebene Spionage zu gestehen bereit war.

Die Tage musste ich stehend in der Zelle zubringen, nachts fanden unter psychischer Druckausübung die Verhöre statt, beispielsweise drohten sie mit der Verhaftung meiner Mutter. Körperliche Gewalt wurde aber nicht angewendet. Meistens holten sie mich eine halbe Stunde nach dem Einschlafen gegen 21.30 Uhr zu den Verhören, die bis kurz vor dem Aufstehen um fünf Uhr morgens dauern konnten.

Durch meinen Vernehmer gelangte ich dann in Einzelhaft, auch beim Freigang bekam ich keinen anderen Häftling zu Gesicht. Zunächst versuchte der es auf diese Art: »Sie sind doch intelligent, geben Sie doch alles zu, wir honorieren es, wenn Sie uns helfen ...« Ich konterte mit einem Schimpfwort, woraufhin er die Fassung verlor und wütend mit einem Glasaschenbecher auf mich zukam, plötzlich aber innehielt und den Raum verließ. Draußen bekam er offensichtlich einen Tobsuchtsanfall.

In der Magdalenenstraße

Nach etwa zweieinhalb Monaten in Hohenschönhausen setzte sich für 192 Tage meine Einzelhaft in der Magdalenenstraße fort. Die Zelle war eiskalt. Außer einer Holzpritsche gab es nur einen Toilettenkübel. An der Zellentür außen angebrachte Punkte signalisierten den Schließern, ob bei dem Häftling Selbstmordgefahr bestand, ob er eine Leseerlaubnis hatte oder ob für ihn der Hofgang reduziert war. Ich bekam weder Bücher noch Bleistift oder Papier.

Die Zelle, nicht größer als 1,20 mal 1,50 Meter, bin ich in sogenannten Tipp-Topp-Schritten, also Fuß vor Fuß gesetzt, etwa 33 Kilometer durchlaufen. Hinsetzen war auch hier verboten, 16 Stunden musste ich also auf der engen Fläche stehen, versuchte mich zwischendurch aber trotzdem zu setzen. Alle halbe Stunde oder noch in noch dichteren Abständen prüfte das der Schließer. Es konnte einer sein, der gleich den Knüppel rausholte, oder einer, der weiterging und nicht reinschaute. Allerdings gab es noch den Typ, der eine Kontrolle suggerierte, dann weiterging und schnell zurückkam, um einen zu erwischen. Meine Vernehmer hatten solche Tarnnamen wie Genosse Gans, Hahn oder Huhn, also Tiernamen.

Ausnahmslos habe ich während meiner ganzen Haft unter fehlender Körperhygiene gelitten. Vor allem in Hohenschönhausen und in der Magdalenenstraße sah ich äußerst verlottert aus, durfte in den vielen Monaten nur fünfmal duschen, erhielt wochenlang keine Zahnbürste, spülte den Mund nur mit Wasser aus und hatte zwischenzeitlich nie einen Haarschnitt. Auch die Haftbekleidung einschließlich der Unterwäsche konnte ich fast nie wechseln.

Bei der Verpflegung hatten sie aber offensichtlich Angst, dass meine latente Diabetes entgleiten könnte, denn im Vergleich zu den anderen Häftlingen erhielt ich nicht ganz so schäbiges Essen. Das führte bei mir aber trotzdem zu starken Wassereinlagerungen in den Beinen. Auch als ich Ruhr bekam, sah ich keinen Arzt. Das war eine furchtbare Zeit, nicht nur weil mir täglich nicht mehr als zwei Blatt Toilettenpapier zustanden. Erst nach längerer Zeit bekam ich ein (vermutlich) Antibiotikum.

Das Urteil

Vor dem Prozess kam ein über zwei Meter großer »Bulle« von Wärter in meine Zelle, ohne dass ich wusste weshalb. Mit einer Papierschere begann er, meine langen Fingernägel zu schneiden, sagte dazu: »Passen Sie gut auf, dass ich Ihnen nicht etwas abschneide, was nicht weg soll«. Ich wagte es kaum, mich zu bewegen. Bevor er anfing mich zu rasieren, führte er noch über den Lederriemen und am Schnitt eines Papiers die Schärfe des Rasiermessers vor. Ich solle schön still halten, denn ihm sei vor kurzem ein Malheur passiert, indem er jemanden in die Halsschlagader geschnitten habe und das Blut nicht stillen konnte.

Das Gericht am Roedeliusplatz lag über dem Gefängnishof. Zur Verhandlung wurden wir von Posten mit Maschinenpistolen geführt. Öffentlichkeit war nicht zugelassen, aber meine Mutter nahm teil. Sie hatte das damals noch unbedeutende Büro Vogel als Anwalt für mich organisiert. Vogel selbst kam nicht, dafür ein Vertreter, und der stimmte im Verlauf des eintägigen Prozesses allem zu. Der Vorwurf gegen uns lautete: »Gefährdung des Weltfriedens durch militärische Grenzdurchbrechung«. Nach dem Pass-Gesetz der DDR wurde ich zu einem Jahr Haft verurteilt. Anklageschrift und das Urteil erhielt ich für zwei, drei Stunden nur zur Kenntnisnahme. Danach kam ich zurück in die Magdalenenstraße, konnte hier einmal meine Mutter sprechen, bei ihrer zweiten Besuchserlaubnis wurde ich für das Gespräch nach Rummelsburg gefahren. Sie glaubte mich deshalb dort und harrte täglich am Eingang aus, in der Hoffnung mich bei der Ausfahrt der Arbeitskommandos sehen zu können.

Weihnachten 1961

Schlimm war meine Gemütsverfassung am 24. Dezember. Obgleich der Wachhabende sie empört anschrie, war es meiner Mutter gelungen, am Diensteingang des Gefängnisses ein Päckchen für mich abzulegen. Abends, es war schon Schließzeit, ging plötzlich die Zellentür auf. Ich stellte mich vorschriftsmäßig auf mit den Händen hinter dem Kopf und dem Rücken zur Tür. Eine nicht unangenehme Stimme sprach mich an: »Na, drehn

Sie sich mal um.« Das war ein anderer Ton als das Gewohnte: »Schnauze halten« oder »Hier bleiben Sie so lange, bis Sie schwarz werden«. Ein auffällig kleiner Mann gab mir das Päckchen mit den Worten: »Sie haben aber eine tolle Mutter«. Es war der Anstaltsleiter. Am nächsten Tag schnauzte der Schließer rum. Ich erklärte, da wurde er still. Nun hatte meine Mutter auch Ananas eingepackt, sie kannte ja die Bedingungen hier nicht. Ich bekam »den Wolf«, der ganze Mund war wund – und ich hatte keine Creme.

Im Vollzug in Rummelsburg

Im Frühjahr 1962 wurde ich nach Rummelsburg überstellt. Schräg auf dem Fahrzeug, das mich dorthin brachte, stand der Schriftzug: »Frischer Fisch auf jeden Tisch – staatlicher Fischhandel«. Der Wagen hielt dicht vor einer tiefroten Klinkermauer. Der erste Häftling, der ausstieg, musste sich an die Mauer stellen, hinten stand ein Aufseher mit Maschinenpistole. Ich war der nächste und dachte: Jetzt werden wir erschossen! Ich wusste wieder nicht, wohin ich gebracht worden war.

Ich kam in Haus 2 auf die Station »Anton« in eine Neun-Mann-Zelle mit dreistöckigen Etagenbetten, die Toilette ohne Brille und unverschließbar. Als Häftlingsbekleidung bekam ich jetzt eine andere schwarze Trapouniform, die Hose hatte diesmal doppelt so breite und dazu rote Streifen, was eigentlich die Mörder trugen.

Ich glaubte, das Schlimmste läge hinter mir. Hier aber traf ich auf einen Mörder, einen Totschläger und einen an offener Tbc leidenden Häftling. Ich war der einzige politische Häftling in der Zelle. Der Kranke konnte nur auf seiner Pritsche liegen. Er hatte schon 15 Jahre Gefängniserfahrung hinter sich und das Sagen in der Zelle, was mich vor ein paar Kriminellen schützte. Da ich nicht tätowiert werden wollte, hatten die gedroht: »Wir können dich heute Nacht auch abstechen oder dir die Pulsader aufschneiden, halten dich fest und du lofst aus!«

Etwa im Juni wurde ich (wohl) in Haus 6 in einen riesigen Raum für etwa 150 Häftlinge verlegt. Toiletten und Duschen befanden sich separat in einem Vorbereich. Da trat eine gewisse Anonymität ein. Hier war es wie in den russischen Kasernen: Die Doppelbetten zueinander kopfseitig aufgestellt, die Gänge dazwischen extrem schmal, harte sogenannte Pferdedecken mit blau-weiß-kariertem Bezug.

Das Essen war minderwertiger als bei der Stasi. Wegen der Zuckererkrankung wurde mir auch hier »etwas besseres Essen« zugewiesen. Gemüse und Obst haben wir nie gesehen. Jeder von uns hatte das Gefühl, unter Mangelerscheinungen zu leiden. Nach der Haft bestätigte mir das mein Hausarzt und gab mir eine Menge Pillen, um mich wieder aufzubauen.

Die Wärter und den Umgangston empfand ich in Rummelsburg zumindest im Vergleich zur Stasi akzeptabler. Für mich gab es keine Besuchserlaubnis, jedoch war ich in Außenkommandos zum Arbeiten eingeteilt, zuerst in einem Kommando mit etwa zehn Häftlingen für den Flughafen Schönefeld. Hier mussten wir, von Hunden schwer bewacht, riesige Betonbrocken und Betonbruch für den Unterbau einer Start- und Landepiste schaufeln. Mit einem verhangenen Bus wurden wir hin- und wieder zurückgebracht. Anschließend montierte ich im Elektro-Apparate-Werke (EAW) mit etwa 15 bis 20 Häftlingen Schienen für Piko-Spielzeug-Eisenbahnen auf den Grundkörper. Der Bereich war separat gelegen, angeleitet wurde er von einem Aufseher. Wir saßen nebeneinander, keiner drangsalierte uns, man konnte manchmal auch mit dem Nachbarn reden. Hier waren die Kollegen nett zu den Häftlingen, vor allem weil sie Politische unter ihnen wussten. Einer brachte mir heimlich Zahnpasta mit, die auch in Rummelsburg fehlte. Da ich die vorgegebene Arbeitsnorm nicht erfüllen wollte, war für mich dort nach einigen Tagen Schluss. Entlohnung erhielt ich auch bei der Entlassung nicht. Einen HO-Einkauf gab es für mich also keinen.

Eingesetzt war ich dann mit drei Häftlingen im Ölschlammsumpf im Glaswerk Stralau. Wir mussten hier in der giftigen Pampe, einer schwarzen Ölsoße, in einem Betonbecken herumrühren, die wir abschöpften und in kleine Blechkanister füllten. Trotz der Dämpfe alles ohne Schutzkleidung, Atemschutzmaske, Handschuhe und Helm. Zuletzt verrichtete ich Feldarbeiten für die LPG »1. Mai« in Wartenberg. Wir scheinen die ersten Häftlinge dort gewesen zu sein. Die Bauern verteilten sogar Brote und Milch, auf die wir uns stürzten und die wir überhaupt nicht vertragen haben. Der ganze Tag war damit gelaufen. Anfang August, von Wartenberg abends gerade zurück, wurde ich vom Schließer aufgerufen: »Komm' Se, Sie werden ausgekleidet!«, bekam in der »Effekten« meine Sachen vom Tage der Verhaftung – und war draußen aus dem Gefängnis. Das Ganze dauerte gerade eine halbe Stunde.

Nach der Haftzeit

Meine Entlassung 1962 erfolgte also noch vor dem 14. September. Was ich nicht wusste, ohne Prozess galten zusätzlich noch zwei Jahre Bewährung, mit den ganzen Nachteilen. Kein Betrieb wollte mich einstellen. Selbst als Sackkarrenfahrer an der Mühle Osthafen lehnte man mich ab. Ich war damit der Bedrohung, als »asozial« und arbeitsscheu zu gelten, ausgesetzt, was Arbeitslager im Kalksteinbruch Rüdersdorf bedeutet hätte. Viele der Politischen drängte der Staat gezielt in solche Richtung. Dass wir keine Kriminellen waren, konnten wir ohne unsere Gerichtsdokumente nicht beweisen. Erst nach 1989 bei der Einsichtnahme in meine Akte bei der Stasi-Unterlagenbehörde habe ich meine Anklageschrift und mein Urteil erhalten. Auch den Brief meiner Mutter fand ich, ebenso auch meinen, der sie nie erreicht hat.

Nur durch Kontakte eines nahen Angehörigen wurde ich dann Hilfsarbeiter im Zementwerk Rummelsburg. Später konnte ich wieder studieren. Man hatte mich in Weimar exmatrikuliert, aber versäumt, mich zu relegieren, was in der DDR Verbot jedes Studiums bedeutet hätte. Zuletzt war ich als Oberbauleiter im Wohnungs- und Gesundheitswesen in Berlin-Lichtenberg tätig.[513]

Eingekürztes Interview der Autorin 2014

»Ich wusste, das konnte nicht alles sein« – Gino Kuhn verhaftet 1975

Nach meiner sechsmonatigen Untersuchungshaft bei der Staatssicherheit in Erfurt, Cottbus und Berlin Hohenschönhausen wurde ich am 4. April 1976 mit Knebelketten und drei Gefreiten im Gerichtssaal Cottbus wie ein Schwerverbrecher vorgeführt und vier Tage später wegen »staatsfeindlichen Menschenhandels« zu sechs Jahren Freiheitsstrafe verurteilt. Mein Staatsverbrechen war, dass ich als West-Berliner ausreisewilligen DDR-Bürgern bei der Flucht helfen wollte und verraten wurde. Die Verhaftung erfolgte 1975 am Grenzübergang Wartha/Herleshausen mit drei DDR Bürger/innen versteckt im Kofferraum eines PKW.

In Rummelsburg saß ich anschließend zwei Jahre, bevor ich von der Bundesrepublik freigekauft wurde. Es war ein grauer Tag, als ich dort mit dem Barkas ankam und zunächst Männer in blau-weiß gestreiften Hemden und langen Hosen mit gelben Streifen sah, bewacht von uniformiertem Wachpersonal. Ein MfS Offizier übergab mich dem Vollzug. Hier musste ich meine Privatsachen abgeben, bekam dafür die Gefängnisklamotten und -wäsche mit gelben Streifen, ein Sträflings-Käppi, halbhohe Schuhe, Waschsachen und eine Decke. Mit diesem Bündel und seltsam angezogen wurde ich über das Gelände geführt und in einen dreckigen Warteraum gebracht. Ich sah sofort, dass an den Fenstern der Zellen von außen zusätzlich rostige Eisenblenden angebracht waren, sodass nur wenig Licht eindrang. Als Erstes wurden mir meine längeren Haare auf Kurzschnitt geschoren. Nach mehreren Stunden des Wartens kam der Schließer, führte mich in eine Zelle und brüllte dabei »Neuzugang«. Man war nicht begeistert, dass noch ein sechster Mann dazukam.

Dann erscholl eine laute Stimme auf dem Flur: »Station, fertig machen zur Zählung!« Einer von uns rief plötzlich: »Verwahrraum belegt mit sechs Mann, guten Abend Herr Meister!« Rasend schnell wurde die Zellentür wieder abgeschlossen und die Riegel knallten. Dies war meine erste erlebte Zählung. Ich erzählte den Mitgefangenen kurz meine Story und die anderen taten das gleiche. Der Raum war etwa drei mal vier Meter klein. Mief, gemischt mit Zigarettenrauch, lag in der Luft. Diese Nacht und weitere Nächte schlief ich kaum und hatte Alpträume. Am frühen Morgen brüllte es wieder: »Zählung!« Ich erfuhr, dass es hier auf der Zugangs- und Nichtarbeiterstation kein Frühstück gab: Wer nicht arbeitete, bekam nur mittags und abends etwas zu Essen. Nur eine Kanne mit lauwarmem Kaffeeersatz wurde für alle hereingereicht. Dann schrie es im Flur: »Station, fertig machen zur Freistunde.« Alle etwa 75 Mann in Häftlingsklamotten und teils in alten Wehrmachtsmänteln mussten im Flur antreten. Nach einer halben Stunde wurden wir wieder in die Verwahrräume gesperrt.

Gegen Mittag wurden wässrige Pellis (Kartoffeln) in einer größeren Schüssel für alle ausgegeben, an anderen Tagen verkochter Brei oder wässrige Kohlsuppe. Je nach Station gab es die Verpflegung A, B oder C. Ich lag auf Station A. Bei der Einteilung B und C erhielt man Frühstück (Kommissbrot und Marmelade) und etwas mehr am Abend. Zum Abendessen gab es für alle zusammen ein ganzes schmieriges Kommissbrot, etwas

Schmalz oder Margarine und im Wechsel etwas Wurst oder Käse. Das Essen ohne Mineralstoffe und Vitamine war mehr als mangelhaft. Obst und Gemüse gab es selten. Daraus entstanden Magen- und Verdauungsstörungen, Skorbut und Haarausfall. Ab 1977 wurde die Verpflegung etwas besser. Am Sonntag gab es manchmal Gulasch, grüne Eier, gebackene Wurst als Schnitzelersatz und freitags stinkende Fischsuppe.

Nun begann ich, auf Toilettenpapier-Kartons und allem, was ich finden konnte, Zeichnungen vom Zuchthaus anzufertigen. Nach geraumer Zeit wurde ich einer stumpfsinnigen, in Doppelschichten ausgeführten Arbeit im EAW zugewiesen, für einen monatlichen Lohn von 25, ab 1977 von 48 Ostmark. Arbeitsschutzrichtlinien standen nur auf dem Papier. Bei Nichterfüllung der Norm oder Arbeitsverweigerung gab es Sanktionen oder Arrest.

Ich fing an, heimlich Radios zu bauen, das kam heraus. Daraufhin sperrte man mich für 14 Tage in die Arrestzelle (Mumpe) im Keller, die der absolute Horror war. Sie maß etwa drei mal 1,80 Meter, zusätzlich unterteilten sie zwei spezielle Trenngitter. Die Schlafpritsche war tagsüber hochgeklappt, ein kleiner Tisch und ein Sitz waren im Gitter angebracht. Tageslicht drang so gut wie nicht durch die Glasbausteine. Ratten kamen durch die Toiletten. Ab 1977 gab es karge Nichtarbeiterverpflegung im Arrest. In diesem Kerker beschloss ich, in Freiheit das erlebte Trauma in Bildern und Zeichnungen sofort festzuhalten. Selbst das Anketten am Gitter oder auf der Pritsche wurde 1977 noch teilweise praktiziert.

Ich war jetzt im Alter von 22 Jahren ausgemergelt, müde und gesundheitlich angeschlagen, meine Zähne wackelten und meine Haare fielen aus.

Eines Tages wurde ich von zwei Wärtern aus der Arbeits-Marschgruppe gezerrt, weil ich nicht ordnungsgemäß in der Reihe lief, mit Knebelketten an meinen Handgelenken an die Außenwand gedrückt und eine Zeitlang mit einem zähnefletschenden Wachhund drangsaliert.

Besuchserlaubnis (Sprecher) bekam ich einmal für meinen Vater, meine Mutter musste aber draußen warten. Briefe konnte ich schreiben und empfangen, diese wurden aber gelesen. Pakete wurden zum Teil zurückgeschickt. Die Ständige Vertretung der BRD besuchte mich zweimal unter Aufsicht um Weihnachten herum und ich bekam eine Plastiktüte mit West-Artikeln. Mitte 1977 trat ein neues Strafvollzugsgesetz in Kraft und wir wurden von Haus 3 ins Haus 6 in größere und miteinander verbundene Zellen verlegt. Spitzel und unruhige Stimmung machte sich breit. Später wurden wir auseinander verlegt, damit keine Freundschaften entstehen konnten. Der Freigang war jetzt eine ganze Stunde.

Wir waren zu der Zeit etwa 250 Westgefangene in Rummelsburg. Ende Januar 1978 wurde unerwartet nach der Zählung die Zellentür aufgesperrt und der Oberleutnant rief: »Strafgefangener Kuhn, Sachen packen!« Ich war wie elektrisiert. Dann erhielt ich neue Häftlingsklamotten, andere Habseligkeiten und meine Zeichnungen wurden mir abgenommen. Im Hof sah ich neben einem Barkas einige Zivilisten (MfS) stehen, bekam Handschellen angelegt und befand mich wieder in der »Schweinezelle«. Auch andere

Gino Kuhn (Jahrgang 1955) im Atelier, 2017

Häftlinge stiegen ein. Nach etwa zweistündiger Fahrt war ich wieder in einer Zelle in Cottbus. Noch am selben Tag wurde ich von einem MfS-Mann informiert, dass ich entlassen werde, und gefragt, wie meine jetzige Einstellung zu meiner Fluchthilfe sei und ob ich mich weiterhin subversiv gegen die DDR verhalten würde. Er meinte, »wenn es nach mir ginge, müssten Sie die gesamten sechs Jahre absitzen, glauben Sie ja nicht, dass wir blind sind. Wir sind überall.« Ich musste unterschreiben, dass man mich gut behandelt hatte und ich Stillschweigen über meine Haftzeit zu bewahren habe. Am dritten Tag bekam ich meine Privatkleider, Ausweispapiere und meinen Entlassungsschein, ausgestellt vom MdI auf den 10. Februar 1978. Ein Bus stand schon abfahrbereit. Rechtsanwalt Vogel erklärte uns, dass wir jetzt in die BRD entlassen würden und wünschte uns alles Gute für die Zukunft. Am späten Nachmittag erreichten wir den Grenzübergang Warthe-Herleshausen, wo ich zweieinhalb Jahre zuvor verhaftet worden war.

Seit meiner Haftentlassung ist Kunst als Aufarbeitung und Auseinandersetzung mit der DDR-Diktatur bis heute ein wichtiger Bestandteil meines Lebens. Meine Werke in Bildern-Grafik und Bildhauerei sollen die unwürdigen Haftbedingungen in den Gefängnissen wiedergeben, wie unter anderen auch in den Jugendwerkhöfen, in denen die ausgelieferten Menschen ebenfalls gedemütigt und misshandelt wurden. Was damals geschehen ist, präsentiere ich in Ausstellungen im Kontext zur Gegenwart. Zudem bearbeite ich den Berliner Mauerbau/-fall, die Opfer, die bei der Flucht aus der DDR zu Tode kamen in einem Mahnmal sowie die deutsche Teilung und engagiere ich mich in Opferverbänden und in Gedenkstätten.

Gino Kuhn

Unbeugsam – Hartmut Richter 1976 verhaftet

Vorgeschichte

Im Januar 1966 griff man mich in einem Zug vor der österreichischen Grenze mit einer Landkarte auf, in die ich meinen geplanten Weg für eine Flucht markiert hatte. Daraufhin befand ich mich drei Monate wegen »Passvergehens« im Untersuchungsgefängnis Potsdam und wurde zu zehn Monaten auf Bewährung verurteilt. Nur drei Monate später gelang mir, vier lange Stunden schwimmend und tauchend, die Flucht durch den Teltowkanal nach West-Berlin. Hier galt ich als Deutscher im Sinne des Grundgesetzes, musste also nicht um Asyl bitten oder mich um die Staatsbürgerschaft der Bundesrepublik bemühen.

Als die DDR sich um Aufnahme in die UNO bemühte, entließ sie 1972 alle nicht mehr im Land weilenden DDR-Bürger aus der Staatsbürgerschaft. Ab diesem Zeitpunkt konnten also ehemalige Flüchtlinge wieder in die einstige Heimat reisen. So auch ich nach sechs Jahren zu Weihnachten zu meiner Familie. Im Juni 1972 beschlossen die DDR und die Bundesrepublik das Transitabkommen, wobei sich die DDR verpflichtete, den Transitverkehr von und nach West-Berlin reibungslos zu gewährleisten, was sie sich selbstverständlich bezahlen ließ. Ab jetzt musste es einem DDR-Bürger praktisch nur gelingen, unbemerkt in den Kofferraum eines Transitreisenden zu gelangen, um zu fliehen. Natürlich war das nicht einfach, denn Parkplätze und Raststätten waren von der Stasi überwacht.

Aus Stasiakten weiß ich, dass ich seit etwa Mitte 1974 des »Transitmissbrauchs« verdächtigt wurde. Die Kontrolle geschah in der Nacht zum 4. März 1975 am Grenzübergang Drewitz. Im Kofferraum versteckt lag meine Schwester mit ihrem Verlobten. Alle drei wurden wir verhaftet. Meine Schwester war nach der Verurteilung in Hoheneck inhaftiert. Ich wurde unter Ausschluss der Öffentlichkeit im Namen des Volkes wegen »staatsfeindlichem Menschenhandel«, den ich »von westlichen Medien manipuliert, als Feind des Sozialismus und williges Werkzeug des Großkapitals und westlicher Geheimdienste« betrieben hätte, angeklagt und zu 15 Jahren Freiheitsentzug verurteilt. 18 in den Westen geschleuste DDR-Bürger konnten mir nachgewiesen werden. Nach Jahrzehnten habe ich heute immer noch Alpträume, erlebe traumatisch Verhaftung und Inhaftierung in den MfS-Untersuchungsgefängnissen in Potsdam, Frankfurt, Berlin-Hohenschönhausen und den 18 Monate währenden Aufenthalt in Rummelsburg.

Rummelsburg

Anfang März 1976 kam ich in der StVE Rummelsburg an. Eine empfundene Ewigkeit saß ich mit Handschellen in einem auch innen nach Abgasen riechenden Barkas. »Obst und Gemüse« stand auf dem Fahrzeug. Ich konnte es beim Einsteigen lesen, fünf gleich große enge Zellen waren in so einem Kleintransporter. Die Wärter hatten über den feldgrauen Uniformen gewöhnlich Arbeitskittel und sollten wohl von der Bevölkerung als Lieferfahrer gesehen werden. Gefangenen wurde nur mitgeteilt, dass bei Fluchtversuch von der Schusswaffe Gebrauch gemacht würde. Wohl jeder Inhaftierte hat so eine Fahrt als Tortur empfunden. Ziel und Dauer der Fahrt waren ungewiss.

»Strafgefangener Richter mitkommen«, herrschte ein Blauuniformierter mich an. Immerhin war ich keine Nummer mehr. Bedienstete versuchten mich mit Disziplinarmaßnahmen zu nötigen, die Hausordnung zu beachten. Bis zum Schluss habe ich mich ihnen gegenüber nicht als Strafgefangener bezeichnet. »Ich betrachte mich als Opfer kommunistischer Willkür«, antwortete ich, wenn ein Schließer oder Erzieher hartnäckig darauf pochte. Ebenso konsequent hatte ich stets darauf bestanden, dass in Vernehmungsprotokollen die DDR in Anführungszeichen oder als sogenannte geschrieben sein sollte.

Ich bekam nun einen Anzug, alte Uniformen, bestehend aus Jacke und Hose, in denen gelbe Streifen eingenäht waren, die in der Dunkelheit, auch in schwach beleuchteten Arrestzellen, etwas leuchteten. Die blauweiß-gestreifte Unterwäsche hatte auch solche Streifen. Ein Meister Rohne, von Gefangenen »Germany-boy« genannt, brachte mich über das mir riesig erscheinende Gelände ins Haus 3. Ich war auf der Station Berta 2, der Nichtarbeiterstation, die wohl jeder Neuankömmling durchlaufen musste. Leutnant Krause brachte mich in die Zelle 28.

»Erzieher«

Gefangene sollten erzogen werden, durchliefen im Vollzug gewissermaßen einen Erziehungsprozess. Offiziere waren die »Erzieher«. Hier arbeiteten sie mit Verbindungsoffizieren des MfS eng zusammen, der in Rummelsburg wurde »Lecki-Teng« genannt. Er hatte eine wahrscheinlich durch Höhensonne erzeugte bräunliche Gesichtsfarbe. Lecki-Teng, wie ich aus Stasiakten weiß, war damals Leutnant und hieß Gabriel wie der Erzengel. Auf der Station Dora hatte er ein Büro außerhalb des Gefängnistraktes.

Ich wurde nach ein paar Tagen von Meister Rohne zu Lecki-Teng gebracht.

»Ich habe vor, Strafgefangener Richter, sie zum Brigadier zu ernennen. Sie können Ihre Armbanduhr tragen, sich Pakete schicken lassen und sich innerhalb des Verwahrraumtraktes frei bewegen. Was halten Sie davon?« »Muss ich dann meine Mitgefangenen denunzieren?« »Natürlich müssen Sie, Strafgefangener Richter, mir Verfehlungen melden.« »Vielen Dank für den Kaffee Herr Verbindungsoffizier. Dafür bin ich aber wohl nicht geeignet.« Nach diesem Satz war seine falsche Freundlichkeit verschwunden. Vom Verbindungsoffizier (VO), auch V-Nuller genannt, zurück in die Zelle gebracht zu werden, bedeutete, dass aus dem latenten Misstrauen nun eine direkte Ablehnung der Mitgefangenen geworden war. Sie nannten das Zersetzung.

Nach etwa zwei Wochen auf der Nichtarbeiterstation wechselte ich auf die Station Dora 2, ein Arbeitskommando, in dem im Zweischichtsystem für das Elektroapparatewerk EAW-Treptow gearbeitet wurde. Plötzlich bekam ich keine Post mehr von den Eltern, sämtliche Vergünstigungen, wie abends etwas fernsehen zu dürfen, wurden nicht gewährt, da ich gegen die Anstaltsordnung handeln würde. Gemeint war meine Weigerung, über das Gelände vom Haus 3 zum Haus 5 wie das Kommando im

Hartmut Richter (Jahrgang 1948) bei einer Führung durch das ehemalige DDR-Gefängnis Potsdam, Lindenstraße, 2013

Gleichschritt zu marschieren und das Käppi aufzusetzen. Damit würde ich den Erziehungsprozess der Mitgefangenen negativ beeinflussen. So war ich auch nur ein paar Wochen im Arbeitskommando. Als ich mich einmal nicht wohl fühlte, Stiche in der Brust hatte, also nicht zur Arbeit ausrückte, und nicht die notwendige medizinische Behandlung bekam, ordnete Anstaltsleiter Oberst Schmidt-Bock acht Tage verschärften Arrest an.

Am 30. April 1977 wurde ich vom »Erzieher« Leutnant Lange wieder zu Lecki-Teng gebracht. Der plauderte anfangs fast väterlich mit mir. Wie bei Vernehmungen saß ich auf einem hier allerdings gepolsterten Stuhl am Ende eines langen Tisches vor seinem Schreibtisch. Er bot mir richtigen Bohnenkaffee und ein Stück Torte an, zudem stand eine Kiste Zigarren auf dem Tisch, die ich hätte rauchen können. Ich trank allerdings nur einen Schluck des Kaffees.

Unvermittelt begann Lecki-Teng meine Arbeitsleistung zu kritisieren. Ich antwortete, dass ich die Arbeit ganz einstellen würde, wenn mir eine Schreibverbindung mit meiner Cousine in West-Berlin weiterhin verweigert würde. Er muss mit dieser Antwort wohl aufgrund meiner Täterpersönlichkeit gerechnet haben und bat freundlich doch die Adresse meiner Cousine aufzuschreiben. Die hätte ich schon meinem Erzieher Leutnant Lange per Dienstzettel mitgeteilt, antwortete ich. »Schreiben Sie diese auf, ich kümmere mich darum«, antwortete er, nervös auf seine Armbanduhr blickend. Schreibblock und Kugelschreiber lagen am Platz. Als ich langsam misstrauisch wurde, kam plötzlich der Stationskalfaktor Löhr mit Wischeimer und Staubwedel, um den

Raum zu säubern. Zwar schrie Lecki-Teng ihn an, Löhr aber hatte gesehen, was er wohl sehen sollte.

Ich wurde danach ins Haus 1, eigentlich Untersuchungshaft, in eine Zelle gebracht, die völlig isoliert, sozusagen ein Gefängnis im Gefängnis war. In der Nachbarzelle, wie ich durch die leergepumpte Toilette erfahren konnte, waren acht Untersuchungsgefangene untergebracht. Sie wollten nicht glauben, dass ich West-Berliner bin. Zum Beweis meiner Identität gab ich zum Mitschreiben drei Strophen der deutschen Nationalhymne durch. Abends wurde ich Ohrenzeuge, wie ein Kommando des SV die singenden Gefangenen zu befrieden versuchte. Es war schrecklich.

Nach sechs Wochen kam ich ins Haus 6, das ausgebaut wurde, um den propagandistisch verkündeten humanen Erleichterungen im Strafvollzug gerecht zu werden. Nun war man ständig mit 30 Gefangenen zusammen, konnte allerdings täglich duschen. Wahrscheinlich habe ich es Matthias Bath zu verdanken, dass meine Mitgefangenen mich nicht lynchten, sollten sie doch glauben, dass ich bei Lecki-Teng Spitzelberichte verfasst hätte. Es eskalierte, sodass ich wegen Arbeitsverweigerung in eine Mumpe, wie die Arrestzellen genannt wurden, gebracht wurde. Zweimal wurde ich wegen Nahrungsverweigerung in das Haftkrankenhaus Meusdorf bei Leipzig gebracht.

Flugblattaktion

Als ich wieder keine persönlichen Verbindungen zu meinen Angehörigen hatte und auch nicht wusste, was meiner Schwester widerfahren war, wollte ich meinen dritten Hungerstreik spektakulär mit Flugblättern im DIN A3-Format bekräftigen und zum Republikgeburtstag am 7. Oktober 1977 im ganzen Gefängnis verteilen lassen:

»Aus Protest gegen die eklatante Nichtachtung und Verletzung der Menschenrechte durch das hiesige sowjetimperialistische Marionettenregime, gegen die Schikanen seiner Handlanger trete ich in einen unbefristeten Hungerstreik.

Freiheit allen Fluchthelfern
Freiheit allen ausreisewilligen Leibeigenen
Freiheit allen politischen Gefangenen«

Als die von mir auch unterschriebenen 64 Flugblätter durch einen Tipp des Sanitätskalfaktors in der Matratze gefunden wurden, waren die Büttel völlig verstört. Die Finder Leutnant Geschonnek und Meister Rohne ordneten sofort höchste Alarmstufe für das Gefängnis an. Nun wurde ich unter strengsten Sicherheitsvorkehrungen in die Keibelstraße gebracht, kam in die dritte Etage, eine extra gesicherte Station. Durch Klopfen wusste ich, dass meine Zellennachbarn Mörder waren.

Man sah von einer Nachverurteilung ab, da sich einige Kräfte der Bundesrepublik zunehmend für mich interessierten und Unregelmäßigkeiten bei der Gewährung der persönlichen Verbindungen aufgetreten waren. Nach sechs Wochen wurde ich Anfang Dezember nach Bautzen II gebracht. Auch hier war ich meist isoliert und es gab Versuche, mich zu diskreditieren, zu diffamieren, zu zersetzen. Einmal wurde ich zur Zwangsernährung nach Meusdorf gebracht. Schläge mit Gummiknüppeln taten weh, waren resümierend jedoch nicht so schlimm wie die subtileren Methoden, um »feindlich-negative Kräfte« zu liquidieren. Am 2. Oktober 1980 war mein Erziehungsprozess nach fünf Jahren und sieben Monaten abgeschlossen, und ich wurde über die Magdalenenstraße nach West-Berlin gebracht.

Hartmut Richter

Am Grenzübergang entschied sich mein Schicksal – Rolf Kranz 1980 verhaftet

Verhaftet

Auf Sylt geboren und aufgewachsen, zog es mich nach meiner Lehre als Kraftfahrzeugmechaniker nach Berlin. Hier übernahm ich 1980 als Abteilungsleiter einen kleinen Baumarkt im Märkischen Viertel. Ost-Berlin interessierte mich. Angst vor einer Einreise verspürte ich noch keine. Ich war 25 Jahre alt und fühlte mich sicher. So begann ich mit einem Freund über den Grenzkontrollpunkt Friedrichstraße, den sogenannten Tränenpalast, den Ostteil zu erkunden.

Bei einem dieser Besuche am 16. Juni 1980 verwickelten uns im »Ratskeller« des Roten Rathauses zufällig Bauarbeiter aus Thüringen in ein Gespräch. Weiterhin tauschten wir uns dann angeregt den Abend beim Bier über unsere gegensätzlichen Welten aus. In der Folge manövrierte ich mich in einem Anflug von Kumpelei in eine verfängliche Situation hinein. Einer der Thüringer bat bei dieser Gelegenheit inständig um Unterstützung bei einer Flucht, bis ich ihm mein Tagesvisum und meinen Ausweis überließ. Blauäugig glaubte ich, trotzdem zurück nach West-Berlin kehren zu dürfen. Weder kannte ich seinen Namen noch sah ich ihn je wieder, weiß aber, dass beim Versuch, die Grenze zu passieren, sein Fluchtversuch erkannt wurde und er dafür zwei Jahre bekam.

Verhaftet wurde auch ich. Vergeblich hatte ich versucht, den Grenzposten den Verlust meiner Papiere als verloren zu deklarieren. Die Tragweite erkannte ich da noch nicht. Abgeholt wurde ich in einem Wartburg von zwei Mitarbeitern der Staatssicherheit. Wohin ich gebracht wurde, weiß ich nicht, ich erinnere mich lediglich an eine Blutabnahme und dass ich künstlich wachgehalten wurde. Noch glaubte ich, bald wieder draußen zu sein.

Verhört durch die Staatssicherheit

Am 17. Juni morgens brachten sie mich in die MfS-Untersuchungshaftanstalt nach Hohenschönhausen zu stundenlangen Verhören. Dort saß ich in einer Einzelzelle. Etwa 24 Stunden hielt ich durch. Irgendwann verlor sich völlig das Zeitgefühl und ich brach übermüdet förmlich zusammen. Da gab ich alles zu, es war auch nicht mehr zu leugnen. Anschließend führte man mich ich in einem abgedunkelten Raum einer Staatsanwältin vor. Das grelle Licht einer Lampe auf dem Schreibtisch blendete mich. Sie selbst war im Hintergrund bis auf Umrisse nicht zu erkennen. Ich fühlte mich entsetzlich. Später verlas mir der Haftrichter den Haftbefehl als Untersuchungsgefangener der DDR.

Rolf Kranz (Jahrgang 1955), 2014

Untersuchungshaft und Verurteilung in Suhl

Weil die Person, der ich versucht hatte zu helfen, aus Suhl/Thüringen stammte, saß ich dann dort vom 18. Juni bis zum 14. November 1980 bei der Stasi in Untersuchungshaft. Der Transport fand in einem Gefangenentransportwagen, einem grauen Kastenwagen, statt. Uns Häftlingen hatte man die Hände gefesselt und in eine der im Innern vier oder fünf winzigen Zellen mit dementsprechend kleinen Sitzflächen eingeschlossen. Ein Aufstehen war darin nicht möglich. Zusätzlich bekamen wir während der Fahrt die schlechten Straßenverhältnisse zu spüren.

In Suhl erhielt ich einen Trainingsanzug und befand mich die meiste Zeit in einer Doppelzelle. Nachts musste eine vorgeschriebene Schlafposition eingenommen werden. So wollte die Stasi uns mürbe machen. Vorsichtig schob der Schließer den Riegel an der Zellentür zurück, um Häftlinge zu erwischen, die sich nicht daran hielten.

Das Kreisgericht Suhl verurteilte mich zu drei Jahren Haft. Als ich aus dem Gebäude geführt wurde und wie ein Schlosshund heulte, stand davor eine Schulklasse. Sie war extra dort hingeleitet worden, um das »schädliche Element aus dem Westen« dargeboten zu bekommen. Am nächsten Tag konnte man meinen Schicksalsschlag auch in der SED-Zeitung Neues Deutschland (ND) nachlesen, auch die Berliner Morgenpost berichtete darüber. Insbesondere aber gab ich einen potentiellen Freikauf-Häftling ab. Ein Rechtsanwalt aus dem Büro von Vogel legte Widerspruch ein. Das war nicht verboten, konnte so doch der angebliche Rechtsstaat vorgetäuscht werden. Er schrieb zwar alles, was ich zu sagen hatte, mit, ich merkte ihm aber seine Angst an. Der Widerspruch wurde dann auch als völlig unbegründet verworfen.

Haftvollzug in Rummelsburg

Nach der Urteilsverkündung saß ich ab dem 14. November 1980 meine Strafe in Rummelsburg ab, dorthin wurde ich über die MfS-Untersuchungshaftanstalt Magdalenenstraße überführt. Ich kam ins Haus 6. Bei der Aufnahme musste ich meine Zivilsachen abgeben und erhielt Häftlingsbekleidung, Hausschuhe, etwas Unterwäsche, Zahnputzzeug und einen Brustbeutel für Geld. Ein Kalfaktor namens Manfred Sch. hatte die angekommenen Häftlinge »auszuleuchten«, die Aufnahme durchzuführen und Bewertungen und Berichte anzufertigen. Wir nannten ihn »Stasi-Manne«. Der hoffte wohl, durch seine Zusammenarbeit mit der Stasi früher herauszukommen. Namen von Schließern sollten wir nicht wissen, habe später auch nur den von meinem sogenannten Erzieher Oberleutnant Schlägel erfahren. Auch als Häftling wurde man nie mit Namen angesprochen, sondern nur per Handzeichen oder beispielsweise mit »Kommen Sie her«.

Zuerst teilte ich eine Zelle mit sieben Mann auf Station Anton, dann Zelle 220 ganz oben auf Station Cäsar 2, die etwa in der Mitte zur Hofseite lag. Unter den Insassen waren Rauschgiftschmuggler (über Schönefeld), aber auch Karl-Heinz Sparfuss, der DDR-Museen ausgeräumt hatte. Einer traute dem anderen nicht über den Weg. Vertrugen sich alle gut, gab es Verlegungen, weil das nicht gern gesehen wurde.

In diesem Teil von Haus 6 befanden sich offene Zellentrakte mit jeweils drei Zellen, einem Aufenthaltsraum und einem Sanitärtrakt mit Duschen und Toiletten. Auch in den Zellen gab es eine Toilette. Sechs bis sieben Häftlinge belegten eine Zelle. Im Aufenthaltsraum konnten sie Karten spielen und fernsehen. Sonntags kam der Brigadier und legte Musik auf. Auf den etwa 16 Quadratmetern jeder Zelle standen Hocker, ein Tisch, ein Spind und jeweils zwei Doppelstockbetten, auf die ein drittes aufgestockt werden konnte. Darauf lag eine dünne Decke mit Bettbezug. Zwar stand eine Elektroplatte in der Zelle, die Steckdosen wurden aber nur zu bestimmten Zeiten freigeschaltet. Tauchsieder waren verboten, waren aus zwei Rasierklingen heimlich aber schnell gebaut.

Freistunden gab es regelmäßig, bewacht von einem Aufseher mit Kalaschnikow vom Wachturm aus. Man bewegte sich im Kreis, konnte dabei rauchen und in einem kleinen Kiosk auf dem Hof für Geldgutscheine, die man für die Häftlingsarbeit erhielt, Ostprodukte kaufen: Zigaretten wie Karo oder Salem, etwas Lektüre, Konfekt, Speck, Känguruhschwanzsuppe, Dosengulasch und ab und zu Kassler, Zwiebeln und Eier. Auch schickte mir meine Mutter alle zwei Monate ein Paket. Ansonsten war unsere Verpflegung essbar, die Kartoffeln weniger. Wegen des Mangels an Obst und Gemüse zeigten sich bei mir auf den Zähnen schwarze Flecken. Fleisch gab es manchmal sonntags und in der Regel Innereien. Gegessen wurde auf den Zellen. Wer der Nachtschicht zugeteilt war, erhielt das bessere Betriebsessen von EAW, das angeliefert wurde.

Gearbeitet wurde im Dreischichtsystem, auch in Sonderschichten oder am Wochenende. Der Bandleiter und ein Stationsleiter waren Häftlinge wie auch der Schichtleiter aus meiner Zelle, der zwölf Jahre abzusitzen hatte. Von meiner Zelle aus konnte ich meinen Arbeitsplatz im Produktionsbereich des EAW Treptow im Quergebäude von

Haus 6 sehen, allerdings mit Sichtblenden davor. Morgens nach dem Weckruf über Lautsprecher im Zellenflur (»Cäsar 2 aufstehen«, »Fertig machen zur Arbeit«, »Cäsar 2 raustreten«) führte man den ganzen Trakt gleich über den Verbindungsflur in die vergitterte Arbeitshalle mit den verdunkelten Fenstern. Hier arbeitete ich etwa anderthalb Jahre als Verzinner, stellte nach vorgegebenen Normen Relais für die Kühlschränke DKK 170 (die mit dem Eiswürfelfach) her, die ich später im Angebot des Versandhauses Quelle entdeckte.

In dem großen Saal, in dem wir eingeschlossen waren, gab es vier Wickelstationen, Drehbänke, Wickelmaschinen und Stanzen. Hinten saßen der Aufseher und der Meister, ein Zivilist. Gegessen wurde vis-a-vis links in einem Raum. Ungefähr 15 Häftlinge bearbeiteten die Relais, die als Einzelteile angeliefert wurden. Da gab es Brücken zum Aufnieten von Kontakten und kleine Verbindungsrohre, die angebohrt und aufgefalzt werden mussten, damit Federn aufgesteckt werden konnten. Die Brücken wurden in einen Hohlkörper gesetzt, Kontakte eingelegt, dann um die Halbkörper Kupferdrähte gewickelt. Zuletzt kamen die etwa 4 x 4 x 6 Zentimeter großen Relais zu mir. Es kam auf Fingerfertigkeit an. Auf einer Seite befanden sich zwei Kontaktdrähte, die zu verlöten, zu verzinnen waren. In dem Zinnbad war mehr Blei als Zinn darin. Die Dämpfe der Lösungsmittel und des Lötzinns, die in fünf bis 15 Minuten aufgefüllt werden mussten, machten mir sehr zu schaffen. Obwohl ich des Öfteren unter Kopfschmerzen litt, erkannte ich nicht die Gefahren. Während dieser Tätigkeit trug ich nur eine Lederschürze, Atemschutzmasken und Handschuhe gab es nicht. Das Zinn verteilte sich also ungeschützt auf meine Handflächen, die silbergrau wurden. Passte ich beim Eintauchen des Materials nicht auf oder kam es zu Spritzern, verursachte das Blasen an den Händen, gelegentlich auch starke Verbrennungen.

Pro Schicht betrugen die Stückzahlen der Relais entweder 2.700 oder 3.000, die von einem anderen Relais 5.000. Das entsprach einer Normenerfüllung von 100 Prozent, die ich in einer Schicht schaffen musste. Für mich war das kein Problem, manchmal bewältigte ich auch 170 Prozent. Für den Sozialismus hat das bestimmt keiner gemacht. Beim Arbeiten ging die Zeit einfach schneller herum, doch durch den Stress und die Haftsituation war ich des Öfteren krank. Es dauerte eine ganze Weile, erst dann, wahrscheinlich wegen der auftretenden gesundheitlichen Probleme, wurde mir eine andere Arbeit zugewiesen.

Über meine Haft in Rummelsburg informierte die Ständige Vertretung meine Mutter, sie besuchte mich dann alle zwei Monate in der Sprechzeit von 30 Minuten. Vater war schon 1978 verstorben. Wenn wir Politischen zum Sprecher in ein altes Gebäude vorne in Richtung Schleuse geführt wurden, waren wir immer isoliert, nie waren andere Häftlinge zu sehen. Dort befanden sich in einem kleinen Raum nebeneinander vier bis fünf Kabinen und hinter einer Wand mit etwa 40 mal 60 Zentimeter großen eingelassenen Glasscheiben mit Sprechlöchern saßen unter Aufsicht die Häftlinge, davor saßen die Besucher. Beim ersten Treffen blieben die Scheiben geschlossen, bei den nächsten Besuchen wurden sie geöffnet. Meine Mutter bekam in dieser Zeit silbergraues Haar.

Drei Besuche erhielt ich auch von der Ständigen Vertretung, einmal wohl in der Magdalenenstraße. Dabei schrieb immer die Stasi mit. Nachdrücklich wurde ich darauf hingewiesen, ein falsches Wort, beispielsweise über die Haft, und das Gespräch würde sofort abgebrochen werden.

Haftentlassung

Insgesamt hat mich die DDR 21 Monate und 15 Tage meines Lebens in Freiheit beraubt. Inständig hatte ich schon beim Besuch von Helmut Schmidt im Dezember 1981 auf eine Amnestie gehofft, wollte meinem 26. Geburtstag zu Hause begehen. Aber einzig Jörg Kürschner, mit dem ich auf der Zelle in Haus 6 saß, wurde bei dieser Aktion entlassen. Ich sollte erst 1982 folgen. Ob ich freigekauft wurde, weiß ich nicht. Es interessiert mich natürlich, was ich denen »wert« gewesen bin. Bisher habe ich darüber aber nichts gefunden.

In der sogenannten Abgangszelle im Haus 6 hatten sich an den Wänden schon viele Häftlinge verewigt. Man übergab mir meine Privatsachen, dann ging es am 16. März mit mir und einem Häftling namens Meier im Barkas nach Karl-Marx-Stadt. Die Formalitäten dauerten noch einige Tage. Wir waren etwa 30 Häftlinge, die ärztlich untersucht wurden und unterschreiben mussten, dass sie nicht misshandelt wurden. Beim Abgang versuchte der Gefängnisleiter uns aber noch ein letztes Mal zu demütigen, auf ganz kleinen Schemeln mussten wir ihm gegenüber sitzen. Draußen wartete einer der damals blau-weißen Reisebusse der DDR. Wir ahnten nur, wohin es ging. Vorneweg mit einem grünen VP-Bus fuhren sie uns über Gießen und Herleshausen in die Bundesrepublik. Wir sahen die riesigen, durch Zäune unterbrochenen DDR-Grenzanlagen. Kurz vor dem Grenzübergang stieg Rechtsanwalt Vogel aus. Als der Fahrer sagte: »Sie sind jetzt im Westen«, da konnte ich mich nicht freuen, konnte es einfach nicht realisieren. In Gießen wurde ich dann noch mehrere Tage über meine Haft befragt.

Neubeginn im Westen

Die Stasi leistete damals ganze Arbeit. Bis heute leide ich unter Angstzuständen und gesundheitlichen Problemen. Nach der Haft fühlte ich mich jahrelang gegenüber meiner Mutter schuldig. Auf der idyllischen Nordseeinsel Sylt konnte man sich das perfide System in der DDR nicht vorstellen. So traf ich als ehemaliger Häftling zu Hause auf unterschwellige Vorbehalte, die es mir erschwerten, mit dieser schlimmen Erfahrung abzuschließen. Ich konnte ja auch die Gründe meiner Haft nicht beweisen.

Rechtlich wurde ich damals zwar durch die Staatsanwaltschaft als nicht vorbestraft eingestuft, hatte es aber schwer, als politischer Häftling anerkannt zu werden. Das war sehr enttäuschend. Heute weiß ich, dass ich einen Rechtsanwalt hätte einschalten müssen. Als ich mich dann wieder nach West-Berlin traute, wurde mir dort das Arbeitslosengeld verweigert. Man hat also auch auf westdeutscher Seite versucht, mir einen kriminellen »Touch« zu geben. Glücklicherweise fand ich bald in meinem alten Betrieb wieder Arbeit, war anschließend auch in anderen Bereichen tätig.

Verzeihen kann ich nicht. Mein Leben hätte ohne die Haft eine andere Wendung genommen. Späte Gerechtigkeit erfuhr ich erst nach dem Fall der Mauer. 1996 wurde ich vom Kreisgericht Suhl als politischer Häftling anerkannt und erhielt eine Haftentschädigung.

Eingekürztes Interview der Autorin 2014

Wiederholt in Rummelburg – Mike Fröhnel in den achtziger Jahren viermal verhaftet

Konflikte mit der SED

Als 17-jähriger Jugendlicher wollte ich tragen können, was ich wollte, auch eine Jeansjacke mit einem in der DDR unerwünschten sozialkritischen Aufnäher. Als man mich deshalb 1982 am Alexanderplatz anpöbelte: »So was wie dich hätte man früher vergast«, und ich deshalb ausrastete, prügelten mich Volkspolizisten mit Fäusten und einem Knüppel bei der Festnahme. Bei dem Pöbler hatte es sich um einen SED-Funktionär gehandelt. Ich wurde wegen »Widerstands gegen die Staatsgewalt« vor Gericht gestellt und für sechs Monate in das berüchtigte Jugendgefängnis »Frohe Zukunft« in Halle gesteckt.

Im Visier der Staatssicherheit

Mit 19 Jahren verteilte ich sieben selbst entworfene Flugblätter mit einer Abbildung der Berliner Mauer, in die das KZ Sachsenhausen eingelassen war. Schnell saß ich anschließend mehrere Monate im Untersuchungsgefängnis der Staatssicherheit in Berlin-Hohenschönhausen und wurde im März 1985 wegen »versuchter Republikflucht« zu elf Monaten verurteilt, die ich im »Gelben Elend« in Bautzen absitzen musste.

Die Lehrstelle als Lokführer war für mich inzwischen verloren, doch bereits zwei Wochen nach der Entlassung geriet ich wegen »versuchter Republikflucht«, obwohl ich eine Flucht aus der DDR gar nicht geplant hatte, abermals für insgesamt 20 Monate ins Gefängnis. Zunächst hatte mich ein Inoffizieller Mitarbeiter (IM) des MfS des Besitzes einer Waffe verdächtigt, die ich nicht besaß. Dann fanden sie aber bei einer Hausdurchsuchung unterm Teppich eine Skizze der Grenze.

Als ich im Juni 1987 frei kam, nahm ich den Rat eines Freundes an und zog in die Tschechoslowakei zu Bekannten, die zu den Widerständlern des dortigen kommunistischen Regimes gehörten. Noch vor Weihnachten wurde ich zurück in die DDR ausgewiesen und kam wieder nach Berlin-Hohenschönhausen. Der Haftbefehl und nachfolgendes Urteil lauteten »Vollendeter ungesetzlicher Grenzübertritt«.

Rummelsburg

Viermal saß ich also in der DDR in Haft, handelte mir dabei die letzten drei Male Stasiuntersuchungshaft in Zelle 120 ein und gelangte von dort immer nach Rummelsburg (vgl. Kapitel: »Verankerung in Rummelsburg«). Nachdem mich die Stasi das erste Mal in Hohenschönhausen einsperrte, saß ich danach zwei Monate in Rummelsburg hinter Gittern. »Eingecheckt« bin ich als sogenannter Transportgefangener in Haus 1. Solange ich noch als Untersuchungsgefangener galt, kam ich in Haus 2 oben auf Dora, wie viele aus Hohenschönhausen. Zum Hofgang der Gefangenen zwischen Haus 1 und 2 wurden jeweils zwei Stationen eingeteilt. Es durfte aber keine Kontaktaufnahme erfolgen. Fanden in der Zelle Zählungen statt, mussten wir etwa einen Meter von der Tür entfernt stehen – aus Furcht der Schließer, sie könnten in die Zelle gezogen werden. Der »Verwahrraumälteste« machte dann Meldung: »Herr Obermeister, Verwahrraum 222 [Haus 1] mit sechs Untersuchungsgefangenen angetreten! Keine besonderen Vorkommnisse! Es meldet Verwahrraumältester Müller!« Dann harkte der Schließer die Zählklappe, wie das hieß, ab.

Strafgefangener wurde ich nach zwei Wochen, da war meine Gerichtsverhandlung gelaufen. Meine Berufung hatte man verworfen. Im Vollzug war ich arbeitspflichtig, wurde mal bei den Hausarbeitern, mal in der Tischlerei oder Malerei eingesetzt. Wir mussten Zellentüren reparieren, hinter denen man dann selbst wieder saß. Eingesetzt wurden fehlende Klappen, die sogenannten »Fressluken«. Hier nannte man diese auch »Guillotine«. Schließer machten sich einen Spaß daraus, den Schlüssel leise und schnell im Schloss herumzudrehen, damit unerwartet die Klappe laut krachend runterschlug, wie ein Fallbeil.

In dem Arbeitskommando arbeiteten 15 Leute unter Aufsicht des Obermeisters Kerblewski, den wir sehr mochten. Von ihm kannten wir den richtigen Namen, das habe ich später nachgeprüft. Kerblewski sagte beispielsweise: »Mensch, Jungs und Mädels, an Haus 10 müssen wir noch eine Drainage legen.« An dem schlecht isolierten Gebäude traten Wasserschäden auf. »Habt ihr Bock übers Wochenende dort zu arbeiten?« Da buddelten wir halt um das Haus 10 einen Graben und Kerblewski ließ sich nicht lumpen, für uns aus der Mitarbeiterkantine Essen bringen zu lassen. Auch bei anderen Arbeiten hat er uns von dort mit Salami, Hackepeter und Schnittkäse belegte Schrippen, mit Gurkensalat und mit Bohnekaffee versorgt. Weil er uns zu human behandelte, soll er bei seinem Vorgesetzten Ärger ausgestanden haben. In allen Gefängnissen stand die Forderung, »gegen das Versöhnlertum«, sozusagen die Verbrüderung zwischen Schließern und Strafgefangenen, vorzugehen. Es gab welche, die strikt dagegen waren, und andere, die in uns ganz normale Leute gesehen haben, die momentan ihre Zeit absitzen (vgl. Kapitel: »Umgang durch das Bewachungspersonal«). Kerblewski hatte keine Stasiverstrickung, wurde 1990 anstandslos in den Justizdienst übernommen. In Plötzensee beschäftigte er die Gefangenen, wie damals in Rummelsburg, ebenfalls mit Hausarbeiten. Als ich ihn dort besuchte, duzten sie ihn schon.

Wir wussten auch, dass der Leiter von Station 3 im Haus 1 Mielcke hieß. Wenn Gefangene keinen Stress machten und er bei guter Laune war, gab er einfach Paketscheine aus. Dafür konnten sie von zu Hause bis zu fünf Kilo schicken. Aber wenn Vorgesetzte erschienen, machte er den »Affen« und brüllte rum. Wir überblickten, dass er es nicht so meinte, haben dann vom »Zirkusdirektor Mielcke« geredet. Das bekam jemand mit, der dies nicht hören sollte. Der Gefangene wurde abgeholt, angeblich hätte er gemeint, die ganze DDR sei ein Zirkus und der Stasichef der Zirkusdirektor.

Während meine nächste Haftzeit für Wochen wieder Rummelsburg prägte, verlegte man mich ganz oben in Haus 3. Vor den Fenstern befanden sich noch keine Blenden und wir konnten bis zur Hauptstraße blicken. Jetzt mangelte ich Wäsche innerhalb des Gefängnisses bei Rewatex, eine schwere und immer in feuchter Luft verrichtete Arbeit, teilweise reinigten wir auch Teppiche.

Das Essen war nicht gut. Das Beste waren sonntags zwei Brötchen, die in Rummelsburg gebacken wurden, die sogenannten »Knasttitten«. Darauf haben wir uns immer gefreut. Das Brot war von grenzwertiger Qualität. Da die Hefe noch nicht richtig ausgegoren war, eignete es sich aber hervorragend zum Ansetzen von Brotwein. Obwohl verboten, gab es dafür natürlich immer Verstecke.

Schnaps wurde aus Brot, Marmelade und meist Obstabfällen hergestellt, manchmal gab's ja auch kubanische Orangen, die wie Strohballen schmeckten. An einem Freitag kam der Brigadier Häftling mit Plastikbechern, solche in braun oder himmelblumenblau wie im Kindergarten. Porzellan war untersagt, die Scherben hätten als Waffe dienen können. Ich war damals unerfahren. Man bot mir aus einem Kübel ein Getränk an, das gut roch und auch schmeckte! Weil es perlte, glaubte ich zunächst, es sei Brause. Zwei Becher reichten aus ..., da konnte ich kaum noch geradeaus laufen, wurde beim Abholen in die Zelle in einer Zweierreihe genau in der Mitte gehalten, damit es nicht auffiel.

Häufig begegnete uns in Rummelsburg auch ein dicker schwarzer Kater, der uns irgendwie heilig war. Da wurde erzählt, es sei die Seele eines Strafgefangenen, der gequält wurde und sich das Leben nahm. Die Katze wurde nie verscheucht. Von unserem wenigen Essen stellten wir ihr immer ein Schälchen hin. Beispielsweise von dem panierten Schweinebauch, den wir statt eines Schnitzels bekamen, manchmal auch, wenn es die kleinen Milchtüten im Konsum gab. Einmal verprügelten wir jemanden, der diese Milch ausgetrunken hatte.

Stasi in Rummelsburg

In Haus 1 im Parterre lagen die Zugangszellen und die Ambulanz, wo die Untersuchungen stattfanden. Und hinter einer mit Stahlblechen verblendeten Gittertür befand sich das Dienstzimmer des Verbindungsoffiziers zur Staatssicherheit OKS – Offizier für Kontrolle und Sicherheit –, ein Hauptamtlicher, der unter den Häftlingen nur »Offizier für Konfekt und Süßigkeiten« genannt wurde. Das war ein ganz Dünner, immer mit dunklen Augenringen und sehr cholerisch. Einzig an dieser Stelle konnten sich Gefangene beschweren, was auch tatsächlich nach oben weiter gereicht wurde, aber zu welchem Preis. Du konntest auf dem Papier Recht bekommen, das wurde aber vom Strafvollzugspersonal nicht einfach so hingenommen. Hinzu kam, dass du, warst du einmal bei der Stasi als Schwätzer gewesen, verdächtigt wurdest, von denen wohl auch für andere Dinge gebraucht zu werden.

Mike Fröhnel (Jahrgang 1965) vor einer Mauer in der Gedenkstätte Hohenschönhausen, 2013

Jeden, der neu in die Zelle kam, prüften die Gefangenen geradewegs durch Fragestellungen und konnten so auch Konspirationen auffliegen lassen. Zum Beispiel erzählten sie erdachte Geschichten, auf welche die Stasi immer hereinfiel, indem sie den Erzähler zum Verhör holten. Der Spitzel war also klar. Es existierte eine doppelte Spitzelstruktur, die von der Stasi und die von dem Konkurrenzunternehmen der K1, das letztlich aber nur der verlängerte Arm der Stasi im Innenministerium war.

In der Zelle

Sexuelle Übergriffe auf Gefangene passierten in Rummelsburg eher selten, anders als in Haftanstalten wie Brandenburg, Bautzen und Bützow mit einer starken Gefangenenhierarchie. Rummelsburg hatte eine zu hohe Fluktuation. Aber »Drangsalierungen«, wie es die Wärter nannten, geschahen häufig auf den Stationen, wo meistens von oben bis unten tätowierte Häftlinge ihren Spaß haben wollten, deren Intelligenzquotient eher niedrig war. Jemand brauchte nur ein schiefes Auge haben, dann musste der Clownerien machen, bis er heulte. Ich erlebte, wie sie einen jungen Häftling fertig machten, der wegen Republikflucht drin war. Er wurde gezwungen, sein Abendbrot aus dem Toilettenbecken zu essen, was ekelhaft war. Er konnte von Glück sagen, dass an diesem Tag zwei Neue kamen, die auch ziemlich kräftig gebaut waren.

Zu alle möglichen »Spielen«, die man mit Neulingen trieb, zählten beispielsweise »Schüttungen«, was bedeutete, jemanden nachts mit Wasser zu übergießen. Beim »Sternegucken« wurde dir eine Jacke übers Gesicht gezogen, sodass du durch den Ärmel gucktest. Manche glaubten, sie würden so Galaxien sehen. Dann wurde eine

Tasse Wasser durch den Ärmel geschüttet. Bei dem Spiel »Feuerwache« wurde ein Stuhl auf den Tisch gestellt, derjenige der sich auf den Stuhl stellen musste, bekam einen Besenstiel in die Hand. Die anderen wuchteten eine Schüssel Wasser an die Decke, die er mit dem Besenstiel so lange wie möglich oben halten musste. Wenn es irgendwann nicht mehr ging, wurde er pitschnass. Dann gab es noch »Fahrradfahren«. Wenn Leute geschnarcht haben, also schon im Tiefschlaf waren, zog man die Bettdecke hinter den Füßen hoch und steckte glühendes Zigarettenpapier zwischen ihre Zehen. Sie fingen hektisch mit den Füßen an zu rudern, das nannte man Fahrradfahren.

Diese vergleichsweise harmlosen Scherze konnten aber sehr schnell in Bösartigkeit umschlagen. Man stelle sich die Untersuchungshaft mit sechs bis neun Männern in einer Zelle vor, die den ganzen Tag beschäftigungslos rumsaßen. Hin und wieder konntest du ein Buch lesen, es gab auch Schachspiele. Man versuchte, sich damit die Zeit zu vertreiben. Ich erinnere mich an einen Häftling, so ein Kleiner, der stotterte und schon etwa zwölfmal in Haft saß. Verlor der beim Skat, beim Schach oder bei Mühle, ging er schon mal mit dem Hocker auf einen los. Hatte wohl den § 15, Unzurechnungsfähigkeit. Der hätte dich durchaus totschlagen können, dem wäre nichts passiert.

In Freiheit

Ohne zu wissen, dass die Berliner Mauer gefallen war, wurde ich am 30. November 1989 aus dem Gefängnis in Karl-Marx-Stadt entlassen. Hinter mir lagen zwei Jahre Haft als politischer Häftling. Ich war 24 Jahre alt. Anschließend lebte ich in Schleswig-Holstein und Dänemark, dann zog es mich 1991 nach Berlin. Hier setzte ich mich seit 1994 mit anderen ehemaligen Häftlingen für die Errichtung einer Gedenkstätte in der zentralen MfS-Untersuchungshaftanstalt in Berlin-Hohenschönhausen ein. Heute führe ich Besuchergruppen durch die Gedenkstätte.

Eingekürztes Interview der Autorin 2014 und eines in ihrem Auftrag durch Wolfgang Rüddenklau geführten Interviews 2010

Kontakte der Bundesregierung

Ständige Vertretung der BRD in Ost-Berlin

Die Einrichtung von Ständigen Vertretungen (StäV) in Bonn beziehungsweise in Ost-Berlin[514] eröffnete 1974 die Möglichkeit der Betreuung von politischen Häftlingen aus der Bundesrepublik und West-Berlin in den Gefängnissen der DDR. Ihre Vertreter nahmen solchen Beistand auch in der Untersuchungs- und Vollzugshaft Rummelsburg wahr. Die Häftlinge erhielten vor den Besuchen Anweisungen, welche Themen sie nicht ansprechen durften, so das Delikt, die Vernehmungen und die Haftbedingungen. Jedes Gespräch fand im Beisein eines Strafvollzugs- oder MfS-Mitarbeiters statt, der es aufzeichnete.[515] Das Strafvollzugspersonal aber musste sich mit den in der DDR zugelassenen Presse- und verschiedenen Ausweisen und Kfz-Kennzeichen von Diplomaten und Ausländern befassen. Befürchtet wurde, so die Begründung, sie könnten »verbotene Auskunftsersuchen« nicht rechtzeitig erkennen.

Auf die StäV setzten die Häftlinge alle ihre Hoffnungen. Doch einige Ansprechpartner stellten ihr geringes Wissen über das SED-System und die Haftsituation der Häftlinge unter Beweis oder waren nicht gewillt, sich für die Anliegen einzusetzen. Diesen Eindruck gewann Matthias Bath (zur Person vgl. nächstes Kapitel und »Der Freiheit beraubt – Einzeldelikte«). Die Besuche mit ihm erschöpften sich teils in bloßen Nachfragen und der Übergabe der obligatorischen Geschenketüte. Aktuelle Informationen erhielt er nicht. Ein Mitarbeiter der Vertretung fragte ihn »welche Sendungen des Westfernsehens gesehen werden könnten«. Auch fand es eine Vertreterin nicht skandalös, dass ihm unter anderen für die Beschlagnahme des Fluchtfahrzeuges 1963 noch 45 Mark in Rechnung gestellt wurden, was er ablehnte. Die behielt man dann bei seinem späteren Freikauf als Schulden von seinem ausstehenden Arbeitslohn ein.[516]

Die Kontakte mit der StäV führten aber zu Kompromissen. Indem politische Häftlinge, von denen ein Freikauf erwartet wurde, ab 1977 in einen separaten Teil von Haus 6 verlegt wurden, veränderte sich in Rummelsburg etwas ihre Haftkonstellation (vgl. Kapitel: »›Verwahrhäuser‹ und Zellen«). Hinter dieser Fassade hatte der Strafvollzug aber das Abstatten von Besuchen der StäV stets kritisch im Visier. So schlussfolgerte der Gefängnisleiter: »Im Bereich StVE/Ausländer zeigt sich, daß die politische Entwicklung in der BRD deutlich negative Einflüsse auf das Verhalten der ausländischen SG [Strafgefangenen] hat. Geprägt wird es nicht zuletzt durch die Vielzahl der Besuche von Angehörigen der Ständigen Vertretung der BRD in der DDR.«[517]

Jahr	CD[518]-Besuche	davon BRD
1975	147	115
1976	249	202
1977	368	334
1978	424	386
1979	365	365
1980	420	335
1981	430	337
1982	440	302

Tabelle 10: Besuche der StäV in der StVE Rummelsburg und nachgeordneten Einrichtungen.[519]

Hermann Kreutzer (rechts) im politischen Gespräch mit John Steer vom Stasi-Museum, 2005

Häftlingsfreikauf

Bei langen Haftstrafen für politische Häftlinge in der DDR gab es für sie selbst bei Amnestien keine Chance, vorzeitig aus den Gefängnissen entlassen zu werden. Erst durch den Freikauf der Bundesregierung gelang es zwischen 1963 und 1989 für fast 34.000 Menschen vor dem Haftende Entlassungen auszulösen, bei etwa 87.000 politischen Verurteilungen in diesem Zeitraum.[520]

In der Bundesrepublik fiel dem »Bundesministerium für gesamtdeutsche Fragen« (BMG), seit 1969 für »innerdeutsche Beziehungen« (BMB), die Aufgabe zu, den Häftlingsfreikauf zu organisieren und die Verhandlungen mit der DDR zu führen. Bei dem diskret vonstatten gehenden deutsch-deutschen Deal flossen mehr als 3,4 Milliarden DM in die DDR-Staatskassen.[521] Hermann Kreutzer,[522] der auf westdeutscher Seite den Freikauf von politischen Häftlingen (und den Agentenaustausch) maßgeblich mit einfädelte und Mitinitiator bei den Verhandlungen war, erklärte 2006 gegenüber der Autorin, dass anfänglich im Schnitt 40.000 DM pro Häftling angesetzt waren, dann kamen gestaffelte »Preise« (»Kopfgeld«) dazu, die höher oder niedriger liegen konnten. Weitere Zugeständnisse machte die Bundesregierung in den siebziger Jahren; da bezahlte sie für jeden Freigekauften einheitlich etwas mehr als 95.000 DM.

Von Anfang an war Ludwig A. Rehlinger,[523] der zu den Begründern des Freikaufs zählt, wichtigster Verhandlungspartner des Bundesministeriums mit der DDR. Um jeden politischen Häftling wurde gerungen, was zunächst ausschließlich den zu langjährigen Freiheitsstrafen (über fünf Jahre) Verurteilten, die sich bereits seit Jahren in Haft befanden, zugutekommen sollte,[524] sich aber später auch auf Häftlinge mit kürzeren Haftstrafen ausweitete.

Noch vor größeren Verhandlungen öffneten sich vorab im Herbst 1963 für acht ahnungslose Freigekaufte in verschiedenen Gefängnissen die Tore. Vor ihren letzten Haftstationen hatten einige auch in Rummelsburg eingesessen. Alle konnten gegen eine Geldzahlung der Bundesregierung entweder an ihre Wohnorte in der DDR zurückkehren, wie das für die sechziger Jahre noch kennzeichnend war, oder sie wurden über die Grenzübergänge Heinrich-Heine-Straße und S-Bahnhof Friedrichstraße nach West-Berlin befördert.[525]

Neben der MfS-Untersuchungshaftanstalt Magdalenenstraße war anfangs noch die Haftanstalt Rummelsburg in den Freikauf eingeschaltet, indem sie als DDR-Sammelstelle diente. Über beide wurden bei sogenannten Freikauf-Aktionen Häftlinge aus den einzelnen Strafanstalten zusammengeführt. So beispielsweise bevor am Abend des 14. August 1964 ein Transport mit 36 Häftlingen, die ausschließlich ihren ersten Wohnsitz in West-Berlin und in der Bundesrepublik hatten, in den Westen gelangte.[526] Da die Häftlinge ihren Arbeitslohn in DDR-Mark nicht in den Westen ausführen durften, konnten sie vorher in der MfS-UHA Magdalenenstraße und in der StVA Rummelsburg einkaufen. Beauftragte der Staatssicherheit schwärmten aus, um im nächsten staatlichen »HO-Kaufhaus« dafür Waren zu beschaffen.[527] Rechtsanwalt Jürgen Stange[528] von der Rechtsschutzstelle für das BMG/BMB vermerkte gegenüber Rehlinger: »In die Strafvollzugsanstalt Rummelsburg, wo sie im Augenblick noch zusammengezogen sind, seien Waren verschiedenster Art (Fernseher, Radios, Lebensmittel, alkoholische Getränke, Bekleidungsstücke etc.) gebracht worden. Jeder Häftling habe nach seinem Belieben einkaufen können. Die Langstrafer kehrten dadurch zum Teil mit 3 bis 4 Koffern zurück.«[529] Bei dem Bustransfer war deshalb um einen zusätzlichen Bus oder Lkw für das Gepäck gebeten worden. Für die Ausfuhr der Gegenstände erteilte das Ministerium für Außenhandel und Innerdeutschen Handel der Verwaltung Strafvollzug eine »Allgemeine Genehmigung«.[530] In Rummelsburg verursachte es ein »ungeheures Aufsehen«. »Dem Aufsichtspersonal – durchweg kommunistisch geschult und linientreu – ist das Geschehen einfach unfassbar. Der stellvertretende Leiter ist vor Aufregung am 13. August einem Herzinfarkt erlegen.«[531]

Nach weiteren Transporten im August setzte sich im November 1964 der Freikauf mit Häftlingen aus dem MfS-»Lager X« Hohenschönhausen (vgl. Kapitel: »›Kommando X‹ (MfS) und »›Sonderkommando S‹«) über Rummelsburg fort.[532] Zuvor brachte man sie zu einem »Sondereinkauf« nach Berlin-Karlshorst in ein Kaufhaus in der Hermann-Duncker-Straße (heute: Treskowallee).

In der Regel waren die Rechtsanwälte Stange und DDR-Unterhändler Wolfgang Vogel bei den Transporten dabei, die unter der Regie der Staatssicherheit konspirativ erfolgten. Seit etwa 1966/68 wurden die zur Freilassung vorgesehenen Häftlinge nicht mehr in Berlin konzentriert, sondern kurz vorher in die MfS-Untersuchungshaftan-

Kaufhaus Karlshorst, Postkarte um 1965

stalt auf dem Kaßberg am Rande der Innenstadt von Karl-Marx-Stadt verlegt. Von dort gelangten sie in einem Bus mit einem doppelten Nummernschild über den Grenzübergang Wartha-Herleshausen in das Notaufnahmelager Gießen.

Einige Häftlinge wurden außerdem über die Grenzübergangsstellen (GÜST) von Ost- nach West-Berlin freigegeben.[533] Bei ausländischen Häftlingen, die man über den Flughafen Berlin-Schönefeld abschob, lagen nicht immer politische Gründe für ihre Inhaftierung vor.

1977 wurden in Rummelsburg Westdeutsche und West-Berliner von Haus 3 (2. Vollzugshaus) in das neu renovierte Haus 6 verlegt. Die Fortdauer ihrer Haft bis zum »Freikauf« fand hier unter vergleichsweise »gehobeneren« Haftbedingungen statt (vgl. Kapitel: »›Verwahrhäuser‹« und Zellen«). Über seine Freikauf-Entlassung 1979 aus Rummelsburg schreibt Matthias Bath. Die letzten Momente, in denen er seiner Freilassung entgegensah, waren das Aushändigen einer schwarzen Reisetasche mit seinem Eigentum sowie seines Ausweises, Führerscheins und dem Entlassungsschein. Dann, an den bewaffneten Posten vorbei, das Verlassen des Gefängnisses in einem grünen Pkw Wartburg in Begleitung zweier Männer, einen erkannte er als Stasi-Mann. Das vorläufige Ziel war das Büro des Rechtsanwalts Vogel in der Reiler Straße. »Zwischendurch servierte uns [eine weitere Entlassene befand sich dabei] die Frau aus dem Anwaltsbüro einen Kaffee. Nach etwa 45 Minuten kam sie dann und sagte, wir würden ›drüben‹ erwartet und müssten daher losfahren, ohne mit Dr. Vogel gesprochen zu haben. [...] In der Garage stiegen wir in den Mercedes 250 des Anwalts. Über die Mar-

Entlassungsort	1982	1983	1984 1.–3. Quartal	1985	1986	1988
nach West-Berlin	81	69	73	50	86	19
GÜST Schönefeld	79	87	49	42	38	13
GÜST Oberbaumbrücke und Friedrichstraße 1. Halbjahr	37					

Tabelle 11: StVE/UHA Rummelsburg, Entlassungen von Häftlingen meistens durch Freikauf der BRD.[534]

zahner Chaussee, die Allee der Kosmonauten und die Rhinstraße erreichten wir die Leninallee, der wir in Richtung Stadtzentrum folgten. [...] Am Leninplatz sah ich einen kleinen, unauffälligen Barkas-Bus, der, wie ich nun wusste, einem ganz bestimmten Zweck diente. [...] In der Hannoverschen Straße fuhren wir am Gebäude der Ständigen Vertretung der Bundesrepublik Deutschland in der DDR vorbei, mit einem auffälligen Polizeiposten vor dem Gebäude. Dann bogen wir auch schon in die Invalidenstraße ein. Vor uns lag der Grenzübergang. Wir fuhren auf der Diplomatenspur bis an eine Stahltrosse, warteten kaum 15 Sekunden, bis ein Offizier herankam, einen kurzen Blick in den Wagen warf, die Trosse aushängte und uns vorbeiwinkte. Augenblicke später passierten wir den weißen Strich. Wir waren im Westen«.[535] Hier fuhren sie direkt in das Rechtsanwaltbüro Stange in der Bundesallee.

Während Matthias Bath bei der Haftentlassung von seinem Arbeitsgeld nichts ausgehändigt bekam, erhielt Reinhold L. bei seinem Freikauf aus Rummelsburg im Mai 1981 nach fast drei Jahren politischer Haft eine Aktentasche, eine Armbanduhr der Marke Ruhla und Zigaretten. Der Gesamtwert betrug etwa 180 Mark. Dafür hatte er für einen Monatslohn von 40 M im Dreischichtsystem in der Betriebshalle von EAW auf dem Gelände der StVE gearbeitet. Wie sich nach seiner Einsichtnahme in die Vollzugsakte im Jahre 2002 anhand von Quittungen herausstellte, waren in Wirklichkeit in verschiedenen Geschäften in der Karl-Marx-Allee in Ost-Berlin Einkäufe im Wert von 3.195,70 M getätigt worden.[536]

Erste Freilassungen – Jürgen Wiechert und Dietrich Gerloff

Zu den ersten Freigekauften gehörten Jürgen Wiechert (1943–2014) und Dietrich Gerloff (Jahrgang 1936)[537] von der Jungen Gemeinde aus Berlin-Schmöckwitz. Mit zwei Jahren und zwei Monaten Haft hatten sie erst ein Drittel ihrer Haftzeit hinter sich.

Bevor sich der Zusammenhang mit Rummelsburg erklärt, zunächst einiges zu den Hintergründen. Beide waren am 18. August 1961 zusammen mit 14 weiteren Mitgliedern der Kirchengemeinde und der Freikirche aus Brandenburg wegen vermeintlicher Meuterei auf dem Ausflugsschiff »Seebad Bansin« verhaftet worden. Die Gruppe hatte in Bansin/Usedom gezeltet und für den Abschluss ihrer zweiwöchigen Rüstzeit die Ostseetour mit dem regulären Fahrziel »ab Wolgast mit Kurs auf die dänische Insel Bornholm« gebucht. Auf See nahm der Kapitän eine Kursänderung vor. Wegen der aufkommenden Windstärke hieß es jetzt: »Rund um Rügen«. Die Jugendlichen waren enttäuscht, einige vermuteten dahinter eine Order zur Vorbeugung von Republikflucht.

Der Schmöckwitzer Pfarrerssohn Jürgen Wiechert kam – ohne Hinterabsicht, aber auch ohne die Tragweite abzusehen –, auf die Idee, dem Kapitän scherzhaft eine Nachricht zu übermitteln. Auf einem Zettel von 7,5 mal 8 Zentimetern notierte er: »Seiner Majestät, dem Herrn Admiral auf SMS ›Seebad Binz‹ untertänigst übermittelt. In Anbetracht der guten Stimmung auf dem Oberdeck bitten 10 Berliner stellvertretend für die meisten Passagiere um Fortsetzung der Fahrt in Richtung Bornholm«[538]. Übermütig fügte man »Neptun und 20 Brandenburger« hinzu. Der Kapitän erstattete noch vom Schiff aus Meldung an die Grenzpolizei.

In Saßnitz plötzlich durch die Staatssicherheit verhaftet, erwartete die Jugendlichen ein Alptraum.[539] Keine vier Tage später begann am 22. August 1961 vor dem 1. Strafsenat im Bezirksgericht Rostock ein Schauprozess. Entsprechend der politisch motivierten Anklage wurden sie in der SED-dominierten Presse als »Rädelsführer«, »von Brandt aufgehetzte Rowdys«, »verbrecherische Gruppe« oder »Söldner der Nato-Kirche« bezichtigt. Entsprechend wütete auch Walter Ulbricht am Tag des Prozessbeginns vor dem Zentralrat der FDJ: »Die ›Junge Gemeinde‹ in Berlin gehört zu den ärgsten konterrevolutionären Kräften. Heute beginnt gegen eine ihrer Gruppen ein Prozeß in Berlin. Die ›Junge Gemeinde‹ ist schlimmer als die jungen Sozialdemokraten. Sie arbeiten in den Häusern der Kirche. Von ihnen geht die West-CDU-Propaganda aus. Sie sind Anhänger der NATO und des Klerikalismus ... Sie sterben für Gott und Adenauer und sind bereit, Verbrechen zu begehen.«[540]

Der 25-jährige Dietrich Gerloff (bis zum Mauerbau Lehrerstudent im 13. Semester an der Freien Universität in West-Berlin) und der 18-jährige Jürgen Wiechert (bis zum Mauerbau Schüler der 13. Klasse des Albert-Einstein-Gymnasiums in West-Berlin) wurden nach § 19 StEG wegen »planmäßiger und staatsgefährdender Hetze und Nötigung« mit je acht Jahren Zuchthaus besonders hart bestraft. Die anderen Mitangeklagten erhielten ein Strafmaß von ein bis zwei Jahren oder Bewährungsstrafen.

Nach dem gnadenlosen Urteil folgten für Dietrich Gerloff einige Haftwochen im Stasi-Gefängnis Rostock, dann 132 Tage Einzelhaft in Berlin in der MfS-Untersuchungshaftanstalt Magdalenenstraße. Zwei Tage vor dem Jahresende 1961 wurde er dann ins Gefängnis Rummelsburg gebracht, in eine Zelle, die er sich bis Anfang Februar 1962 mit etwa 20 Häftlingen teilen musste. Seine letzte Haftstation war das Zuchthaus Torgau. Jürgen Wiecherts Leidensweg durch die Haftanstalten der DDR glich bis zum Februar 1962 dem Gerloffs, zuletzt war er im Zuchthaus Brandenburg inhaftiert.

Durch Hilfe von verschiedenen Seiten[541] kam Dietrich Gerloff am 3. Oktober 1963 vorzeitig frei, wie einen Tag zuvor schon sein Freund Wiechert[542]. Von ihrem Freikauf für zusammen 100.000 DM (nach Vorgabe von Erich Mielke) wussten sie damals nichts, ihnen war ein Gnadenerlass von Walter Ulbricht[543] vorgelegt worden. Von den acht Freigekauften waren sie die einzigen, die nicht in die Bundesrepublik, sondern an ihren Wohnort in Ost-Berlin entlassen wurden. Es bedurfte noch längerer Bemühungen, bis Dietrich Gerloff und seine Mutter im November 1966 in den Westen ausreisen durften.[544]

Hingegen geriet Jürgen Wiechert im Februar 1965 erneut in die Fänge der Staatssicherheit. Der Theologiestudent hatte sich als Kurier an einer von West-Berlin aus agierenden Fluchthelfergruppe von Studenten beteiligt. Im MfS-Untersuchungsgefängnis Berlin-Hohenschönhausen wurde er mit Psychopharmaka behandelt, trat in den Hungerstreik und wurde zwangsernährt. Nach § 19 und wegen »Verleitung zum Verlassen der DDR« § 21 StEG zu zwei Jahren und sechs Monaten verurteilt, wurde er gleich im Juli 1965 freigekauft und in die Bundesrepublik entlassen.[545] 1992 rehabilitierte beide ein ordentliches Gericht.

4.2 Abläufe

Strukturelles

Häftlingstransporte

In der ganzen DDR erfolgten die Gefangenentransporte meistens in äußerlich nicht erkennbaren Fahrzeugen, beispielsweise als Lieferwagen mit Gewerbeaufschriften wie »Fleurop«, »Achtung: Lebende Fracht« oder »HO WtB« (= Handelsorganisation – Waren des täglichen Bedarfs), sodass sie der Bevölkerung nicht auffielen. Niemand vermutete darin in engen und fensterlosen Zelleneinbauten in Handschellen gefesselte Häftlinge. Die winzigen Kleinstzellen entsprachen etwa 120 mal 60 mal 40 Zentimeter großen »Käfigen«.

Dieses Prinzip galt auch in Rummelsburg. In den achtziger Jahren umfasste der sogenannte Fuhrpark 28 Fahrzeuge, darunter fünf Gefangentransportwagen (GTW) Typ W 50 (»Große Minna«) mit je 15 oder 32 Zelleneinbauten und sechs GTW Typ B 1000 (»Kleine Minna«) mit je fünf Einzelzellen.[546] Tagtäglich fanden Häftlingstransporte zu anderen Haftanstalten des MdI oder des MfS statt und gingen umgekehrt ein. Wohin man die Häftlinge bringen würde, darüber ließ man sie bewusst im Unklaren. Um Neuankömmlingen in Rummelsburg die Orientierung zu nehmen, fuhren die GTWs bis dicht an die Schleuse 2 heran oder durchfuhren diese sofort. Auch hatte die Beförderung der Häftlings-Arbeitskommandos zu den »Arbeitseinsatzstellen« und zurück zur Haftanstalt so zu funktionieren.

Indem man Häftlinge von Gefängnis zu Gefängnis brachte, wurden sie oft als »Zwischenstopp« stunden- oder tageweise in Rummelsburg ausgeladen. Haus 4, das sogenannte Transportgebäude, umfasste 24 Zellen (1975) für Zu- und Abgänge. Hier waren die Zustände katastrophal. Das bezeugen Häftlinge. Auch Bernd Pieper (Jahrgang 1953), der wegen »staatsfeindlicher Hetze« 17 Monate in verschiedenen Gefängnissen der DDR einsaß, bevor er 1976 in den Westen freigekauft wurde, verbrachte dort vor seiner Zubringung in das Gefängnis Cottbus 1975 als »Transportgefangener« Stunden:

»Die Handschellen wurden uns abgenommen, die etwa 20 Männer in eine Transportzelle geführt. [...] Der Toilettenraum starrte vor Dreck und stank unbeschreiblich nach Chlor. Man hielt es dort kaum für die Dauer der Notdurft aus. Anschließend war einem der Appetit auf die als ›Tee‹ bezeichnete Brühe vergangen. Kaum hatte sich die Tür der etwa vier mal sieben Meter großen fensterlosen Zelle geschlossen, erhob sich ein lebhaftes Treiben. Die Krimis zauberten aus allen möglichen Verstecken, aus Ärmelaufschlägen, Schuhen usw. Tabak, Zeitungspapier und Streichhölzer. [...] Nach wenigen Minuten sah die Transportzelle aus wie ein Schweinestall. Die Bullen setzten die sporadische Reinigung durch. Dann wurden wir je zu zweit zusammengeschlossen und bestiegen die Minna, mit der wir gekommen waren.«[547]

Die Überführung und die Verlegung von Häftlingen lassen sich nicht von den Sammeltransporten trennen, welche die Reichsbahn über Jahrzehnte hinweg regelmäßig bei längeren Strecken sowohl für das MfS wie für das MdI durchführte, was vor allem politische Häftlinge erleiden mussten. So ein Eisenbahnwaggon (oder mehrere Wagen, teils wurden sie in der StVE Brandenburg gebaut), sich sarkastisch auf den früheren DDR-Ministerpräsidenten Otto Grotewohl beziehend »Grotewohl-Express« genannt, wurde an reguläre Züge angekoppelt und äußerlich beispielsweise als Postwaggon der Deutschen Reichsbahn oder durch andere irreführende Aufdrucke getarnt, wobei Milchglasscheiben die Vergitterungen verdeckten. Die Fahrten, die für Häftlinge ohne Angabe des Zielortes oder einer Ankunftszeit stattfanden, konnten sich quer durch die DDR quälend lange über Tage oder Wochen[548] hinziehen. Oft standen die Waggons stundenlang auf einem Abstellgleis, die Häftlinge aber mussten in den winzigen Zellen und ohne Belüftung oder Klimaanlage ausharren. Betroffene berichten, dass sie wie Vieh zusammengepfercht worden seien, von glühender Hitze im Sommer, eisiger Kälte im Winter, kaum Luft zum Atmen und zu wenig zu trinken.

In Ost-Berlin wurden solche An- und Abtransporte von Häftlingen vom Ostbahnhof aus vorgenommen.

Rainer Dellmuth bezeugte darüber:

»1967 war mein erster großer Schock mit dem ›Grotewohl-Express‹, mit dem ich von Gera in die Untersuchungshaft in die Keibelstraße nach Berlin gebracht wurde. Das war noch der ZZ36, den die Nazis schon gebraucht haben. Er hatte tiefblaue Beleuchtung, schreckliche Enge, schlimmer noch als in dem späteren Modell Halberstadt. Die zweite Erinnerung habe ich nur insofern, daß ich nach der Stasihaft in Pankow im Juni 1972 mit einem Barkas B 1000 nach Rummelsburg gebracht wurde. Zunächst hatte ich fälschlicherweise geglaubt, es stehe dort ein Lieferwagen. Er trug nämlich die Aufschrift ›VEB Fischkombinat/Eßt mehr Fisch – frisch auf den Tisch/HO-Lebensmittel‹. Dann eines Abends ging es zum Güterbahnhof und in den Grotewohl-Express, wieder den ZZ36. Mit diesem Ding, das nachts noch viel schlimmer wirkte, ging es dann nach Cottbus.«[549]

Eintreffen und Aufnahme

Nach dem Eintreffen in Rummelsburg begann die Leibesvisitation und die Registrierung der Häftlingsaufnahme. Der Gefangenenarzt erfasste ihren Gesundheitszustand und teilte sie für den Arbeitseinsatz in »Gesundheitsstufen«[550] ein. Eine Gefangenenakte enthielt sämtliche Nachweise, einen Fragebogen, den Lebenslauf und die Höhe des Strafurteils. Danach wurden im Haus 4 in der Effektenverwaltung die persönliche Kleidung, Wertsachen und Dokumente verzeichnet und eingelagert und sie erhielten Häftlingskleidung, drei kratzige graue Decken, Bettwäsche, Seife und Zahnputzzeug. Nach dem Verbleib in einer Zugangszelle ging es dann in eine der überfüllten Zellen.

Barkas 1000, Ausstellung Stasi-Museum Normannenstraße, 2017

Kontrollen des Zugangsbahnsteigs am Ostbahnhof, 1965

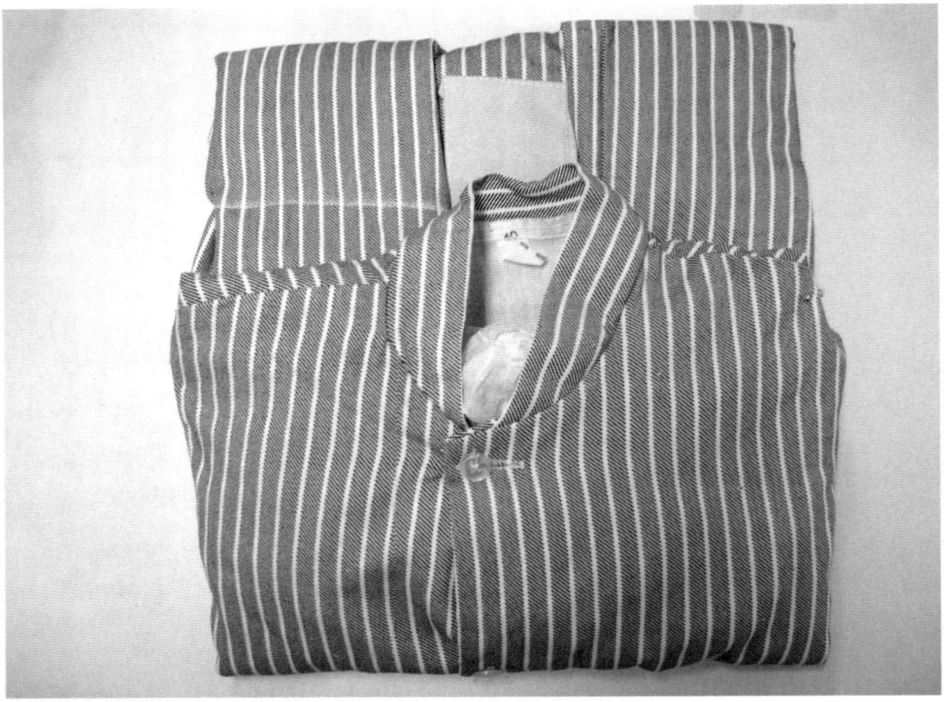

Häftlingshemd, grau-weiß gestreift, auf dem Rücken ein sechs Zentimeter breiter gelber Streifen

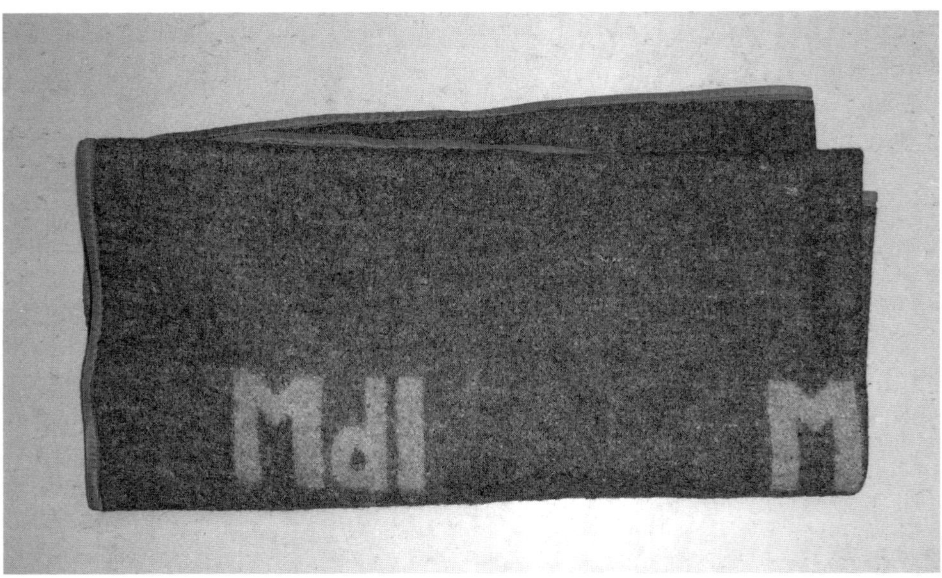

Graue Schlafdecke des Strafvollzugs

Nach der Haftaufnahme hatten sich die Häftlinge nach den Regeln des Strafvollzugs, aber auch nach denen der Mithäftlinge zu richten. Die Strafvollzugsordnung legte die mit gelben Streifen gekennzeichnete Anstaltskleidung fest. An den Ärmeln, auf dem Rücken der Jacken und den Seitennähten der Hosen angebracht, dienten sie der besseren Erkennbarkeit beziehungsweise Treffsicherheit. Auch die blau-weiß gestreiften Gefängnishemden hatten auf dem Rücken einen Streifen in dieser Farbe.

1953 wurden die »Langstrafer« als erstes kahl geschoren und bekamen einen grauen Drillichanzug mit grünen Streifen von oben bis unten.[551] Mitte der sechziger Jahre trugen Häftlinge im Vollzug alte abgetragene Uniformen, beispielsweise der Polizei, die man mit aufgenähten gelben Streifen umgeändert hatte.[552] Mitte der siebziger Jahre erhielten sie bei Antritt des Vollzugs eine schwarze Hose mit gelben Sichtstreifen, eine braune Jacke mit den gleichen Streifen an den Ärmeln und auf dem Rücken, ein tarngrünes Käppi und knöchelhohe schwarze Schnürschuhe. Häftlinge, die andere Häftlinge beaufsichtigten, trugen gelbe Armbinden.[553] Eine alte Armeeuniform mit gelben Streifen an der Jacke und an den Hosenbeinen kennzeichnete 1982 teils noch die »Politischen«, während die Häftlingskleidung der »Kriminellen« ohne diese Streifen waren.[554]

Untersuchungshaftvollzug

Die Untersuchungshaft wurde 1952 bei Übernahme durch die Volkspolizei wie im Polizeipräsidium und im Frauengefängnis in der Barnimstraße in Rummelsburg eingeführt.[555] Die Mehrzahl der U-Häftlinge wartete hier in Gemeinschaftszellen im Haus 3 auf ihre Gerichtsverhandlung, wobei das Tragen der eigenen Kleidung gestattet war. Vorgenommen werden sollten Verlegungen nach den Trennungsgrundsätzen Mittäter, Vorbestrafte, Alter,[556] die noch eine Abteilung im Haus 1 und 2 erforderten. Je nach der Zuständigkeit ermittelte die Polizei oder das MfS. Verhöre fanden in Rummelsburg, in der Keibelstraße oder in der Magdalenenstraße statt. Zum Gericht brachte man die U-Häftlinge meistens früh um sieben Uhr und holte sie am Abend um 19 Uhr zurück.

1963 betrug der Bestand der U-Häftlinge 247, bis 430 konnten aufgenommen werden.[557] Einmal im Monat war es ihnen gestattet, in Wertmarken für 30 Mark der DDR (später 50 Mark), die Verwandte schicken durften, in einem kleinen HO-Laden auf Station Cäsar I einzukaufen und alle drei Tage wurden sie in einer besonderen Zelle zum Rasieren eingeschlossen.[558]

Dem Gesetz nach sollte die U-Haft drei Monate nicht überschreiten, was manchmal um Wochen oder Monate überzogen wurde. Das lag weniger an der Haftanstalt, oft stellten die Gerichte die Unterlagen so verspätet zu, dass sich für die Verhafteten die U-Haft verlängern musste.[559] Vordringlich sollte die Staatsanwaltschaft auf eine Verkürzung der Dauer hinwirken, hieß es schon 1957.[560]

Essschüssel und Besteck, Höhe sechs Zentimeter, Durchmesser zwölf Zentimeter. Besteck aus Aluminium: Gabel mit Gravur MdI, Messer, Esslöffel

1962 beabsichtigte Innenminister Karl Maron die Schließung kleiner Haftanstalten, die hohe Kosten verursachten.[561] Nicht umgesetzt wurde das Vorhaben, die Untersuchungshaft in Ost-Berlin ausschließlich auf Rummelsburg zu konzentrieren. Durch Neuorganisation der Haftanstalt erfolgte hier aber 1971/72 eine Trennung der Häuser 1 und 2 ausschließlich für die U-Haft mit hoher Absperrung, eigenem Wachturm, Schließsystem und schwerem Stahltor zum Vollzugsgelände hin. In dem Teilobjekt innerhalb des Gefängnisses war eine Sicht weder nach innen noch nach draußen möglich, was die isolierte und entwürdigende Situation der Verhafteten noch verstärkte. Einmal täglich durften sie für eine halbe Stunde den blanken Beton des viel zu engen Freiganghofes betreten.

Der Leiter der UHA wie die Bewacher unterstanden dem Leiter der StVE (vgl. Kapitel: »Die Leitung«). Eine telefonische Querverbindung bestand zur MfS-UHA Magdalenenstraße. Es gab acht Räume für Vernehmer und Arrestzellen, eine Aufnahme, eine sogenannte Effektenstelle, einen medizinischen Stützpunkt und eine Poststelle. Mitte der achtziger Jahre fanden in einer speziellen Abteilung Begutachtungen von Gefangenen und Verhafteten statt.

1982 verzeichnete die UHA monatlich an die 400 Zu- und Abgänge. Die durchschnittliche Wartedauer der Verhafteten betrug bei etwa der Hälfte zwei Monate (= 141 U-Häftlinge von 392), bei 18,5 Prozent drei Monate (= 97), bei 12,3 Prozent vier Monate (= 58), bei 11,5 Prozent sechs Monate (= 54) und bei 7,7 Prozent über sechs Monate (= 42). 1985 belief sich die U-Haft bei 230 Verhafteten auf über drei Monate, davon bei 75 auf über sechs Monate.[562] Das entsprach in den achtziger Jahren in etwa dem jährlichen Durchschnitt.

Entlassung und nach der Haft

Der zur Entlassung kommende Häftling erhielt seine persönlichen Sachen, Nachweise über mögliche in der Haft erworbene Qualifikationen, Unterlagen zur Sicherung von Ansprüchen auf Leistungen der Sozialversicherung und einen Entlassungsschein ausgehändigt, mit dem er sich innerhalb von 48 Stunden bei dem zuständigen Pass- und Meldewesen der Polizei und beim örtlichen Rat zu melden hatte.[563]

Nach der Freilassung (nicht des Freikaufs) der Häftlinge kam ihre offene gesellschaftliche Ausgrenzung nicht in Frage, da sie nicht auffallen sollten, es hätte Spannungen ins Land getragen. Außerdem wurde jede Arbeitskraft dringend benötigt. Dabei ging es um ihre Wiedereingliederung in die sozialistische Gesellschaft, für die örtliche Räte Maßnahmen *einzuleiten* hatten, auch solche, wie bei einer Aufenthaltsbeschränkung. In Ost-Berlin erledigte das die jeweilige Abteilung Innere Angelegenheiten der Stadtbezirke. Bei entsprechenden Voraussetzungen nahm auch die Staatssicherheit den Haftentlassenen unter operative Kontrolle.[564] Die Festlegungen schlossen ab, wenn der Betroffene eine Wohnung bezogen und die vorgesehene Arbeit aufgenommen hatte sowie politisch und polizeilich nicht mehr auffällig wurde.

Wer keinen festen Wohnsitz hatte, den man in der DDR nur über eine Zulassung erhielt, wurde dort eingewiesen, wo die Bausubstanz besonders schlecht und im Grunde nicht mehr zumutbar war, wie beispielsweise vermittelte Behausungen im Ortsteil Rummelsburg. Freiwillig wollte in diesem verwahrlosten Gebiet niemand wohnen. Die unsanierten Häuser stammten noch aus der Zeit vor dem Ersten Weltkrieg. Die Räume dort waren ofenbeheizt und hatten weder Innen-WC geschweige denn Bad oder Dusche, waren oftmals feucht und dunkel. Sanierungsmaßnahmen wurden hier erst Mitte der achtziger Jahre in Angriff genommen.

Aber nicht jeder Häftling wollte sich in die DDR »wiedereingliedern« lassen. Ein Beispiel: Er habe »kein Interesse, sein Leben hinter Zuchthausmauern und Stacheldraht zu verbringen bzw. zu beenden«, brachte 1972 ein Häftling im sogenannten Erziehungsgespräch vor seiner Entlassung in Rummelsburg zum Ausdruck. Der »Führungs-Abschlußbericht« hielt seine äußerst negative Einstellung zum Staat fest. Er lehne die Ausfüllung eines Fragebogens auf Wiedereingliederung grundsätzlich ab. Im April 1972 hatte der Disponent es dann geschafft, in den Westen entlassen zu werden.[565]

Sich in Haft fühlen

Haftalltag

Der Vollzug in Rummelsburg hatte gemäß den Vorgaben der Strafvollzugsgesetze und anderer Festlegungen reibungslos zu funktionieren (vgl. Kapitel: »Verwaltung Strafvollzug im MdI«), doch alles war in der Kann-Form als Möglichkeit beschrieben und konnte immer unter dem Vorwand von erzieherischen oder Sicherheitsgründen umgangen werden. Generell herrschte, wie in jedem Gefängnis der DDR, ein am Militär orientiertes Haftregime, das zudem der menschenverachtende Umgang mit den Gefangenen und unzumutbare Haftzustände prägten, die in den vier Jahrzehnten der DDR zwischen Verschärfung und Lockerung schwankten. Eine rechtliche Handhabe, um sich gegen Willkür zu schützen, gab es für die Häftlinge nicht. Sie konnten allenfalls eine Eingabe schreiben, was aber nicht für bare Münze genommen werden konnte, denn die landete direkt bei der Staatsanwaltschaft, also bei der Instanz, die schon bei der Anklage im Prozess gegen sie einbezogen gewesen war.

Gegenüber den fünfziger und sechziger Jahren verbesserten sich zwar später die Rahmenbedingungen etwas, durchgehend blieben aber viele Missstände, die sich allgemein folgendermaßen zusammenfassen lassen:

- minimale Ausstattung und Überbelegung der engen Zellen, unzumutbare Sanitäralagen, besonders in der U-Haft[566]
- defizitäre Versorgung mit Obst und Gemüse, vitaminarmes, minderwertiges Essen
- unzureichende medizinische und Krankenversorgung
- teilweise Gewaltanwendung, harte Disziplinarstrafen und Zwangsmaßnahmen, Arrest und Isolation
- Häftlingsarbeit gegen geringe Bezahlung, zum Teil schwerste körperliche und gesundheitsschädigende Tätigkeiten, Vernachlässigung des Arbeitsschutzes. Dazu im Gegensatz Nichtarbeit, das heißt täglich 24 Stunden völlige Beschäftigungslosigkeit und Untätigkeit

Bis 1965 durften die Gefangenen ihren Namen weder gegenüber dem Wachpersonal noch gegenüber den Mitinsassen gebrauchen; jeder war nur eine Nummer. Ihre Pflichten schlugen sich in den Verboten und Vorschriften der Haus- und Zellenordnung nieder, die strikt eingehalten werden mussten, jederzeit erzwungen werden konnten und harten Strafen unterlagen. Es gab detaillierte Pläne für Tages- und Wochenabläufe und für den Aufenthalt im Freien. Bis ins Kleinste bestimmt und überwacht wurde, wann und wie man sich hinzulegen und aufzustehen hatte und was man tun oder nicht tun konnte. Gegen sechs Uhr früh wurde geweckt, die Nachtruhe begann um 20 Uhr, morgendliche und abendliche Zählung, kurze Runden beim Freigang auf dem Hof, dazwischen Mahlzeiten und die Arbeitsschichten, so verstrich monoton die Zeit.

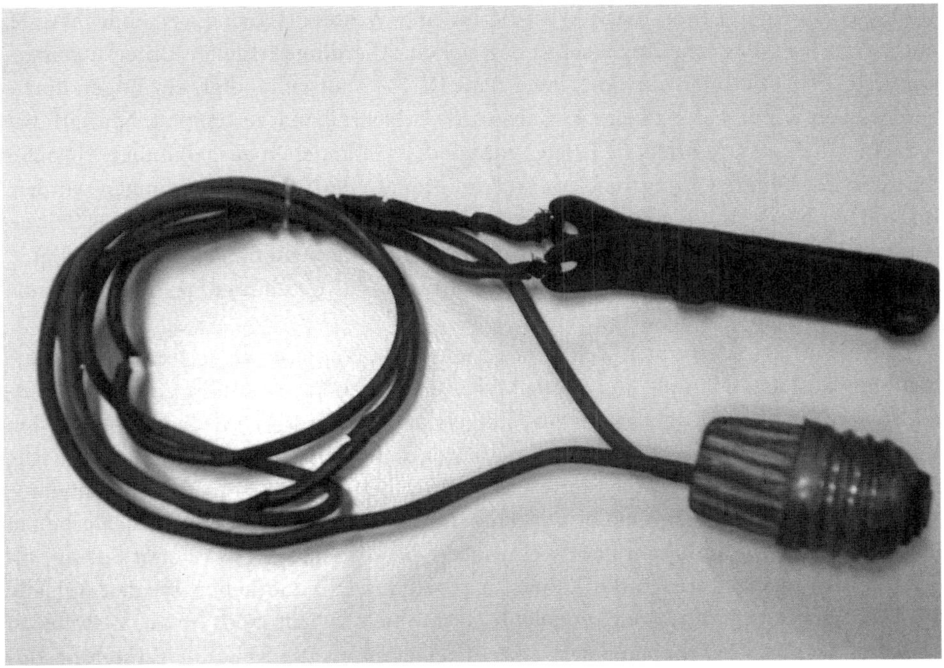

Von Inhaftierten angefertigter »Tauchsieder«. Das Auffinden derartiger Gegenstände hatte längere Arreststrafen zur Folge. Länge 18 Zentimeter, Breite acht Zentimeter

Es bestand Anspruch auf einen Aufenthalt im Freien in einem der sogenannten Freiganghöfe entweder zwischen oder an den Gefängnisgebäuden. Wie in der Strafanstalt insgesamt, gab es auch hier wenig Platz, die Enge und das Grau der asphaltierten Flächen wirkten bedrückend. Zur täglichen »Freistunde« ging es zellenweise, sie konnte auch ausfallen oder stark verkürzt werden. Während des Hofgangs hatte man dann unter Bewachung in Kolonne im Gleichschritt zu marschieren. Es wurde darauf geachtet, dass es dabei keine Möglichkeit oder nur ein Minimum für Kontakte der Häftlinge untereinander gab. Wer sich unterhielt, dem konnten einige Freigänge gestrichen werden.

Gestattet war zunächst im »allgemeinen Vollzug« der Empfang von jährlich bis zu vier Paketen, im »erleichterten Vollzug« bis zu sechs, allerdings nur »bei guter Führung«. In den achtziger Jahren konnte monatlich ein Paket geschickt werden. Wie der auf eine bestimmte Anzahl festgelegte Briefverkehr unterlagen sie prinzipiell Kontrollen und der Zensur und konnten auch beschränkt werden. In den fünfziger Jahren war die Schreiberlaubnis und der Postempfang von Häftlingen an oder von ihren Angehörigen, gleich ob im Strafvollzug oder in der U-Haft, in der Regel auf vier Wochen festgesetzt. Unter diese Regelungen fielen nicht die Briefe an Staatsanwaltschaften, Gerichte oder Behörden.

Das Porto für Post, die nach West-Berlin und Westdeutschland versendet wurde, musste der jeweilige Empfänger selbst begleichen. Allerdings erhielten Untersuchungshäftlinge 1953 statt vier nur noch zwei Blatt DIN A 5 ausgehändigt, ein Bogen durfte beschrieben werden, der zweite war als »Antwortschreiben« gestempelt. Nur auf diesem Anstaltsblatt geschriebene Briefe wurden den Gefangenen ausgehändigt.[567] Später durfte in der Untersuchungshaft zweimal im Monat (1967)[568] Post empfangen werden. Im Vollzug beschränkte sich in den achtziger Jahren der Briefverkehr auf das Schreiben von drei Briefen im Monat, aber beliebig viel Post zu empfangen, war geduldet.[569] Streng verboten war es, sich darin über die Straftat, das Urteil und Strafmaß, über die Haft oder über andere Inhaftierte zu äußern.

Insbesondere in der ersten Zeit waren viele Grundanforderungen für die Häftlinge nicht gewährleistet. Simple Dinge wie Waschschüsseln, Eimer, Müllschippen, Seifmittel, Rasierzeug und Spiegel zählten zur Mangelware und die Holzpritschen in den Zellen waren in solch verbrauchtem Zustand, dass sich selbst der Strafvollzug fragen musste, weshalb nicht mehr Unfälle passierten. Damals erhielten die Häftlinge zum Zähneputzen eine feste, wie eingetrocknet wirkende Masse, verpackt in einer altrosafarbenen Plastikschachtel. Von diesem Zahnstein rieben sie etwas ab oder kratzten Pulver von den Ziegelwänden, um sich die Zähne zu putzten. Die Handtücher wurden nur alle 14 Tage gewechselt und man versuchte während des Duschens seine Wäsche zu waschen. Gehörig durcheinander brachte das Gefängnis die Kälte im Winter, besonders für die Außenkommandos fehlten Mäntel und Handschuhen. Wurden an Brennmaterialien und Energie Sparvorgaben vorgenommen, erfolgte für die Häftlinge abends ein früher Einschluss.

Selbst in den achtziger Jahren vermochte die Planwirtschaft den Bedarf der Häftlingsversorgung nicht konstant abzudecken. Die Engpässe betrafen mal fehlende Unterwäsche, mal konnten sich die Männer nicht rasieren, weil Zubehör fehlte. Abgesehen von beschädigten Gegenständen und Mobiliar, war auch der hohe Verschleiß von Schlafdecken und Matratzen problematisch, die der Strafvollzug meistens schon in Zweitnutzung übernommen hatte.

Bis zur »Wende« 1989 waren im Haftalltag auch viele Gebrauchsgegenstände verboten. Um das Fehlen auszugleichen, mangelte es den Häftlingen nicht an Einfallsreichtum und Eigeninitiative. Zwar war es nicht erlaubt, während der Arbeit Werkzeug und Material abzuzweigen, trotz der Kontrollen gelang es aber immer wieder. Die Bastler unter den Häftlingen bauten dann heimlich allerhand zusammen, so kamen sie zu Miniaturradios (sogenannte »Transis«), zu Tauchsiedern und Kugelschreibern bis hin zu Notizbüchern und Teesieben. Verstecke dafür fanden sich immer. Obwohl auch das Tätowieren unter den Gefangenen untersagt war, kursierten unter den kriminellen Häftlingen dafür Vorlagen, Nagellackentferner mit Diesel vermischt, Farben und Nadeln. Bei den regelmäßig durchgeführten Zellenkontrollen (heute: Haftraumrevision) wurden allerdings auch selbstgefertigte Messer, Stichgeräte und Schlagringe zutage befördert.

»Verwahrhäuser« und Zellen

Bis Anfang der siebziger Jahre wurden in der Regel im Haus 1 der Strafvollzug DDR und die U-Haft für jugendliche Straftäter, im Haus 2 der Strafvollzug DDR/BRD und sozialistisches Ausland, im Haus 3 die U-Haft teils für DDR-Bürger und Ausländer, teils der Strafvollzug für Westdeutsche, West-Berliner und Ausländer sowie im Haus 6 weiterer Ausländervollzug durchgeführt.[570] Durch eine Neuausrichtung der StVE kam es in dieser Zeit zu einer Umgliederung der Häuser 1 und 2 ausschließlich für die Untersuchungshaft. Haus 3 war danach als 1. Vollzugsabteilung (VzA), Haus 6 als 2. sowie das Zellen- und Funktionshaus 10 als 3. VzA ausgewiesen.[571]

Die »Verwahrhäuser« gliederten sich in Stationen, die sich, abhängig davon, auf welcher Seite des Mittelaufgangs sie in der Etage lagen, im Keller Anton I und II nannten und dann bis ins zweite Geschoss aufsteigend Berta I und II, Cäsar I und II und Dora I und II hießen.[572] Dort verbrachten die Gefangenen in »Groß-Zellen« oder in kleineren »Mehrinsassenzellen« zusammengepfercht die meiste Zeit ihrer Gefangenschaft, auch wenn sie diese während der Arbeit verlassen konnten.

In den zwei größten »Verwahrhäusern« 3 und 6 ging es am Anfang mit Gefangenensälen für 30 bis 50 beziehungsweise 150 bis 170 Mann[573] besonders unerträglich zu. Um mehr Haftraum zu gewinnen, wurden die mit dem höchsten Fassungsvermögen an die Struktur kleiner Zellen angeglichen. Die Groß-Zellen sollten wegfallen,[574] im Haus 6 blieben für die Unterbringung von bis zu 50 Häftlingen aber zwei Säle (Aufenthalts- und Schlafsaal) in Nutzung.[575]

Mehrheitlich existierten etwa fünf mal sechs Meter große Zellen, die sich sechs bis acht, teilweise auch mehr Häftlinge teilen mussten. Nicht selten kam es in der räumlichen Enge zur Anwendung von körperlicher Gewalt. Eine Zelle fasste einen kleinen Tisch, dreifach übereinander stehende Bettpritschen (aus Holz, später aus Metall), Hocker und ein offen stehendes WC ohne Toilettenbrille. Eine Intimsphäre unter den Inhaftierten war so gut wie ausgeschlossen. Täglich erfolgten Kontrollen über den Ordnungszustand der Räume und gegebenenfalls Entscheidungen über Strafen. Sich tagsüber auf das Bett zu legen war verboten, genauso wie zu singen. Die Aufseher schlichen lautlos den Flur entlang und konnten die Gefangenen jederzeit durch den Spion an der Zellentür beobachten.

Kein Fenster, keine Kellerluke blieb ohne Vergitterung. Zusätzlich waren die Fenster etwa um ein Drittel zugemauert und durch Sichtblenden verdeckt worden. Die 1954/55 durchnummerierten Fenster und Türen der Zellen dienten die Verwaltung Strafvollzug (VSV) als Richtlinien, »wie eine Zelle aussehen müsse«, die den anderen Gefängnissen des MdI als Muster vorgegeben wurden.[576] Ein in den Häusern 2 und 6 vorgeführter Mustersaal gehörte dazu.

Für 1957 belegt eine Statistik der VSV folgende Daten zu den Zellen in Rummelsburg:

Größe in Kubikmetern	Zellen und Gemeinschaftsräume	Aufnahmefähigkeit Häftlinge	Zweckentfremdete »Verwahrräume«[577]	Zweckentfremdete »Verwahrräume« Aufnahmefähigkeit Häftlinge
12	48	58	6	4
12–30	207	854	-	-
30–60	179	843	24	134
60–100	1	7	-	-
über 100	4	179	-	-
Krankenräume	23	96	2	36
Gesamt	462	2.037	32	174

Tabelle 12: Raumkapazität StVA Rummelsburg 1957.[578]

Als im Haus 3 die Untersuchungshaft auf die Durchführung des Strafvollzugs umgestellt wurde, lagen zu beiden Seiten der Mitteltreppe 153 Zellen hauptsächlich mit einer Größe von etwas mehr als 12 oder 13 Quadratmetern und auf den Stationen A (Anton) im Keller 66 Zellen von kaum 5,30 bis 5,80 Quadratmetern, darunter Räume für Arrest und Absonderungen.[579] Zuvor waren dort Werkstätten aus der Zeit der alten Arbeitshausanlage untergebracht. Station B (Berta) im Erdgeschoss verfügte über zwei Bade/Duschräume, Station C (Cäsar) über zwei Sanitäterräume, zwei Krankenzellen und einen Friseurraum.

Die beiden Gebäude 3 und 6 glichen sich in der Größe und auch in der Innenaufteilung. Im Haus 6 wurden in einer Gebäudehälfte an Stelle der kleinen Zellen offene Zellentrakte eingeführt – für politische Häftlinge aus der BRD und West-Berlin, die man im Mai 1977 von Haus 3 hierher verlegte[580] und von denen man einen Freikauf erwartete. Jede Einheit bestand aus fünf unverschlossenen Räumen ohne Sichtblenden an den Fenstern. In drei Zellenräumen waren jeweils neun oder zehn Betten, zwei bis drei Spinde, zwei Tische und die entsprechende Anzahl Schemel aufgestellt.[581] Hinter einer spanischen Wand befand sich ein Sanitärbereich. Es gab einen Fernsehraum und einen täglich zugänglichen Wasch- und Duschraum. Die Beschaffenheit des Innenhofs waren drei durch Mauern abgeteilte Freiganghöfe, an einer Seite mit einer Schleuse und in der Mitte mit einem Wachturm. Auf dem »besseren« Freiganghof konnten sich die Häftlinge während des auf eine Stunde verlängerten Rundgangs ungezwungener bewegen und durften sich zwischendurch auch auf Bänke setzen oder etwas Sport treiben.[582]

»Trotzdem konnte man leicht in depressive Stimmung verfallen«, beschreibt Matthias Bath die bedrückende Situation.[583] Vom Turm aus wurden sie überwacht. Montags fand hier der Einkauf an einem Verkaufstisch statt. Zu den Ausnahmen gehörte ein weiterer Verkauf im Keller. Das Angebot war mit »Kuchen, Limonade, Sirup, Wurst und Fischkonserven, Marmelade, Knacker, Obst, Kompott, Süßwaren, Rauchwaren und Toilettenartikel«[584] günstiger als das bis dahin bekannte. Auch bei den Besuchen konnten Obst, Lebensmittel, Kaffee, Körperpflegemittel und in der Regel etwas Geld entgegengenommen werden. Geldmittel mussten allerdings dem Anstaltspersonal übergeben werden, das es gegen DDR-Mark umtauschte.[585]

Den Gefangenen wurde hier zwar mehr Bewegungsfreiheit zugestanden, doch blieben ihnen die Bewacher und Erzieher erhalten. Ein weiterer Nachteil war, dass keine Abgrenzung zwischen den Räumen bestand, was wiederum dem Spitzelwesen mehr Möglichkeiten bot.

Die andere Hälfte von Haus 6 war für die Unterbringung ausländischer Häftlinge aus nichtsozialistischen Ländern reserviert, in den achtziger Jahren vor allem für Häftlinge aus dem asiatisch/afrikanischen Raum. [586]

Hierarchien

Innerhalb der Gefangenen»gruppen« bestanden gnadenlose Hierarchien, was von der Strafvollzugsverwaltung durchaus beabsichtigt war.[587] Geradezu billigend wurden an der Spitze der Rangordnung auch Schwerverbrecher in Kauf genommen. Ehemalige Gefangene geben an, dass sie körperlicher Gewalt von Mithäftlingen ausgesetzt waren oder diese beobachtet haben. Auch sexuelle Handlungen und Vergewaltigungen unter Häftlingen kamen vor. Da alles eher verdeckt stattfand, bekamen die Wärter weniger mit oder schauten bewusst weg.

Ein anderes quälendes Element war die Zusammenlegung von kriminellen Straftätern und politischen Häftlingen, wobei auch hier die Kriminellen das Regiment führten, was zu Lasten der politischen Gefangenen ging.

Ebenso waren die Kalfaktoren (»Kalfs«) ein fester Bestandteil. Die als Hausarbeiter dienenden sogenannten Funktionshäftlinge hatten für ein paar Vergünstigungen die Durchsetzung der Haus- und Zellenordnung zu überwachen, teilten das Essen aus oder tauschten die Wäsche. Ihre Zellen blieben tagsüber offen und sie durften sich auf der Station oder in einem zugewiesenen Bereich frei bewegen. Ihre Vorteilsposition konnten sie mit Billigung der Aufseher rücksichtslos gegen andere Gefangene ausnutzen. Zumeist handelte es sich um Kriminelle und um solche, die der DDR gegenüber scheinbar positiv eingestellt waren. Häufig fungierten sie als Brigade- oder Schichtleiter in den »Arbeitseinsatzbetrieben« und wurden als Spitzel gegen politische Häftlinge eingesetzt.

Medizinische Versorgung

Die medizinische Versorgung von kranken Häftlingen sollte den allgemeinen Rechtsvorschriften über den Gesundheitsschutz und der medizinischen Betreuung in der DDR entsprechen und war ihnen besonders im SVWG 1968 und im StVG 1977 zugesichert. Sie wurde aber zu keiner Zeit eingehalten, bis zum Schluss führten die mangelhafte und unzureichende medizinische Behandlung und Nichtausgabe von Medikamenten zu Beschwerden der Häftlinge.[588] Auch zogen die menschenunwürdigen Zustände in der Haft oft Krankheiten nach sich, die bei der schlechten medizinischen Versorgung zu lebenslangen Schäden führen konnten und führten.

Der sogenannte medizinische Dienst wurde in den achtziger Jahren in Rummelsburg in ambulanten Stützpunkten in den Häusern 3 und 6,[589] im Haus 4,[590] in der U-Haft[591] Haus 1 und 2 sowie im Haftkrankenhaus Haus 8 durchgeführt. Herangezogen wurden Ärzte und Sanitäter der Polizei, vertraglich gebundene approbierte Zivilärzte und Mediziner unter den politischen Häftlingen oder angelernte Hilfskräfte aus anderen Häftlings»gruppen«, wobei beispielsweise 1960 ein Gefangenenzahnarzt aus Rummelsburg ebenfalls im zahntechnischen Labor der Volkspolizei eingesetzt war.

Im Sommer 1952 existierten im Haus 9 eine Häftlingsambulanz mit Röntgenraum, eine Zahnarztstation mit Labor und Isolierstationen. Als mit Wirkung vom 31. August 1952 die Krankenhaftanstalt in Buch, Haus 13, aufgelöst wurde, verlegte man die erkrankten Häftlinge dorthin. Infolge einer kursierenden Grippeepidemie im Dezember kamen aus Haus 6 etwa 100 Infizierte dazu. Die großangedachte Planung eines Krankenhausneubaus mit OP-Räumen[592] erlangte keine Umsetzung.

1951/52 überschatteten Rummelsburg erste Fälle von Tuberkulose (Tbc), die im Haus 8 unter Quarantäne standen. Durch die mangelhafte Ernährung und medizinische Versorgung grassierte und verschleppte sich die Krankheit häufiger unter den Insassen. 1954 war ein Tbc-kranker Häftling zur Arbeit in der Bäckerei eingesetzt worden.[593] Im März 1958 litten von 119 betroffenen Häftlingspatienten etwa 29 an offener Tbc. Aber nur 18 der Schwerkranken wurden ins Haftkrankenhaus Waldheim verlegt,[594] das, wie in Leipzig-Meusdorf, unter die Hoheit des MdI fiel. Obwohl für eine medizinische Behandlung gesorgt werden sollte, reichte die Kapazität für die hohe Häftlingsanzahl nicht aus. Jedenfalls wurden die Krankenpflege nicht intensiviert und die Klagen der Häftlinge über gesundheitliche Beschwerden oft abgewiesen. Für 1962 wurden 70 überwachungsbedürftige Tbc-Kranke registriert.[595] Auch über eine längere Zeit unsachgemäß behandelte erkrankte Gefangene aus dem »Lager X« des MfS wurden zur »Revieraufnahme« nach Rummelsburg abgeschoben, wie kurz vor Weihnachten auch psychiatrische Fälle.[596] Häftlinge mit offener Tbc kamen aber nicht immer auf eine Krankenstation, sondern verblieben geschwächt in der Zelle.

Für Wochen standen 1967 abermals Zellenblöcke unter Quarantäne. Infolge der schlechten hygienischen Verhältnisse ging diesmal eine Ruhrepidemie um.[597]

1987 erging die Weisung der HIV-Testung[598] aller Häftlinge, aber erst Anfang 1989 wurden Maßnahmen über den Umgang mit den Infizierten getroffen.[599]

Verpflegung

Hungern musste man in Rummelsburg nicht. In der Großküche wurde auch für die MdI-Haftanstalten in Ost-Berlin gekocht und die Bäckerei belieferte bis 1954 Krankenhäuser in Ost-Berlin. Die Tagesproduktion der Bäckerei betrug in den achtziger Jahren zwei Tonnen, die der Küche 2.000 Essensportionen. Für manchen Häftling, der auf Schonkost angewiesen war, gab es eine gesonderte Zubereitung.

Gegessen wurde auf den Zellen, in den »Arbeitseinsatzbetrieben« und in abgeteilten Bereichen der Produktionszweige innerhalb der StVE. Erschallte bereits das Kommando zum Hofgang, konnte nichts verzehrt werden. Zur Standardausstattung gehörten ein stumpfes Besteck und eine Plasteschüssel. An der Eisentür jeder Zelle war eine Klappe angebracht, durch die der Wachmann das Essen ausgab. Gegen solche »Fressluken« sollen Kommunisten, die in den frühen Jahren einsaßen, protestiert haben, weil Menschen wie Tiere behandelt würden. Im Verlauf der sechziger Jahre ist dieser Einwand dann offenbar entfallen.

Die allgemein bestehenden Versorgungsprobleme in der DDR bekamen die Häftlinge besonders in den fünfziger und sechziger Jahren zu spüren. Die Gefangenenkost nannten sie einen »üblen Fraß«. Wassersuppen mit Möhrenstücken und oftmals verfaulte Lebensmittel waren keine Seltenheit. Dem Handel wurde Gemüse abgenommen, das für die Bevölkerung nicht mehr verwendbar war. Beliefert wurde die Küche auch vom gegenüberliegenden Spratt`s-Betrieb, der eigentlich Tierfutter herstellte. Die Verwendung von Fett erfolgte nach den Richtwerten: 1/3 Margarine, 1/3 Schmalz, 1/3 aus 80 Prozent Butter und 20 Prozent Öl, der außerhalb der Verpflegungsnorm ausgegebene Käse hatte zu entfallen.

Nach Verabschiedung des StVG 1977 schaffte die neue »Verpflegungsordnung« des MdI[600] zumindest solche diskriminierenden Vorgaben ab wie im Arrest die Zuteilung von täglich 200 Gramm Brot, zwei Becher Kaffeeersatz und an jedem dritten Tag eine Wassersuppe. Jetzt erhielt der Arrestant die Nichtarbeiterverpflegung. Auch für die anderen Gefangenen fand die Versorgung etwas ausreichender statt.[601] Präzisiert wurden die Tagessätze aber weiter nach Kategorien: A – für »Nichtarbeiter«, die weniger erhielten, B – für »gewöhnliche Arbeiter«, unter 130 Prozent Sollerfüllung, erhielten etwas mehr, C – neben Arbeitern mit über 130 Prozent Sollerfüllung und Schwerstarbeitern bekamen die Brigadiers und Funktionsträger am meisten.

Ungeachtet der etwas verbesserten Versorgung blieb das Essen dürftig, wenig genießbar und es mangelte an Vitaminen. Verarbeitet wurden vor allem Konserven. Frisches Gemüse und Obst waren nicht vorgesehen, allenfalls Kohlbeilagen wurden gereicht. Der Mangel an Vitaminen und Spurenelementen führte bei den Häftlingen zu Krankheiten und zu Hautausschlägen, die nur schwer heilten.[603] Hätte nicht die Mög-

Allgemein	500 g Brot, 2 l Kaffee/Tee
morgens	75 g Marmelade, 30 g Wurst, 25 g Butter/Fette
mittags	15 g Fett
abends	40 g Wurst GN, 70 g Wurst ABCD, 30 g Butter ABC, 45 g Butter D
sonnabends	100 g Weißgebäck
Extra für Mohammedaner	500 g Brot, 2 l Kaffee/Tee, morgens 75 g Marmelade, abends 30 g Butter

Tabelle 13: Tagessätze Verpflegung pro Häftlings 1984.[602]

lichkeit eines begrenzten HO-Einkaufs (pro Woche einmal) oder des Erhalts von einem Paket vorgeschriebenen Inhalts bestanden, wären die gesundheitlichen Folgen wohl noch gravierender gewesen.

Bemängelt wurde die Hygiene bei der Essenausgabe und bei vielen Essen mussten die Häftlinge ihre Abscheu überwinden. Beispielsweise wurden Pellkartoffeln (»Pellis«) nicht gekocht, sondern gedämpft und kamen oft zermanscht wie »Schweinekartoffeln« auf den Tisch. Erhardt Neubert erinnerte sich an 1965/66, da hätte es montags meistens verkochte Nudeln mit Spitzbein samt Tierborsten und samstags immer Erbsensuppe gegeben. Rainer Dellmuth ergänzte für 1967/68, dass man in der Regel immer die gleiche Ernährung bekam, wie in der Haftanstalt gebackenes Kommissbrot, das oft klitschig oder feucht war und Blähungen verursachte. Dazu kam die billigste Margarine in der DDR »Marina«, die als BBB – »Backen, Braten, Bohnern« bezeichnet wurde, Marmelade und seltener auch harten Kunsthonig.[604] Ähnliches erfährt man für die zweite Hälfte der siebziger Jahre über Mathias Bath. Demnach gab es wöchentlich dreimal Margarine, zweimal Schmalz, mittwochs und sonntags Butter. Dreimal in der Woche wurde zu Brei verkochter Eintopf, meistens Kohlsuppe oder Hülsenfrüchte, ausgeteilt. Freitags war es Pressfisch (»Panzerplatte«) oder eine offiziell als »Fischragout« ausgewiesene grüne Suppe aus Fischpartikeln (»Schiffsschraubenfisch«). Für donnerstags wurde Blutwurst (»Tote Oma«) oder aus Resten ein Krautgulasch zusammengekocht. Dagegen konnte man dienstags mit einem Jägerschnitzel (gebratene Jagdwurst), Spinat, Senfeiern oder Rippchen, sonntags sogar mit Schnitzel, Roulade, Gulasch oder einem Stück Braten rechnen.[605] Die Menge blieb zwar gleich, die Qualität konnte sich aber nochmals derartig verschlechtern, dass vor allem politische Häftlinge die Essensannahme verweigerten. Unter dem Vorwurf der Rädelsführerschaft gelangten sie dafür in Absonderung.[606] Noch Mitte der achtziger Jahre wurde montags Krautsuppe ausgegeben, an einem anderen Tag mit Wasser zu einer dünnen Sauce verrührte Blutwurst.[607]

Besuchsdurchführung (Sprecher)

Für die Gefangenen bestand im Vollzug und in der Untersuchungshaft eine minimale Kommunikation mit den Angehörigen über die Besuchserlaubnis, »Sprecher« genannt. Eine Kontaktsperre war aber jederzeit möglich, wenn man sich nach Auffassung der Wärter etwas hatte zu Schulden kommen lassen.

Zu festgelegten Besuchszeiten fanden die Treffen in der Wachbaracke neben der Schleuse 2 statt. Der Weg dorthin führte durch ein separates Tor, der Wachbereich war davon nicht berührt. Bevor der Einlass in den Besuchsraum mit den sogenannten Sprechkabinen erfolgte, mussten die Häftlinge in einem Warteraum ausharren. Die Gefangenen im »erleichterten Vollzug« durften einmal im Monat Besuch von bis zu zwei Personen für eine Stunde empfangen, im »allgemeinen Vollzug« jeden zweiten Monat[608] und etwa alle vier Wochen für 15 Minuten in der Untersuchungshaft.[609] Die genehmigten Zeiten variierten aber. So durfte Matthias Bath als politischer Häftling 1976/77 nur alle drei Monate für 30 Minuten Besuch von einer Person erhalten.[610] Kleine Mitbringsel wie Tabakwaren, Süßigkeiten oder etwas Obst waren in vorgeschriebener Menge erlaubt, wurden aber erst nach gründlicher Kontrolle in den Zellen ausgehändigt.[611] Alles verlief unter Überwachung und Kontrolle durch einen Strafvollzugsbediensteten, in den achtziger Jahren sollten Abhöreinrichtungen für Tonbandaufzeichnungen eingebaut werden.[612] Offiziell nicht überwacht werden durften die separaten Sprechräume für Besuche von Vertretern der Konsulate und der Ständigen Vertretung. Diese Sprechräume waren mit einem Garderobenständer, einer Eckbank und einem Tisch eingerichtet.[613]

Streng verboten war es, über den Straftatbestand, das Urteil und Strafmaß, über die Zeit in der Haft sowie über Politik zu sprechen. Auch Berührungen waren nicht gestattet. Der DDR-Oppositionelle Carlo Jordan (Jahrgang 1951) hatte 2016 noch eine Vorstellung davon. Er fuhr 1984 mit dem Fahrrad monatlich einmal zum »Sprecher« in die U-Haft zu Wolfgang Rüddenklau: »Dabei saß Wolfgang auf der einen Seite, daneben ein Vernehmer, ich allein ihnen gegenüber. Wir wurden als Erstes aufgeklärt, welche Gespräche nicht gestattet waren. Man musste sich eine Unterhaltung also immer genau überlegen. Einmal wählte ich ein falsches Wort, sofort wurde reagiert, ›noch einmal und es wird abgebrochen, für heute aber dürfen Sie dafür das mitgeführte Geschenk nicht übergeben‹. Es war erlaubt, etwas im Wert von zehn Mark etwas mitzubringen, so mehrere Päckchen Zigarillos ›Sprachlos‹ und Süßigkeiten.«[614]

Anfangs befand sich, auch um das »Hinüberschieben von Kassibern« zu verhindern, oberhalb der Tischplatte eine Trennwand aus Holz, die nach unten fest mit dem Fußboden abschloss.[615] In den siebziger Jahren war der Besucherraum in acht mit schallschluckendem Material ausgekleidete und durch Wände getrennte Kabinen eingeteilt. Die Verständigung erfolgte durch eine mit Gaze überspannte Öffnung in der Scheibe. Hinter dem Häftling nahm ein Wachmann Platz.[616]

Wiederum liegt auch eine Innenbeschreibung einer anderen »Sprecherzelle« vor, in die ein jugendlicher Häftling gebracht wurde: »Die Wände waren mit graugrüner

Ölfarbe gestrichen, gemauerte Glassteine ersetzten das Fenster. Ein schmaler Tisch und zwei Stühle, fest am Steinfußboden angeschraubt, die sich gegenüberstanden, ebenfalls grau-grün gestrichen, bildeten das einzige Mobiliar. Alles strahlte eine beklemmende Sauberkeit aus, wenn nur der Geruch nicht gewesen wäre.«[617]

Politisch-kulturelle und staatsbürgerliche Erziehung

Zwangsläufig zog die Politisierung der DDR durch die SED auch die Linientreue des Strafvollzugs nach sich, der die Gefangenen systemkonform beeinflussen und »erziehen« sollte. In den Prozess waren »Erzieher« eingebunden. Umgekehrt war die »Erziehung« ein Vorwand für Schikanen und Sanktionen gegen Häftlinge. Besonders politische Häftlinge, die teils als Gegner des Systems inhaftiert waren, sollten durch massiven Druck umerzogen, oder, wenn die Maßnahmen keinen Erfolg brachten, »gebrochen« werden. Ebenso war die Gefängnisleitung dazu angehalten, auf die ausländischen Häftlinge einzuwirken, um die »Wirksamkeit ihrer Strafen« zu erhöhen.[618]

Neben der Arbeit und Maßnahmen wie Brigadenbildung und Wettbewerben hoffte man, die Gefangenen durch staatsbürgerliche Schulungen »wirksam zu sozialistischer Staatsdisziplin« erziehen zu können, der sich jeder Gefangene unterzuordnen hatte. Dafür dienten »politisch-aktuelle Gespräche«, Vorträge und Buchlesungen mit Diskussionen.[619] Hinzu kamen ausgesuchte Sendungen im Fernsehen, bei denen nur DDR-Programme und selbst diese inhaltlich nur eingeschränkt zugelassen waren, während die DDR-Nachrichtensendung »Aktuelle Kamera« und der montägliche »Schwarze Kanal« mit Karl-Eduard von Schnitzler forciert wurden.[620] Auch über Kulturgruppen wurde die »Erziehung« organisiert, sie gipfelte im letzten Jahrzehnt der DDR im Vollzug in einer Musik- und einer Singegruppe. Einen Anteil erbrachte ebenfalls die gleichgeschaltete Tagespresse. Ab 1961 bezog jede SV-Dienststelle auf Rechnung der Gefangenen jährlich im Durchschnitt entsprechend viele hundert Exemplare der SED-Zeitung Neues Deutschland (ND), der Berliner Zeitung und andere Tageszeitungen,[621] später nur noch das ND. Man schnitt vorher Artikel heraus, die sich »ungünstig« auswirken konnten, wie beispielweise zum Thema Gefängnis.

Daneben existierte eine Gefängnisbücherei mit »geeigneter« Literatur wie die Werke von Marx und Lenin, der Geschichte der Arbeiterbewegung, »sozialistischer Gegenwartsliteratur« und Werke russischer Autoren. Daneben war eine erstaunlich große Auswahl weiterer Bücher vorhanden, beispielsweise Nachschlagewerke, die Bibel oder fremdsprachige Literatur und Reiseberichte, die »drinnen« unerfüllte Träume wecken und mutlos machen konnten. Je nach »Führung« durften sich die Häftlinge alle 14 Tage zwei bis vier Bücher ausleihen.

»Verfängliche« Buchtitel wurden aussortiert, dafür seien zwischen 1973 und 1978 als Beispiele genannt: Der zweite Tag (Ilja Ehrenburg), Roter Schnee (Günter Hofé), Die Kommunisten (Louis Aragon), Ein neues Kapitel (Willi Bredel), Der Weg ins Leben

Randnotizen eines unbekannten Häftlings zum Johannes R. Becher-Gedicht

(Anton Semjonowitsch Makarenko), Waffengefährten (Konstantin Simonow), Üb immer Treu und Redlichkeit (Hanna-Heide Kraze), Die Zelle (Hasso Grabner), Nachts kamen die Barbaren (Thomas Nicolaou), Rette mich wer kann (Gerhard Kruschel), Fern von Moskau (Wassili Aschajew), Die sieben Gehenkten (Leonid Andrejew), Häftling 20801 (Aimé Bonifas), Unsere Volksarmee (Claus), Hochzeit in Tirol (Harnisch), Meuterei (Dmitri Furmanow), Das Glück der schweren Jahre (Metze), Der Banditenschatz (Julius Mader), Niemand ist allein (Schamjaki), Unvergesslicher Lenin (Walter Ulbricht), Lehrjahre der Freiheit (Bohdan Czeszko), Fürchtet euch nicht (Hans Burghardt), Urlaub ohne Dich (Hans Bodenschatz).[622]

Hunderte Bände der Bibliothek waren Eigentum des Strafvollzugs, die auch mit Büchern der MfS-UHA Magdalenenstraße ausgetauscht wurden. Der große Wert und die Erschütterung dieser Bücher liegen darin, dass es Häftlingen gelang, in manche der Bände heimlich ihre innere Verfasstheit, Gedanken und Verzweiflung hineinzukritzeln oder irgendwo ein Wort, einen Satz zu markieren. Nur lediglich ein Bruchteil an Beispielen kann an dieser Stelle angeführt werden. Ein gelesenes Buch enthielt letzte Grüße: »Kann nicht mehr gehen. Blut im Husten. Sie lassen mich hier sterben. Gruß an Vera.«[623] In dem Roman »Der Hass« von Heinrich Mann ist auf Seite 73 im Kapitel »Der große Mann« der Satz »Wenn er die Menschen hinter schwedischen Gardinen hat, dann ist er überzeugt, er habe auch die Ideen beseitigt« unterstrichen, schließlich auf Seite 84 »Aber die Luxusautos, nach denen sie schielen, und die fettesten Bankguthaben gehören keinen Marxisten« gekennzeichnet und daneben ein großes Fragezeichen gesetzt. In einem anderen, aus dem Russischen übersetzten Buch, das

Abgerissene Anstaltskirche, um 1930

fantastische Geschichten über gut eingerichtete Planeten beschreibt, ist auf Seite 168 markiert: »Wenn sich ein Mensch in einem solchen Zustand befindet, muß man ihm so schnell wie möglich heraushelfen – aber wie? Wie soll man ihm helfen? Wie qualvoll Machtlosigkeit ist«, und auf Seite 179: »Die Hoffnung, daß sich irgend etwas plötzlich ändern könnte, war lächerlich. Jahre, Jahre, Jahre der Arbeit. Jahre einer Hoffnung, die sich nicht aufrechterhalten ließ. Es gab keinen anderen Weg«. Ein Häftling interpretierte eine Zeichnung, die das in dem Becher-Gedicht »Unendliche Reihe« besungene Deutschlandtreffen illustriert und die Weltjugend im Reigen zeigt, mit folgender Bemerkung: »Mit dunklen Mächten Hand in Hand verderben wir das ganze Land«.

Seelsorge

Eine religiöse Betätigung für die Gefangenen war sowohl der evangelischen wie auch der katholischen Kirche in Rummelsburg eingeräumt, allerdings unter Beobachtung, in der ersten Zeit noch durch VP-Angehörige mit Hunden. Man wusste die Anmeldungen für den Gottesdienst aber zu verhindern, indem gleichzeitig Kultur- und Politikveranstaltungen stattfanden. Die ersten Andachten fanden in der ruinösen Kirche statt, nach ihrem Abriss in einem zugewiesenen Raum in einem der Gefangenenhäuser. Eine Atmosphäre kam hier nicht auf, die Orgelklänge wurden per Kassettenrecorder eingespielt.[624]

Wöchentliche Sprechstunden und Einkäufe für die Häftlinge durch die Pfarrer wusste man bald zu unterbinden wie auch die Häftlingsbetreuung durch einen jüdischen Geistlichen. Die Gefangenenseelsorge nahm bis Januar 1957 Pastor Sasse vor. Der Nachfolger Pastor Mund ließ sich nicht von der Anstaltsleitung reinreden, setzte sich direkt mit Angehörigen von Häftlingen in Verbindung und führte die Predigten nach seinem Bekenntnis durch. Anfang der sechziger Jahre übernahm der evangelische Pfarrer Heinz Blum (Jahrgang 1910) das Amt und hielt turnusmäßig an festgelegten Sonn- und Feiertagen für eine Stunde vor etwa 20 bis 30 Gefangene den Gottesdienst ab. Der Träger des Vaterländischen Verdienstordens der DDR in Bronze war auch in den Haftanstalten Berlin II, Waldheim und Bautzen tätig. Seine Aufseher bestätigten, er führe nur die erlaubten Gespräche.[625] Nicht anders das Urteil über den katholischen Pfarrer Walter Krahwinkel (Jahrgang 1906), gleichfalls Anstaltspfarrer in der StVA Berlin II. An seinen Andachten nahmen etwa zehn Gefangene teil, dabei hielt er ihnen wie auch dem Wachpersonal gegenüber Distanz.[626] In Einzelgesprächen einem Häftling seelsorgerischen Rat zu geben war im Beisein eines »qualifizierten Genossen« ohnehin kaum möglich. Wer einer Religion angehörte, dem wurden in den achtziger Jahren auf Wunsch religiöse Schriften zur Verfügung gestellt.[627]

Umgang durch das Bewachungspersonal

Die Häftlingsaufsicht, die Schließer, trugen im Dienst keine Waffen, sondern Schlagstöcke (Gummiknüppel). Man fürchtete das Risiko, dass Waffen entwendet werden. Offiziell waren sie angewiesen, die Gefangenen korrekt zu behandeln,[628] doch die Vorschriften waren biegsam und Übergriffe auf Häftlinge wurden geduldet, nur in Ausnahmefällen verfuhr man anders. Einzelne Wärter verhielten sich schikanös. Als Vorwand konnten sie den Ordnungszustand und die Sauberkeit in den Zellen nutzen, die als beliebtes Strafmittel galten. Häufig musste eine Zelle mehrfach hintereinander hergerichtet werden oder es führte zu Arrest. Wie die Häftlinge gezielt mit perfiden Methoden attackiert werden konnten, zeigt auch folgendes Beispiel. In der Regel wurden den Gefangenen Seife, Zahnpasta usw. von der Haftanstalt gestellt. Als politische Häftlinge wegen »Provokation« am 17. Juni 1975 die Erwartungen an die Disziplin nicht erfüllten, bekamen sie über ein halbes Jahr lang weder Seife noch Toilettenpapier ausgehändigt. Bindend war außerdem die Vorgabe von Gefängnisleiter Schmidt-Bock, der den Selbstkauf von ihrem Eigengeld untersagte.[629]

Die Zivilnamen der Wärter durften die Gefangenen natürlich nicht erfahren, gaben ihnen aber Spitznamen, die oftmals bestimmte Charakterzüge oder körperliche Eigentümlichkeiten ansprachen. Diese Beinamen hielten sich ziemlich konstant über viele Jahre unter den Gefangenen. In den sechziger Jahren waren als Schläger der stellvertretende Anstaltsleiter Hauptmann der VP Willi Bickel, VP-Meister Karl Krause, Oberwachtmeister Walter Runge, Oberwachtmeister Willi Schulze (»Portierschulze«),

VP-Meister Karl Steffin und Leutnant Albrecht Tschorn berüchtigt.[630] Bei »Knüppelkalle« und »Hongkong«, die meistens zusammen Nachtdienst hatten, handelte es sich um als schlagfreudig und brutal verschriene Wärter. »In ihrer fast schwarzen Uniform des Strafvollzugs, dazu diese Breeches, diese Reithosen, diese hohen Lederstiefel, da sahen sie wie zur Zeit der Nazis aus. Honkong hatte ein pockennarbiges Gesicht und schlitzförmige Augen. Knüppelkalle war ein sehr großer, glatzköpfiger Typ.« Der Stationsleiter von Cäsar mit Spitzname »Korrekt«, ein graumelierter Polizeimeister, war dagegen immer sehr sachlich.[631]

Jeder Aufseher hatte seine eigenen Methoden. Timo Zilli beschreibt für 1971/72 den »Erzieher Krause« als einen Mittfünfziger, der mit gebrüllten Kommandos, Gummiknüppel und Stahlrute zu »preußischer Ordnung« und zum Marschieren erziehen wollte.[632] Matthias Bath widerfuhren Mitte der siebziger Jahre Übergriffe von einem SV-Meister mit bürgerlichen Namen Degner, den die Gefangenen »Silvester« oder »Blondi« nannten. Als dieser »jüngere, kräftige und ziemlich große Mann mit kindlichen Gesichtszügen« ihn in den Arrest brachte, versetzte er ihm Stöße und jagte ihn schubsend die Treppe herunter. Obwohl er als Häftling nur Pantoffeln trug und von Angst geschürt war, gelang es ihm mit Mühe nicht hinabzustürzen.[633]

Mike Fröhnel beschreibt einen Schließer mit Spitznamen »Kopfschuss« als einen ziemlich kräftigen Typ, der leicht ausrasten konnte und nur brüllte. Ein Schließer namens »Gotano« war nach dem Wermutverschnitt aus Gotha benannt. Offenbar trank er auch während des Dienstes. Einige Gefangene sahen in ihm »den Lächler«, dachten er wäre freundlich und lachten ihn zurück an, und dann rastete er aus. Manche Wärter verhielten sich ziemlich freundlich, dann aber sehr barsch, sobald sie mit Kollegen zusammen waren.

Um einen besonders bösartigen Aufseher handelte es bei »Texas«. Er zählte zu solchen Schließern, die sich darin geübt hatten, schlagartig den Riegel der Zellentür zurückzuschieben und schnell und hart das Zellenschloss zu öffnen, weil sie hofften, Gefangene bei verbotenen Dingen zu erwischen, beispielsweise tagsüber auf dem Bett zu liegen. Zudem war Texas Kampfsportausbilder bei der Polizei. Hatte er schlechte Laune, konnte es passieren, dass er sich jemanden vom Zugang holte und mit ihm in den Duschraum ging. Es soll vorgekommen sein, dass derjenige anschließend ins Haus 8 auf die Krankenstation gebracht wurde. Ein Kalfaktor sah einmal, dass sich Texas bei einem Gefangenen verschätzt hatte, der selbst im Kampfsport erprobt war. Der Vorfall wurde dann zugunsten des Wärters gedreht, für den Gefangenen ergab es dagegen ein übles Nachspiel.

Abgesehen von diskriminierenden Praktiken mancher Wachmänner gab es noch andere Möglichkeiten, um Häftlinge gefügig zu machen. Zulässig war das bei drohenden Angriffen, Fluchtversuchen und bei Widerstand gegen Sicherheitsmaßnahmen. Im Einzelnen waren darunter der Einsatz des Schlagstocks, das Anlegen von Hand- und Fußfesseln oder einer Führungskette, das Anlegen einer Fesselungsjacke oder der Einsatz von Diensthunden zu verstehen. Im äußersten Fall durfte auch von der Schusswaffe Gebrauch gemacht werden. Noch in den achtziger Jahren wurden mehrfach Fesselungen vorgenommen, so beispielsweise 1983 acht in der 1. Vollzugsabteilung, 15 in der 2. Vollzugsabteilung und fünf in der Strafvollzugs-Abteilung (Köpenick).[634] Sie wurden damit begründet, dass sie »zum Schutze der eigenen Person« erfolgt waren.

Isolationshaft im Arrest

Wie auf Widerstand und Arbeitsverweigerung wurde auch auf Ablehnung und Renitenz bei der Politerziehung unerbittlich reagiert. Wer sich von der »Absonderung« in Einzelhaft nicht kleinkriegen ließ, die sich offiziell auf 15 Tage beschränken sollte,[635] für den war eine »Disziplinarmaßnahme« in einer Arrestzelle für längere Zeit zulässig. In Rummelsburg nannten Häftlinge diese Kerker »Anton« oder »Mumpe«. Wer dort im sogenannten »Freizeitarrest« eingesperrt war, trat im Sinne des Systems weiterhin zur Gefängnisarbeit an, erst nach dem Schichtende erfolgte die von den übrigen Häftlingen getrennte Einschließung bei Entzug aller Vergünstigungen. Für maximal sechs Monate war zudem eine Einzelunterbringung aus gesundheitlichen oder erzieherischen Gründen zulässig.

In verschärften Arrest verbannte Betroffene hatten die unterste Stufe der »Haft« erreicht. Der Entzug jeglicher Beschäftigung und Lektüre sollte sie mürbe machen. Weder gab es Post noch Besuche von draußen, auch die Verpflegung wurde einschränkt. In die winzige Zelle kam kaum Luft, sie ließ wenig Bewegung zu und wurde nicht geheizt. In dieser völlig isolierten Situation baten Häftlinge weinend um Abbruch, dem man nachkam, da das »Erziehungsziel« erfüllt war und der Betreffende wohl kaum noch Probleme bereiten würde. Manchen kamen auch Selbstmordgedanken. So äußerte 1977 in seiner Verzweiflung ein Arrestant gegenüber SV-Meister Rohne, »man könne sich bei dieser Behandlung ja gleich einen Strick nehmen«. Daraufhin wurde er unter äußerst erniedrigenden Bedingungen drei Tage in Ketten gelegt, lag weinend in seinen Ausscheidungen, der Toilettengang war ihm unter höhnischen Bemerkungen stundenlang verwehrt worden.[636]

1978 existierten in Rummelsburg 26 Arresträume: vier im Haus 1 (U-Haft), zehn im Haus 3 und zwölf im Haus 6.[637] Hinzu kamen mehr als 20 Absonderungsplätze.[638] Eine weitere Arrestzelle befand sich im Haus 8, welches im Zuge des geplanten Gefängnisausbaus Ende der achtziger Jahre ausschließlich für den Arrest vorgesehen war. Im Keller befanden sich versteckt die Räume 007–009,[639] ein bis heute ungeklärter Umstand. Die Zugangstür zu diesen Räumen war nach Schließung des Gefängnisses zugemauert. Nach privater Übernahme des Gebäudes im Jahr 2008 fand man Fragmente wie Kabel, den Schacht einer Abhöranlage, einen mit einer Häftlingsjacke zugestopften Lüftungsschacht und im Keller eine bis unter die Decke mit Teer gestrichene Dunkelzelle (vgl. Kapitel: »Wohnstadt am Wasser«).

Tigerkäfig (Mumpe) in Rummelsburg, Öl auf Karton, Gino Kuhn 1983

So erlebten die Häftlinge die nach der Ordnung Nr. 0103/77[640] des Innenministers hergerichteten Arresträume: Die Holzpritsche wurde tagsüber hochgeklappt und durch Verschluss gesichert. Dieser Mechanismus wurde vom Gang aus bedient, sodass der Arrestant erst dann schlafen konnte, wenn der Wärter es ermöglichte.[641] Zum Schlafen diente eine dünne Decke. Toilette und Waschgelegenheit lagen hinter einem verschließbaren Eisengitter, was sie für den Häftling nicht erreichbar machte. Nachts krochen große Ratten aus der Kanalisation hervor. Einigen Häftlingen gelang es, ein Tier abzurichten und es später heimlich mit in die Zelle zu nehmen.

Begleitet von harschen Behandlungen der Wärter erfüllte der Arrest die Kriterien der psychischen und physischen Folter. Von den erschreckenden Zuständen erfuhr die Öffentlichkeit erst nach dem Fall der Mauer. Die LDPD-Zeitung Der Morgen schrieb am 19. September 1990: »... ein dunkles Kellerloch, allein durch ein paar schmutzige Glasbausteine dringt etwas Licht; es riecht muffig, denn zur Belüftung sind nur winzige Löcher vorhanden. Diese lächerlichen drei Quadratmeter sind zudem noch durch ein Gitter unterteilt, das Klo und Pritsche voneinander trennt.«

Für Untersuchungshäftlinge galten für den Arrest keine zeitlichen Begrenzungen, hier wurde nach Anordnungen des Staatsanwalts oder des MfS verfahren. Dauerhaft durften sie so aber nicht untergebracht werden. Im Vollzug war nach dem StVG[642] der Einschluss für höchstens 21 Tage erlaubt (Jugendliche bis zu 14 Tagen) und er sollte unter ärztlicher Kontrolle gehalten sein. Mit Genehmigung des Gefängnisleiters beugten Aufseher aber die vorgeschriebene Befristung, holten Gefangene für einen Tag heraus, um sie dann wieder wegzusperren, wie im Fall des italienischen Staatsbürgers Timo Zilli. Er beschreibt die Arrestzeit in Rummelsburg als das schlimmste Kapitel seiner Gefangenschaft – in einer Dunkelzelle im Keller, ein dreiteiliger Gitterkäfig in einem Stehtrakt, kaum größer als eine Telefonzelle. Dort standen die Gefangenen vollständig ohne Licht den ganzen Tag, zweimal innerhalb von 24 Stunden durften sie zur Toilette gehen. Zilli hielt man dort 42 Tage und Nächte eingesperrt, weil er einen türkischen Mitgefangenen in Schutz genommen hatte, der beim Politunterricht eingeschlafen war. Um nicht verrückt zu werden, zählte er in der Dunkelhaft die Tropfen des Wasserhahns, freundete sich mit einer Ratte namens Nina an, rezitierte Dantes »Göttliche Komödie« und sang ganze Arien. Nach drei Wochen holten sie ihn hoch und ließen ihn drei Tage auf einer Matratze liegen, dann befand der Arzt ihn wieder für fähig, weitere 21 Tage Einzelhaft im Finstern auszuharren. Als 1972 eine Amnestie erlassen wurde, gelangte Zilli am 14. November über die Oberbaumbrücke zurück in den Westen.[643] Seine schrecklichen Erlebnisse in Rummelsburg und in anderen DDR-Haftanstalten, die ihm niemand richtig glauben wollte, bestätigten sich erst nach 1990 durch die bei der Gauck-Behörde aufgefundenen Stasi-Akten.

Adam Lauks (Jahrgang 1950) wurde 1982 zu einer Freiheitstrafe von sieben Jahren (Zollvergehen u. a.) verurteilt, aber nach drei Jahren und fünf Monaten in das damalige Jugoslawien ausgewiesen. Er durchlief mehrere Gefängnisse des MdI und MfS und unter anderem das Haftkrankenhaus Meusdorf. Im Dezember 1982 wurde er als Untersuchungshäftling zu einer ersten Untersuchung im Haus 8 in Rummelsburg aufgenommen. Am 28. Februar 1983 soll es bei einer gewaltsam durchgeführten Rektoskopie durch den Anstaltsarzt zu einer schweren Körperverletzung gekommen sein. In Rummelsburg erlebte er die Fesselung an Händen und Füßen, Schläge, eine Schnittwunde wie auch den Arrest. Nach 1990 stellte Lauks Strafanträge wegen Folter und Körperverletzung.[644]

Ausbruchsversuche

Einzelne Fluchtversuche wurden im Laufe der Jahre immer wieder unternommen und erfolgten, begünstigt durch die stellenweise noch mannshohe Gefängnismauer und baulichen Mängel der Gebäude, besonders in den ersten Jahren. »Zur Erhöhung der Sicherheit« wurde damals während der Nachtzeit die Häftlingsbekleidung aus den Zellen genommen, mit Ausnahme von Nachthemd und Pantoffeln.[645] Eine Entweichung wagten 1954 zwei Gefangene. Sie gruben im Keller von Haus 6 einen unterirdischen Gang, gelangten aber nur bis zur Umgrenzungsmauer.[646]

Ende der fünfziger Jahre sah es schon anders aus, da galten die »Verwahrhäuser« als sicherer und es gab mehr Wachpersonal. Wie effektiv die Überwachung danach war, beweist das verhältnismäßig geringe Wagnis von Ausbrüchen.

Doch selbst als kaum noch Chancen für ein Gelingen bestand, nahmen wiederholt einzelne Häftlinge ein Entkommen in Angriff. So wurde im Januar 1978 die geplante Flucht eines Untersuchungshäftlings aufgedeckt. Er wollte mit einem selbstgefertigten Nachschlüssel die Gitter und Tore überwinden, für die Hunde hatte er Brot beiseite gelegt.[647] 1982 und ein Jahr später[648] wurde in der U-Haft ein weiterer Versuch verhindert wie ebenso im Vollzug der eines DDR-Häftlings. Jeweils eine Entweichung gelang aus der U-Haft 1980 und 1984.[649]

Im Jahr 1988, einen Tag vor Weihnachten, versuchten fünf Häftlinge einen Durchbruch der 60 Zentimeter starken Mauerwerksabgrenzung des Freistundenhofs der UHA, um von dort über die Heiztrasse nach außen zu gelangen. Als Werkzeug dienten abgebrochene Bettstreben und ein U-Eisen mit Steinschraube.[650] Anfang 1989 gelangte ein Häftling in den Arrest, der bei einer »Horchkontrolle« abgehört worden war, als er mit drei Mitgefangenen einen Ausbruch plante. [651] Selbst im Juli 1990 wollten noch vier Untersuchungshäftlinge mit Stahlhockerbeinen die Vergitterung an den Zellenfenstern für eine Flucht durchbrechen.[652]

Umgekommen in der Haft, Selbsttötungen und -versuche

Unglücks- und Todesfälle waren in den Gefängnissen der DDR fast unabwendbar, obwohl versuchte wurde, sie zu vermeiden, um keinen Anlass für Kritik an den Haftumständen zu geben. Doch den Drangsalierungen und harten Haftbedingungen war nicht jeder Häftling gewachsen, besonders um Weihnachten und den Jahreswechsel herum verzweifelte mancher ob seiner ausweg- und rechtelosen Situation.

In Anbetracht der Nahrungsverweigerungen und Selbstverletzungen, vor allem aber der mehrfach suizidalen Handlungen bis hin zu Sterbefällen, für die medizinische Hilfe zu spät eingeleitet wurde, gelangte der Strafvollzug auch in Rummelsburg an seinen Tiefpunkt. Kam ein Gefangener zu Tode, konnte die Staatssicherheit in das Arbeitsfeld der ermittelnden Kriminalpolizei eingreifen, zweifelsohne die Akten dabei unter Verschluss bringen und die Aufklärung manipulieren. Über einen Kalfaktor sickerten die Vorkommnisse aber meistens zu den Häftlingen durch.

Wenngleich für die einzelnen Bezugszeiträume der Umfang der Vorfälle nicht vorliegt, sind einzelne Beispiele und Zahlen dafür zuverlässige Indizien.

Bereits 1953 ging an den Generalstaatsanwalt die Meldung über den Tod eines Gefangenen in Rummelsburg.[653] Bis heute wirft auch der Selbstmord von Günter D. (Jahrgang 1941) im August 1967 offene Fragen auf. Die Untersuchung der Todesumstände nahm als »Personalvorgang« die Linie IX/7 des MfS vor. Das Protokoll wurde geheim gehalten, Hinweise konnten erst jetzt in den Akten gefunden werden, jedoch ohne Angabe über das Motiv und die Vorgeschichte von D., der als Schlosser eingesetzt war. Über seinen Tod heißt es: »Der Tatort befindet sich im Hauptschaltraum des Produktionsbereiches V der STVA I. Über eine Betontreppe kann der Raum in der ersten

Etage erreicht werden. Über einen im Mauerwerk verankerten eisernen Querträger, die in Höhe von zwei Metern angebracht sind, befestigte er sein Strangwerkzeug. Der Häftling trug ein blau-weißes gestreiftes Arbeitshemd und blau-weiße Schlosserhosen. Er strangulierte sich mit einem Kabel.«[654] Dieses ist das Wenige, was wir heute über D. noch wissen. Die Aufklärung auch seines Schicksals muss weiteren Recherchen vorbehalten bleiben.

Durch Fahrlässigkeit und Ignoranz des Strafvollzugs war in Rummelsburg erst ein Jahr zuvor im Oktober 1966 der Tod des Häftlings Hans-Werner Wolters (Jahrgang 1940) herbeigeführt worden. Der Fall des ledigen Kaufmanns aus Westfalen wäre wohl kaum bekannt geworden, hätte nicht die West-Berliner Arbeitsgemeinschaft 13. August im »Telegraf«[655] darüber berichtet. Wolters war im Dezember 1965 als Fluchthelfer bei dem Versuch, einen Studenten über die Grenze zu bringen, am Bahnhof Friedrichstraße verhaftet worden. Gegen ihn ermittelte die Abteilung XIV der Staatssicherheit.[656] Zu 21 Monaten verurteilt, verbüßte er sein Strafmaß in Rummelsburg. Hier verfiel sein Gesundheitszustand zusehends. Er hätte auf Schonkost gesetzt werden müssen, das war bekannt. Man beschränkte sich aber auf eine misslungene Röntgenaufnahme, ohne diese zu wiederholen. Am Gedenktag 17. Juni wegen »unerlaubten Singens« und »Arbeitsverweigerung« in den Arrest gesteckt, verschlechterte sich das Befinden des ohnehin Kranken merkbar und er erlitt einen Kollaps. Viel zu spät wurde schließlich ein Facharzt aus der Charité hinzugezogen. Wolters fiel ins Koma und verstarb drei Tage später, ohne das Bewusstsein wiedererlangt zu haben. Um alles zu vertuschen, hatte man ihn noch einen Tag vor seinem Tod »begnadigt«.[657]

Ungeklärt sind 1977 auch die Todesumstände eines Diplomatensohnes aus Zaire, der wegen Fluchthilfe in Rummelsburg einsaß. Beim Ausharren in der Wartezelle für den »Sprecher« erlitt er durch den Tabakqualm Atemnot und bat darum, ein Fenster zu öffnen. Darauf reagierte der Wärter nicht. Schließlich schlug der Häftling die Scheibe ein, woraufhin er gewaltsam vermutlich nach Haus 3 zurückgebracht wurde, wo er am gleichen Tag im Keller im Arrest verstarb. Als Todesursache wurde »Selbstmord durch Erhängen« angegeben. Im September 1977 berichteten aber Zeitungen in der BRD, dass er möglicherweise vom Anstaltspersonal umgebracht worden sei. Dass es dafür Anzeichen gebe, hatten entlassene Häftlinge im Westen publik gemacht.[658]

Eine Aufklärung der Umstände des Ablebens von Walter Dettmer (Jahrgang 1932) am 8. Oktober 1977 in Rummelsburg steht heute ebenfalls noch aus. Angeblich erlag er einem Herzinfarkt. Wäre nicht erst nach zwei Stunden medizinische Hilfe gekommen, hätte er womöglich überlebt. Diese Vermutung liegt nahe, da auch dieser Todesfall verheimlicht wurde und sich in den Berichten des Gefängnisleiters Schmidt-Bock keine Hinweise finden lassen. Dettmer hatte man am Jahresende 1974 mit seiner Frau und seinem Sohn Nils wegen Fluchthilfe verhaftet und zu elf Jahren verurteilt. Die Haftstrafe seiner Frau betrug acht Jahre und die des Sohnes drei Jahre. Schon aus diesem Grund hatte auch hier die Staatssicherheit die Hand im Spiel. Nils Dettmer war damals

StVE/UHA I Rummelsburg	**1982**[662]	**1983**[663]	**1984**[664] 1.Halbjahr	**1985**[665] Jan.– Sept.
Suizidversuche/-absichten	8 (3 DDR, 2 Ausländer, 3 UHA I) Hinzu kam: 1 StV-Abt.	18 (4 DDR, 5 Ausländer, 9 UHA I) Hinzu kamen: 2 StV-Abt., 6 UHA II	8	3[666]
Selbstverletzungen, auch Schlucken von Fremdkörpern	31 (11 DDR, 6 Ausländer, 14 UHA I) Hinzu kamen: 4 StV-Abt., 10 UHA II	25 (10 DDR, 5 Ausländer, 10 UHA I) Hinzu kamen: 12 StV-Abt., 8 UHA II	17	

Tabelle 14: Statistikrubrik »Besondere Vorkommnisse«.

mit 17 Jahren der erste jugendliche Häftling aus der Bundesrepublik in Rummelsburg, hier wurde er in der Haft volljährig.[659]

Manchmal handelte es sich auch um persönliche Gründe, weshalb Häftlinge mit dem Leben abschließen wollten, wobei die Haft sicher nicht zu ihrer Stabilisierung beitrug. Mitte Februar 1977 versuchte sich im Haus 3 der Häftling Lutz die Pulsader aufzuschneiden, denn seine Frau beabsichtigte, ihn zu verlassen. Auf dem Krankenrevier im Haus 8 war er der dritte eingelieferte Selbsttötungsversuch in jener Nacht.[660] Der diensthabende Arzt, Major Radtke, fand es angebracht, ihm einen Tipp zu geben, wie er es anstellen müsse, damit es klappte.

Zu den Selbstmordversuchen, die nicht tödlich endeten, gehörte 1978 die Brandstiftung von Gefangenen aus arabischen Staaten. Als Beweggrund nannten sie die Enttäuschung über die nicht erfolgte Haftentlassung. Die Staatssicherheit kam zu dem Schluss, diese Reaktion sei »ein typischer Ausdruck der Mentalität dieser Strafgefangenen. Sie treten spontan auf.«[661]

4.3 Häftlingsarbeit

Gefangene als Arbeitskräfteressourcen

Exkurs: Arbeitszwang für die Planwirtschaft

Die DDR definierte sich im Wesentlichen über Arbeit. Dieses Recht garantierte Art. 15 (2) der Verfassung von 1949 für jeden Bürger, welches allerdings auch als staatsbürgerliche Pflicht bestand, auch wenn diese erst 1968 in die zweite Verfassung aufgenommen wurde. Beides musste gewahrt, konnte erforderlichenfalls erzwungen werden. Dem sowjetischen Vorbild folgend, traf dieser Grundsatz als »Besserungsarbeit« definiert nach Art. 137 (1) der Verfassung gleichzeitig für Häftlinge zu: »Der Strafvollzug beruht auf dem Gedanken der Erziehung der Besserungsfähigen durch gemeinsame produktive Arbeit«. Für die Umsetzung standen nicht zuletzt Verordnungen,[667] Dienstanweisungen und Dienstordnungen des MdI[668] und der Polizei zur Verfügung. Noch expliziter regelte der Gesetzgeber im SVWG[669] und StVG[670] »Arbeitserziehung« als Ableisten von »gesellschaftlich nützlicher Arbeit« in Verbindung mit staatsbürgerlichen Erziehungsmaßnahmen.

Die Zielrichtung des Strafvollzugs war schon in den frühen fünfziger Jahren die Inarbeitbringung der Delinquenten, um sie politisch und sozial zu »brauchbaren Menschen« zu erziehen. Der Fokus lag in Wirklichkeit auf ihrem massenhaften Arbeitseinsatz aus ökonomischen Gründen. In Ausnutzung ihrer Zwangssituation mussten sie in erster Linie den Arbeitskräftebedarf der DDR abdecken. Das zu leistende Aufkommen diktierten als feste Größe fortwährend die staatlichen Volkswirtschaftspläne. Wie sehr der SED-Staat auf die Häftlingsarbeit angewiesen war, verdeutlichen die Produktionsausfälle nach Amnestien (notwendig zur Leerung der überfüllten Gefängnisse), die sich in Millionenhöhe rechnen konnten, wie 1972 im Groß- und Exportbetrieb Elektro-Apparate-Werk Berlin-Treptow durch den Abgang von Häftlingen aus Rummelsburg.[671]

Wie in allen Gefängnissen der DDR, wurde auch im Vollzug Rummelsburg die Arbeitsleistung der Gefangenen sechs Tage pro Woche im Schichtsystem, tags oder nachts, abgeschöpft. Sie mussten zusätzliche Sonderschichten einlegen, körperlich schwere oder monotone Arbeiten (z. B. am Fließband) verrichten und selbst bei Gesundheitsgefährdung ohne ausreichende Schutzkleidung arbeiten.

Verweigerten Gefangene die Arbeit, wurde sie mit Sanktionen, Einzelhaft oder Arrest bestraft. Nicht alle Häftlinge betrachteten die Zuweisung zur Arbeit aber sofort als Zwangsmaßnahme. Mancher wollte der Eintönigkeit der Zelle entgehen oder war darauf erpicht, etwas Geld zu verdienen, um in der Anstalt Lebensmittel kaufen zu können. Die Folgen des Leistungsdrucks unter oft extremen Arbeitsbedingungen, minderwertiger Anstaltsverpflegung und unzureichender medizinischer Versorgung waren gravierend und führten bei vielen alsbald zum Kräfteverfall und zu Verschleißerkrankungen. Ein 1980 in Rummelsburg Betroffener berichtet: »Damals fand ich es überhaupt gut eine Aufgabe und somit eine Beschäftigung zu haben. Heute glaube ich zu wissen, dass ich mir, insbesondere durch diesen Arbeitsplatz, schwere dauerhafte Schäden eingefangen habe.«[672] Auch für den West-Berliner Rolf Kranz, politischer Häftling 1980 bis 1982 in Rummelsburg, ging damals beim Arbeiten »einfach die Zeit schneller herum«. Hier konnte er sich etwas von der Haftsituation ablenken, übertraf sogar die vorgegebene Norm. Heute kämpft er um die Anerkennung seiner mutmaßlich daraus resultierenden schweren gesundheitlichen Handicaps (vgl. Kapitel: »Berichte von und über Betroffene«).

Der Lohn der Häftlinge hing von der Erfüllung und Übererfüllung der Arbeitsnorm ab, betrug nach Abzügen aber nur einen Bruchteil des durchschnittlichen DDR-Nettolohnes. Die Vergütung entrichteten die Betriebe an die Haftanstalt, die davon die Beiträge für die Sozialversicherung und die Lohnsteuer abführte[673] und nach dem Strafvollzugsgesetz von 1977 von nun an auch die Zahlungen an unterhaltsberechtigte Angehörige der Häftlinge, die Anrechnung der Haftarbeit auf die Rente und Rücklagen für die »Wiedereingliederung« nach der Haft abwickelte. Den größten Teil der Arbeitslöhne behielt die Gefängnisverwaltung aber für sich selbst ein. Der geringe Betrag, den die Häftlinge für den Einkauf im HO-Gefängnisladen erhielten, wurde ihnen in Wertgutscheinen ausgehändigt. Etwas aufbessern konnten sie diesen beispielsweise durch die Bereitschaft zur Blutspende oder durch Sonderschichten.[674]

Verschiedentlich wird die Häftlingsarbeit auch als Ertragsquelle für das MdI angesehen. Ihre Ausbeutung in den Kombinaten, Betrieben und innerhalb der Haftanstalten warf zwar für die Volkswirtschaft einen hohen Gewinn ab, nicht aber für das Vollzugswesen, das bis zum Ende der DDR ein Zuschussunternehmen blieb.[675]

Arbeit in der Untersuchungshaft

Für die Untersuchungshäftlinge war keine Arbeitspflicht vorgesehen. Im begrenzten Umfang verrichteten sie in den fünfziger Jahren aber Arbeiten in den Zellen, was später nicht mehr gestattet war. Durchgängig, vor allem in akuten Phasen von Arbeitskräftemangel, wurde dennoch auf ihre Arbeitskraft nicht verzichtet, wobei nicht alles diktiert wurde. Indem Verhaftete selbst auf Zuweisung von Arbeit drängten, suchten auch sie der täglichen Untätigkeit auszuweichen. Abweichungen bedurften der Genehmigung der Staatsanwaltschaft und mussten bei der Strafvollzugsverwaltung beantragt werden, ließen sich teils auch mit dem StVG von 1977, nachfolgenden Durchführungsbestimmungen und der Untersuchungshaftvollzugsordnung (UHVO)[676] von 1980 durchführen. Nur Nachtarbeit war für sie untersagt.

Besonders in den achtziger Jahren wurden Untersuchungshäftlinge aus Rummelsburg in Arbeit gebracht, so bei Stern-Radio, beim NARVA Glühlampenwerk jährlich 1980/82–1985 mindestens 80 und 1988 an die 74, im Sondermaschinen- und Leuchtenbau 1985 aus der UHA I und II 80 und in den beiden Folgejahren 75 und 110 und auch im Plastikwerk Berlin waren es 1985/87 pro Jahr 50.[677]

Und aus der UHA I und II zog man in den achtziger Jahren jedes Jahr durchschnittlich zehn bis zwölf Verhaftete zur Ordensproduktion der Münze der DDR heran.[678] Hingegen ließ man in einer der Werkstätten innerhalb der StVE ausgerechnet politische Untersuchungshäftlinge DDR-Staatsorden und SED-Medaillen pressen, auch große Mengen Medaillen, welche die Staatsführung für den 40. Jahrestag der DDR 1989 benötigte.[679] Dort eingesetzt waren auch Vollzugs-Insassen, so der DDR-Kritiker Torsten Nitschke, der 1990 dem Gefangenenrat angehörte.[680]

Andererseits kennzeichnete die Beschäftigungslosigkeit als psychisches Mittel besonders gegen »Politische« das genaue Gegenteil von Arbeit, bei der jeder Tag ohne die geringste Ablenkung verging. Kein Sonderfall war der DDR-Oppositionelle Wolfgang Rüddenklau (Jahrgang 1953)[681]. Der mehrmals in Konflikt mit der Staatsmacht geratene evangelische Pfarrerssohn befand sich 1984 für ein Jahr in Haft (vgl. Kapitel: »Besuchsdurchführung [Sprecher])«. Bevor er nach Rüdersdorf kam, war er vier Monate in Rummelsburg auf einer »Nichtarbeiterstation« in Untersuchungshaft genommen. Wie er es beschreibt, war er in einem »Haus des Elends« (Haus 1) täglich 24 Stunden auf engstem Raum zusammen mit anderen Häftlingen (meistens Kriminelle) einfach nur eingesperrt, einschließlich Fernsehverbot und Einschränkungen bei der Verpflegung. Das Verlassen der Zelle war nur während der »Freistunde« möglich, und einmal in der Woche, wenn in einem kleinen Laden auf dem Hof von den fünfzig Mark, die zuschickt werden durften, Tabak, Äpfel und Zwiebeln gekauft werden konnten.[682]

Arbeitseinsatz in Rummelsburg

Einteilung der Häftlinge und Arbeitsorte

Das Arbeitsvermögen der Gefangenen sollte möglichst intensiv in den Aufbau einer sozialistischen Gesellschaft einfließen. Bereits 1953 wurden über die Häftlinge Arbeitskarteien und Arbeitsfähigkeitsbefunde angelegt, aus denen geschlussfolgert werden konnte, ob es um »technische und wissenschaftliche Intelligenz, Facharbeiter, Angestellte, Angelernte oder Ungelernte« ging.[683] Umso schneller waren ab 1957 gezielt verurteilte »Intelligenzler und Professoren« im Übersetzungsbüro bei der NVA (Nationale Volksarmee der DDR) eingebunden oder im »Konstruktions- und Projektierungsbüro« im Haus 6 auf Station D[ora][684] für Sonderaufgaben des MdI verpflichtet, hier hauptsächlich für Pläne und Entwürfe von militärischen Anlagen[685] und des Hoch- und Tiefbaus beim Umbau des Flugplatzes Schönefeld[686]. Das Personal des Strafvollzugs sprach von den dort Beschäftigten abschätzig von »Mauken und Obermaukenhaufen«, was freilich Schlussfolgerungen über den erbärmlichen physischen Zustand der Gefangenen zulässt. Durch Presseschauen politisch-ideologisch auf sie einzuwirken, zeigte bei ihnen wenig Wirkung. Einer konterte auf die Verkündung, die DDR würde »statt Militärakademien [wie in der BRD] was anderes bauen«, mit den Worten: »Ja, Zuchthäuser!«.[687]

Desgleichen betrieb das MdI Anfang der sechziger Jahre sowohl direkt im Ministerium wie in der StVA die Entwurfsbüros I und II.[688] Noch in den siebziger Jahren waren Häftlinge hier in Projektierungen, Preisprüfungen und Erstellung von Baudokumentationen für das MdI, das MfS, für die Haftanstalt und für Grenzanlagen einbezogen. Ab 1971 saßen sie in Arbeitsräumen innerhalb der Haftanstalt im Neubau Haus 10.

1959 legten »Tauglichkeitsstufen« fest, welche Gefangene in Betrieben eingesetzt werden sollten. Die Abteilung Strafvollzug erteilte an Rummelsburg die Auflage, »Strafgefangene« mit den höchsten Einstufungen 1 bis 4 für Arbeiten in der Schwarzen Pumpe, im Kupferbergbau und ähnlichen Schwerpunktbetrieben in die dort zuständigen Gefängnisse zu verlegen und dafür jene mit der Stufe 5 bis 7 zu übernehmen.[689] In den siebziger Jahren bezogen sich die »Tauglichkeitsstufen« auf: I – schwerste körperliche Arbeit, II – schwere körperliche Arbeit, III – mittlere körperliche Arbeit, IV – leichte körperliche Arbeit, Va – bedingt arbeitsfähig, Vb – arbeitsunfähig.[690]

Mitte der fünfziger Jahre ging man dazu über, die Häftlinge nach ihrem zugewiesenen Arbeitseinsatz einzuteilen.[691] »A-Beschäftigte« arbeiteten außerhalb der Haftanstalt in A-Betrieben, in gleichgestellten Einrichtungen (»Arbeitseinsatzbetriebe« = AEB) oder in Betriebsteilen, die diese in die StVE verlagert hatten. In B-Betrieben verrichteten »B-Beschäftigte« Arbeiten und Auftragsproduktion in eigenen Werkstätten der Haftanstalt. Kategorie C bezog sich auf »C-Beschäftigte« (Hilfskräfte) in anstaltsinternen Dienst- und Versorgungsbereichen für den laufenden Anstaltsbetrieb. 1954 waren etwa 60 Prozent der Häftlinge innerhalb und außerhalb des Gefängnisses beschäftigt.[692] Im dritten Quartal 1955 entsprach das 63,3 Prozent in A-Betrieben, acht Prozent in B-Betrieben und 23,5 Prozent in C-Betrieben.[693]

Politische Häftlinge sollten nicht zur Arbeit eingesetzt werden, da sie als »unbelehrbar« galten. Später dachte man um, glaubte ihre Überzeugung würde sich durch Arbeit abbauen, außerdem wurden sie als Arbeitskräfte benötigt. Ihre Tätigkeit wurde innerhalb der Haftanstalt in separaten Bereichen erlaubt, in denen keine Einblicke in die Anstaltsabläufe möglich waren, die sie vielleicht im Westen hätten kundtun können. 1963 erging vom Leiter der StVA die Hausanweisung,[694] in C-Betrieben keinen der wegen »staatsgefährdender Delikte« beziehungsweise »Verbrechen und Vergehen gegen die Tätigkeit staatlicher Organe« oder Vergehen gegen das Passgesetz verurteilten Gefangenen einzuteilen. Dergleichen durften nur »zuverlässige« Häftlinge in die Außenarbeit gelangen, so Verheiratete oder solche mit festen Beziehungen in der DDR. Die Delikte konnten eine allgemeine Kriminalität und eine Vorstrafe betreffen, dagegen kamen »Politische«, Westdeutsche und Häftlinge aus dem Ausland nicht in Frage.

Arbeitskommandos innerhalb der StVE

Ihren Anfang nahm die Häftlingsarbeit in Rummelsburg, indem Gefangene für die Instandsetzung und Bedürfnisse des Gefängnisses als Kalfaktoren, Heizer, Küchenkräfte, Bäcker, Gärtner, Sattler, Tischler, Klempner, Elektriker, Schlosser, Maurer und Hofarbeiter oder in der Wäscherei, Häftlingsbibliothek, HO-Verkaufsstelle und Ambulanz eingesetzt wurden. Im Wesentlichen blieb es bei der Durchführung bis zum Schluss 1989/90, während im größeren Stil andere Insassen in einem Innen- oder Außenarbeitskommando (IAK, AAK) in der Produktion arbeiten mussten, wie aus der Anlage »Häftlings-›Arbeitseinsatzbetriebe‹ StVE Rummelsburg« ersichtlich ist. Im Dezember 1961 lag die Anzahl der Arbeitskommandos bei 15.[695] 1963 waren sie im Durchschnitt mit 70 Prozent der Gefangenen belegt.[696]

Zu den ersten Arbeitskommandos zählten in den Quartalen 1951/52 das tonnenweise Ausschlachten von Schrott und Buntmetall, Holzschneiden- und -verpacken, in der Tischlerei die Herstellung von Kisten für den Sowjetexport und zur Behebung von Problemen in der DDR-Wirtschaft, der Einsatz auf dem Viehhof, beim Kohlenverladen und bei Kartoffelaktionen.

Unter dem Druck von staatlichen Auflagen zur Deckung des Bevölkerungsbedarfs begannen auch Betriebe, das kostengünstige Lohnauftragsverfahren mit dem Strafvollzug durch Teilfertigung innerhalb der StVE zu erproben. So produzierten Häftlinge Einzelteile für Werkzeugmaschinen und Fahrradhilfsmotoren (Berliner Werkzeug- und Maschinenfabrik), Radioröhren (Betrieb Hochfrequenz), Treppenhausautomaten, Ventilatoren und federnde Uhrenarmbänder (Betrieb Eltros) und Eiskühlschränke (Betrieb Kühlautomat). Sie fertigten Wäsche und Arbeitsanzüge (Betrieb Tadellos), nähten Kinderbekleidung aus Stoffresten (Bekleidungswerk Fortschritt) und entwarfen Klischeezeichnungen für Fachbücher (Verlag Technik). Für den Bedarf der StVA ergaben sich dabei auch Hocker, Fußbänke, Kakteenständer und Pantoffeln für die Insassen. Die Bilanz wurde im Oktober 1954 im Polizeipräsidium beispielgebend für andere Haftan-

Industrieanbau an Haus 6, 1991

Produktionsbereich im Industrieanbau, um 1975

stalten präsentiert.[697] Generalstaatsanwalt Melsheimer drückte das bei seinem Ausstellungsbesuch so aus: »Ich bin überrascht und tief beeindruckt von den großen Erfolgen unseres Strafvollzuges. Alles muß getan werden, jede Unterstützung gewährt werden, sie noch größer zu gestalten.«[698]

Durch die Errichtung eines massiven Industriegebäudes im rechten Winkel an den süd-östlichen Giebel des Vollzugshauses 6 mussten die Häftlinge innerhalb der Gefängnismauern seit 1954/55 im größeren Maßstab produzieren. Vornehmlich metallverarbeitende und -bearbeitende Stammbetriebe verlagerten jetzt Maschinen direkt in die StVE und stellten Material zur Verfügung. Verwaltungsintern firmierte der Anbau als Haus 6a. Im Erd- und Obergeschoss wurden Arbeitssäle mit abgeteilten Werkstätten unterhalten, dazwischen lagen Beobachtungsflure. In Dreischichtarbeit gingen hier bis zu 250 Gefangene in einer Schleiferei, Klempnerei, Elektrowerkstatt, Dreherei und Sattlerei und in Abteilungen zum Gravieren, Lackieren und Furnieren verschiedenen Fertigungen nach. Im Haus 6 Einsitzende konnten geradewegs über einen Flurtrakt in die Produktion geführt werden. Vor allem handelte es sich um politische Häftlinge.

Je nach Auftragslage wurden in dem Industrietrakt Muttern und Schrauben aus Metall (Berliner Schraubenfabrik) und Einzelteile für Werkzeugmaschinen (Werkzeugmaschinenfabrik Berlin-Marzahn) erzeugt, aber längerfristig seit den siebziger Jahren vor allem Kfz-Teile produziert und Arbeiten wie das Trennen von Bleiplatten (Akkumulatorenwerk) und die Entgratung von Metallteilen (Betrieb Druckguß) verrichtet. Bei einem anderen Sektor handelte es sich 1966 um eine Kerzenfabrik,[699] die etwa zwei

Jahre lang Häftlinge Schmuckkerzen, darunter angeblich Altarkerzen für den Vatikan, gießen ließ. Im Keller stellten sie in diesem Zeitraum in einer Schneiderei grüne Westen für die Polizei und das Militär her.[700]

1972 verstärkte sich die Ausbeutung der Häftlinge durch eine zweite Produktionserweiterung auf dem Gelände der StVE. In die neue, frei stehende Industriehalle der Elektro-Apparate-Werke wurden bestimmte Bereiche aus dem Industriebau 6a verlegt. Der Arbeitseinsatz der Häftlinge erfolgte hier als Schlosser, Schleifer, Schmied, Schweißer, Dreher oder Elektriker.[701] Weniger Priorität hatten darin die untergebrachten arbeitsteiligen Gewerke Schuhmacher, Klempner und Maler. 1984 erhielt die Halle einen Anbau für eine Plastepresserei des Plastikwerks Berlin.

Gleichwohl erledigten Häftlinge auch in anderen Produktionsräumen Arbeitsaufträge, so im Keller von Haus 2 Fräs- und Bohrarbeiten serienweise für das Glühlampenwerk »Leuchtenbau«. Dieser Bereich wurde 1982 ins Haus 5 verbracht, auch hier waren in der Vergangenheit immer wieder Inhaftierte für die VEBs Tadellos, EAW, Druckguß und in einer anstaltsinternen Buchbinderei und Flickschneiderei beschäftigt worden.

Hatten im unterschiedlichen Umfang verschiedene Betriebe innerhalb des Gefängnisses produzieren lassen, erwies sich der Wechsel und die notwendige Suche nach geeigneten Vertragspartnern als ineffizient. In den achtziger Jahren war die Produktion hauptsächlich auf die Elektro-Apparate-Werke und die Waschabteilungen von Rewatex[702] ausgerichtet.

Bei der Wäscherei handelte es sich um einen neben dem Wasserturm liegenden Altbau mit Anbauten von 1961/68/69. An den veralteten Maschinen verlief die Arbeit nicht ungefährlich, beispielsweise löste 1973 offenbar eine Selbstentzündung beim Bügeln von Wäsche einen Brand aus.[703] Auch in der Großwäscherei Rewatex in der Grünauer Straße, die durch in der StV-Abteilung Köpenick inhaftierte Frauen ausgelastet wurde, bestand die Gefahr der Selbstentzündung in den überalteten Trocknern.

Seit 1981 war in Rummelsburg eine Wäschesortieranlage aus der BRD in Betrieb, doch die als Straßen-Leiter, Stempler, Wäscher, Expedienten, Packer, Presser, Mangler oder Kesselheizer im Mehrschichtsystem eingesetzten Häftlinge verrichteten weiter besonders schwere und ungesunde Arbeiten. Teils war ihr Einsatz in der Expeditionsabteilung nachts zwischen 21 und vier Uhr morgens.[704] Um dabei eine Normerfüllung von 100 Prozent zu erzielen, wurden ihnen kleine Prämien zugebilligt. Für die »beste Schicht« stand ein Sonderfernsehabend an. Dafür mussten sie in Dreischichtarbeit durchgehend achtdreiviertel Stunden lang die Schmutzwäsche von Hotels[705], Restaurants, Kinder- und Alteneinrichtungen, für die NVA, die sowjetischen Streitkräfte und die Polizei waschen. Hinzu kam die Haushaltswäsche von etwa 40.000 Ost-Berliner Familien.[706] Im Jahr 1987 betrug die Waschleistung 4.670 Tonnen,[707] die als Miet-, Auftrags- und Qualitätsauftragswäsche ausgeführt wurde. Unter einigen der besonders nebulös behandelten Fuhren soll auch die Wäsche von Erich Honecker gewesen sein. Vorzugsweise hatten Häftlinge aus Rummelsburg auch während des nationalen

Jugendfestivals der DDR Pfingsten 1984 täglich rund um die Uhr die Hotels, Lehrlingswohnheime und Internate der Humboldt-Universität und Hochschule für Ökonomie Berlin-Karlshorst mit gewaschener Bettwäsche und Handtüchern zu bestücken. Entsprechend lässt sich ihnen die Reinigung von 200.000 Schlafdecken und die Wäsche der zahlreichen Gastronomie zuordnen.[708]

Um die Gefangenenarbeit noch ausgefeilter zu organisieren und möglichst viele »Strafgefangene« in produzierende Bereiche zu versetzen, regelte das MdI im März 1963 die Belange neu.[709] Das Maximum an Profit sollte aus ihnen herausgeholt werden. Zugewiesen wurde der StVA jährlich ein zu erbringendes Einnahmesoll, so für 1964 von 1.025.000 MDN, erhöht im Oktober auf 1.550.000 MDN, die bis zum Jahresende mit 105 Prozent erbracht waren.[710] Damit Arbeitsausfälle der Vollzugshäftlinge die Planziele nicht gefährdeten, fanden 1965 Gewichtskontrollen statt. Die Reduktion ihres Körpergewichts ergab prozentual folgendes Resultat: 10,4 um zwei Kilogramm, 3,5 bis fünf Kilogramm, 6,4 über fünf Kilogramm. Unter den U-Häftlingen bewirkte der Gewichtsverlust in Prozenten: 6,2 um zwei Kilogramm, 3,2 bis zu fünf Kilogramm, 1,8 über fünf Kilogramm.[711] Als Stimuli zur Arbeit hielten jetzt auch die in der DDR üblichen Produktionswettbewerbe Einzug, die wie politisch-aktuelle Gespräche, Politinformationen und Wandzeitungen eingesetzt wurden. Mischnik hielt die Produktionspropaganda und Sichtagitation der StVA für »sehr vielseitig«.[712] Im sogenannten Freizeitraum der Häftlinge gab eine Wandtafel den vorbildlichsten Häftling in der Produktion mit Bild zum Besten, ebenfalls die aus ähnlichem Anlass vorfristig Entlassenen unter Bekanntgabe der Gründe.[713] In den achtziger Jahren brachte man als Neuerung eingeführte Fehlerbewertungstabellen über die Häftlingsarbeit zum Aushang.[714] Doch auch Prämien wurden als Anreiz in einer gewissen Kontinuität in Form von Sachwerten oder Gutscheinen in Höhe von zehn bis 50 Mark in Aussicht gestellt. Bei »Kollektivprämien« erwartete die Häftlinge ein gemeinsames Essen aus der Anstaltsküche.[715]

Da die Mehrheit der Häftlinge aus der DDR kam, waren ihnen solche Zielvorgaben zur Genüge vertraut. Sei es, um halbwegs unbehelligt durch die Haftzeit zu kommen, oder aus vorgetäuschter oder wirklicher Überzeugung nahmen nicht wenige die hohen Normen hin, erbrachten sogar höhere Anteile oder reichten Neuerungsvorschläge ein, die bei einer Verwendung gering vergütet wurden. Gerade unter den Kriminellen kam ein solches Verhalten vor, da sie sich auf Dauer in der DDR eingerichtet hatten. Viele verfügten über eine nur geringe Schulbildung und waren ohne Beruf. Für einige bestand durchaus die Möglichkeit, für die Zeit nach der Haft eine Qualifikation nachzuholen. Was als Resozialisierung galt, war nach den internationalen Standards auch für die DDR unumgänglich. 1983 befanden sich 58 Häftlinge in einer Facharbeiterausbildung oder absolvierten einen Schulabschluss.[716] In der Wäscherei schlossen in den achtziger Jahren im Durchschnitt jährlich etwa 20 eine Lehre ab[717] und 1988 gelangten elf als Elektromonteur, zwölf als Qualitätskontrolleur und neun als Facharbeiter für Werkzeugmaschinen zu einem Ergebnis.[718]

Außenarbeitskommandos

Häufig wurden die Gefangenen auch zur Aushilfe in den Handel oder in die Landwirtschaft, für Arbeiten auf Baustellen, für Sonderaufgaben beispielsweise des MfS oder als Reinigungskräfte, Heizer und Küchenhilfe in Dienststellen der NVA, des MdI und des PdVP entsandt.[719] 1963 waren sie zum Schaufeln von schwerem Betonbruch für den Unterbau von Start- und Landepisten des Flughafens Berlin-Schönefeld abkommandiert. Der Airport lag bereits im Bezirk Potsdam, der Präsident der Volkspolizei von Berlin hatte hier aber die Ordnung und Sicherheit zu gewährleisten. In »Anbetracht der Bedeutung des Flugplatzes für den internationalen Flugverkehr und der nicht unweit verlaufenden Staatsgrenze« fand alles unter höchster Wachsamkeit statt. Die Gefangenen durften die mit roten Fähnchen markierten Linien nicht verlassen, das musste der Postenführer mit allen Mitteln verhindern. Sie wurden täglich durchsucht und die Durchführung schriftlich vermerkt.[720] Weitere 20 Häftlinge nahmen unter Aufsicht von fünf Posten in Groß-Köris im Oktober 1964 Bauarbeiten an einem Ministerheim auf.[721]

1951 wurden auf dem Gelände der Niles-Werke in Berlin-Weißensee massive Unterkünfte für die feste Stationierung eines Arbeitskommandos von 50 bis 100 Häftlingen aus Rummelsburg zwar gebaut, jedoch schnell wieder aufgegeben, da diese nach einer Amnestie nicht mehr zur Verfügung standen.[722] Seit Ende der fünfziger Jahre setzte sich zunehmend die Arbeit von Gefangenen unter Aufsicht direkt vor Ort in einer Reihe von Betrieben (vgl. Anhang »Häftlings-›Arbeitseinsatzbetriebe‹ StVE Rummelsburg«) durch. Gelegenheiten zur Flucht, die sich bei der Außenarbeit eröffnen konnten, gab es nach der Grenzschließung 1961 kaum noch.

Obwohl die Häftlingsarbeit gegenüber den Betrieben als »bedeutender politischer Auftrag der Gesellschaft« propagiert wurde, mussten sie zur Übernahme von Häftlingen oft erst verpflichtet werden, da sie die Verantwortung und die Komplikationen mit der Belegschaft scheuten. Ihre Zuständigkeit war im StVG 1977 geregelt. Es mussten geeignete Betriebsangehörige eingesetzt werden, die das Arbeits- und Leistungsverhalten der Häftlinge genau zu erfassen und monatlich gegenüber der StVE auszuwerten hatten. Schwierigkeiten ergaben sich vor allem durch die Anleitung der Gefangenen, ihre ständige Beaufsichtigung und Gewährleistung der Disziplin, Ordnung und Sicherheit, was nicht ohne Reibereien ablief. Darüber mussten die Mitarbeiter Verschwiegenheit üben. Zum Leidwesen der StVE, die bei Überbelegung die Arbeit der zusätzlichen Häftlinge zu gewährleisten hatte, ließen sich die Betriebe nicht unbedingt darauf ein. Beispielsweise handelte es sich kurz nach dem Mauerbau außerplanmäßig um 230 Häftlinge. Die Betriebe Sternradio, Druckguß und Afo-Batterie waren nicht bereit, deshalb eine weitere Schicht einzuführen. Auch wenn es Materialschwierigkeiten gab, hielten sich die Betriebe nicht an die vorgeschriebenen Arbeitsstunden und duldeten die vorzeitige Beendigung.[723]

Während der Transporte zu den Außenarbeitskommandos und zurück in die Haftanstalt waren den Gefangenen Unterhaltungen untereinander und das Zeichengeben an Passanten auf der Straße verboten. Beim Ein- und nach dem Aussteigen fand ein Zählappell statt.

In den Betrieben war es den Gefangenen grundsätzlich untersagt, sich mit Arbeitern zu unterhalten, von diesen Geschenke anzunehmen und ohne Genehmigung den Arbeitsplatz zu verlassen. Auch die Betriebsangehörigen sollten mit den Gefangenen nur die notwendigsten Gespräche führen und jegliche Kontakte oder Zuwendungen wie Lebensmittel, Tabak, Literatur und Alkohol unterlassen.

Als Beispiele für die »Ergiebigkeit« der Häftlingsarbeit soll ihr Einsatz in einigen größeren Betrieben benannt werden.

Die Produktion des Akkumulatorenwerks Oberschöneweide hatte Bedeutung für die Kraftfahrzeuge der NVA, Grubenlokomotiven und die KfZ-Industrie. Im Kabelwerk Oberspree war der Einsatz in der Wickeldraht-Fabrik zur Herstellung von Kabelbäumen und Lüsterklemmen. Die Fabrikation im Wälzlagerwerk betraf Pendelhülsen und Rollenlager für Spindelmaschinen und im Berliner Bremsenwerk Kupplungen für Bremsleitungen für die Reichsbahn. Das Elektro-Apparate-Werk war Alleinhersteller und wichtiger Zulieferer von Relais und weiteren Schaltgeräten u. a. für die Produktion von Kühlschränken, für den Schiffsbau und für den Kraftwerksausbau. Hier arbeiteten Häftlinge als Montierer, Justierer, Schleifer, Transportarbeiter und Zerspaner. In den einzelnen Jahren montierten sie auch Schienen für Piko-Modelleisenbahnen, löteten Schiffsrelais und fertigten Radioleiterplatten. Beim Glühlampenwerk NARVA ging es um die Verpackung von Leuchten (auch für den Westexport), Verdrahtung, Fließbandarbeit, Montage der lichttechnischen Umkleidung, Neonröhrenlampen, Herstellung von Zubehörteilen und Lichterketten und innerbetriebliche Transporte.

Seit den siebziger Jahren wurde der Häftlingsarbeitseinsatz außerhalb der StVE weitgehend nur noch in Betriebsteilen von EAW und von NARVA vollzogen.

Billig produzieren für Devisen

Die DDR kalkulierte in erheblichem Maße die Häftlingsarbeit in die Devisen-Beschaffung ein, umgekehrt zogen westdeutsche Firmen gleichfalls einen Vorteil, da die Produkte und Zwischenprodukte weit unter dem Wert bezogen wurden. Unter den beteiligten Häftlingen waren viele politische Gefangene. Für sie war es besonders enttäuschend, dass in der Bundesrepublik auch von ihrer Zwangsarbeit profitiert wurde. Die Debatte um die Dimension des innerdeutschen Handels läuft aber erst seit 2012, noch müssen in den Archiven zahlreiche Akten der Außenhandelsbetriebe ausgewertet werden. Neuere Recherchen veröffentlichten vor allem Christian Sachse und Tobias Wunschik.[724]

Auch für die StVE Rummelsburg liegen erst fragmentarische Erkenntnisse über die Beteiligung von Häftlingsarbeit an den Westexporten vor. So lässt sich noch nicht ableiten, welche Produkte von Häftlingen in den Innen- und Außenarbeitskommandos

Relais aus der Häftlingsproduktion von EAW Treptow

aus der Fertigung des VEB Berliner Akkumulatoren- und Elementefabrik in westliche Länder exportiert worden sind. Aber bereits 1958/59 war offensichtlich, dass in dem sogenannten Afo-Kommando »Dinge für den Export« hergestellt wurden.[725] Ein weiteres Beispiel lässt sich für 1961 finden. Im Februar wurde ein Außenkommando der Gefangenen zum Arbeiten in einem Exportlager in Berlin-Prenzlauer Berg eingesetzt. Die Posten durften beim Hin- und Rücktransport bei einem Fluchtversuch ohne vorherigen Anruf die Schusswaffe und Hunde einsetzen. Die auffällig hohen Sicherheitsvorkehrungen lassen dort den Versand ins westliche Ausland vermuten.[726]

In den siebziger und achtziger Jahren wurde der Häftlingseinsatz für die Sicherung des Außenhandelsgeschäfts der DDR mit Ländern aus nichtsozialistischen Staaten (sogenannte nicht-sozialistische Wirtschaftsgebiete – NSW) immer unentbehrlicher. An solcher Güterproduktion hatte der VEB Kombinat Narva »Rosa Luxemburg« Sondermaschinen- und Leuchtenbau einen Anteil, der Exportaufträge unter anderen für die Firma Eschke in Frankfurt/Main[727] und nach Frankreich[728] erfüllte und auch den arabischen Raum[729] belieferte. Das Herauslösen dieser »speziellen Produktion« aus dem Strafvollzug, wie es der Leiter der StVE gern gesehen hätte, war wegen der Gefährdung der Planerfüllung nicht möglich.[730]

Ein wichtiger Exportbetrieb war der VEB Elektro-Apparate-Werke (EAW). Ab 1979 mit mehreren Betrieben als Kombinat dem Ministerium der Elektrotechnik und Elektronik nachgestellt, wurden im Stammbetrieb in Berlin-Treptow, innerhalb der Haftanstalt und in einer 1957 bezogenen Relaisfabrikzweigstelle neben dem Gefängnis in der Hauptstraße 11–13 kontinuierlich jährlich Hunderte Häftlinge aus Rummelsburg eingesetzt. Das Betreten der Werkhallen war nur mit Sonderausweis gestattet. EAW hatte durch Mitproduktion einen besonderen Anteil an der Exportbilanz der DDR, teils lag er in den achtziger Jahren jährlich bei über 30 Millionen Valutamark.[731] Aus der gesamten Erzeugungspalette von EAW gingen vor allem montierte Relais in den Westen. Allerdings sollten 1984 für 8,5 Millionen Valutamark an die Firma Jürgens & Kroll in West-Berlin Diebstahlsicherungen für Fahrräder geliefert werden, was wohl wegen Qualitätsmängel storniert wurde.[732]

Erst kürzlich wurde belegt, dass Gefangene der DDR auch Aufträge von IKEA zu erfüllen hatten. Zu den Betrieben, die als Zulieferer mit dem schwedischen Möbelhersteller kooperierten, gehörte über den VEB Metallwaren Naumburg offensichtlich auch der VEB Druckguß Berlin-Weißensee,[733] der schon seit den fünfziger Jahren Häftlinge aus Rummelsburg für sich arbeiten ließ.

Arbeitsunfälle

Ein Charakteristikum der Häftlingsarbeit in der DDR waren vor allem die Gefahren durch marode Maschinen und Produktionsanlagen und die Nichteinhaltung der Arbeits- und Gesundheitsbestimmungen. Unter den katastrophalen Arbeitsbedingungen kam es wiederholt zu teilweise schweren Arbeitsunfällen wie Augenverletzungen durch Späne, Fraktur der Hand, der Verlust einer Fingerkuppe, Quetschungen an einer Presse, einen Stromschlag oder Verbrennungen.[734] Fast an der Tagesordnung waren Schürf-, Riss- oder Schnittwunden, Prellungen und andere Verletzungen oder Entzündungen.

Zwischen 30 bis über 60 Arbeitsunfälle im Quartal betrug der Durchschnitt in der StVE. Eine zusammenfassende Statistik liegt aber nicht vor, nur einige typische Beispiele lassen sich aufzählen. Die Gesamtzahl der Arbeitsunfälle mit Arbeitsausfall erhöhte sich 1965 auf 120 gegenüber 58 im Jahr 1964. Im vierten Quartal 1965 kam es zu vier Augen- und neun Schnittverletzungen und acht Prellungen oder Verstauchungen. Ein schwerer Unfall mit einer Kreissäge führte zur Amputierung des Daumens und Zeigefingers der linken Hand.[735] Für 1982 sind 112 Arbeits- und andere Unfälle (72 DDR-Bürger, 13 Ausländer, 11 UHA, 16 StV-Abteilung) genannt, 1983 ereigneten sich um die 62 Unfälle (41 DDR-Bürger, 12 Ausländer, 2 UHA, 7 StV-Abteilung).[736] Einem Häftling geriet eine Schleifscheibe ins Auge, was trotz Operation zu einer Netzhautablösung führte.[737] 1985/86 verunfallten jeweils 29 und 35 Häftlinge allein im Betrieb EAW Treptow.[738]

Unfälle mussten dem MdI angezeigt werden. Wie bei haftbedingten Berufskrankheiten stand den Häftlingen bei einer 20-prozentigen Minderung der Erwerbsfähigkeit eine Unfallrente zu.[739] Nicht in jedem Fall waren die nachteiligen Folgen der Zwangsarbeit aber voraussehbar, konnten sich spürbar erst später auswirken, wodurch sich heute der Grad der verursachten Schädigungen kaum nachweisen und Ansprüche sich deshalb nur schwer – wenn überhaupt – durchsetzen lassen.

Vermischung mit dem MfS

»Kommando X« (MfS) und »Sonderkommando S«

Darüber, wie sich Zugriff auf die Arbeitskraft und Fähigkeiten der Häftlinge im Strafvollzug verschafft wurde, gibt es auch einige Bezüge zum MfS.

Aus einer Darlegung der Verwaltung Strafvollzug (VSV/MdI) geht 1961 hervor, dass Häftlinge über viele Jahre als Arbeitskräfte den Organen des MfS »zur Durchführung bestimmter Aufgaben« zur Verfügung gestellt wurden. Ende der fünfziger Jahre ließ sich dem Strafvollzug in Rummelsburg das »Kommando Seddin« zurechnen.[740] Mutmaßlich ging es um den sich länger hinziehenden Ausbau einer MfS-Liegenschaft. Den Lohn sollte die Staatssicherheit an die Haftanstalt abführen, was aber selten klappte. 1963 vermeldete ein Bericht der Abteilung VII des MfS »Vorkommnisse mit aufsässigen Häftlingen« des Außenkommandos der StVA I zwischen April und August 1962 beim Bau der Zufahrtswege zum Schießplatz Seddingruben, ohne Näheres zu erläutern.[741] Häftlingsarbeit aus Rummelsburg steckte in der ersten Hälfte der sechziger Jahre auch im Gästehaus des Sportforums Berlin-Hohenschönhausen.[742] Zum Schaden für die Einnahmen des Strafvollzugs mussten hierzu wiederholt »bereits geschulte und eingearbeitete« Häftlinge aus der Produktion herausgenommen werden.[743]

Im Jahr 1958 suchte der Gefängnisleiter wegen der Überbelegung in Rummelsburg auf insgesamt 2.350 Häftlinge bei der VSV um eine Personalverstärkung nach. Wöchentlich komme es zu an etwa hundert Aufnahmen aus der UHA Berlin-Mitte und 600 Gefangene der Außenkommandos des MfS würden sämtlich die Vollzugsstelle durchlaufen.[744] Weiter hieß es, die für die Staatssicherheit »geführte und verwaltete Gefangenenkartei« und damit verbundene vollzugsrelevante Vorgänge wie Aufnahme, Registrierung, »Schriftverkehr bei Entlassungen und Verlegungen« sowie »Kontrollen der Fristen der angeforderten Führungsberichte über die Gefangenen« wirkten sich als »erhebliche zusätzliche Dienstaufgaben« aus. Jeder Häftling sollte fotografiert und auf dem A-Vordruck eines Fragebogens sollten Vermerke seines »Arbeitsfähigkeitsbefundes« vorgenommen werden.[745] Auch ihre »persönlichen Sachen« wurden in der »Effekten« von Rummelsburg verwaltet.

Nur das operative Material über diese Häftlinge, das während der Ermittlungsvorgänge zusammenstellt wurde, ging an die untersuchungsführende HA IX des MfS. Bloß ausgewählte Staatsanwälte hatten das Recht auf Einsichtnahme in die in der sogenannten Hauptakte zusammengefassten Unterlagen.[746]

Aus einer Statistik der VSV von 1957 geht in der Tat im ersten Quartal die Registrierung von 474 und Ende des Jahres von 594 Gefangenen aus dem »Lager X« hervor.[747] Dahinter verbarg sich das streng geheime Haftarbeitslager des MfS in Berlin-Hohenschönhausen. Hier beschäftigte die Staatsicherheit von 1952 bis 1975 sich aus verschiedenen MdI-Gefängnissen rekrutierende männliche Langzeitgefangene für den Eigenbedarf, deren formelle Abwicklung im »kameradschaftlichen Zusammenwirken« über die Haftanstalt Rummelsburg erfolgte. Dass es sich teils um jüngere Häftlinge handelte, belegen Mitte der siebziger Jahre auch drei 25- und 29-jährige Männer aus Berlin, ein 24-Jähriger aus Magdeburg und ein 20-Jähriger aus Röderau, die aus dem genannten Grund zunächst in die StVA Rummelsburg verlegt wurden.[748]

Bei einem zweiten Anlauf der StVA zur Aufstockung der Personalstelle 1959 tauchte unvermittelt das »Sonderkommando S« auf, über das nur wenig bekannt ist.[749] Sicher konnte im Rahmen der ersten archivarischen Erschließung der Bezug zum Außenkommando Seddin oder zum Lager X nicht geklärt werden, ob sie nebeneinander bestanden oder identisch waren. Am Nachtrag zum Stellenplan wird aber deutlich, dass sich im ersten Quartal 1959 die Zahl der zusätzlich erfassten 625 männlichen und einiger weiblicher Gefangenen (vermutlich Beschäftigte in der Küche) wesentlich geändert hatte.[750]

Aus Geheimhaltungsgründen wurde für das Lager X in den Berichten der StVA häufig die Bezeichnung »Kommando X«[751] oder »Kdo. X« gewählt. »Die verwaltungsmäßige Erfassung der Strafgefangenen des Kdo. X ist z.Zt. ein Schwerpunkt«, aber »die Aktenführung ist lückenhaft«, stand 1956 im Jahresbericht der Abteilung Strafvollzug, »bei der Ausfertigung der Führungsberichte ergaben sich Verzögerungen bis zu drei Wochen und in den meisten Fällen fehlen die Vollstreckungsunterlagen«.[752]

Über die in den sechziger Jahren mit dem MfS geführten Auseinandersetzungen gibt der Auszug aus einem Bericht einen Einblick: »Die dort [HAL des MfS] befindlichen Gefangenen, die dort z.T. einen recht erheblichen Anteil ihrer Strafe verbüßt haben, werden ohne jegliche einschätzende Unterlagen in die StVA [Rummelsburg] verlegt. In vielen Fällen gibt es nicht einmal einen Vermerk über die Durchführung von Rechtsmittelbelehrungen.«[753] Auch bezweifelte im Polizeipräsidium der Abteilungsleiter Mischnik die »Notwendigkeit der SV 18«,[754] die teilweise bis zu einem halben Jahr in den Strafvollzugs-Dienststellen zur Abholung bereitliegen, ohne dass sich jemand vom MfS darum kümmern würde.[755]

Ein Häftling des »Lagers X« berichtete 1960, dass mancher Bestrafte zur Verbüßung von Einzelhaft nach Rummelsburg gebracht wurde.[756] Vermutlich waren Häftlinge des Lagers auch für den Ausbau MfS-interner Räumlichkeiten in der StVA eingesetzt, in Deutlichkeit geht diese Verbindung zu Beginn der siebziger Jahre aus einem Grundrissplan[757] hervor. Demnach bestand im vorderen straßenseitigen Teil das neue »Sprechstundengebäude Kdo. X«, ein barackenähnlicher Flachbau, später die Transportbaracke der Haftanstalt mit Parkplatz. Aus Gründen der Tarnung wurden die Häftlinge des Lagers hierher gebracht, wenn sie Besuch von ihren Angehörigen erhalten durften. Hans-Jürgen W. (vgl. Kapitel: »Zeugen Jehovas«), der zwischen 1973 und 1975 im Monat ein oder mehrmals (als »Belohnung« bei guter Arbeitsleistung) vom »Lager X« zum »Sprecher« in die Baracke gelangte, erläuterte 2016, dass er für solche Anlässe gleich bei seiner Verlegung nach Hohenschönhausen neben den Arbeitssachen auch einen »Sprecher-Anzug« erhalten habe. Nach Auflösung des Lagers wurde das Besuchergebäude mit Datum vom 8. Juli 1975 von der Verwaltung Rückwärtige Dienste, Abteilung Kfz-Wesen des

MfS zur Nutzung in die Rechtsträgerschaft der Verwaltung für Staatssicherheit Berlin übergeben. Dazu gehörten zwei Schließräume, drei Aufenthaltsräume, zwei Sprecherräume, ein Raum für den Einlassposten und ein Warteraum für Besucher.[758]

Wer aus dem Lager für die Entlassung vorgesehen war, wurde in der Regel etwa sieben Tage vorher aus der Produktion abgezogen. Anschließend in die StVE Rummelsburg überstellt, musste er sich bei der Aufnahme einer nochmaligen Durchsuchung und – um den Anschein von »Nachlässigkeit« zu vermeiden –, einer »gründlichen Körperreinigung«, danach Rasur und einem Haarschnitt unterziehen. Als abschließender Versuch, eine positive Einstellung zur DDR zu bewirken oder in der Erwartung einer solchen, wurde auf ein sogenanntes Erziehungs- und ein Entlassungsgespräch geachtet. Einen Tag vor ihrer Freilassung kamen sie, mit Ausnahme von Westdeutschen und West-Berlinern, auf eine »Abgangsstation« im Haus 4, wurden hier auf eventuell während der Haft erlittene Unfälle untersucht, erhielten aus der »Effekten« ihre Sachen ausgehändigt und durften sich von dem Eigengeld aus der Haft in einem Sonderverkauf noch schnell Süßigkeiten und Zigaretten kaufen. Das war zumindest während einer Amnestie 1964 üblich.[759] Als weitere Schwerpunkte waren vorgegeben: »Vermeidung von Konzentrationen auf den Bahnhöfen. Aushändigung von Verpflegung für die Dauer der Reise, von Fahrgeld und Taschengeld bis zu 5,- MDN bei Mittellosigkeit«. Demnach erhielt nicht jeder Häftling »Eigengeld« für seine Haftarbeit zugeteilt.

Von der in der Haftanstalt Rummelsburg geführten Registratur des HAL liegen die Erfassungsblätter heute im Archiv der BStU. Es handelt sich vermutlich um die einzig erhaltenen Belege, denn die Akten sollen noch zu DDR-Zeiten vernichtet worden sein.[760] Die Autorin konnte die etwa 4.160 Einzelerfassungen der Kartei[761] sichten. Für 1963 bis 1975 spiegeln sie die Personengrunddaten jener kriminellen oder politischen Gefangenen wider, die im Lager für Arbeiten in Betrieben und Dienststellen des MfS eingesetzt waren. Ihre Auswahl hing von der Länge der Strafdauer und von der beruflichen Qualifikation ab. Unter ihnen befanden sich verurteilte Facharbeiter, Handwerker und andere Spezialisten mit Fach- und Hochschulabschluss. Die kurzen und meist verschlüsselten Angaben reichen jedoch nicht aus, um in Bezug auf Rummelsburg vollständige Antworten geben zu können. Sie enthalten hauptsächlich Delikt(e), Haftdauer und Tätigkeitsbereich(e) der einzelnen Häftlinge und schließen mit den Daten ihrer Entlassung oder Verlegung in andere Vollzugsanstalten des MdI ab. In Einzelfällen lassen sich unter ihnen auch Inoffizielle Mitarbeiter des MfS und im Strafvollzug nachweisen.

Auf mehreren Karteikarten ist handschriftlich die Auflösung der »Kommandos« am 25. Juni 1975 vermerkt. Genau zu diesem Datum kam auch der im Lager eingesetzte Hans-Jürgen W. nach Rummelsburg. Gegenüber der Autorin beschrieb er 2016 seine letzten Beobachtungen in Hohenschönhausen: »Wir Häftlinge wurden immer weniger, zum Schluss waren nur noch die Baukommandos übrig. In der Tischlerei stellten wir seit Wochen Möbel und andere Innenausstattung für Büros her, die wir dort in die leergezogenen Zellen einbauten.«

4.4 Letzte Phase in den achtziger Jahren

Auffällige Entwicklungen

Steigende Anträge auf »ständige Ausreise«

Stagnation und politische Instabilität traten im letzten Jahrzehnt der DDR endgültig zutage und ließen sich nicht mehr abwenden. Einen Eindruck vermittelte bereits die Streikbewegung »Solidarność« in Polen, die kommunistische Regierung verhängte daraufhin im Dezember 1981 das Kriegsrecht.[762] Spätestens jetzt wollte die DDR-Führung auf Ähnliches vorbereitet sein. Kritisch wurde es 1982. Am 12. März früh um 4.30 Uhr löste der Innenminister den Befehl »Bereitschaft bei Kriegsgefahr« aus,[763] wobei nach der Entschlussvariante »Schallschutz« und unter Einbeziehung von Polizei und Staatssicherheit auch die StVE Rummelsburg zur »Abwehr und Bekämpfung von Gewaltakten im und gegen das Gefängnis« in erhöhte Alarmbereitschaft versetzt wurde. Das hier gelagerte große Arsenal an Munition und Waffen, das zugleich für Kampfgruppen in den Betrieben vorgesehen war, gelangte in letzter Konsequenz bis zum Ende der DDR aber nicht unmittelbar zum Einsatz.

Die Unzufriedenheit im Land machte auch vor den Häftlingen nicht halt. Schon als im Dezember 1981 Bundeskanzler Helmut Schmidt der Einladung Erich Honeckers in die DDR gefolgt war, hatten viele vergeblich auf ihre Freilassung gehofft.[764] Die Häftlinge nutzten die Nahrungsverweigerung als Proteste, 1982 waren es 32 (neun DDR-Bürger, 16 Ausländer, wie auch BRD-Bürger bezeichnet wurden, sieben UHA I)[765] und 1983 ging es um 18 (sechs DDR-Bürger, vier Ausländer, sechs UHA)[766]. Das setzte sich 1984 in 27 Anträgen auf Ausreise fort, meistens von Häftlingen aus der DDR (Haus 3), elf Antragsteller bekräftigten ihre bereits beantragten Absichten.[767] Im gleichen Zeitraum wurden sieben Anträge wahrscheinlich in den in solchen Fällen vorgeschriebenen »Einzelgesprächen« als aussichtslos abgewürgt.

Mit eisernem Griff versuchte die Gefängnisleitung die »Aufsässigkeit«, den »renitenten Tonfall« und die »Disziplinverstöße« vor allem der Häftlinge aus der Bundesrepublik und West-Berlin im »Ausländervollzug« (Haus 6), die gleichfalls die Abteilung VII und IX der Staatssicherheit ständig im Visier hatten, zu unterbinden.[768]

Häufiger als sonst reagierten Insassen auch auf den ständigen Druck der Sollerfüllung und auf die schlechten Arbeitsbedingungen. Die Protesthaltungen schlugen sich 1982 in 86[769], 1983 in 118[770] und 1986 in über 65[771] Widersetzungen nieder. Zwischen Januar 1984 und September 1987 wurden in den Haftanstalten in Ost-Berlin, vermutlich besonders in Rummelsburg, 192 Fälle von verweigerter Arbeit gezählt.[772]

1988 und im Folgejahr gingen im Vollzug der Anteil der Gefangenen mit »Straftaten gegen die staatliche Ordnung«[773] und in der Untersuchungshaft die Zahl der Verhafteten mit »stark gesellschaftsgefährdenden Straftaten«, besonders wegen versuchter

»Republikflucht«[774], in die Höhe. Nach Auffassung des Strafvollzugs würde das unter den Gefangenen die »staatsfeindliche Grundeinstellung« nähren.[775] Als Disziplinierungsinstrument wurden in dieser Zeit über 40 Häftlinge gezielt durch Einzelunterbringung in die Isolation geschickt,[776] unter ihnen Nahrungsverweigerer, die ihre Anträge auf Ausreise durchsetzen wollten oder gegen ihre Urteile protestiert hatten. Auch sie hatten rapide zugenommen. Teils gerieten sie in die sogenannte Sicherheitsverwahrung, was Fesselung der Hände und Füße bedeutete. Bemerkenswert war im März 1989 die Aktion eines Verhafteten in der U-Haft. Er heftete mit Zahnpasta einen Zeitungsausschnitt über die Verletzung der Menschenrechte an die Schranktür.[777] Einen Eindruck der angespannten Situation vermitteln gleichfalls die Fluchtabsichten von Häftlingen (vgl. Kapitel: »Ausbruchversuche«).

Punker – eine neue Häftlingsgruppe

Ende der 1970er Jahre kam in der DDR die Jugend- und Subkultur der Punks auf, die sich als »Aussteiger« verstanden und durch einen »unangepassten« Lebensstil den kontrollierten sozialistischen Standards eine Abfuhr erteilte, ohne dass dies einen explizit politischen oder gewalttätigen Charakter hatte.[778] Trotzdem wurden sie wie Staatsfeinde behandelt und als »kriminell gefährdet« eingestuft. Die Szene wurde zerschlagen, die Musik und Bands verboten, schließlich ab 1983 wieder geduldet.[779] Einige Kirchen boten ihnen Zuflucht, nur hier konnten Punkbands auch Konzerte geben.[780] Von den Repressalien ließ der Staat aber nicht ab.

Andererseits stellte man sie häufig vor die Wahl zwischen Abschiebung und Gefängnis.[781] Wegen Nichtigkeiten oder politisch negativen Aussprüchen kamen sie auch nach Rummelsburg in Untersuchungshaft. Mit dem Sänger der Potsdamer Punk-Band Lars Becker (Jahrgang 1967) soll auf ein Beispiel eingegangen werden, bei dem die Staatssicherheit dabei ihre Anwerbung bei Jugendlichen ausübte. Seine Verhaftung fand im Februar 1986 während eines DDR-weiten Punkertreffens in Ost-Berlin statt. Im April suchte »Dieter«, ein Hauptmann der Abteilung XX der Potsdamer MfS-Bezirksverwaltung, den Kontakt zu ihm in Rummelsburg. Verunsichert wähnte der Jugendliche die Versprechungen des geschulten MfS-Mannes auf ein mildes Urteil für glaubhaft. Brieflich legte er seinen Freunden nahe, bestimmte Liedtexte aus dem Repertoire zu nehmen. Zu einem Jahr Haft verurteilt, wurde er in das Gefängnis Zeithain verlegt, auch dort besuchte ihn »Dieter«. Becker wurde unter dem Decknamen »Peter« zum Stasi-Spitzel, brach diese Zusammenarbeit aber wieder ab. Was das MfS von ihm erfahren hatte, trug mit dazu bei, die Potsdamer Punk-Szene »zu zerschlagen«. Von seinen einstigen Gefährten gemieden, stellte Becker einen Antrag auf Ausreise aus der DDR, dem im August 1989 nachgegeben wurde.[782]

Ein gegenteiliges Beispiel ist »Colonel« (Mario S., Jahrgang 1965), einer der frühen Aktivisten der Ost-Berliner Punk-Szene. Noch in der Schule wurde er Punk. Als solcher, und weil er die Schule schwänzte, musste er 1982 für drei Monate das geschlossene Jugendheim in Alt-Stralau durchstehen. Seine Einstellung zum Punk änderte sich dadurch nicht. Dass er sich gegen zwei ihn provozierende Männer verteidigt hatte, brachte dem 17-Jährigen eine Anklage wegen »Rowdytums«. In Rummelsburg im Haus 2 auf der Jugendstation in der Untersuchungshaft machte er seine erste Erfahrung mit einem DDR-Gefängnis. Obwohl Untersuchungshäftlinge in der DDR eigentlich nicht arbeiten durften, war er bei NARVA eingesetzt. Für den Vollzug der Strafe wurde er, wie viele verurteilte Jugendliche, die nicht wirklich etwas Schlimmes verbrochen hatten, in das Jugendhaus Halle (eine Jugendhaftanstalt) verlegt. Bei seiner zweiten Verhaftung 1985 lautete das Urteil wegen »Öffentlicher Herabwürdigung« ein Jahr und vier Monate. Wieder gelangte er in die U-Haft Rummelsburg, diesmal über die Keibelstraße und MfS-U-Haftanstalt Pankow. Anschließend wartete auf ihn der Strafvollzug in Naumburg. Nach zehn Monaten wurde er in die Bundesrepublik entlassen.[783]

Rechtsradikalität und Skinheads treten offen zutage

Beharrte die DDR auch auf dem Selbstbild des einzigen antifaschistischen Staats und »besseren Deutschlands« gab es dennoch auch hier keine Stunde null. Die sozialistische Gesellschaft war zu keiner Zeit frei von Antisemitismus, Rechtsradikalismus und Ausländerfeindlichkeit.

Wie stark die Normabweichungen der in der MfS-Sprache »negativ-dekadenten« Jugendlichen waren, zeigten nahezu republikweit die zahlreichen Fälle von neonazistischen Vorkommnissen durch Einzeltäter oder Gruppen, die verstärkt ab Mitte der achtziger Jahre auftraten.[784] Die Absage an den Staat trugen sie verdeckt oder offen aus. Mancherorts entlud sich auch Gewalt. Nicht gerade harmlos war später die rechtsradikale Szene zumeist im Umfeld der Skinheads[785] oder von ihnen nahestehenden Fußballfans, die mit Krawallen und rassistischen oder nationalistischen Parolen vielfach in den Stadien Einzug hielten. Die eindeutigsten Erkennungssymbole der Szene wie Glatze, Bomberjacke und Springerstiefel sollten einschüchtern. Fast ungehindert konnten sie sich in Jugendclubs der FDJ oder in Gaststätten treffen.[786] Stärker als gemeinhin vermutet, steckten derartige Überzeugungen auch hinter mancher Uniform in den Reihen der NVA und der Grenztruppen, der Einheiten des MfS und der Bereitschaften der Volkspolizei.[787]

Betrachtet man jedoch die strafrechtliche Verfolgung, muss man sich keine Illusionen machen. Unterschiedslos wurden unangepasste oder radikal auffällige Jugendliche nach den üblichen Paragraphen wegen »Widerstands gegen die Staatsgewalt«, »Rowdytums«, Körperverletzung, »Öffentlicher Herabwürdigung«, Zusammenrottung oder »asozialen Verhaltens« verurteilt. So wurden Neonazis zwar strafrechtlich verfolgt, es ließ sich aber auch jede Straftat mit einem rechten und rechtsradikalen Hintergrund vertuschen.

Bei Zellendurchsuchungen wurden in der StVE Rummelsburg bereits 1983 provokative Kassiber mit der Anschrift »An Reichssicherheitshauptamt, Prinz-Albrecht-Straße« eingezogen.[788] In der zweiten Hälfte der achtziger Jahre waren unter den Häftlingen mehr Rechtsradikale vertreten. »Bei Strafgefangenen aus der BRD und Berlin West und bei einem zunehmenden Anteil an Strafgefangenen der DDR«, fasste die Gefängnisleitung 1985 zusammen, »zeigen sich verstärkt neonazistische Tendenzen«. Überwiegend die DDR-Strafgefangenen sind bestrebt, schlussfolgerte sie, »sich zu profilieren und ein negatives Image aufzubauen, um ihr persönliches Ansehen bei den BRD-Stellen zu erhöhen.« Ein Strafgefangener versuchte, »Flugblätter mit verleumderischem Inhalt« zu verbreiten. Gegen ihn wurden »Sofortmaßnahmen« eingeleitet.[789]

Erst nach einer Serie von aggressiven Überfällen[790] rückten rechtsgerichtete Skinheads mehr in den Fokus von Polizei und MfS. Am schwerwiegendsten war der Angriff am 17. Oktober 1987 auf ein Punkkonzert in der Ost-Berliner Zionskirche. Etwa 25 bis 30 Skinheads drangen angreifend und »Skinhead Power!«, »Juden raus aus deutschen Kirchen!« und »Sieg Heil!« grölend in die vollbesetzte Kirche ein. Die Sicherheitskräfte griffen zunächst überhaupt nicht ein. Weil diesmal die Nachricht zu den westlichen Medien gelangte, wurden für den Überfall dinghaft gemachte vier hauptangeklagte Skinheads zu Haftstrafen zwischen einem und zwei Jahren verurteilt. Nach Protesten wegen der milden Urteile erhöhte die Staatsanwaltschaft das Strafmaß auf bis zu vier Jahre.[791]

Zu dieser Zeit tauchte in den aktenkundigen Statistiken der StVE erstmals die bis dahin kaum geläufige Bezeichnung »Skinhead« auf. 1988 vermerkte der Leiter in einem Bericht 316 rechtsradikale Häftlinge, die im Rahmen der »Gefangenenbewegung« im Strafvollzug und in der Untersuchungshaft einen Schwerpunkt einnahmen.[792] Auf den Einlieferungsbogen waren sie als »SK« (also noch nicht als Neonazis) gekennzeichnet, unter diesem Kürzel wurden sie auch in der Statistik geführt. Neben Berlin kamen sie aus verschiedenen Städten der DDR, meistens verband sich damit über Rummelsburg die Verlegung in den Vollzug in ein anderes Gefängnis.[793] Darüber, ob und welche Strukturen sie in der Haft in Rummelsburg entwickelten, liegen bisher keine Erkenntnisse vor. Wie das rechte Potential zunahm, zeigen auch die zwischen dem 29. November und 2. Dezember 1988 an die 33 einschlägigen Ermittlungsverfahren gegen Rechtsradikale durch das Dezernat II in Berlin-Rummelsburg, bei denen gegen 27 Beschuldigte Haftbefehle vorlagen.[794]

Einer davon war der Skinhead R., 18 Jahre alt, Hilfskoch und in Berlin-Lichtenberg wohnhaft. Er erscheint 1987 und 1988 registriert in den Akten des MfS, dabei auch im Zusammenhang mit Rummelsburg. Wegen gewalttätigen rechtsradikalen Auftretens während einer Veranstaltung mit einem chilenischen Liedermacher verhaftet, wurde R. wegen »faschistischer Provokationen und Rowdytums« sowie »vorsätzlicher Körperverletzung« zu einem Jahr und acht Monaten verurteilt und von der U-Haft Rummelsburg in die Jugendhaftanstalt Halle verlegt. In der Haft forderte ihn die Staatssicherheit zur inoffiziellen Zusammenarbeit auf. Nach seiner Entlassung versuchte R. mit anderen Jugendlichen eine Neonazi-Gruppe zu gründen.[795]

In Rummelsburg verbrachten die Rechtsradikalen, wie vom MdI verfügt, die Vollzugs- oder Untersuchungshaft in gesonderten Abteilungen für »Mittätergruppen mit schweren Straftaten«, was sich in fataler Weise als Fehler erwies, weil sie das zusammenschweißte und Verbindungen förderte.[796] Auch hier hielten Skinheads[797] ihre NS-Gesinnung hoch, brachten faschistische Symbole an und versuchten eingeschmuggelte Nazi-Hetzschriften zu verbreiten, woraufhin die MfS-Bezirksverwaltung und die Dezernate I/4 und II der Kriminalpolizei Berlin-Rummelsburg eingeschaltet wurden. Die Sofortmeldungen belegen die Häufigkeit. Im Juni 1988 waren es in der U-Haft auf Station 7 mehrere Schmierereien von Hakenkreuzen und am 2. Oktober auf dem Freiganghof Haus 10 die Ablage von elf rechten Schriften mit Hakenkreuz und SS-Zeichen. Weitere lagen am 15. März 1989 im Flur von Haus 10 und ebenso am 25. Juli. Die Zeichnungen darin bildeten Sowjetstern und Hammer und Sichel zertretende Skinheadstiefel, einen Skin und deren Schlachtruf »Oi« und ein mit einem Skinheadsymbol bemaltes Hemd ab. Am 28. Februar 1989 ging es im Haus 2 der UHA I im »Bereich für Disziplinarmaßnahmen« (VR 013) um Nazischmierereien wie Hakenkreuz und SS-Runen, gleiches geschah am 20. Oktober 1989 in der 1. Vollzugsabteilung (Haus 3), Station A II in einer Zelle.[798]

»Zentraler Zuführungspunkt Rummelsburg«

»Zugeführte« DDR-Dissidenten 1988

Aus Sicht der SED-Führung war die oppositionelle Bürgerrechtsbewegung, die sich wie Friedens- und Umweltprotagonisten[799] auf die Beschlüsse der KSZE-Konferenz von Helsinki 1975 berief, ein besonderes Problem, das sie aber unter Kontrolle zu haben glaubte. Trotzdem trauten sie sich und ihr öffentliches Handeln häufte sich.

»Gruppenbildung« (§ 107 StGB 1968) wirkte sich bei einer Verhaftung strafverschärfend aus. Kam es in Berlin zu Festnahmen, fanden sich die Betroffenen in der Regel in einer Untersuchungshaftanstalt des MfS oder in der Keibelstraße wieder. Ab den achtziger Jahren war im Dienstobjekt der Kriminalpolizei Rummelsburg für den »Verteidigungs- und Spannungsfall und entsprechende Sicherungseinsätze zur vorbeugenden Verhinderung von Provokationen feindlich-negativer Kräfte« der »Zentrale Zuführungspunkt« angewiesen.[800] Die dafür genutzten Kellerzellen in den Polizeihäusern A/B und C hatten mit der Haftanstalt mittelbar aber nichts zu tun.

Als am 17. Januar 1988 am Rande des traditionellen Marsches zum Gedenken von Karl Liebknecht und Rosa Luxemburg, der sich unter Beteiligung der SED-Führung zur Gedenkstätte der Sozialisten in Berlin-Friedrichsfelde bewegte, gelangten verhaftete Bürgerrechtler direkt in die Sammelzellen der Polizei. Ihre Festnahme zielte auf ihre Forderung nach Einhaltung der Menschenrechte, denen sie mit dem Luxemburg-Zitat »Freiheit ist immer die Freiheit der Andersdenkenden« lediglich Nachdruck verleihen wollten. Zu den etwa hundert Demonstranten, die im Lkw bei heruntergelassener Plane nach Rummelsburg »zugeführt« wurden, zählten aus dem Pankower Friedenskreis Vera Wollenberger (heute: Lengsfeld), der Maler und Grafiker Manfred Butzmann, der Liedermacher Stephan Krawczyk und die Oppositionellen Herbert Mißlitz und Jörg Zickler.[801] Vera Lengsfeld (Jahrgang 1952) berichtete später von ihrer Verhaftung gegen zehn Uhr morgens, dass sie mit anderen eine ganze Weile auf dem LKW saß, bis der voll war. Etwa gegen Mittag waren sie in Rummelsburg: »Das war ein großer Keller. In der Mitte befand sich die ganze Logistik, Tische, Telefone usw. Rechts und links davon lagen Zellen, jeweils zum Mittelgang mit einem Gitter. Stundenlang kamen immer neue Verhaftete, es waren ja mit uns zusammen sehr viele Ausreisewillige verhaftet worden. Wir haben ›Spaniens Himmel‹ gesungen und als wir dann bei dem Wort ›Freiheit!‹ waren, hat der ganze Keller mitgesungen. Die Schließer haben ›Ruhe!‹ usw. geschrieen. Am Nachmittag wurden wir dann zellenweise in ein oberes Stockwerk geführt und uns die Schnürsenkel, Handtaschen, Uhren, Ringe und all so etwas abgenommen. Abends führte man uns einzeln dem Untersuchungsführer vor. Da war aber schon richtig Stimmung im Keller. Das wird Rummelsburg nie vorher und nie nachher erlebt haben. Die konnten nachher nicht mal mehr telefonieren, verstanden dort unten ihr eigenes Wort nicht mehr! Sie zogen sich dann komplett aus dem Keller zurück und haben nur noch die Leute herausgeholt.«[802]

Dem Haftrichter vorgeführt und formal verhaftet wurde Vera Wollenberger anschließend in Hohenschönhausen. Nach einem Monat erfolgten ihre Verurteilung wegen »Versuchter Zusammenrottung« und die Abschiebung in den Westen. Am 9. November 1989 kehrte sie in die DDR zurück.

Womit SED und Stasi nicht gerechnet hatten, war, dass sich Oppositionelle vor der Glaubenskirche Berlin-Lichtenberg zum Protest trafen. Unter dem Druck der Öffentlichkeit kam schließlich eine Sonderregelung zustande, nach der Inhaftierte frei kamen, doch einige wurden zur Ausreise in die Bundesrepublik gedrängt, nicht für immer, in zwei Jahren dürften sie zurückkehren, so die Vereinbarung.

Nach den Ereignissen vom Januar 1988 wurde zum Jahresende auf Anweisung von Erich Mielke auch für das MfS ein zentraler Zuführungspunkt in der UHA II in der Magdalenenstraße eingerichtet und die Aufnahmekapazität in der UHA Rummelsburg und im MfS-Haftkrankenhaus Hohenschönhausen erhöht. Weiterhin war befohlen, »Zuführungspunkte« von Polizei und MfS in allen Bezirksstädten und teils anderen Städten zu schaffen.[803]

Zu Recht bestanden die Befürchtungen, die Unruhen könnten größere Ausmaße annehmen. So gelang es am 7. Juni 1989 in Berlin der Staatssicherheit und Polizei nur durch ein gewaltiges Aufgebot, den Protest der Opposition wegen der am 7. Mai offensichtlichen Fälschung der Wahlen abzublocken. Trotz weiträumiger Absperrung gelangte eine kleine Schar von Abgedrängten schließlich doch in die Nähe des Staatsratsgebäudes, worauf sie unter Gewaltanwendung in die »Zuführungspunkte« Magdalenenstraße und Rummelsburg gebracht wurden.[804] Eine im gleichen Zusammenhang vier Wochen danach geplante Demonstration auf dem Alexanderplatz schlug fehl, da der SED-Einsatzstab auch diesmal kein Großaufgebot gescheut hatte. Nur wenige Demonstranten konnten den Treffpunkt erreichen. Rummelsburg war auch für diese »Beräumung« wieder vorgesehen.[805]

Gewalt am 7./8. Oktober 1989

Vor dem Hintergrund des 7. Oktober 1989, als die SED-Führung ihre 40 Jahre während brüchige Herrschaft feiern lassen wollte, begehrte im Land in mehreren Städten die Bevölkerung durch Demonstrationen auf. Allein in Berlin sollten etwa 15.000[806] bis 23.000[807] Einsatzkräfte der Volkspolizei, gestützt durch Kampfgruppen der Betriebe und kleine Teile des MfS-Wachregiments »Feliks E. Dzierżyński«, gegenhalten, hinzu kamen zahlreiche Zivilkräfte des MfS. Die gingen am 7. Oktober mit Wasserwerfern, Tränengas, Schlagstöcken und Hunden brutal gegen friedliche Protestzüge vor, griffen willkürlich Teilnehmer und unbeteiligte Passanten heraus und verfrachteten sie mit Lkws und in verdunkelten Bussen in den »Zentralen Zuführungspunkt Rummelsburg«, dem zunächst einzigen Transportziel. Durch die massiven Gewaltanwendungen erlitten dabei viele Verletzungen.[808].

In diesen Garagen mussten die Festgenommenen stundenlang stehen, 2011

Kellerzelle im »Zuführungspunkt«, 2013

Bis in die späte Nacht hinein erstreckten sich die Einlieferungen der insgesamt 547[809] Verhafteten, darunter Jugendliche, Schülerinnen und Schüler. Die maximale Auslastung von 250[810] Personen war damit weit überschritten. Auf diese Größenordnung sei man nicht vorbereitet gewesen, erklärte später der Polizeipräsident von Berlin, Generalleutnant Friedhelm Rausch,[811] bei seiner Anhörung vor der Untersuchungskommission.

Am nächsten Tag wurden etwa 500 weitere Verhaftete[812] auf die Polizeireviere verteilt, die Hälfte[813] davon wurde abermals nach Rummelsburg expediert. Hier drohte die Lage zu eskalieren, die Transportfahrzeuge stauten sich schon am Eingangstor.

Erst nach großen Zeitverzögerungen führte die Kriminalpolizei die Befragungen der Eingelieferten durch und ermittelte die Personendaten. Die Vernehmungsprotokolle überprüften anschließend die HA Untersuchung des MfS,[814] um »strafrechtliche Sachverhalte« anhängen zu können. Die meisten Festgenommenen kamen aber am 8. Oktober frei, oftmals war die gesetzliche Frist von 24 Stunden schon abgelaufen. In der Untersuchungshaft Rummelsburg verharrten noch 17 Personen. Die gegen sie eingeleiteten Ermittlungsverfahren mussten unter dem Druck der Öffentlichkeit aber aufgehoben werden.[815]

Ob und wie sich die Überfüllung des polizeilichen »Zuführungspunktes« in den entscheidenden Tagen auf das dortige Gefängnis auswirkte, kann an dieser Stelle nicht nachverfolgt werden. Ausgerechnet vom 6. bis 10. Oktober finden sich im Tätigkeitsbuch des diensthabenden Offiziers der StVE keine Einträge.[816] In den Akten der BStU sind Aussagen über die Betroffenen aber als »Vorgänge in der Untersuchungshaftanstalt Rummelsburg« benannt.[817]

Auch im »Zuführungspunkt« kam es zu Gewaltanwendungen, die sich nicht verschleiern ließen. Eine Untersuchungskommission veröffentlichte bereits nach wenigen Tagen und erweitert im November Gedächtnisprotokolle von Betroffenen.[818] In den Akten der BStU liegen ebenfalls damals als Beschwerden beim MdI eingegangene Zeugenberichte vor.

Aus einem wird ersichtlich, wie Manfred Butzmann (Jahrgang 1942) den 7. Oktober abends in der Nähe der Gethsemane-Kirche erlebte. Auf der Suche nach seiner halbwüchsigen Tochter bemerkte er eine Kette junger Leute, die Kerzen vor sich hingestellt hatten. Ihnen gegenüber bildeten Polizisten mehrere Reihen und es standen Lkws mit offener Ladeklappe bereit. »Um 23.15 kam der Räumungsbefehl, und sofort begannen die ›Zuführungen‹. Auf mich stürzten sich mehrere Volkspolizisten, sie rissen und schlugen mich von meinem Fahrrad, das ich festhielt. Ich bekam mehrere Schläge auf die rechte Hand und den linken Oberschenkel.«[819] Bevor er in Rummelsburg mit 46 Leuten in eine fensterlose Zelle von 16 Quadratmetern gezwängt wurde, hatten sie vier Stunden stehend in einer offenen Garage verharrt. Später mussten sie sich auskleiden und wurden einzeln vernommen. Dabei versuchte ein »besonderer« Vernehmer ihn für die Stasi anzuwerben.[820]

Über die Überreaktionen der Bewacher in Rummelsburg, darunter Wachpersonal der Haftanstalt und Schutzpolizisten, liegen umfassende Kenntnisse vor. Einige glaubten, ihre Überlegenheit durch ungezügelte Beschimpfungen und Schikanen bis hin zu Übergriffen ausüben zu können. Die Wehrlosen standen oft stundenlang auf den Lkws, in offenen Garagen oder im Freien, bei Kälte und Nieselregen, und bewacht von Polizisten mit Schäferhunden ohne Beißkorb.[821] Sie mussten Vernehmungen, Leibesvisitation, Entkleiden, stundenlanges, teils mit Händen an der Wand Stehen, Verweigerung von Toilettenbesuchen und dann nur unter Aufsicht (Männer verrichteten auf dem Gulli im Hof die Notdurft vor aller Augen, Frauen konnten sich dazu nicht entschließen), Überbelegung der Zellen, Durst, Hunger und Müdigkeit erdulden. Unter den 16 Frauen, mit denen Cornelia B. in einer kleinen Zelle im Keller eingesperrt war, befanden sich auch Mütter, die Kleinkinder zu Hause hatten.[822] Katrin K., Volontärin bei der FDJ, teilte sich mit vier Frauen eine Zelle mit nur einer Sitzgelegenheit. Da nur zehn Grad herrschten, verbrachte sie die ganze Nacht frierend im Stehen, »um sich auf dem Betonboden nicht den Tod zu holen«. Eine andere Frau hatte in dem kalten Verlies keine Möglichkeit, ihre von einem Wasserwerfer durchnässte Kleidung zu trocknen.[823] Es herrschte Telefonverbot, sodass wartende Kinder oder Angehörige nicht verständigt werden konnten. In zwei anderen Fällen gab es auf die Anforderung eines Arztes zur Betreuung einer ohnmächtigen Person[824] verzögerte Reaktionen und ein Insulinpatient konnte sich über 18 Stunden keine Spritze geben.[825]

Manche erfuhren Misshandlungen mit Schlagstöcken und Schlägen gegen den Kopf oder gegen die Beine[826], wurden in »Häschen-Hüpf-Stellung« die Treppen hoch und herunter gejagt[827] oder zu Liegestütze oder Kniebeugen gezwungen. Besonders Frauen waren anstößigen Demütigungen und Drohungen ausgeliefert: »Wenn hier nicht sofort Ruhe ist, lasse ich die Hunde auf euch los.« Die Äußerung eines Bereitschaftspolizisten lautete: »Man müsste die alle aufhängen, sofort aufhängen« und »Das müsste man jeden Tag mit denen machen«.[828]

Die aufgebrachte Öffentlichkeit forderte Aufklärung. Nach staatsanwaltlichen Ermittlungen wurden aber nur wenige Volkspolizisten mit niedrigen Diensträngen verurteilt oder aus dem Dienst entlassen.[829] Oberwachtmeister W., der für schuldig befunden wurde, vorsätzliche Körperverletzung begangen zu haben, begründete seine Brutalität folgendermaßen: »Meine Vorgesetzten Major Jahn und Hauptmann Geron hatten uns angekündigt, es werden Staatsfeinde eingeliefert, die wie Staatsfeinde zu behandeln sind. Gewalttätige Personen, die einen Mauerdurchbruch geplant hatten …«[830] Nach seiner Aufforderung hatten in den Garagen alle Zugeführten stundenlang stumm mit dem Gesicht zur Wand zu stehen. »Störten sie die Ruhe«, setzte er den Schlagstock ein. Für die Verantwortlichen auf Leitungsebene hatte es keine strafrechtlichen Folgen. Allerdings wurden im November 1989 nach Bildung einer neuen Regierung in der DDR Umbesetzungen vorgenommen.[831]

Nach dem Fall der innerdeutschen Grenze 1989

Der Strafvollzug läuft noch wie geplant weiter

Trotz wahrnehmbarer Zeichen der politischen Erstarrung des SED-Systems führten Wilfried Lustik und sein Generalstab, die jahrelangen treuen Diener des Systems, ihr eisernes Regiment unbeirrt fort. Generalmajor Lustik, bis zur Berentung 1990 langjähriger Chef der Verwaltung Strafvollzug (VSV), war als »parteierfahrener Kader, der sich auf allen Führungsebenen seiner Tätigkeit in der Deutschen Volkspolizei und den anderen Organen des Ministeriums des Innern bewährt hat«[832], gelobt. Nicht ahnend, dass es sein letzter sein sollte, lieferte er im Januar 1989 an Innenminister Dickel den Jahresbericht für das Vorjahr »Lageeinschätzung im Strafvollzug«. Konflikte wie den problematischen »politisch-moralischen Zustand des Strafvollzugs«, ungenügende »Befehlstreue« und Mängel in der Leitungs- und Führungstätigkeit lastete er der »ideologischen Diversion des Gegners« an. Im Vergleich zu 1987 hatten die Disziplinarstrafen um 24 Prozent und bei mehr als 350 Vergehen (Strafvollzug und Polizei) der Anteil der Offiziere zugenommen.[833]

Keine erkennbaren Bedenken bereiteten die Besetzung bundesdeutscher Botschaften durch DDR-Bürger und versuchte Massenfluchten über die ungarische Grenze seit dem Sommer 1989. Noch meinte man in Rummelsburg, die Außensicherung und

Hundelaufanlage »wirksamer« rekonstruieren zu müssen, und setzte in den Dienstberatungen und politischen Schulungen nach dem geläufigen Muster auf Themen wie »Aufgaben und Maßnahmen bei Anrufen aus den nichtsozialistischen Staaten und Westberlin«, die »Ausschöpfung des Arbeits- und Leistungsvermögens der Strafgefangenen« und die »wirksame Vorbeugung, Verhinderung und Bekämpfung jeglicher Feindtätigkeit«.[834] Selbst zum Direkt- oder Fernstudium, darunter die SED-Parteischule, wurden noch in dieser Phase Angehörige des Strafvollzugs verabschiedet.

Seit dem 3. Oktober 1989 war für Angehörige der bewaffneten Organe das visafreie Reisen in die ČSSR[835] unterbunden. Danach betraf es Ungarn. Am 10. und 24. Oktober 1989 befasste sich die Leitungsbesprechung der StVE ausschließlich mit der »Wachsamkeit und Geheimhaltung« und mit der Zielsetzung, die UHA I zur »Vorbildlichen Diensteinheit« zu entwickeln.[836] Die bedrückenden Ereignisse des 7. und 8. Oktobers hatten ihren Schrecken noch nicht verloren, fanden aber mit keiner Silbe Erwähnung. Ab dem 9. November konnte das Strafvollzugspersonal nach Genehmigung wieder Ungarn bereisen. Wie sehr man noch eine Weile die politische Lage in der althergebrachten Form konturierte, beweisen am 14. November die Leitungssitzung der StVE, die sich intensiv noch mit der »Masseninitiative zum XII. Parteitag der SED« (geplant vom 15. bis 19. Mai 1990 in Berlin) beschäftigte,[837] und eine Vertrauliche Verschlusssache der VSV über den »Stand der Gewährleistung der Sicherheit im Organ Strafvollzug«. Uneinsichtig war darin noch von einem »harten Kern feindlich eingestellter Kräfte« unter den Häftlingen und der Verbreitung von Flugblättern, in denen »Kriminelle politische Forderungen stellen«, die Rede.[838]

Mitglieder des Politbüros sitzen ein

In der Erwartung, ihrer Entmachtung durch den Zorn der Bevölkerung zuvorzukommen, zwang eine Gruppe des SED-Politbüros am 17. Oktober 1989 Erich Honecker[839] als Partei- und Staatschef der DDR zum Rücktritt (offiziell »aus Gesundheitsgründen«), was er einen Tag später tat. Am Ende kam es aber doch zum Zusammenbruch des Systems. Bereits Ende November 1989, also noch vor Arbeitsaufnahme der Zentralen Ermittlungsstelle für Regierungs- und Vereinigungskriminalität (ZERV) in der DDR im Jahr 1991, leitete die Generalstaatsanwaltschaft der DDR wegen Privilegien, Amtsmissbrauchs und Vetternwirtschaft erste Verfahren gegen ehemals führende Partei- und Staatsfunktionäre der DDR ein. Einige der Systemträger wurden nach Hohenschönhausen[840] oder nach Einlieferung in die Keibelstraße tageweise in die U-Haft nach Rummelsburg überstellt. Hier wurde ihre Einzelunterbringung in Zellen der ursprünglichen Krankenstation B(erta) im Haus 8 vollzogen. Nicht umhin kam als Erster am 15. Dezember 1989 Werner Krolikowski,[841] zuletzt Staatssekretär und 1. Stellvertreter des Ministers für Auswärtige Angelegenheiten. Eingewiesen wurde er in Zelle 206.[842] Aus gesundheitlichen Gründen kam es bei ihm aber nicht zum Prozess.

Auch der wohl gefürchtetste Machtgewaltige der DDR Erich Mielke konnte sich am 7. Dezember 1989 seiner Verhaftung durch die Militärstaatsanwaltschaft der DDR nicht entziehen. Er gelangte am 19. Dezember 1989 in Zelle 205[843], mit ihm zusammen in Zelle 209[844] eingeliefert wurde Günter Mittag[845], Politbüromitglied und Sekretär des ZK der SED für Wirtschaft. Es folgten am 16. Januar 1990 das Mitglied des Politbüros Hermann Axen[846] in Zelle 210[847], am 27. Januar der Minister für Bauwesen Wolfgang Junker[848] (Zelle nicht angegeben)[849] und in Zelle 212[850] am 30. Januar Horst Sindermann[851], ehemals Vorsitzender des Ministerrates und Präsident der Volkskammer der DDR. Sindermann, der wegen seines Gesundheitszustands am 2. Februar 1990 vorzeitig entlassen wurde, verstarb am 20. April, ohne dass gegen ihn ein Gerichtsverfahren eröffnet werden konnte. Desgleichen führte am 31. Januar das gesundheitliche Befinden von Axen zur Entlassung und schließlich Aufhebung des Haftbefehls. Die anderen Genannten wurden am 2. Februar 1990 in die U-Haft nach Berlin-Hohenschönhausen verlegt. Hier musste Anfang August auch der kranke Mittag entlassen werden, der 1991 erneut unter Anklage stand, jedoch für nicht verhandlungsfähig erklärt wurde. Mielke hingegen, der mit kurzer Unterbrechung in Haft blieb, wurde 1993 der Prozess nicht wegen seiner Verbrechen als MfS-Minister der DDR gemacht, sondern wegen der Polizistenmorde 1931. Zu sechs Jahren Gefängnis verurteilt, kam er im Oktober 1995 vorzeitig auf Bewährung frei.

Abgesehen von Mielke zählte von der ehemaligen Politspitze Erich Honecker zu den Insassen in Rummelsburg, auf den die Öffentlichkeit am emotionalsten reagierte. Gegen ihn wurde am 8. November 1989 ein Ermittlungsverfahren wegen Korruption und Amtsmissbrauch eingeleitet. Schon länger schwer an Krebs erkrankt, verhaftete den damals 77-Jährigen am 29. Januar 1990 bei seiner Entlassung aus der Charité morgens um sieben Uhr das Dezernat II gleich vor dem Krankenhaus und brachte ihn nach Rummelsburg in die Untersuchungshaft. Womöglich stand keine Absicht dahinter, dass sich um 10.30 Uhr hinter ihm ausgerechnet die Zellentür Nummer 213[852] schloss. Eine gewisse Ironie der Geschichte birgt dabei der Bezug auf § 213 StGB (»Republikflucht«).

Kurz nach seiner Einlieferung malten zwei unbekannte Männer in Arbeitsbekleidung die Worte: »Keine Gnade gegen E. Honecker«[853] mit weißer Farbe an die Mauer von Minol gegenüber der Haftanstalt. Mit dieser Forderung standen sie nicht allein, sie bewegte auch große Teile der Bevölkerung. Allerdings wurde Honecker tags darauf gegen 18.30 Uhr wegen »Haftuntauglichkeit« entlassen.[854]

Amnestien und Häftlingsproteste

Noch nach Öffnung der Grenzmauer 1989, als schon jeder Bürger problemlos die DDR verlassen konnte, wurde für Gefangene der Arrest praktiziert, wenn sie auf »unverzügliche Abschiebung« in die Bundesrepublik bestanden. Eine Amnestie[855] (die sogenannte »Krenz[856]-Amnestie«) gewährte im Land aber bis zum 30. November insgesamt

2.262 Entlassungen aus dem Strafvollzug und 989 aus der U-Haft.[857] Das bezog sich auf Anklagen im Zusammenhang mit »Republikflucht« oder »Teilnahme an Demonstrationen« um den 7. Oktober herum.[858] Ein Großteil der Entlassenen bestand danach auf dem Antrag, die DDR zu verlassen.[859]

Mit Stand vom 20. Oktober 1989 betrug in Rummelsburg die Häftlingsbelegung 685 im Strafvollzug und 492 in der Untersuchungshaft.[860] Mit der Amnestie öffneten sich auch hier, in der StV-Abteilung Köpenick und der Untersuchungshaft in der Keibelstraße für etliche politische Häftlinge die Gefängnistore. Danach seien dort »Nahrungsverweigerungen aufgegeben« und »Arbeitsausfälle aufgeholt« worden, ist einem Rückblick des MdI zu entnehmen.[861] Der Unmut ließ sich jedoch kaum eindämmen, zu viele Häftlinge hofften noch auf eine Freilassung. Ein Untersuchungshäftling reagierte mit einem handgeschriebenen Flugblatt »Aufruf zum Hungerstreik ohne Gewalt und allgemeine Amnestie«, das für kurze Zeit in den Umlauf gelangte.[862]

Erst als der Aufruhr in den Gefängnissen nahezu überall im Gange war, verkündete die Staatsführung der DDR am 6. Dezember einen erneuten Straferlass[863] (sogenannte »Gerlach-Amnestie«[864]). Neben weiteren Politischen kamen jetzt auch nach § 249 (»Asozialität«) und mit Freiheitsstrafen von bis zu drei Jahren – mit Ausnahme von Gewaltstraftätern – Verurteilte und Gefangene frei. Auch Ministerpräsident Hans Modrow sagte beim Treffen mit Bundeskanzler Helmut Kohl am 19. Dezember in Dresden die Entlassung aller politischen Häftlinge zu. Bis zum 12. Januar 1990 betraf das 429 Männer aus Rummelsburg und 339 Frauen aus der StV-Abteilung Köpenick.[865] Geplant waren für Berlin aber weitaus mehr, wie aus Tabelle 15 ersichtlich wird.

Derweil sich die StVE Rummelsburg allmählich leerte, wurden Pläne des Berliner Amtes für Nationale Sicherheit (AfNS), der Nachfolgeeinrichtung des MfS vom 17. November bis 17. Dezember 1989, durchkreuzt, demnach sie bis zum März 1990 ausgebaut werden sollte, um sämtliche ausländische Häftlinge in der DDR aufzunehmen.[867]

Datum	**Berlin-Ost**		**gesamt DDR**	
	Vorgaben	Entlassungen	Entlassungen	Freilassung von Nichtamnestierten (Bewährung oder Begnadigung)
22. Dezember 1989	877	499	8.657	
5. Januar 1990	919	720	12.932	
18. Januar 1990	947	859	14.764	
15. Februar 990	947	976	15.586	gesamt 1.296

Tabelle 15: Abfolge der Häftlingsentlassungen aus den MdI-Gefängnissen nach der Amnestie vom 6. Dezember 1989.[866]

Das Vorhaben entsprach einer bereits 1987 verabschiedeten, jetzt aber ebenfalls überflüssigen Planung des Strafvollzugs.[868]

Der Fortfall von Häftlingen aus der StVE als Arbeitskräfte führte in den »Arbeitseinsatzbetrieben« zu erheblichen Produktionsausfällen und in der anstaltsinternen Rewatex-Wäscherei, deren Waschleistungen viele Privathaushalte und Einrichtungen nutzten, zum Stillstand, wie auch in der StV-Abteilung Köpenick. Polizei oder Soldaten der NVA sollten herangezogen werden; schließlich gelangten die Wach- und Sicherungstruppe »Feliks E. Dzierżyński« und polnische Gastarbeiter zum Einsatz.[869]

Das alte Strafvollzugssystem brach langsam zusammen. Mit der Unterzeichnung des Vertrags über die Währungs-, Wirtschafts- und Sozialunion[870] verpflichtete sich die DDR am 18. Mai 1990 zu einer umfassenden Strafrechtsreform. Im Kern ging es um die Abschaffung des politischen Strafrechts. Am 29. Juni 1990[871] folgte das 6. Strafrechtsänderungsgesetz (StÄG). Nach den neuen Vorschriften entfielen die rigiden Ordnungs- und Disziplinmaßregelungen im Strafvollzug, wurden die Insassen nicht mehr mit »Strafgefangener« angeredet, konnten sich länger in den Freiganghöfen aufhalten und im kleinen Kiosk Obst, West-Süßigkeiten und -Zigaretten holen, gleichfalls wurden die Verpflegungssätze angehoben. Bald sollten auch die Zellen mit Zimmerpflanzen, Aquarium, mit Fernseher und Kochgelegenheit ausgestattet sein.[872] Vor allem aber hatten sie Mitwirkungsmöglichkeiten im Haftalltag und ein Gefangenenrat vertrat gegenüber der Gefängnisleitung ihre Interessen. Ihr Sprecher war von Anfang 1990 bis Oktober der 42-jährige Wolfgang Wenzel.

Die Behörden kamen selbst nach Änderung des Strafrechts mit der Bearbeitung der Urteilsüberprüfungen kaum nach oder verzögerten diese bewusst. Zudem wollten die Häftlinge nicht auf die Gesetze der Bundesrepublik warten, weil sie nicht an eine Verbesserung ihrer Situation nach der Wiedervereinigung glaubten. So kam es im September 1990 landesweit erneut zu Häftlingsaufständen.

Auch in Rummelsburg wollte sich keine Ruhe einstellen. An die 40 Häftlinge hatten auf ihre bereits im Januar, meist aber im Juni und August verfassten Gnadengesuche keinen Bescheid erhalten; in der StV-Abteilung betraf es 17 Frauen.[873] Der Haftanstalt drohte eine der größten Erschütterung seit ihrem Bestehen. Im Juni verweigerte ein Häftling mehrere Tage jegliche Nahrungsaufnahme und hoffte, so die Anerkennung der Staatsbürgerschaft der BRD erzwingen zu können.[874] Am 29. Juli brachten Häftlinge in der zweiten Vollzugsabteilung (Haus 6) an den Fenstergittern beschriftete Bettlaken an, auf denen sie ihren Lohn verlangten, der ihnen seit Mai nicht ausgezahlt worden war.[875] Fünf Tage vorher hatten die Abgeordneten der Volkskammerfraktion Bündnis 90/Grüne Konrad Weiß und Vera Wollenberger die StVE besucht. Die noch Nichtamnestierten verlangten endlich eine rasche Prüfung ihrer DDR-Urteile, vermuteten hier zu hohe Strafmaße; gleichzeitig distanzierten sie sich von Schwerkriminellen. Schließlich erstieg am 5. September gegen 13 Uhr der Häftling Jens T.[876] den 30 Meter hohen Schornstein des Heizhauses.[877] DDR-Innenminister Peter-Michael Diestel schaltete sich ein und überzeugte ihn für den 6. September zur Aufgabe.[878] Ebenfalls besetzten am 16.

September sechs inhaftierte Frauen das Dach in der StV-Abteilung Köpenick und 80 weitere zwei Tage später dort den Speiseraum.[879]

Abermals verhärtete sich die Stimmung, nachdem auf der vorletzten Volkskammertagung der DDR am 20. September die Amnestiefrage nicht konkret behandelt wurde. Spätnachmittags gelangten 26 Häftlinge mit den Transparenten »Amnestie 90« und »Rummelsburg« auf das Dach von Haus 3[880] und forderten eine Generalamnestie. Das Aufsehen in der Öffentlichkeit war groß. Vergeblich versuchte noch in der Nacht Innensenator Thomas Krüger zu vermitteln.[881] Bei Regen und Windböen der Stärke 6 in Decken gehüllt, hielten die Männer Tage durch, ließen sich aber überreden, zeitweise den Protest in einem Raum fortzusetzen.[882] Drei Häftlinge sahen hier auch eine Möglichkeit zur Flucht, seilten sich am 24. September gegen 22.55 Uhr ab.[883] Eigentlich wollten die Revoltierenden das Dach nicht verlassen, da auch das auf der letzten Volkskammertagung am 28. September verabschiedete »Gesetz zum teilweisen Straferlass«[884] am Ende nur etwa ein Drittel der Häftlinge betraf.[885] Sie brachen die Aktion aber aus Stressgründen ab.

Das Aus der Haftanstalt Rummelsburg

Noch bevor die Übergabe der rund 80 Gefängnisse, Jugendhäuser und des Haftkrankenhauses des MdI[886] an die künftigen Justizministerien der Länder sicher war, nahmen in der StVE Rummelsburg am 26. Februar 1990 Vertreter der Senatsverwaltung für Justiz West-Berlins, unter Leitung von Christoph Flügge, und des MdI der DDR, darunter Wilfried Lustik und sein Stellvertreter Oberst des SV Harald Martens[887], ersten Kontakt auf. Relevante Auskünfte kamen dabei nicht zustande, die durften oder wollten die DDR-Verantwortlichen offensichtlich nicht erteilen.

Ab März befand sich die Verwaltung Strafvollzug (VSV) in einem ehemals von der Abteilung XIV (Untersuchungshaftvollzug) des MfS genutzten Gebäude in Hohenschönhausen und mit der Abwicklung des MdI nach der Deutschen Einheit auch das »Sachgebiet Strafvollzug«.[888] Vor allem ging es um Häftlingsentlassungen. Im Hinblick auf das Einsichtsrecht erhielten Mitglieder des Kollegiums der Rechtsanwälte der DDR, darunter Gregor Gysi und Lothar de Maizière, die Berechtigung zum Betreten der StVE Berlin und der inzwischen ebenfalls dem MdI übertragenen ehemaligen MfS-Untersuchungshaftanstalten[889].

Bis zum 12. Oktober hatte sich in Rummelsburg die Zahl der Gefangenen auf 135 gesenkt, die dann entweder amnestiert frei kamen oder in die Justizvollzugsanstalt (JVA) Tegel verlegt wurden; die letzten am 30. Oktober.[890] Alsdann schloss das Gefängnis für immer. Der Vermerk der täglichen Eintragungen in das Tätigkeitsbuch der inzwischen in JVA umbenannten StVE lautete am Schluss: »Ich löse am 24./25. 09. 90 den DH [Diensthabenden]-Bereich auf«[891]. Das Ende der Registrierung war wegen Umstrukturierung vorgegeben. In der StV-Abteilung Köpenick fand die letzte Verlegung von vier inhaftierten Frauen einen Tag später statt.[892] Wegen der Umdisponierung von Häftlingen aus dem Strafvollzug Ostdeutschlands in die am jeweiligen Wohnort zuständige Haftanstalt war Rummelsburg vorher noch im September und Oktober eine stundenweise Zwischenstation während der Transporte.[893]

In den Kellerräumen der Anstalt lagerten zu diesem Zeitpunkt etwa 16.000 bis 18.000 Personalakten von Gefangenen, die zwischen 1980 und 1989 die Bundesregierung aus DDR-Gefängnissen freigekauft hatte. Der wichtige Aktenbestand diente in den Folgejahren Richtern und Staatsanwälten in den Überprüfungsausschüssen in Berlin und den fünf neuen Ländern als wesentliche Entscheidungsgrundlage.[894]

Schließlich ging es in diesen Monaten auch um Übergriffe und Misshandlungen von Gefangenen im DDR-Strafvollzug. Umfassende personelle Konsequenzen hatten die Bediensteten aber kaum zu fürchten. Die Angehörigen des Strafvollzugs konnten zwar nicht ohne eine Überprüfung ihrer Mitarbeit beim ehemaligen MfS oder sonstiger Gründen, die gegen ihren Einsatz im Strafvollzug in einem rechtsstaatlichen System sprachen, übernommen werden, aber als die Regierung de Maizière im April 1990 ihre Arbeit aufnahm, war ihre Weiterbeschäftigung ein vorrangiges Ziel des neuen Innenministers Diestel. Auch in Rummelsburg wurde der Anstaltsleiter nur durch seinen Stellvertreter ersetzt. Parallel waren noch mehrere Mitarbeiter aus dem PdVP in die StVE versetzt worden. Ein Teil des Strafvollzugspersonals wurde aber vom Senat übernommen, umfassend geschult und mit den Bestimmungen der nun geltenden Gesetze vertraut gemacht.

Ein anderes Problem betraf eine Anweisung der DDR-Regierung unter Modrow, nach der die Bediensteten der Verwaltung der DDR ihre Personalakten sichten und bereinigen konnten. Im Bereich Strafvollzug wurden Mitarbeitern bewusst Teile ihrer Personalakten persönlich ausgehändigt.[895]

5. Rummelsburg heute

Wohnstadt am Wasser

Rummelsburg, 2017. Dort, wo einstmals Gefangene eingeschlossen waren, ist ein beliebtes Wohngebiet entstanden, in dem viele Familien leben. Die ehemalige Gefängniswäscherei ist durch ein sozialpädagogisch betreutes Familienprojekt und die Kindertagesstätte »Waschbär« des Vereins »Sozialdiakonische Jugendarbeit« nicht mehr nachvollziehbar. Der Geschäftsführer, Michael Heinisch, war im September 1989 als einer der »Rädelsführer« bei einer Demonstration wegen des Wahlbetrugs bei den DDR-Volkskammerwahlen selbst einen Tag in Rummelsburg, danach zwei Tage bei der Staatssicherheit eingesperrt.[896] Keinen Vergleich lässt auch das ehemalige Lazarettgebäude des Arbeitshauses beziehungsweise Haus 7 des DDR-Gefängnisses mehr zu, nach aufwendiger Restaurierung heute der Sitz eines Nachbarschaftszentrums und des Bürgervereins »WiR in Rummelsburg«. Eingebettet in die neue Friedrich-Jacobs-Promenade[897] macht ebenso der alte Wasserturm als stilvoller Apartment-Turm etwas her. Daneben wurde auf einer angelegten Rasenfläche durch niedrige Betonelemente und Bepflanzung der Grundriss der abgerissenen Anstaltskirche nachgestaltet. Die Gräserbeete sollen an das Kirchengestühl erinnern. Inzwischen wurde auch das lange leerstehende frühere Verwaltungsgebäude als Wohnhaus denkmalgerecht instandgesetzt und seine DDR-Anbauten Schleuse und Sporthalle abgerissen. Die Restaurierung von Haus 8 ist ein weiteres Beispiel. Die neuen Besitzer Huberta Bettex von Schenk und ihr Mann aus München gestalteten es zu dem kleinen Hotel »Das Andere Haus VIII«, darin befindet sich im Keller ein »Raum der Stille«, der für alle Menschen gedacht ist, denen hier früher Unrecht angetan wurde.

Ursprünglich hätte, nachdem Anfang der neunziger Jahre die Bewerbung Berlins für die Sommerolympiade 2000 anlief, die Nachnutzung des Areals als Wohnbereich für die Teilnehmer fast olympische Weihen erhalten. Da das nicht klappte, wollte der Senat einen sogenannten »Gerichtsgarten« mit Verwaltungs-, Arbeits- und Sozialgerichten der Berliner Justizverwaltung ansiedeln.[898] Ab 1994 leiteten der landeseigene Entwicklungsträger Wasserstadt GmbH Rückbaumaßnahmen und die Arrondierung des Geländes ein und das Architektenbüro Winfried Brenne erstellte die erforderliche Bestandsdokumentation und ein denkmalverträgliches Umnutzungskonzept. Vorher drehte Detlef Buck 1995 in den alten Gemäuern aber noch Szenen für seinen Kinokultfilm »Männerpension«.

Aus der anschließenden Nutzung eines Objektes durch den Orden des heiligen Lazarus von Jerusalem für ein Seniorenpflegeheim wurde aber ebenso wenig wie aus der Niederlassung von Start-up-Unternehmen, Theater-, Management- oder Sprachschulen. Schließlich wurde eine Teilvermarktung als »Berlin-Campus« angestrebt. 2007 übernahm die Maruhn Immobilien-Gruppe einen Großteil der Flächen und der vom

Gelände der ehemaligen StVE, Luftbild 2014

Verfall bedrohten Gebäude und investierte über 40 Millionen Euro, um sie wohngerecht zu verändern und lukrativ zu vermarkten. Das Wohnen am Wasser hat damit seinen Preis. Aus früheren Zellen wurden hochwertige Wohnungen und Lofts von etwa 45 bis 125 Quadratmetern, mit angehängten Balkonen und im Parterre mit Terrassen und kleinen Vorgärten.[899] Die ehemaligen Häuser 1 und 2 gehörten nach einem Jahr zu den Erstbezogenen.[900] Zwischen die umgebauten Gebäude wurden zusätzlich neue Reihen- und Atelierhäuser gesetzt. Nur ein Teilstück der früheren Gefängnismauer ist noch übrig geblieben.

Natürlich mag nicht jeder an den einstigen Schreckensort erinnert werden. Auch die fast Luxussanierung der Gefängnishäuser ist nicht unumstritten. Vor allem politische Gefangene aus dem DDR-Strafvollzug sagen, dass sich Unrecht, Verzweiflung und Hoffnungslosigkeit nicht einfach »übertünchen und wegrestaurieren« lassen.

Anders verhält es sich mit einigen zurzeit nahezu noch im ursprünglichen Zustand belassenen Polizeihäuser, die durch teilweisen Leerstand weitere Schäden aufweisen. 1990 bezogen Polizeiabschnitte der Landespolizeiverwaltung Berlins Räume des Doppelhauses A/B, zu dem auch das kaum genutzte Haus C gehörte. Die Polizei saß hier bis Ende 2016. Haus D dagegen wurde 1990 innen renoviert und eine Zeitlang vom Deutschen Roten Kreuz zwischengenutzt, um Asylbewerber mit ihren Familien zu beherbergen. Alle anderen Gebäude im vorderen Bereich sind derweil längst verkauft und saniert oder befinden sich noch in der Ausbauphase. Anregungen, in eines

Zustand der Wirtschaftsgebäude, 1990

An der Schleuse, 1990

Gebäude vor dem Umbau, 2006

der Polizeihäuser eine zentrale Erinnerungs-, Mahn- und Lernstätte für stigmatisierte sogenannte »Asoziale«und andere Marginalgruppen einzurichten, hatten bisher keine Chancen.[901]

Der Gedenkort

Nur in der Konstellation komfortabler Stadtquartiere durch umgebaute Arbeits- und Gefängnisblöcke wäre der belangreiche Ort enthistorisiert worden und geschichtspolitisch – sieht man vom Denkmalschutz ab – schnell in Vergessenheit geraten. Im Jahr 2011 vermittelte eine Ausstellung[902] eine grundlegende Sicht auf die gebrochene Geschichte, die zudem seit Dezember 2012 auch zwei Stelen der Berliner Geschichtsmeile am Uferwanderweg an der Rummelsburger Bucht beinhalten.[903] Nachfolgende Entscheidungen betrafen in einer angemessenen Balance die Integration der Vorgeschichte in die bestehende Wohnnutzung, deren Großflächigkeit dafür geradezu prädestiniert war. Die Spuren sozialer, religiöser und politischer Ausgrenzung, Diskriminierung und die Verfolgung von Menschen sollten erkennbar bleiben, das fand nicht nur bei den Anwohnern Zustimmung. Dem verschrieb sich 2013 ein »Runder Tisch«[904] von Fachleuten und anderen Akteuren, analog plante der Bezirk Berlin-Lichtenberg einen Gedenkort, den Gestaltungswettbewerb gewann das Büro Helga Lieser.

Getragen wird das vielteilige, in den Sprachen Deutsch und Englisch gehaltene Gedenkensemble von 18 Bild-Text-Stelen mit Biografien und auf denen Zeitzeugen zu Wort kommen.[905] Sie verteilen sich entlang der Friedrich-Jacobs-Promenade. Hier befinden sich vor einzelnen Häusern auch Informationstafeln mit Beschreibungen der historischen Indienstnahme der Gebäude und im Uferbereich eine Tafel mit einem Überblicksplan.

Nach dem Umbau, das neue Wohnviertel heute

Gedenkstelen am Uferweg, 2013 (links). Einweihung des »Gedenk- und Informationsortes Rummelsburg« am 12. Januar 2015 (rechts)

Größeren Raum nehmen auf dem frei einsehbaren Platz an der Hauptstraße, von dem früher die Einlieferung der Gefangenen erfolgte, drei Säulen ein. So hoch wie die ehemaligen Gefängnismauern setzen sie mit einer Höhe von fünf Metern weithin ein sichtbares Zeichen. Die Installation lehnt sich an die Zeitepochen an, angedeutete menschliche Silhouettenausschnitte sollen den Eindruck verstärken. Die Gestalter wählten dafür unterschiedliche Oberflächen: rostige für die Kaiserzeit und Weimarer Zeit, mattiert für die NS-Zeit und grau für die DDR-Zeit. Die Rückseiten tragen Bild- und Textinformationen.

Anhang

Häftlings-»Arbeitseinsatzbetriebe« StVE Rummelsburg

Arbeitsbereiche innerhalb der StVE für den Eigenbedarf	
1951–1989	Maschinenhaus, Bäckerei, Wäscherei, Küche, Tischlerei, Schlosserei, Schuhmacherei, Schneiderei, Uhrmacherei, Gärtnerei, Bibliothek, HO-Verkaufsstelle, medizinischer Stützpunkt
Arbeitseinsätze andere	
1951–1989	Präsidium der Volkspolizei, Deutsche Volkspolizei Berlin, Ministerium des Innern, teilweise Ministerium für Staatssicherheit (MfS)
Volkseigene Betriebe (VEB) und Einrichtungen	
1950er	Fahrzeug- und Gerätewerk Simson, Suhl (Thüringen).
1950er	Berliner Mode (vormals VEB Fortschritt, Werk III), Berlin-Mitte, Rungestraße 25–27
1950er	Großdrehmaschinenbau Werk »7. Oktober«, Berlin-Weißensee, Gehringstraße 39
1950er	Werk für Fernmeldewesen, Berlin-Oberschöneweide, Ostendstraße 1–5
1951	Berliner Handelszentrale Nahrungsmittel (BHZ), Wallstraße 23–24
1951	Güterumschlag
1951	VE Industrie-Entwurf Berlin
1951–1953	BHZ-Schrott, Berlin-Lichtenberg, Herzbergstraße
1952, 1958	Schlacht- und Viehhof Berlin
1953	Deutsche Handelszentrale (DHZ)
1953–1955 **1957**	Akkumulatorenwerk Oberschöneweide, Berlin, Wilhelminenhofstraße 69–70
1953–1955 **1961–1964** **1972**	Bergmann-Borsig, Berlin-Pankow/Wilhelmsruh, Kurze Straße 5–6
1953–1964 **1972–1973,1989**	Stern-Radio, Berlin- Weißensee, Liebermannstraße
1954	Berliner Werkzeug- und Maschinenfabrik, Berlin-Friedrichshain, Krautstraße 52
1954	Kühlautomat, Berlin-Johannisthal, Segelfliegerdamm 27–28

1954	Eltros, Berlin-Prenzlauer Berg, Kastanienallee 32
1954	Bekleidungswerk Fortschritt (auch Wäschefabrikation)
1954	Verlag Technik, Berlin-Mitte, Unter den Linden 12
1954–1955	Hochfrequenz (HF), Berlin-Oberschöneweide
1954–1956 **1964–1966**	Wälzlagerwerk, Berlin-Lichtenberg, Rittergutstraße 44–46 (heute: Josef-Orlopp-Straße 92)
1954–1957	Tadellos, Erste Berliner Wäschefabrik, Berlin, Immanuelkirchstraße
1954–1959	Berliner Werkzeugmaschinenfabrik (BWF), Berlin-Marzahn, Berliner Chaussee 12
1954, 1964 **1972–1973**	Berliner Bremsenwerk (BBW), Berlin-Friedrichshain, Hirschberger Straße 4
1955	Berliner Schraubenfabrik
1955–1956	Bahnsicherungs- und Gerätebau, Berlin-Mitte, Fehrbelliner Straße 47
1955–1956 1958, **1960 1962–1963**	Schleifmaschinenwerk Berlin (SWB), Berlin-Friedrichshain, Köpenicker Straße 46 o. 48–49
1955–1958 **1963–1966** **1972–1973** **1975–1980** **1981–Juni 1990**	Elektro-Apparate-Werke Berlin (EAW), Stammsitz Berlin-Treptow, Hoffmannstraße 15–26 (heute: Martin-Hoffmann-Straße), später Kombinat EAW »Friedrich Ebert«. Zweigstelle EAW-Relaisfabrik, Berlin-Rummelsburg, Hauptstraße 11–13
1955, 1964	Werk für Signal- und Sicherungstechnik Berlin (WSSB), Berlin-Treptow, Elsenstraße
1958	NVA Übersetzungsbüro
1958–1959	Werk für Bauelemente der Nachrichtentechnik »Carl von Ossietzky« (WBN), Teltow
1958, 1960	Funkwerk Köpenick, Berlin, Wendenschloßstraße 142–170
1958–1960	Degufa Deutsche Gummiwarenfabrik, Berlin-Weißensee, Gustav-Adolf-Straße 115
1958–1964 **1966, 70er/80er**	Teilbetrieb Berliner Akkumulatoren- und Elementefabrik (BAE)
1958–1964 **70er/80er**	Druckguß, Berlin-Weißensee, Liebermannstraße 87–93

1960	Fahrzeugausrüstung Berlin (ehemals AG Julius Pintsch), Berlin-Friedrichshain, Andreasstraße 71–73
1960	Gießerei- und Maschinenfabrik
1960	Institut für Halbleitertechnik
1960	Fahrzeugausrüstung
1960–1961	Glaswerk Stralau, Berlin, Stralauer Halbinsel, Kynaststraße
1961	Exportlager, Berlin-Prenzlauer Berg, Wörtherstraße 45
1961	Elektrokohle (EKL), Berlin-Lichtenberg, Herzbergstraße 128–139
1961	Volkseigener Erfassungs- und Aufkaufbetrieb (VEAB)
1961	Minol
1961–1964 **1969–1970** **1972,1980–1987**	Berliner Glühlampenwerk/»Leuchtenbau« (BGW, später Kombinat NARVA »Rosa Luxemburg«), Berlin-Friedrichshain, Warschauer Platz 9–10/Ehrenbergstraße 11/14
1962	Arbeiten in der Landwirtschaft
1962–1964,1966	Bau-Union-Süd
1963	Groß-Handels-Gesellschaft (GHG), Berlin-Buch
1963	NVA Lehrgeräte- und Reparaturwerk, Mittenwalde und diverse NVA Einrichtungen in Berlin
1963–1964	Groß-Handels-Gesellschaft, Berlin-Karlshorst, Rheinsteinstraße 23
1964	Groß-Handels-Gesellschaft, Berlin- Blankenburg, Schäferstiege
1964	Groß-Handels-Gesellschaft, Berlin-Niederschönhausen, Waldowstraße 28 a
1964	Plattenwerk, Berlin-Rummelsburg, Hauptstraße
1964	Brauereien, Betriebsteil Bärenquell, Berlin-Oberschöneweide, Schnellerstraße
1964	Kabelwerk Köpenick (KWK), Berlin-Adlershof, Büchnerweg
1964	Rathenower Optische Werke »Hermann Duncker« (ROW)
1964	Secura Werke Berlin, Berlin-Mitte, Chausseestraße 42
1964	Elektro-Haushaltgeräte
1964–1965	Brauereien, Betriebsteil Kindl-Brauerei, Berlin-Weißensee, Lichtenberger Straße 66–92

1964, 1966 1978–1979	Kabelwerk Oberspree (KWO) »Wilhelm Pieck«, Berlin-Oberschöneweide, Wilhelminenhofstraße 76–77, ab 1967 Kombinat (KKWO)
1966–1968	Gowal-Kerzenfabrik
1967	Zementwerk, Berlin-Rummelsburg, Köpenicker Chaussee 9–10
1968–1973	Wohnungsbaukombinat (WBK) Berlin, Betriebsteile I–III: Betonwerk (Plattenwerk) Berlin-Lichtenberg, Werk I und Holzplatz Ingenieur-Hochbau (IHB), Berlin-Lichtenberg, Hauptstraße
1981–1987 1989	Plastikwerk Berlin (PWB), Ahornallee 40, Betriebsteil des Kombinats EAW (EAW-Plaste)
1982–1989	Münze der DDR, Berlin-Mitte, Molkenmarkt 1–3
1983–1986	Deutsche Reichsbahn
1984–1988	Volkseigener Handel (VEH) Exquisit
1987–1988	Fleischkombinat Eberswalde
Datum offen	Berliner TT-Bahnen PIKO, Berlin-Prenzlauer Berg, Storkower Straße 152–156

Abkürzungen

AAK	Außenarbeitskommando (MdI)
Abs.	Absatz
Abt.	Abteilung
Anm.	Anmerkungen
Art.	Artikel
BArch	Bundesarchiv Berlin-Lichterfelde
BGBl.	Bundesgesetzblatt
Bl.	Blatt
BRD	Bundesrepublik Deutschland
BStU	Die/der Bundesbeauftragte für die Unterlagen des Staatssicherheitsdienstes der ehemaligen DDR
DDR	Deutsche Demokratische Republik
f.	Kürzel Blatt- und Seitenangabe
GBl.	Gesetzblatt
GVS	Geheime Verschlusssache (Staatsgeheimnisse)
HAL	Haftarbeitslager
HO	Handelsorganisation (Staatliches Einzelhandelsunternehmen der DDR)
i.d.F.	in der Fassung
KPD	Kommunistische Partei Deutschlands
KSZE	Konferenz über Sicherheit und Zusammenarbeit in Europa
LAB	Landesarchiv Berlin
LL	Lebenslänglich
LPG	Landwirtschaftliche Produktionsgenossenschaft
LDPD	Liberal-Demokratische Partei Deutschlands (Partei der DDR)
MGB	Ministerstwo gosudarstwennoi besopasnosti – Ministerium für Staatssicherheit (der UdSSR)
MWD	Ministerstwo wnutrennych del – Ministerium für innere Angelegenheiten (ab 1946 Innenministerium der UdSSR)
NKGB	Narodny komissariat gosudarstwennoi besopasnosti – Volkskommissariat für Staatssicherheit (der UdSSR)
NKWD	Narodny komissariat wnutrennych del – Volkskommissariat für innere Angelegenheiten (bis 1946 das Innenministerium der UdSSR)
o. D.	ohne Datum
o. Pag.	ohne Paginierung
PGH	Produktionsgenossenschaft des Handwerks
RGBl.	Reichsgesetzblatt
RJGG	Reichsjugendgerichtsgesetz
SED	Sozialistische Einheitspartei Deutschland (ab 8./9. Dezember 1989: – Partei des demokratischen Sozialismus, SED-PDS
SG	Strafgefangene (verurteilte Gefangene) Sprecher Umgangssprachlich für »Besuchsdurchführung« im Gefängnis
VD	Dienstgeheimnisse, Vertrauliche Dienstsache
ZK	Zentralkomitee der SED

Weitere Abkürzungen sind im Text ausgewiesen.

Anmerkungen

1 Vgl. Bernstein 1907, S. 261.
2 Nach Abriss des Arbeitshauses entstand dort (etwa wo heute das Kauf-Center »Alexa« steht) 1886 das Königliche Berliner Polizeipräsidium. Vgl. Steer 2010, S. 126.
3 Vgl. und zit.: Rasch 1871/1986.
4 Zahlen nach Auswertung d. A.: ELAB, R 5985, Totenregister des Arbeitshauses.
5 Anfangs zur Versorgung der Anstalt mit Trinkwasser aus einem Brunnen und mit Brauchwasser aus dem Rummelsburger See. Vgl. Steer 2010, S. 128.
6 Vgl. Ayaß 1992, S. 39.
7 »Strafgesetzbuch für das Deutsche Reich« vom 15. Mai 1871. Bettel- und Armenverordnungen reichen aber bis ins Mittelalter und auf die preußische Gesetzgebung von 1851 zurück.
8 Die Anhebung der Strafmündigkeit auf 14 Jahre erfolgte 1923 (Jugendgerichtsgesetz).
9 Vgl. Ayaß 1993, S. 187.
10 »Dienst-Instruction für Arbeitshaus-Aufseher« vom 17. September 1879, Theinhardt (Druckerei) 1879 und »Haus-Ordnung für das Arbeitshaus der Stadt Berlin zu Rummelsburg« vom 30. April 1983, ebd., 1883.
11 Vgl. Ayaß 1993, S. 198.
12 RGBl. 1927 I S. 61.
13 Vgl. Galen von, 2004, S. 1.
14 Vgl. Ayaß 1995, S. 195.
15 Vgl. Ayaß 1993, S. 200.
16 Max Dudzus (1870–1944): Oberinspektor, ab 1912 Direktor des Arbeitshauses.
17 »Maßnahmen zur Betreuung der asozialen Elemente« vom 10. Mai 1935, LAB, A Pr. Br. Rep. 057/1839, Bl. 42–47.
18 Vgl. Korzilius 2008, S. 14.
19 Vgl. Ayaß 1995, S. 106–108.
20 Vgl. Ayaß 1998.
21 »Gesetz gegen gefährliche Gewohnheitsverbrecher und über Maßregeln der Sicherung und Besserung« vom 24. November 1933 (RGBl. I S. 995–999) und Ausführungsgesetz (RGBl. I S. 1000).
22 Vgl. Willing 2003, S. 124.
23 Vorbeugungshaft war zuvor nur gegen sogenannte Berufsverbrecher verhängt worden.
24 Ayaß 1998, Quelle Nr. 50.
25 August Rake (1884–1952): 1932 Dezernent des Landeswohlfahrtsamtes Berlin. 1933–1945 Leiter des städtischen Arbeitshauses Rummelsburg. Nach dem Krieg kurzzeitig in sowjetischer Haft. Vgl. Tafeltext (2015) »Informations- und Gedenkort Rummelsburg«.
26 Vgl. Friedhofsbücher Berlin-Marzahn.
27 Ayaß 1998, Quelle Nr. 30.
28 Eduard Karl Spiewok (1892–1951): 1930 Eintritt in die NSDAP, Leiter der »Nationalsozialistischen Volkswohlfahrt« und der Sozialabteilung der NSDAP Berlin. 1933 Abgeordneter im Land- dann im Reichstag und NS-Vorsteher der Stadtverordneten-Versammlung von Berlin. 1934 Leiter des Berliner Sozial- und Jugendamtes. 1938 unter Veruntreuungsvorwürfen Verlust aller Posten und Funktionen. Im Zweiten Weltkrieg Kommandeur eines Bau-Bataillons. Vgl. Tafeltext (2015) »Informations- und Gedenkort Rummelsburg«.
29 Vom 14. Juli 1933 (RGBl. I S. 529).
30 »Maßnahmen zur Betreuung der asozialen Elemente« vom 10. Mai 1935, LAB,A Pr. Br. Rep. 057/1839, Bl. 42–47.

31 Schreiben über die Zusammenlegung der jüdischen Insassen vom 12. Oktober 1937, LAB, A Pr. Br. Rep. 057/1084.
32 Städtisches Arbeits- und Bewahrungshaus, Teil B: Archivbericht [Berlin-Lichtenberg] 1. April 1938 bis 31. März 1939, LAB, A Rep. 47-08/113, Bl. 44–45.
33 Fritz Emil Behaghel (1891–1973): Seit 1925 NSDAP, 1929 Stadtverordneter von Berlin und Bezirksverordneter, ab 1933 Stadtrat im Bezirk Neukölln.1935–1938 Bezirksbürgermeister von Berlin-Lichtenberg, 5/1938–3/1945 Leiter des Landeswohlfahrts- und Jugendamtes der Stadt Berlin. Nach dem Krieg wurde er in den Entnazifizierungsverfahren als »minderbelastet« eingestuft und erhielt Arbeitsverbot. LAB, A Rep. 47-8, Personalbüro Nr. 2519. Vgl. auch Engeli 1987, S. 136 und Berliner Lokal-Anzeiger Nr. 120 A vom 19. Mai 1938.
34 Lichtenberger Anzeigen und Tageblatt Nr. 306 vom 1. Januar 1941.
35 Städtisches Arbeits- und Bewahrungshaus, Teil B: Archivbericht [Berlin-Lichtenberg] 1. April 1938 bis 31. März 1939, LAB, A Rep. 47-08/113, Bl. 44–45. Städtisches Arbeits- und Bewahrungshaus vom 17. August 1939, Bildung eines Verwaltungsarchivs [Berlin-Lichtenberg], ebd., Bl. 39–43.
36 Standesamt Lichtenberg, Sterbebücher 1933–1945, LAB, Rep. 304, Bd. nach Jahrgängen. Vgl. auch Friedhofsbücher Berlin-Marzahn.
37 Städtisches Arbeits- und Bewahrungshaus, Teil B: Archivbericht [Berlin-Lichtenberg] 1. April 1938 bis 31. März 1939, LAB, A Rep. 47-08/113, Bl. 44.
38 Ayaß 1998, Quelle Nr. 11.
39 Ebd., Quelle Nr. 99, 103.
40 Fernschreiben Reichsführer SS Heinrich Himmler, o. D. [um 1942/43], BArch, NS 19/1542.
41 »Meldebogen für Gemeinschaftsfremde« mit handschriftlichem Vermerk, 1942, 3 Blatt, NARA Washington D.C., Bl. 126482–126484.
42 Aly 1985, S. 45.
43 Städtisches Arbeits- und Bewahrungshaus, Bericht zum Verwaltungsarchiv [Berlin-Lichtenberg] 1. April 1939 bis 31. März 1940, LAB, A Rep. 47-08/113, Bl. 48–58.
44 Benannt nach der Adresse der Zentrale in der Berliner Tiergartenstraße 4, der Leitungsbehörde für die Organisation der »Euthanasie«-Mordprogramme an Menschen mit Behinderungen.
45 In Hadamar war Se. in der »Trostbrief«-Abteilung beschäftigt, in welcher nach der Tötung der Menschen Briefe mit falschen Todesangaben für die Angehörigen verfasst wurden. Daneben führte sie das Verwahrungsbuch zur Registrierung der persönlichen Sachen der Kranken und später Getöteten. Vgl. Rüter/de Mildt 1968–2012, lfd. Nr. 017a LG Frankfurt/M. 21. März 1947 JuNSV, Bd. I S. 303, 307–308, 334, 338, 347.
46 Vgl. ebd., S. 319.
47 Vgl. Aly 1985, S. 45 und Ayaß 1992, S. 320.
48 »Erste Durchführungsbestimmung zur Strafprozeßordnung – Überprüfung und Aufhebung von Maßnahmen der Sicherung –« vom 31. August 1954 (GBl. S. 777), hier: § 1c.
49 »Einführungsgesetz zum Strafgesetzbuch und zur Strafprozeßordnung der DDR« vom 12. Januar 1968 (GBl. I Nr. 3 S. 97), hier: § 3.
50 Besprechung im Hauptsozialamt vom 27. November 1950 über die Bewahrung von »Asozialen«, LAB, C Rep. 118/395, o. Pag.
51 Ein 1947 vom sowjetischen Kommandanten im Ostsektor Berlins Kotikow eingeführtes Mittagessen in den wichtigsten Industriebetrieben, Verwaltungen und im Verkehrswesen. Vgl. Keiderling 1987, S. 231.
52 Haushaltsplan vom 26. Oktober 1950, LAB, C Rep. 118/355, Bl. 99.
53 Zit. nach Aufzeichnung eines Gesprächs d. A. mit Gerhard K. und Johann K. im September 2013.

54 Vgl. Friedhofsbücher Berlin-Marzahn, August bis September 1945.
55 Jahresanalyse 1951 vom 31. Dezember 1951, LAB, C Rep. 303/281, Bl. 1–24.
56 Vgl. Kaminsky 2007.
57 Räumliche Zusammenlegung der sowjetischen und deutschen Dienststelle vom 30. August 1948, LAB, C Rep. 118/396, Bl. 15.
58 Rundschreiben 10/1950 vom 6. Juli 1950, Hauptsozialamt, LAB, C Rep. 120/2126, Bl. 91.
59 Liste 406/80 der Namens- und Aktenregistrierung von Arbeitshäuslern und Bewahrten, o. D., LAB, C Rep. 330/12.
60 Rückblick auf das Zeitgeschehen, Bezirksverwaltung Lichtenberg 1. August bis 31. Oktober 1945, S. 34, LAB, A Rep. 047–08.
61 Abgabeliste der Akten A–Z von Arbeitshäuslern und Bewahrten des früheren »Arbeits- und Bewahrhauses« 1935–1952 [abliefernde Stelle PdVP/STVA I], LAB, A Rep. 047–08.
62 Bericht über die Vergangenheit der StVA I vom 7. November 1957, BStU, MfS, BV Berlin, Abt. VII, Nr. 7, Teil 2/2, Bl. 237–239.
63 Sitzung des Bezirksamtes Lichtenberg vom 5. und 8. Dezember 1947, LAB, C Rep. 147-02-02, Nr. 91–101, Bl. 60, 74.
64 Magistrat, Abteilung Justiz, Hauptamt III a Strafvollzug vom 7. Juli 1950, LAB, C Rep. 303/275, Bl. 152.
65 Bericht vom 3. Juni 1950, LAB, C Rep. 303/275, Bl. 157–161.
66 Haushaltsplan vom 26. Oktober 1950, LAB, C Rep. 118/355, Bl. 91.
67 Gotthard Eberlein (1885–1970): Frühjahr 1949 bis Oktober 1950 Oberstaatsanwalt in Berlin (Ost), BArch, DA 1/279.
68 Schreiben vom 6. Februar 1950, LAB, C Rep. 303/275, Bl. 14.
69 Schreiben vom 11. April 1950, ebd., Bl. 82.
70 »Änderung der Struktur des Arbeits- und Bewahrungshauses – Personalbedarf für 1950«, Anlage vom 6. September 1950, LAB, C Rep. 118/355, Bl. 103.
71 Schreiben vom 8. Juni 1950, LAB, C Rep. 303/275, Bl. 154.
72 Vgl. Zimmermann 2004.
73 »Änderung der Struktur des Arbeits- und Bewahrungshauses – Personalbedarf für 1950«, Anlage vom 6. September 1950, LAB, C Rep. 118/355, Bl. 103.
74 Liste zentral- und bezirksgeleiteter Kinderheime vom 31. Mai 1949, LAB, C Rep. 120/1539, Bl. 198.
75 Besichtigung der Jugendarrestanstalt am 17. März 1951, Abteilung Volksbildung, LAB, C Rep. 120/2126, Bl. 33.
76 Schreiben vom 20. Juni 1950, ebd., Bl. 90.
77 Verordnung vom 26. Juli 1951 (GBl. Nr. 91 S. 708).
78 Vgl. Wapler 2012, S. 15.
79 Ebd. S. 32–33.
80 Margot Honecker, geb. Feist (1927–2016), Biographie unter: Müller-Enbergs u. a. 2010, unter dem Namen.
81 Vgl. Laudien/Sachse 2012, S. 254–255. Am 1. Juli 2012 ist ein vom Deutschen Bundestag und den JugendministerInnen der Länder für die Opfer der DDR-Heimerziehung beschlossener Hilfsfonds angelaufen. Vgl. dazu: http://www.fonds-heimerziehung.de/fonds/fonds-heimerziehung-in-der-ddr.html.
82 Vgl. Kaminsky 2007, S. 375–377.
83 Richtlinien zur Durchführung der Vereinbarung vom Juni 1949 (Abschrift), LAB, C Rep. 303/270, Bl. 91.
84 Rundschreiben 10/1950 vom 6. Juli 1950, Hauptsozialamt, LAB, C Rep. 120/2126, Bl. 91.
85 Besuch der Jugendarrestanstalt Rummelsburg, Abteilung Öffentliche Erziehung, Bericht vom 24. April 1950, ebd. Bl. 84.

86 Überprüfung der Jugendarrestanstalt vom 23. Dezember 1949, Hauptjugendamt, ebd.
87 Richtlinien für die Betreuung der Schützlinge der öffentlichen Erziehung in der Jugendarrestanstalt vom 3. November 1950 (Entwurf), ebd., Bl. 48, 50.
88 Schreiben des Fürsorgers Sauer vom 31. Januar 1950, ebd.
89 Schreiben vom 14. August 1950 und Teilabschrift der Beschwerde von fünf Jugendlichen der Jugendarrestanstalt Rummelsburg vom 27. Juli 1950, Hauptabteilung Jugendförderung und Jugendschutz, ebd., Bl. 89.
90 Richtlinien für die Betreuung der Schützlinge der öffentlichen Erziehung in der Jugendarrestanstalt vom 3. November 1950 (Entwurf), ebd., Bl. 47–53.
91 Besichtigung der Jugendarrestanstalt am 17. März 1951, Abteilung Volksbildung, ebd., Bl. 33.
92 »Jugendgerichtsgesetz der DDR« (JGG) vom 23. Mai 1952 (GBl. Nr. 66 S. 411).
93 Vgl. Zimmermann 2004, S. 159.
94 Vgl. Wapler 2012, S. 62.
95 Bericht vom 3. Juni 1950, LAB, C Rep. 303/275, Bl. 157–161.
96 Besichtigung Mädchenerziehungsheim am 12. Dezember 1950, LAB, C Rep. 118/87, Bl. 121.
97 Bericht vom 3. Juni 1950, LAB, C Rep. 303/275, Bl. 157–161.
98 Überprüfung des Mädchenwohnheimes vom 11. Mai 1950, LAB, C Rep. 118/396, o. Pag.
99 Monatsbericht der Jugendhilfsstelle 1951 [Januar/Februar], LAB, C Rep. 120/1355, Bl. 4.
100 Die Einrichtung schloss 1990, heute befindet sich darin die Thalia-Grundschule
101 Vgl. Plato 1999, S. 130–132, 275–314.
102 Seitens der Westalliierten fanden zügige Überprüfungen und nach 1946 kaum noch Inhaftierungen statt. Freilich gab es auch bei ihrem Internierungssystem Unterschiede.
103 Sowjetisches Volkskommissariat für innere Angelegenheiten in Deutschland, umbenannt 1946 in Ministerium für innere Angelegenheiten (MWD).
104 Volkskommissariat und Ministerium für Staatssicherheit der UdSSR.
105 SMAD-Befehl Nr. 35 vom 26. Februar 1948.
106 Die Verfügungsgewalt der SMT endete mit Vertrag vom 20. September 1955. Vgl. Schroeder 2003, S. 43.
107 1945 bis 1955 waren von den SMT in der SBZ/DDR cirka 40 000 bis 50 000 Menschen betroffen. Etwa 20.000 bis 25.000 Verurteilte wurden in die Sowjetunion verschleppt, wo viele hingerichtet oder in den Strafarbeitslagern Stalins starben. Vgl. Fricke 1990, S. 564 und Schroeder, Klaus 2013, S. 76–78.
108 Von den 160.000 bis zu 240.000 Deutschen, die in den sowjetischen Lagern eine extreme Leidenszeit durchlitten, überlebte etwa jeder Dritte nicht. Vgl. Schroeder, Klaus 2013, S. 77, mit Verweis auf verschiedene Autoren.
109 Zit. nach: Sélitrenny 2003, S. 94.
110 SMAD-Befehl Nr. 201 vom 16. August 1947 zur »Entnazifizierung und vollständigen Säuberung aller öffentlichen Ämter und der Wirtschaft von aktiven Faschisten, Militaristen und Kriegsverbrechern« (ZVOBl., S. 153).
111 Erich Mielke (1907–2000), Biographie unter: Müller-Enbergs u. a. 2010, unter dem Namen.
112 SMAD-Befehl Nr. 17 vom 27. Juli 1945 zur Schaffung von deutschen Zentralverwaltungen in der SBZ.
113 Nicht veröffentlichter SMAD-Befehl Nr. 212 vom 30. Juli 1946 zur Tätigkeit der DVdI.
114 Vgl. Schroeder, Klaus 2013, S. 61–62.
115 Vgl. Werkentin 1997, S. 19–22.
116 »Kontrollratsgesetz Nr. 10« vom 20. Dezember 1945 (Amtsblatt des Kontrollrats in Deutschland 1946 Nr. 3, S. 50–52, ber. S. 241 und Nr. 11, S. 184–186).
117 Vgl. Schroeder, Klaus 2013, S. 73 und Sélitrenny 2003, S. 133.

118 »Kontrollratsdirektive Nr. 38« vom 12. Oktober 1946 (Amtsblatt des Kontrollrats in Deutschland 1946 Nr. 11, S. 184–186). Sie beinhaltet Festlegungen zur »Verhaftung und Bestrafung von Kriegsverbrechern, Nationalsozialisten und Militaristen und die Internierung, Kontrolle und Überwachung von möglicherweise gefährlichen Deutschen«.

119 »Gesetz über die Verfassung der DDR« vom 7. Oktober 1949 (GBl. I S. 5–16).

120 Gerhard Finn (1930–2013): Gründungsmitglied der UOKG. Um die kommunistischen Verbrechen aufzuarbeiten, verfasste er mehrere wissenschaftliche Publikationen, auch über den politischen Strafvollzug in der DDR.

121 Es handelte sich um 10 513 von den Militärtribunalen Verurteilte und etwa 3400 noch nicht Verurteilte. In sowjetischen Händen blieben 649 Häftlinge, die besonders schwere Verbrechen gegen die Sowjetunion begangen hatten. Vgl. Werkentin 1997, S. 164.

122 Gegen sie wurden unter dem Deckmantel Nazi- und Kriegsverbrecher auf Weisung der SED-Führung zwischen dem 26. April und 14. Juli 1950 in rechtswidrigen Schnell- und Scheinverfahren hohe Strafen, lebenslänglich Zuchthaus oder die Todesstrafe verhängt. Nur einige waren tatsächlich durch NS-Verbrechen belastet. Vgl. ebd., S. 161–173, 183.

123 Max Fechner (1892–1973): Biographie unter: Müller-Enbergs u. a. 2010, unter dem Namen.

124 Ernst Melsheimer (1897–1960): Biographie unter: Müller-Enbergs u. a. 2010, unter dem Namen.

125 Hilde Benjamin (1902–1989): Biographie unter: Müller-Enbergs u. a. 2010, unter dem Namen. Sie erwarb sich den zweifelhaften Beinamen »Blutige Hilde« und »Rote Guillotine«.

126 Die Gewaltenteilung in Gesetzgebung, Verwaltung und Rechtssprechung als eigenständige, sich wechselseitig kontrollierende Institutionen wurde mit dem »Gesetz über die Verfassung der Gerichte der DDR – Gerichtsverfassungsgesetz –« vom 2. Oktober 1952 (GBl. 1952 S. 983) abgeschafft.

127 Zitiert nach: Marxen/Werle 2007.

128 Vgl. Schroeder, Klaus 2013, S. 524–525. Vgl. Werkentin 1997, S. 287–292.

129 Verfassung-DDR 1968 Art. 94 Abs. 1.

130 »Gesetz über die gesellschaftlichen Gerichte der DDR« (GGG) vom 11. Juni 1968 (GBl. I Nr. 11 S. 229), i.d. Neufassung vom 25. März 1982 (GBl. I S. 269–271).

131 1962 wurde die HVDVP aufgelöst, ihre einzelnen Verwaltungen und Hauptabteilungen gingen in andere Fachbereiche des MdI ein. Dort bestanden sie bis zum Ende der DDR. Vgl. Wunschik 1997, S. 81–82.

132 1952 Umwandlung in Kasernierte Volkspolizei, für die 1956 gegründete Nationalen Volksarmee (NVA) der Grundstock.

133 Unter Leitung von Erich Mielke stehend, ging daraus 1950 das MfS hervor.

134 Vgl. Lindenberger 1998, S. 98.

135 Vgl. Dölling 2009, S. 64.

136 Gesamtübersicht über die Struktur der Hauptabteilung SV vom 20. November 1953, BArch, DO 1/28578, Bl. 25.

137 Vgl. Wunschik 1997, S. 74.

138 »Vorläufige Strafvollzugsordnung« vom 14. Dezember 1950, in: BArch, DO 1/56784 und »Vorläufige Ordnung über die Durchführung des Strafvollzuges – Strafvollzugsordnung –« vom 26. Januar 1965, in: BStU, MfS, Abt. XIV, Nr. 69. Quellen nach: Wölbern 2015, S. 13.

139 »Gesetz über den Vollzug der Strafen mit Freiheitsentzug und über die Wiedereingliederung Strafentlassener in das gesellschaftliche Leben – Strafvollzugs- und Wiedereingliederungsgesetz –« (SVWG) vom 12. Januar 1968 (GBl. I Nr. 3 S. 109).

140 »Gesetz über den Vollzug der Strafen mit Freiheitsentzug (Strafvollzugsgesetz) – StVG –« vom 7. April 1977 (GBl. I Nr. 11 S. 109–111) mit 1. DB (ebd. S. 118) und 2. DB (ebd. S. 123).

141 »Gesetz über die Wiedereingliederung der aus dem Strafvollzug entlassenen Bürger in das gesellschaftliche Leben – Wiedereingliederungsgesetz – vom 7. April 1977 (GBl. I Nr. 10 S. 98).

142 »Ordnung Nr. 107/77 des Ministers des Innern und Chefs der Deutschen Volkspolizei über die Durchführung des Vollzuges der Strafen mit Freiheitsentzug – Strafvollzugsordnung –«, Teil A bis D vom 7. April 1977 und Teil E vom 19. Januar 1977 mit nachfolgenden Änderungen. BArch, DO 1/61160, 1/61189, 1/61198, 1/61202, 1/61204, Quellen nach: Dölling 2009, S. 54–55, 443–444.

143 Erste UHVO datieren vom 20. April 1955 und vom 8. November 1968. Bis zum Ende war die UHVO Nr. 160/80 des Innenministers vom 4. Juli 1980 gültig, BArch, DO 1/61450), i.d.F. der 1. Änderung vom 11. Oktober 1982, BArch, DO 1/61451.

144 Leiter: 1949/51 Karl Gertich (1905–1970), 1951 bis 8/1959 August Mayer (1898–1969), bis Ende 1961 Alfred Schönherr (1909–1986), 1/1962 bis 1965 Hans Kohoutek (1911–2013), 1965 bis 8/1967 Werner Oertel (1918–1972), 1967 bis 1/1980 Hans Tunnat (1920–1994) und bis 4/1990 Wilfried Lustik (1928–2009).Vgl. Biographien bei Wölbern 2015, S. 16–21.

145 Die Kartei liegt heute im Bundesarchiv Berlin.

146 Die fünf Länder der DDR wurden aufgelöst und in 14, seit 1961 mit Ost-Berlin in 15 Bezirke eingeteilt.

147 Befehl Nr. 75/51 der HVDVP vom 30. November 1950, LAB, C Rep. 303/285, Bl. 100.

148 Taucht in den Akten zeitweise auch als BdVP auf.

149 Schreiben (Abschrift) Alliierte Kommandantur, Rechtskomitee (gez. S. J. Henry), an den Generalstaatsanwalt vom 6. Januar 1949, LAB, C Rep. 303/270, Bl. 83. Schreiben der Verwaltung des Militär-Kommandanten des Sowjetsektors Berlin an den Generalstaatsanwalt von Berlin vom 14. und 17. Januar 1949, ebd., Bl. 85–86.

150 Zeittafel Volkspolizei Berlin [DDR] 1985, unter dem Datum.

151 Jahresanalyse 1951 vom 31. Dezember 1951, Abteilung SV, LAB, C Rep. 303/281, Bl. 1–24.

152 Bericht über die Vergangenheit der StVA vom 7. November 1957, BStU, MfS, BV Berlin, Abt. VII, Nr. 7, Teil 2/2, Bl. 237–239.

153 Besprechung vom 4. Mai 1951, Abteilung SV, LAB, C Rep. 303/285, Bl. 44.

154 Bericht 1. Quartal vom 2. April 1953, Abteilung SV, LAB, C Rep. 303/282, Bl. 92–114.

155 Jahresanalyse 1952 vom 16. Dezember 1952, Abteilung SV, ebd., Bl. 1–29.

156 Stempelabbildung unter: LAB, C Rep. 330/12, Liste 1071/90.

157 Haftplätze für 214 Frauen und Männer, oft wurden bis zu 250 Personen aufgenommen. Vgl. Finn 1960/1989, S. 116. Leiter: bis Mitte 1980 Major Schewe und bis 1989 Major Peter Langerjahn, zusammen mit neun Offizieren und 48 Wachtmeistern. Dienststellenpässe StVE, JH, UHA, 1986–1990, Nr. 15601 4 802 8, BArch, DO 1/3679. Vgl. auch: Liste Stabsdienstausbildung vom 11. April 1989, LAB, C Rep. 330/8.

158 Haftplätze: anfangs über 329, ab 1984 über 610, Kollegiumsmaterial vom 14. August 1984, LAB, C Rep. 330/2, o. Pag. Letzter Gefängnisleiter: 1986 bis 1990 Major Reinhard Hahn neben 23 Offizieren und 81 Wachtmeistern. Dienststellenpässe StVE, JH, UHA, 1986–1990, Nr. 15601 4 810 8, BArch, DO 1/3679. Vgl. auch Liste Stabsdienstausbildung vom 11. April 1989, LAB, C Rep. 330/8.

159 Heute: Friedrich-Jacobs-Promenade.

160 Grundrissplan StVA [um 1970], BStU, MfS, BV Berlin, Abt. VII, Nr. 7, Teil 2/2, Bl. 221.

161 Aussage von Lutz Hildebrandt.

162 Lageeinschätzung 1983 (1982) vom 13. Februar 1984, Bl. 23, LAB, C Rep. 330/2, o. Pag.

163 Operatives Forderungsprogramm vom 7. Mai 1979, LAB, C Rep. 330/572, Bl.1–4. Arbeitsplan 2. Halbjahr 1987 vom 22. Juli 1987, LAB, C Rep. 330/10, Bl. 15.

164 Das Kürzel KCB steht für: Kernstrahlung-, Chemische- und Bakteriologische Lagen.

165 Durchführung des Amnestiebeschlusses vom 6. Oktober 1972, Abschlussbericht vom 24. Januar 1973, LAB, C Rep. 303/1140, Bl. 215–220.

166 Analyse über die politisch-operative Lage im Strafvollzug der DDR vom 22. Februar 1978, BStU, MfS, BV Berlin, Abt. VII, Nr. 16, Bl. 70–88.
167 Vgl. Steer 2010, S. 117–123.
168 Vgl. Objektplan StVE vom 26. Oktober 1981, LAB, C Rep. 330/2014.
169 https://www.berlin.de/ba-lichtenberg/auf-einen-blick/freizeit/kultur/mdb-balichtenberghohenschoenhausen-freizeit-kultur-gedenken-rb-2014_11_19_ablauf_des_interreligi__sen_gedenkens_auf_dem_zentralfriedhof_friedrichsfelde.pdf
170 Bericht 3. Quartal vom 4. Oktober 1952, LAB, C Rep. 303/281, Bl. 74–87.
171 Raumbedarf für das Arbeitsgebiet Waffenwesen – Wachgebäude StVE vom 13. August 1979, LAB, C Rep. 330/573.
172 Forderungsprogramm für den Neubau eines Verwaltungsgebäudes, 1976, Bl. 7, 9, LAB, C Rep. 330/569.
173 Öffentliche Ordnung und Sicherheit der StVE und nachgeordnete Dienststellen 1982 vom 12. Januar 1983, LAB, C Rep. 330/2, Bl. 8.
174 Auch Gefangenensammeltransportwagen (GSTW).
175 Beurteilung der Sicherheit der Strafvollzugs-Dienststellen vom 20. April 1963, LAB, C Rep. 303/1141, Bl. 247–263.
176 Entwurf Schweinemaststall vom 3. November 1951, LAB, B Rep. 009/584.
177 Joachim Lipschitz (1918–1961): Der überzeugte Sozialdemokrat entging wenig später nur knapp seiner Verhaftung durch Flucht nach West-Berlin. Hier war er im Bezirk Neukölln Stadtrat und seit 1955 Senator für Inneres. Vgl. Breunig/Herbst 2011, S. 170.
178 Schreiben Bezirksamt Lichtenberg, Abteilung für Personalfragen an die Evangelische Kirchengemeinde Erlöserkirche vom 12. März 1947, privates Dokument.
179 Schreiben evangelisches Konsistorium Berlin-Brandenburg vom 21. Januar 1954, LAB, C Rep. 303/290, Bl. 183.
180 Perspektivplanung bis 1970 vom 13. März 1964, LAB, C Rep. 303/367, Bl. 137–138.
181 Mehr als 20 Türen innerhalb des StVE/UHA I konnten über mehrere Wochen mit dem 6er-Bund A-Schlüssel nicht geschlossen werden, Lageeinschätzung 1. Halbjahr vom 20. Juli 1988, LAB, C Rep. 330/10, Bl. 16.
182 Lageeinschätzung 1. Halbjahr vom 12. Juli 1985, LAB, C Rep. 330/2, Bl. 18.
183 Kollegiumsvorlage zum gegenwärtiger Stand der Durchsetzung der langfristigen Konzeption zur Reproduktion der baulichen Grundfonds in der StVE und JH vom 14. August 1984, BArch, DO 1/3669.
184 Zit. nach: Suckut 2001, S. 333.
185 Konzeption zur Vorbereitung inhaltlicher und organisatorischer Absicherung einer konzentrierten Unterbringung aller Strafgefangenen aus nichtsozialistischen Staaten und Berlin (West) in der StVE vom 23. Januar 1987, BStU, MfS, HA VII, Nr. 606, Bl. 2–4.
186 Forderungsprogramm für den Neubau eines Verwaltungsgebäudes mit Verbinder zur vorhandenen Bausubstanz in der StVE, 1976, Bl. 3, LAB, C Rep. 330/569.
187 Operativ funktionelle Entwicklungskonzeption zur Reproduktion des baulichen Grundfonds der StVE von 1987, LAB, C Rep. 330/574, Bl. 5–31.
188 Lageeinschätzung 1988 vom 12. Januar 1989, LAB, C Rep. 330/9, Bl. 14, 26, 32.
189 Zur täglichen Verarbeitung waren 1 t Kartoffeln für den Eigenbedarf, 5 t für den Fremdbedarf und 1 t Gemüse veranschlagt, Projektierung Wirtschaftsgebäude 1982–1985 vom 30. März 1982, LAB, C Rep. 330/559, Bl. 3–7. Lageeinschätzung 1988 vom 12. Januar 1989, LAB, C Rep. 330/9, Bl. 29.
190 Operativ funktioneller Entwicklungskonzeption zur Reproduktion des baulichen Grundfonds der StVE von 1987, LAB, C Rep. 330/574, Bl. 5–31.
191 Ebd.

192 Ebd.

193 Zuarbeit zur Baukonzeption 1987–1989, StVE, Stellvertreter Ökonomie und Versorgung vom 19. September 1989, Pos. 1. 3, LAB, C Rep. 330/583.

194 Operativ funktionelle Entwicklungskonzeption zur Reproduktion des baulichen Grundfonds der StVE von 1987, LAB, C Rep. 330/574, Bl. 5–31.

195 Raumpläne U-Haft Haus 3, Haus 3a 1988/89, LAB, C Rep. 330/580, Bl. 22–23.

196 Panorama-Aufnahme [etwa 1972], BStU, MfS, BV Berlin, Abt. VII, Nr. 7, Teil 2/2, Bl. 226.

197 Analyse der an der Haftanstalt liegenden Betriebe und der gegenüber der StVA I liegenden Wohnhäuser vom 11. Januar 1963, VP-Inspektion-Lichtenberg, VP-Revier 254, Abschnitt IV, BStU, MfS, BV Berlin, Abt. VII, Nr. 7, Teil 2/2, Bl. 242–248.

198 Ebd.

199 Umgebungsplan der StVA Rummelsburg [um 1975], BStU, MfS, BV Berlin, Abt. VII, Nr. 7, Teil 2/2, Anlage 2, Bl. 217.

200 Strukturplan der an die StVA angrenzenden Häuser und Betriebe vom 4. November 1957, BStU, MfS, BV Berlin, Abt. VII, Nr. 7, Teil 2/2, Bl. 242–245.

201 Vgl. Steer 2010, S. 124–125.

202 Beurteilung der Sicherheit der Strafvollzugs-Dienststellen vom 20. April 1963, LAB, C Rep. 303/1141, Bl. 247–263.

203 Konzeption für die Erarbeitung von Arbeitsplänen 3. und 4. Quartal 1966 vom 5. Juni 1966, LAB, C. Rep. 303/1135, Bl, 111–116.

204 Vgl. Lindenberger 1998, S. 122.

205 Die Einsatzpläne mussten von dem dortigen Inspektionsleiter bestätigt werden. Beurteilung der Sicherheit der Strafvollzugs-Dienststellen vom 20. April 1963, Abteilung SV an Stabschef PdVP, LAB, C Rep. 303/1141, Bl. 247–263.

206 Ebd.

207 Analyse über die politisch-operative Lage im Strafvollzug der DDR vom 22. Februar 1978, BStU, MfS, BV Berlin, Abt. VII, Nr. 16, Bl. 70–88.

208 Befehl Nr. 6/63 des Ministers des Innern, LAB, C Rep. 303/1130, Bl. 145–149.

209 Einsatzanordnung l 3/63 des Leiters StVA I vom 15. Juni 1963, LAB, C Rep. 303/1130, Bl. 151–152.

210 Jahresbericht 1953 vom 11. Januar 1954, LAB, C Rep. 303/282, Bl. 88–91.

211 Zit. nach: Gretzschel, Matthias: »Juni – Und dann schossen sie doch«, Hamburger Abendblatt vom 17. Juni 2003.

212 Vgl. Schroeder, Klaus 2013, S. 137–152.

213 Resultate der Arbeit der letzten 14 Tage vom 5. Juli 1953, VA Barnimstraße, BArch, DO 1/27306, Bl. 128–130.

214 Fernschreiben vom 17. Juni 1953, Leiter HVDVP, BArch, DO 1/28512, Bl. 17.

215 Resultate der Arbeit der letzten 14 Tage vom 4. Juli 1953, BArch, DO 1/27306, Bl. 118–119.

216 Ebd.

217 Dienststellenleiterbesprechung vom 26. Juni 1953, LAB, C Rep. 303/285, Bl. 127.

218 Bath 2007, S. 140.

219 Schreiben des Politstellvertreters der VA Rummelsburg vom 4. Juli 1953; BArch, DO 1/11/306, Bl. 118–119.

220 In den Akten war nicht ersichtlich, ob sich die Kulturgruppen aus Strafvollzugsangehörigen oder aus Häftlingen zusammensetzten.

221 Resultate der Arbeit der letzten 14 Tage vom 4. Juli 1953, BArch, DO 1/27306, Bl. 118–119.

222 Zeittafel Volkspolizei Berlin [DDR] 1985, unter dem Datum.

223 Zit. nach: Klier 2003, S. 7–8. Vgl. auch Nachruf des Vorstandes der Vereinigung 17. Juni zum Tode Herbert Buleys vom 3. Januar 2012. Gretzschel, Matthias: »Juni – Und dann schossen sie doch«, Hamburger Abendblatt vom 17. Juni 2003.

224 Vgl. und zit. nach: Brömse 2013, S. 12–15 (Interview mit Hardy Firl). Vgl. auch Firl innerhalb des Projektes «17. Juni 1953 vom 3. August 2012, Berliner Heimatfilm GbR in Kooperation mit dem Onlineportal »Deine Geschichte«.
225 Informationsbericht vom 20. Dezember 1966, LAB, C Rep. 303/1143, Bl. 128–130.
226 Vgl. Bath 2007, S. 217.
227 Provokation von Strafgefangenen am 17. Juni 1975 im Ausländervollzug der StVA Rummelsburg, Bericht vom 23. Juni 1975, Verwaltung für Staatssicherheit Groß-Berlin, Abteilung IX, BStU, MfS, HA IX, Nr. 1082, Bl. 317–319.
228 Teilzitiert nach: Bath 2007, S. 186.
229 Ebd., S. 184–190.
230 Befehl abgedruckt in: Mehls 1990, S. 9.
231 Einschätzung der Arbeit des Einsatzstabes in der Zeit vom 13. bis 16. August 1961, LAB, C Rep. 303/1140, Bl. 16.
232 Bericht vom 14. August 1961, LAB, C Rep. 303/1140, Bl. 71.
233 Bericht über die Stimmung im Kommando SWB vom 18. August 1961, LAB, C Rep. 303/1140, Bl. 23–24.
234 Besprechung mit Offizieren des Stabes vom 13. August 1961, LAB, C Rep. 303/1140, Bl. 6. In den folgenden Tagen lehnten weitere Häftlinge die Arbeit ab.
235 Informationsbericht vom 19. August 1961, LAB, C Rep. 303/1140, Bl. 77, 79.
236 Bericht über die Stimmung im Kommando SWB vom 18. August 1961, LAB, C Rep. 303/1140, Bl. 23–24.
237 Informationsbericht vom 25. August 1961, LAB, C Rep. 303/1140, Bl. 79, 83.
238 Informationsbericht vom 14. August 1961, ebd., Bl. 70.
239 Informationsbericht vom 20. August 1961, ebd., Bl. 78.
240 Maßnahmeplan für die polit-kulturelle Erziehungsarbeit mit den U-Häftlingen und Strafgefangenen vom 27. Februar 1961, LAB, C Rep. 303/1133, Bl. 36–38.
241 Struktureller Aufbau der StVA I vom 25. Februar 1963, Verwaltung Groß-Berlin, Abteilung VII/1, BStU, MfS, BV Berlin, Abt. VII, Nr. 7, Teil 2/2, Bl. 249–252.
242 Beurteilung der Sicherheit der SV-Dienststellen vom 20. April 1963, LAB, C Rep. 303, Nr. 1141, Bl. 247–263.
243 Arbeitsgebiet Information, Bericht vom 3. September 1961, LAB, C Rep. 303/1140, Bl. 54.
244 Ebd., Bl. 54, 58.
245 Zusammengestellt aus einzelnen Schriftstücken aus den Akten und Dienststellenpässen StVE, JH, UHA, 1986–1990, Nr. 15601 4 801 8, BArch, DO 1/3679.
246 Bericht 1. Quartal vom 2. April 1953, Abteilung SV, LAB, C Rep. 303/282, Bl. 92–114.
247 Dienstbesprechung vom 18. Februar 1955, LAB, C Rep. 303/286, Bl. 119–121.
248 Dienstbesprechung vom 21. Januar 1955, ebd., Bl. 117.
249 Überprüfung des Personals UH und VA I und VA II Berlin vom 15. Januar 1955, BArch, DO 1/28453, Bl. 339–343. Dienstbesprechung vom 18. Februar 1955, LAB, C Rep. 303/286, Bl. 119–121.
250 Unterredung zum Stellenplan der StVA I vom 14. Mai 1959, BArch, DO 1/28840, Bl. 223.
251 Liste der Planstellenbesetzung 1955 HVDVP, Abteilung SV, o.D., BArch, DO 1/28692, Bl. 52–59. Bericht 1. Quartal vom 13. April 1956, BArch DO 1/28472, Bl. 28.
252 Offiziersversammlung vom 29. August 1960, LAB, C Rep. 303/284, Bl. 134.
253 Beurteilung der Strafgefangenen R. und W. vom 15. und 18. Oktober 1960, BStU, MfS, BV Rostock, Archiv der Außenstelle Rostock, AS, Nr. 7/76, Teil 3, Bl. 343, 369.
254 Aufstellung des Verschlusssachen-berechtigten Personenkreises der VSV vom 19. April 1961, BArch, DO 1/28456, Bl. 269.
255 Vgl. Finn 1960/1989, S. 167.

256 Aussprache mit Hauptmann der VP Bickel vom 12. September 1961, BArch, DO 1/28456, Bl. 255–259.
257 Ebd.
258 Berliner Zeitung vom 1. Juli 1981, aus: BArch DO 6/B 285.
259 Maßnahmeplan für 1960 vom 25. April 1960, PdVP II. Bereitschaft Rummelsburg, LAB, C Rep. 303/267, Bl. 97–103.
260 Friedrich Dickel (1913–1993): Minister des Innern und Chef der Deutschen Volkspolizei 11/1963 bis 1989, Biographie unter: Müller-Enbergs u. a. 2010, unter dem Namen.
261 Am 5. August 1964 wurde die »Instruktion« vom ZK der SED bestätigt. Vgl. Geschichte der Deutschen Volkspolizei 1983, S. 49.
262 Friedrich Dickel, in: Die Volkspolizei, H. 8/1964, S. 2–3.
263 Undatierter Bericht [60er Jahre], BStU, MfS, BV Berlin, Abt. VII, Nr. 7, Teil 1/2, Bl. 173, 189.
264 Aufstellung (Liste) von Mitarbeitern der VSV vom 23. Mai 1960, BArch DO 1/28456, Bl. 241–247.
265 Willi Stoph (1914–1999): u. a. 1964 bis 1973 und 1976 bis 1989 Ministerpräsident der DDR, 1973 bis 1976 Staatsratsvorsitzender. Biographie unter: Müller-Enbergs u. a. 2010, unter dem Namen.
266 Rothin, Ilona: »Dann geh' ich auf die Esse!«, in: NBI Nr. 34 vom 17. August 1990, S. 16–24, hier S. 24.
267 Wahlversammlung der Grundorganisation der HPS Berlin vom 12. Februar 1956, Höhere Polizeischule Berlin (HPS), SED-Grundorganisation, BArch, DO 1/27273, Bl. 322–345.
268 Div. Schreiben des ZK der SED, Abteilung für Sicherungsfragen von September bis Oktober 1967, BArch, DO 1/26.0/33370 und DO 6/B 285.
269 ND vom 28. Juni 1977 und BArch, DC 20 (Auszeichnungskartei).
270 Dienststellenpässe StVE, JH, UHA, 1986–1990, Nr. 15601 4 000 4, BArch, DO 1/3679.
271 Vgl. Dauerausstellung der Gedenkstätte Berlin-Hohenschönhausen.
272 Wörterbuch der Staatssicherheit BStU (Hg) 1993, S. 110.
273 Teilzitat übernommen von: Beleites 1998, S. 50.
274 Vgl. Suckut 2001, S. 4; Wiedmann 2012, S. 58, 70–71.
275 Seit Anfang der 1990er Jahre besteht dort im »Haus 1« das »Stasi-Museum« mit einer Dauerausstellung des Trägervereins ASTAK e.V. und einem darin integrierten Teilabschnitt der Behörde BStU.
276 Vgl. Knabe 2007, S. 203.
277 Vgl. Beleites 2009, S. 15.
278 Heute ist der frühere Ort der politischen Verfolgung in die Gedenkstätte Berlin-Hohenschönhausen umgewidmet.
279 Erler/Knabe 2005, S. 73; Staatssicherheitsdienst 1962, S. 60.
280 Heute ein Frauengefängnis.
281 Vgl. Beleites 2009, S. 11. Vgl. Pieper 1997, S. 64, hier wird das Besuchstreffen eines Häftlings aus der MfS-U-Haft Potsdam mit einem Diplomaten der Ständigen Vertretung der Bundesrepublik in der Magdalenenstraße beschrieben.
282 Biographie unter: Müller-Enbergs u. a. 2010, unter dem Namen.
283 Jürgen Fuchs: »Magdalena. MfS. Memfisblues. Stasi. Die Firma. VEB Horch und Gauck – ein Roman«, Rowohlt Berlin Verlag, Berlin 1998.
284 Zit. nach: Rosenbaum 2006, S. 23.
285 Weitere Informationen, in: Kaminsky 2007, S. 114.
286 Jahresanalyse 1951 vom 31. Dezember 1951, LAB, C Rep. 303/281, Bl. 1–24.
287 Erstmals sollte der Strafvollzug innerhalb des MfS durch Befehl Nr. 17/86 des Ministers für Staatssicherheit vom 3. Oktober 1986 über den Vollzug von Freiheitsstrafen an Strafgefan-

genen in den Abteilungen XIV des MfS (GVS MfS 0008 22/86) geregelt werden. Vgl. Beleites 2009, S. 1, 16.

288 Richtlinie der Abteilung VII vom 23. April 1956 zur operativen Arbeit in Strafvollzugsanstalten, Haftkrankenhäusern, Untersuchungshaftanstalten, Jugendhäusern und den Abteilung VII a (Vorläufer Kasernierte VP) BV Strafvollzug (mit Ergänzung vom 11. Dezember 1956), BStU, MfS, BdL/Dok. Nr. 2657, Quelle nach: Wiedmann 2010, S. 59.

289 Vgl. Wunschik 1999, S. 467–493 und ebd. 2003, S. 61–62.

290 Aussage von Wolfgang Rüddenklau.

291 Lageeinschätzung 1986 vom 16. Januar 1987, LAB, C Rep. 330/9, Bl. 2, u. a. in der Akte.

292 Vgl. Wiedmann 2012, S. 59, 286, 288 und Wunschik 2009, S. 6.

293 Zit. nach: Schroeder, Klaus 2013, S. 580.

294 Kontrollen von Sicherungseinrichtungen in den StVE Berlins, Kontrollkarten Block D [um 1982], LAB, C Rep. 330/364. Anordnungen zum Betreten des inneren Sicherungsbereiches der StVE, Teil B vom 22. August 1985, Liste der Berechtigten, LAB, C Rep. 330/493.

295 Dienststellenleiterbesprechung vom 10. April 1957, BV SV, LAB, C Rep. 303/285, Bl. 204–205.

296 Bericht 1. Halbjahr vom 7. Juli 1962, LAB, C Rep. 303/1141, Bl. 104–126.

297 Lageeinschätzung 1986 vom 16. Januar 1987, LAB, C Rep. 330/9, Bl. 2.

298 Vgl. Wunschik 2009, S. 25.

299 Vgl. Wiedmann 2012, S. 287.

300 Schreiben der Abteilung VII an Abteilung XIV des MfS vom 3. April 1954, BStU, MfS, Abt. XIV, Nr. 87, Bl. 351.

301 Sondervorgang »Kiesel« der HA II/1 MfS, Schlussbericht vom 26. Juli 1978, BStU, MfS, HA II/1, Nr. 35001, Bl. 1–9.

302 Vgl. Wunschik 1999, S. 473–482.

303 Beilage »die tageszeitung« (taz Berlin) vom 30. März 1991.

304 Entwicklung des Strafgefangenen- und Verhaftetenbestandes vom 24. März 1980, Anlage 1, BStU, MfS, ZAIG, Nr. 25035, Bl. 41–51.

305 Ebd.

306 Streng geheime Übersicht mit Stand 20. November 1988 vom 15. Dezember 1988 an Minister [MfS], BStU, MfS, ZAIG, Nr. 25342, Bl. 2.

307 Teils Akten aus MfS-Ermittlungen: 58 Bündel 1976, 63 Bündel 1977, 82 Bündel 1978, 65 Bündel 1979, 57 Bündel 1980. Die Namenslisten liegen heute im Bundesarchiv, BArch, DO 1/3764, Bl. 1.

308 Bis 1968 Geheimer Hauptinformant (GHI) genannt.

309 Vgl. Die Landesbeauftragten für die Unterlagen des Staatssicherheitsdienstes der ehemaligen DDR Berlin und Sachsen 1996, S. 50.

310 Akte Kontaktperson »Karl«, BStU, MfS, Abt. XIV, Nr. 1985, Bl. 3–4.

311 Ebd., Bl. 61, 63, 80.

312 MdI, der Minister, Befehl Nr. 49/55 vom 15. August 1955 betraf die Arbeit mit geheimen Informanten der Kriminalpolizei (GVS-Nr. 0–67/55).

313 Befehl Nr. 22/64 des Ministers des Innern vom 9. November 1964 über die Aufgaben und die Arbeitsorganisation der Kriminalpolizei (GVS B 3/36–59/64).

314 Vgl. Lindenberger 1998, S. 98 und Schröder/Wilke 1998, S. 129–130.

315 AR I/1 »Bekämpfung von Verbrechen gegen das sozialistische Eigentum und die Volkswirtschaft«. AR I/2 »Bekämpfung von Verbrechen gegen den Staat, die allgemeine Sicherheit und andere schwere Verbrechen«. AR I/3 »Operative Sicherung der Einhaltung der sozialistischen Gesetzlichkeit im Bereich der Tätigkeiten von Vereinigungen«. Vgl. Die Landesbeauftragten für die Unterlagen des Staatssicherheitsdienstes der ehemaligen DDR Berlin und Sachsen 1996, S. 32.

316 MdI, HA Kriminalpolizei, Abteilung I: Richtlinie Nr. 001/78 vom 1. Dezember 1978 über die inoffizielle und vertrauliche Zusammenarbeit des Arbeitsgebietes I der Kriminalpolizei mit Bürgern der DDR (GVS 0-013059).

317 Befehl Nr. 0023/1973 des Ministers des Innern vom 5. Juni 1973 (GVS »B« I 011170).

318 Kontrollen von Sicherungseinrichtungen in den StVE Berlins, Kontrollkarten Block D [um 1982], LAB, C Rep. 330/364, o. Pag. Anordnungen zum Betreten des inneren Sicherungsbereiches der StVE, Teil B vom 22. August 1985, Liste der Berechtigten – Ablaufplan für die Kontrolle durch operative Diensthabende, LAB, C Rep. 330/493. Raumpläne Block D, LAB, C Rep. 330/494.

319 ASG waren noch nicht zur Zusammenarbeit verpflichtet worden.

320 MdI, HA Kriminalpolizei, »Richtlinie zur Organisation und zur Arbeitsweise der operativen Tätigkeit in den U-Haftanstalten des MdI« (GVS I 062630) o. D. [nach 1982].

321 Entschlussvariante – Kennwort »Schallschutz« – zur Gewährleistung von Ordnung und Sicherheit sowie zur Bekämpfung von Gewaltakten in der StVE von 1984, LAB, C Rep. 330/407, Bl. 5.

322 Anordnungen zum Betreten des inneren Sicherungsbereiches der StVE, Teil B vom 22. August 1985, Liste der Berechtigten – Ablaufplan für die Kontrolle durch operative Diensthabende, LAB, C Rep. 330/493, Bl. 5.

323 Belegungsbuch (StVE Rummelsburg und UHA I) 12. September 1974 – 30. Mai 1975, LAB, C Rep. 330/481.

324 Jahresanalyse 1952 vom 17. Dezember 1952, LAB, C Rep. 303/282, Bl. 30–37. Jahresanalyse 1953 vom 8. Januar 1954, BArch, DO 1/28578, Bl. 36.

325 Bath 2007, S. 140.

326 Arbeitsbesprechung vom 28. Januar 1952, LAB, C Rep. 303/286, Bl. 57–60.

327 Stellenplanvorschlag für die Vollzugsgeschäftsstelle vom 29. Mai 1959, BArch, DO 1/28840, Bl. 215–222.

328 Formblatt MdI–VSV–Statistik, Gefangenenstatistik (1957–1960) vom 30. November 1958, LAB, C Rep. 303/282, Bl. 246.

329 Stellenplanvorschlag für die Vollzugsgeschäftsstelle vom 29. Mai 1959, BArch, DO 1/28840, Bl. 215–222.

330 Formblatt GM 10 MdI–VSV–Statistik, Gefangenenstand in den SV-Dienststellen vom 1. Oktober – 31. Dezember 1959, ebd., Bl. 282–283.

331 Eingewiesen wurden Gefangene zur Begutachtung ihrer Schuldfähigkeit. Untergebracht waren hier bei geminderter oder fehlender Zurechnungsfähigkeit auch psychisch kranke Straftäter.

332 Gefangenenstatistik (1961–1965), o. D., LAB, C Rep. 303/1147, Bl. 1 (Rückseite), 3, 5, 7.

333 Bath 2007, S. 140.

334 Vermerk vom 16. Mai 1963, BArch, B 137/1649.

335 Perspektivplanung bis 1970 vom 13. März 1964, LAB, C Rep. 303/367, Bl. 123–158.

336 Beurteilung der Sicherheit der SV-Dienststellen vom 20. April 1963, LAB, C Rep. 303/1141, Bl. 247–263.

337 Jahresanalyse zur Statistik 1965 vom 10. Januar 1966, LAB, C Rep. 303/1143, Bl. 10–24.

338 Nachtrag Namensliste Jahrgang 1964–1975, StVE, BArch, DO 1/3758, Bl. 28.

339 Dienststellenpässe StVE, JH, UHA 1986–1990, BArch, DO 1/3679.

340 Entwicklung des Strafgefangenen- und Verhaftetenbestandes vom 24. März 1980, Anlage 1, BStU, MfS, ZAIG, Nr. 25035, Bl. 41–51, Lageeinschätzung 1983 (1982) vom 13. Februar 1984, Bl. 2, LAB, C Rep. 330/2. Lageeinschätzung 1. bis 3. Quartal vom 17. Oktober 1986, LAB, C Rep. 330/9, Bl. 33.

341 Lageeinschätzung 3. Quartal 1985 (1984) vom 11. Oktober 1985, Bl. 22, LAB, C Rep. 330/2.

342 »Gesetz zur Änderung des SVWG« vom 19. Dezember 1974 (GBl. I 1975 Nr. 5 S. 110).
343 Öffentliche Ordnung und Sicherheit der StVE und nachgeordnete Dienststellen 1982, Bericht vom 12. Januar 1983, Bl. 14–16, LAB, C Rep. 330/2.
344 Lageeinschätzung 1983 (1982) vom 13. Februar 1984, Bl. 3–6, LAB, C Rep. 330/2.
345 Jahresanalyse 1951 vom 31. Dezember 1951, LAB, C Rep. 303/281, Bl. 1–24.
346 Ausbau der Vollzugsanstalt Rummelsburg vom 26. September 1952, LAB, C Rep. 303/270, Bl. 243–246. Berlin I an Abteilung SV vom 19. März 1954, LAB, C Rep. 303/26, Bl. 251.
347 Bericht über die Vergangenheit der StVA I vom 7. November 1957, BStU, MfS, BV Berlin, Abt. VII, Nr. 7, Teil 2/2, Bl. 237–239.
348 Hausanweisung Nr. 50/52, Untersuchung von Häftlingen auf ihren Geisteszustand (Entwurf) vom 4. November 1952, Abteilung SV, LAB, C Rep. 303/271, Bl. 95–96.
349 Bericht 1. Halbjahr vom 13. Juli 1963, LAB, C Rep. 303, Nr. 1141, Bl. 222–237.
350 Referatsleiterbesprechung Abteilung SV vom 11. Juni 1955, LAB, C Rep. 303/285, Bl. 161.
351 Öffentliche Ordnung und Sicherheit der StVE und nachgeordnete Dienststellen 1982, Bericht vom 12. Januar 1983, Bl. 14–16, LAB, C Rep. 330/2, o. Pag.
352 Lageeinschätzung 1983 (1982) vom 13. Februar 1984, Bl. 3–6, LAB, C Rep. 330/2.
353 Ebd.
354 »Gesetz über die Staatsbürgerschaft der DDR (Staatsbürgerschaftsgesetz)« vom 20. Februar 1967 (GBl. I Nr. 2 S. 3–6). Damit wurde das bis dahin gültige gesamtdeutsche Reichs- und Staatsangehörigkeitsgesetz von 1913 außer Kraft gesetzt.
355 Instruktion Nr. 013/68 vom 29. Juni 1968, MdI, BStU, MfS, BV Berlin, Abt. VII, Nr. 16, Bl. 64–65.
356 Einschätzung der gegenwärtigen politisch-operativen Situation in der StVE und StV-Abteilung Berlin-Grünau vom 29. April 1981, BStU, MfS, BV Berlin, Abt. VII, Nr. 16, Bl. 59–66.
357 Analyse über die politisch-operative Lage im Strafvollzug der DDR vom 22. Februar 1978, BStU, MfS, BV Berlin, Abt. VII, Nr. 16, Bl. 70–88.
358 Verwaltung SV vom 1. Dezember 1976, BArch, DO 1/3708.
359 Einschätzung der gegenwärtigen politisch-operativen Situation in der StVE und StV-Abteilung Berlin Grünau vom 29. April 1981, BStU, MfS, BV Berlin, Abt. VII, Nr. 16, Bl. 59–66.
360 Ebd.
361 Lageeinschätzung 1983 (1982) vom 13. Februar 1984, Bl. 6, LAB, C Rep. 330/2, o. Pag.
362 Ebd.
363 Lageeinschätzung 1. Halbjahr 1985 (1984) vom 12. Juli 1985, Bl. 10, LAB, C Rep. 330/2, o. Pag.
364 Vgl. Schalck-Golodkowski 2001, S. 315–316.
365 Bericht 2. Quartal vom 5. Juli 1954, LAB, C Rep. 303/282, Bl. 118–125. Bericht vom 8. April 1954 zum Jugendstrafvollzug, LAB, C Rep. 303/26, Bl. 250.
366 Dienstversammlung vom 3. November 1959, LAB, C Rep. 303/286, Bl. 218–222.
367 Arbeitsbesprechung vom 6. Juli 1953, LAB, C Rep. 303/286, Bl. 89–90.
368 Besprechung vom 28. Mai 1958, BV SV, Abteilung Justiz und Staatsanwaltschaft, LAB, C Rep. 303/284, Bl. 71–75.
369 Jahresbericht 1961 vom 4. Januar 1962, LAB, C Rep. 303/1141, Bl. 19–25.
370 Auswertung des statistischen Materials und Einschätzung der Lage vom 6. November 1961, LAB, C Rep. 303/1141, Bl. 80–81.
371 Struktureller Aufbau der StVA I vom 25. Februar 1963, Verwaltung Groß-Berlin, Abteilung VII/1, BStU, MfS, BV Berlin, Abt. VII, Nr. 7, Teil 2/2, Bl. 249–252.
372 Bericht 1. Halbjahr vom 4. Juli 1962, LAB, C Rep. 303/1141, Bl. 127–143.
373 Befehl Nr. 6/64 des Leiters StVA I vom 24. März 1964, LAB, C Rep. 303/1131, Bl. 18–22.
374 Analyse über die politisch-operative Lage im Strafvollzug der DDR vom 22. Februar 1978, BStU, MfS, BV Berlin, Abt. VII, Nr. 16, Bl. 70–88.

375 Vgl. und Teilzit. nach: Interview Gritt Poppe mit Stefan Lauter über seine Erfahrungen in »Jugendhäusern«, in: Poppe 2014.

376 Gespräch d. A. mit Martina Weyrauch November 2014.

377 Zit. nach: Martina Weyrauch, in: Ulrich/Kämper 2002, Vorwort.

378 11. ZK-Plenum im Dezember 1965.

379 Dienstanweisung 4/66 des Ministers für Staatssicherheit zur Bekämpfung der politisch-ideologischen Diversion und der Untergrundtätigkeit unter jugendlichen Personenkreisen in der DDR vom 15. Mai 1966, BStU, MfS, BdL-Dok.1080.

380 Vgl. Zeittafel Volkspolizei Berlin [DDR] 1988, 4. November 1966.

381 Bericht zur Aktion »Vorwärts« (Vorbereitung und Durchführung des VII. Parteitages der SED), [April 1967], BStU, MfS, HA XX/9, Nr. 1718.

382 Bericht zur Aktion »Vorwärts« (Vorbereitung und Durchführung des VII. Parteitages der SED), [April 1967], BStU, MfS, HA XX/9, Nr. 1718.

383 Vermerk über die Entwicklung eines Objektes in Rüdersdorf vom 22. November 1966, LAB, C Rep. 303/1143, Bl. 121–128. Auskunftsbericht über die bisherigen Ergebnisse und Erfahrungen im Erziehungskommando Rüdersdorf vom 15. Februar 1967, LAB, C Rep. 303/330, Bl. 93–99. Ein anderes Datum lautete auf den 10. November 1966, es dürfte nicht realisiert worden sein.

384 »Verordnung über die Aufgaben und die Arbeitsweise der Organe der Jugendhilfe« (Jugendhilfeverordnung) vom 3. März 1966.

385 Auswertung der Erfahrungen der Arbeit im Arbeits- und Erziehungskommando Rüdersdorf vom 28. Dezember 1966, LAB, C Rep. 303/330, Bl. 80–81.

386 Vorläufige Ordnung für die Durchführung von Erziehungsmaßnahmen an Jugendlichen im Erziehungskommando Rüdersdorf (o. D. und Kopf), LAB, C Rep. 303/330, Bl. 125–131.

387 Auswertung der Erfahrungen der Arbeit im Arbeits- und Erziehungskommando Rüdersdorf vom 28. Dezember 1966, LAB, C Rep. 303/330, Bl. 80–81.

388 Auskunftsbericht über die bisherigen Ergebnisse und Erfahrungen im Erziehungskommando Rüdersdorf vom 15. Februar 1967, Oberstleutnant des SV Mischnik, LAB, C Rep. 303/330, Bl. 93–99.

389 Einschätzung der Lage auf dem Gebiet der Bekämpfung kriminell gefährdeter Gruppierungen Jugendlicher vom 24. Oktober 1967, LAB, C Rep. 303/26.1/491.

390 Auskunftsbericht über die bisherigen Ergebnisse und Erfahrungen im Erziehungskommando Rüdersdorf vom 15. Februar 1967, LAB, C Rep. 303/330, Bl. 94–95.

391 Bericht über eine Eingabe an den Staatsrat der DDR wegen der Einlieferung eines Jugendlichen nach Rüdersdorf [Januar 1967], LAB, C Rep. 303/330, Bl. 105–116. Aktennotiz zur Beschwerde an den damaligen Staatsratsvorsitzenden Walter Ulbricht vom 22. Februar 1967, BArch, DR 2/51127.

392 Ebd. Vgl. auch Buchwald 2012 und Lindenau 2012 und Buchwald/Sachse 2014, S. 36–42, 67–69.

393 Entwurf einer vorläufigen Ordnung für das Erziehungskommando Rüdersdorf vom 27. Dezember 1966, PdVP, LAB, C Rep. 303/330, Bl. 82–85.

394 Vgl. Buchwald 2012, S. 44.

395 Entwurf einer vorläufigen Ordnung für das Erziehungskommando Rüdersdorf vom 27. Dezember 1966, LAB, C Rep. 303/330, Bl. 82–85.

396 Josef Streit (1911–1987): 1962 bis 1986 Generalstaatsanwalt der DDR. Biographie unter: Müller-Enbergs u. a. 2010, unter dem Namen.

397 Übergabe des Erziehungskommandos Rüdersdorf an das SV-Kommando Rüdersdorf, BdVP Frankfurt/O. vom 7. August 1967, LAB, C Rep. 303/330, Bl. 122–124.

398 Belegungs- und Tätigkeitsbücher StVE Rummelsburg: 12. September 1974 – 30. Mai 1975,

LAB, C Rep. 330/481. Jahrgang 1976, ebd. 330/465. 13. Januar – 23. September 1989, ebd. 330/478.

399 Vgl. Hüge 1991.

400 Zit. nach: Herbermann 2012, S. 58.

401 Heute gibt es einen Opferfonds für zumindest eine etwas geldmäßige Entschädigung.

402 Vgl. Dirksen 1998, S. 267.

403 Vgl. Finn 1960/1989 (Reprint), S. 94.

404 Der A. liegt vom Zentralen Archiv der Zeugen Jehovas in Selters (Taunus) eine Liste mit 50 Namen von Anhängern vor, die in Rummelsburg inhaftiert waren.

405 Vgl. Dirksen 1998, S. 269–270.

406 »Gesetz über die allgemeine Wehrpflicht (Wehrpflichtgesetz)« vom 24. Januar 1962 (GBl. I Nr. 1 S.2).

407 Vgl. Wrobel 2003, S. 201

408 Häftlingskartei 1963–1975, nach Namen alphabetisch geordnet, BStU, MfS, AS, Nr. 243/86.

409 Ebd.

410 Ebd.

411 Zit. nach Aufzeichnung eines Gespräch d. A. mit Hans-Jürgen W. im Juni 2016.

412 Vgl. Dirksen 1998, S. 269–270.

413 Ebd., S. 269, 275.

414 Häftlingskartei 1963–1975, nach Namen alphabetisch geordnet, BStU, MfS, AS, Nr. 243/86.

415 Vgl. CDU-Tageszeitung »Der Demokrat« vom 28. November 1950.

416 Vgl. Dirksen 1998, S. 269, 275.

417 Vermerk auf Häftlingskartei 1963–1975, nach Namen alphabetisch geordnet, BStU, MfS, AS, Nr. 243/86.

418 Dem heimlichen Betreiben von Prostitution in der DDR wurde beispielsweise im Auftrag des MfS in Hotels und zur Leipziger Messe zum Abschöpfen von Devisen und von Informationen nachgegangen.

419 Wörterbuch der Staatssicherheit BStU (Hg.) 1993, S. 30–31.

420 »Verordnung über die Aufgaben der örtlichen Räte und der Betriebe bei der Erziehung kriminell gefährdeter Bürger« vom 19. Dezember 1974 (GBl. 1975 Nr. 6S. 130), hier: §§ 1–3, 4, 10. Die Abteilungen Inneres oder Jugendfragen erfassten die Personen, konnten für eine Strafverfolgung das Gericht oder die Staatssicherheit einschalten, aber auch Auflagen wie Zuweisung eines Arbeitsplatzes, der nicht ohne Genehmigung gewechselt werden durfte, oder Verbot eines Wohnungswechsels oder Aufenthaltsortes erteilen. Wer dies nicht einhielt, musste (§ 12 Abs. VO) mit einer Strafanzeige gemäß § 249 und Freiheitsentzug rechnen.

421 Krone, Lothar: »Aufarbeitung: Gedemütigt und weggesperrt. Der § 249 im DDR-Strafrecht«, in: Märkische Allgemeine vom 13. Juni 2008; Grimm, Peter: Verurteilt als »asozial« in der DDR. TV-Produktion für den MDR/2006. Heute arbeitet Bernhard Freutel als freischaffender Fotograf.

422 Vgl. Fricke 1990: Hier lassen charakteristische Methoden und eine Menge Beispiele treffend nachvollziehen.

423 Vgl. Werkentin 2008, S. 645–655, hier Schreiben des Ministers: S. 652–653.

424 Öffentliche Ordnung und Sicherheit der StVE und nachgeordnete Dienststellen 1982, Bericht vom 12. Januar 1983, Bl. 14–16, LAB, C Rep. 330/2, o. Pag.

425 Die Gesprächspartnerin aus dem ehemaligen Ost-Berlin möchte anonym bleiben.

426 »Verordnung über Aufenthaltsbeschränkung« vom 24. August 1961 (GBl. II Nr. 55 S. 343).

427 Vgl. Werkentin 1997, S. 244–246.

428 »Gesetz zur Änderung und Ergänzung straf- und strafverfahrensrechtlicher Bestimmungen (2. Strafrechtsänderungsgesetz)« vom 7. April 1977 (GBl. I Nr. 10 S. 100–102).

429 Ein Detail der alten »Maßregeln zur Sicherung und Besserung« § 42a–n, die im Rahmen der Strafrechtsreform 1968 beendet und durch § 42 oder andere gesetzliche Bestimmungen ersetzt wurden.
430 Bastian/Neubert 2004, S. 67–68, hier: MfS-Bdl Nr. 1979: Gemeinsame Anweisung über die Anwendung der Arbeitserziehung und Aufenthaltsbeschränkung des Generalstaatsanwaltes und des Ministers der Inneren, S. 1.
431 Vgl. Schröder/Wilke 1998, S. 35.
432 Zit. nach: Schröder/Wilke 1998, S. 5.
433 Karl Wilhelm Fricke wurde 1955 von Stasi-Agenten aus West-Berlin in die DDR entführt, anschließend fünfzehn Monate im MfS-Untersuchungsgefängnis Berlin-Hohenschönhausen verhört und 1956 in einem Geheimprozess wegen »Boykotthetze« zu vier Jahren Zuchthaus verurteilt. 1991 hob das Landgericht Berlin das Urteil auf. Fricke ist Mitglied des Stiftungsrates und Vorsitzender des Beirates der Gedenkstätte Berlin-Hohenschönhausen. Angaben nach: http://www.stiftung-hsh.de
434 Zit. nach: Fricke 1990, S. 8.
435 Rundverfügung Nr. 125/51. Zit. übernommen von: Finn/Fricke 1981, S. 10.
436 Recherche des MdI zum Stand SV, Stichtag 20. Januar 1987 (SG), BStU, MfS, HA VII, Nr. 3893, Bl. 22–23.
437 Rehabilitierungsgesetze siehe unter: https://www.bundesstiftung-aufarbeitung.de/juristische-aufarbeitung-1174.html
438 Vgl. Schroeder, Klaus 2013, S. 529, hier auch Quellenverweis: Schuller 1980, S. 54–56.
439 »Gesetz zur Ergänzung des Strafgesetzbuches – Strafrechtsergänzungsgesetz –« vom 11. Dezember 1957 (GBl. I S. 643). In Kraft getreten am 1. Februar 1958.
440 »Strafgesetzbuch der DDR – StGB –« vom 12. Januar 1968 (GBl. I Nr. 1 S.1). Wirksam seit dem 1. Juli 1968.
441 Zit. nach: Benjamin 1968, S. 33.
442 Sich offen zu outen wagten dennoch in der DDR nur wenige Menschen. Als Schutzaltersgrenze waren festgelegt 18 Jahre, 1989 ab 16 Jahre. In der BRD entfiel die Strafbarkeit zwischen Erwachsenen 1969.
443 Abgeschafft wurde die Todesstrafe 1987, das letzte Todesurteil am 26. Juni 1981 gegen den MfS-Hauptmann Werner Teske in der StVE Leipzig vollstreckt.
444 »Paß-Gesetz der DDR« vom 15. September 1954 (GBl. Nr. 81 S. 786), novelliert i.d.F. des Änderungsgesetzes vom 11. Dezember 1957 (GBl. I Nr. 78 S. 650)
445 § 225 StGB »Unterlassung der Anzeige«.
446 »Internationaler Pakt über bürgerliche und politische Rechte« (IPbürgR) von 1966, der 1976 in Kraft trat und den die DDR im Zuge ihres UN-Beitritts 1973 ratifizierte, und 1975 die Mitunterzeichnung der Schlussakte der Konferenz für Sicherheit und Zusammenarbeit in Europa (KSZE, hier vor allem Korb 3 »Zusammenarbeit in humanitären und anderen Bereichen«) in Helsinki. (Stand: 16. Dezember 2013, S. 5).
447 Vgl. Eisenfeld 1996, S. 7.
448 Vgl. Raschka 2000 (fhi), Pos. 22–25.
449 Ebd. 2000 (fhi), Pos. 10.
450 Information Nr. 536/77, BStU, MfS, HA IX, Nr. 1083, Bl. 124.
451 »Grundsätze für die Anwendung strafrechtlicher Mittel durch die Sicherheits- und Justizorgane«.
452 Vgl. Werkentin 2008, S. 652–653.
453 Vgl. Vogt-Müller 2003, S.38–39.
454 Ebd., S.13.
455 Häftlingskartei 1963–1975, alphabetisch geordnet, BStU, MfS, AS, Nr. 243/86, Bl. 43.

456 Das war vermutlich möglich, weil Vertreter des Internationalen Roten Kreuzes auch inhaftierte KPD-Anhänger in Gefängnissen der Bundesrepublik besuchen konnten. Schreiben des Deutschen Roten Kreuzes an das Bundesministerium für Justiz vom 15. März 1957, BArch, B 137/1812.

457 Berliner Morgenpost vom 10. Mai 1957, Quelle in: Finn 1960/1989, S. 205.

458 Formblatt GM 1 MdI–VSV–Statistik, Gefangenenstatistik StVA I vom 1. Januar – 31. März 1957 vom 5. April 1957, LAB, C Rep. 303/282, Bl. 206–207.

459 Zit. nach: Finn 1960/1989, S.166.

460 Einschätzung der politisch-kulturellen Erziehungsarbeit mit den SG und U-Gefangenen in den [Ost-] Berliner SV-Dienststellen vom 18. Dezember 1962, LAB, C Rep. 303/1141, Bl. 159–167.

461 Formblatt MdI–VSV–Statistik, Gefangenenstatistik (1957–1960), LAB, C Rep. 303/ 282, Bl. 190–286.

462 Vermerk des Regierungsdirektors im BMB Hoesch, Berlin vom 24. November 1969, BArch, B 137/33011. Abgedruckt, in: DzD BesBem 2012, Dok. Nr. 433 (Anm. 1), S. 684–686.

463 Öffentliche Ordnung und Sicherheit der StVE und nachgeordnete Dienststellen 1982 vom 12. Januar 1983, Bl. 14–16, LAB, C Rep. 330/2, o. Pag. Lageeinschätzung 1983 (1982) vom 13. Februar 1984, Bl. 6, ebd.

464 Vgl. Schröder/Wilke 1998, S. 8.

465 Vgl. Finn 1960/1989, S. 162: z.B. willkürliche »Aufdeckung« von Steuerhinterziehung oder »Warenhortung«.

466 Bis 1962 das Formblatt GM 10.

467 Formblatt MdI–VSV–Statistik, Gefangenenstatistik (1961–1965), LAB, C Rep. 303/1147, Bl. 1–88.

468 Vgl. Nachruf des Vorstandes der Vereinigung 17. Juni zum Tode Herbert Buleys vom 3. Januar 2012 und Gretzschel, Matthias: »Juni – Und dann schossen sie doch«, Hamburger Abendblatt vom 17. Juni 2003.

469 Haftbefehl gegen G. J. vom 12. Dezember 1952, BStU, MfS, AU, Nr. 879/58, Bd. 2, Bl. 5. Haftbeschluss MfS Abt. IX vom 22. Dezember 1952, ebd. Bd. 1, Bl. 5, 8,17–18 und Bd. 2, Bl. 5–6, 75.

470 BStU, MfS, AS, Nr. 1/2502/67, Bl. 10–11.

471 Marion Hartig, Zelle der Angst, in: Der Tagesspiegel vom 11. Juli 2009.

472 Haftbefehl vom 4. Mai 1957 und Untersuchungsvorgang G. R., BStU, MfS, AU, Nr. 190/57, Bd. 2, Bl. 9, 118 und Bd. 4, Bl. 14.

473 Gespräch d. A. mit Gundula M. im September 2011.

474 Zilli 1993.

475 Nach einem im Auftrag d. A. durch Wolfgang Rüddenklau geführten Interview 2010.

476 Biographie unter: Müller-Enbergs u. a. 2010, unter dem Namen. Vgl. auch Tobias Barth: »Ein Mann allein – Der August 1968 in Halle«, in: Feature MDR Kultur 1998.

477 Vgl. und zit. nach: Zeitzeugenbörse der Gedenkstätte Berlin-Hohenschönhausen und http://derstandard.at/1256744449100/Zeitzeugengespraech-Das-war-Psycho

478 »Eingesperrt und freigekauft – Politische Häftlinge in der DDR«, Zeitzeugen TV GmbH, Deutschland 1999, Regie Horst Edler.

479 Vgl. Antje Hildebrandt: »Die Lücke im Lebenslauf«, in: Frankfurter Rundschau vom 17. März 2004.

480 Vgl. www.hansa-burmeister.de

481 Rosenbaum 2006.

482 Bradler/Rothe, 2016, besonders S. 31–36, 161–168, 192–197.

483 Nach einem im Auftrag d. A. durch Wolfgang Rüddenklau geführten Interview 2010.

484 Vgl. Dellmuth 1999.

485 Wenzel 2004. www.mdr.de.
486 Juritza 2008.
487 BStU, MfS-ZKG 1255, Bl. 198.
488 Jochen Staadt: »Studierende der Freien Universität verhalfen nach dem Mauerbau Hunderten von Menschen zur Flucht«, in: Tagesspiegel, Beilage vom 13. August 2011.
489 Bath 2007.
490 Klemens Niermann: Lebenslauf, Katholische Kirchengemeinde Heilig Kreuz Ibbenbüren vom 13. Februar 2007. http://alt.heiligkreuz.info/gemeinde/public/inhalt.php?idmenue=276
491 Öffentliche Ordnung und Sicherheit der StVE und nachgeordnete Dienststellen 1982, Bericht vom 12. Januar 1983, Bl. 15, LAB, C Rep. 330/2, o. Pag.
492 Vgl. Bath, S. 146.
493 »Altes Schwein, wir knallen dich ab« vom 27. Februar 1978, in: Der Spiegel 9/1978.
494 Ebd.
495 Vereinigung (AK) 17. Juni 1953 e.V., Berlin, Nachruf für Heinrich Hagen vom 3. März 2013.
496 Vgl. Brömse 2013, S. 12–15: »Die Lebensaufgabe«, Interview mit Hardy Firl.
497 Vgl. und zit. nach: Bradler/Rothe 2016, S. 45, 147.
498 Anstaltsleiterbesprechung vom 22. September 1955, LAB, C Rep. 303/285, Bl. 170.
499 Ebd.
500 Dienstbesprechung vom 14. Mai 1957, LAB, C Rep. 303/286, Bl. 161–162.
501 Rechtspflegeerlass des Staatsrates »über die grundsätzlichen Aufgaben und die Arbeitsweise der Organe der Rechtspflege« vom 4. April 1963 (GBl. 1963 Teil I Nr. 3).
502 Vgl. Müller 2012, S. 240.
503 Heute: Straße Am Tierpark. Vgl. Steer 1995.
504 Anm. d. A.: Bakelit basiert auf der Verwendung von Phenol und Formaldehyd. Beide sind hochgiftig und sehr geruchsintensiv.
505 Bis 1946 das zentrale Untersuchungsgefängnis des NKWD/MWD für die SBZ, danach die zentrale Untersuchungshaftanstalt des MWD, ab 1951 die zentrale Untersuchungshaftanstalt der Staatssicherheit. Bei dem Lager Nr. 3 wird von etwa 3000 Toten ausgegangen. Nach Suchgrabungen Mitte der neunziger Jahre wurden sterbliche Überreste geborgen und auf den Friedhof Gärtnerstraße 7 in Hohenschönhausen umgebettet. Hier besteht seit 1998 der DenkOrt. Vgl. Steer 2008, S. 52–53.
506 Gemeint ist das im Zweiten Weltkrieg teilzerstörte alte Polizeipräsidium in der Alexanderstraße. Bis zum Abriss nach 1960 diente es teils noch als Gefängnis.
507 Vgl. Heimann, Siegfried: Ostberliner Sozialdemokraten in den frühen fünfziger Jahren. http://archiv.spd-berlin.de/geschichte/geschichte-der-spd-in-ost-berlin/siegfried-heimann-ostberliner-sozialdemokraten-in-den-fruehen-fuenfziger-jahren/ (Stand: 29. März 2015). Vgl. auch Michalski 1996.
508 Vgl. Sandvoß 1998, S. 23, 75 und Kind/Uebelgünn 2013, S. 49, 54, 75.
509 Vgl. Gabert 1991, S.41, 43, hier Quellenverweis: IFGA, ZPA, IIV 2/202/8 und GI/WG 4. Mai 1956. Die Akten liegen heute bei der Stiftung Archiv der Parteien und Massenorganisationen der DDR im Bundesarchiv.
510 Ebd., S. 33–34.
511 Ebd., S.5–6.
512 Vgl. Kind/Uebelgünn 2013, S. 77.
513 Nach 1990 setzte sich Günter Toepfer als CDU-Politiker und Mitglied des Berliner Abgeordnetenhauses gegen eine Verjährung von Stasi-Verbrechen ein, was er gemeinsam mit anderen auch verhindern konnte. Träger des Verdienstordens der Bundesrepublik.
514 Der Grundlagenvertrag zwischen der BRD und der DDR vom 21. Dezember 1972 (BGBl. II 1973, S. 421, 559) regelte die Errichtung der beiden Ständigen Vertretungen.

515 Öffentliche Ordnung und Sicherheit der StVE und nachgeordnete Dienststellen 1982, Bericht vom 12. Januar 1983, Bl. 2–3, LAB, C Rep. 330/2, o. Pag.
516 Vgl. Bath 2007, S. 157–158, 218, 225–226 (Zitat), 236.
517 Öffentliche Ordnung und Sicherheit der StVE und nachgeordnete Dienststellen 1982, Bericht vom 12. Januar 1983, Bl. 2–3, LAB, C Rep. 330/2, o. Pag.
518 Kürzel für Dienstfahrzeuge von diplomatischen Vertretungen und persönliche Fahrzeuge von Diplomaten.
519 Öffentliche Ordnung und Sicherheit der StVE und nachgeordnete Dienststellen 1982, Bericht vom 12. Januar 1983, Bl. 2–3, LAB, C Rep. 330/2, o. Pag.
520 Angaben nach Wölbern 2014.
521 Vgl. Rehlinger 2011, S. 273. Hinzu kamen dringend benötigte Warenlieferungen.
522 Hermann Kreutzer (1924–2007): Wegen Widerstands gegen die Zwangsvereinigung von SPD und KPD und die kommunistische Diktatur 1949 durch ein sowjetisches Militärtribunal (zusammen mit seiner späteren Frau und seinem Vater) zu 25 Jahren Zwangsarbeit verurteilt. Bis 1956 war er in Brandenburg, Bautzen und im »Lager X« in Berlin-Hohenschönhausen inhaftiert. Anschließend Flucht nach West-Berlin. Er war Gründer und Sprecher des Kurt-Schumacher-Kreises e.V. Ausschnitt eines Gesprächs d. A. mit Hermann Kreutzer am 11. November 2005.
523 Ludwig A. Rehlinger (Jahrgang 1927): Rechtsanwalt, 1957 bis 1969 Ministerialbeamter im BMG, danach bis 1972 Präsident des Gesamtdeutschen Instituts – Bundesanstalt für gesamtdeutsche Aufgaben. Als persönlicher Referent des Ministers für gesamtdeutsche Fragen, Rainer Barzel, nahm Rehlinger (CDU) die geheimen Verhandlungen über den Häftlings-Freikauf mit der DDR auf. Weitere Angaben vgl. Rehlinger 2011.
524 Vermerk des Regierungsrats im BMG Rehlinger Berlin (West) vom 26. September 1963, BArch, B 137/20083, Bl. 49–53. Abgedruckt, in: DzD BesBem 2012, Dok. Nr. 23, S. 62–63.
525 Bericht des Regierungsrats Rehlinger an den Staatssekretär im BMG Thedieck Berlin (West) vom 19. August 1963, BArch, B 137/20083, Bl. 28–31. Abgedruckt, in: DzD BesBem 2012, Dok. Nr. 19, S. 57–58.
526 Vermerk des Rechtsanwalt Stange vom 7. und 12. August 1964 sowie Vermerk des Regierungsrats im BMG Rehlinger Berlin (West) vom 14. August 1964, BArch B 137/19974, Bl. 254, 354, 382, 446. Abgedruckt, in: DzD BesBem 2012, Dok. Nr. 78 (Anm. 2 und 3), S.170 –171.
527 Vgl. Rehlinger 2011, S. 64.
528 Als Auftraggeber wollte die Bundesregierung nicht in Erscheinung treten, deshalb wurde Rechtsanwalt Stange mit einem Mandat der Kirchen versehen.
529 Vermerk des Regierungsrats im BMG Rehlinger Berlin (West) vom 14. August 1964), BArch, B 137/19974, Bl. 382. Abgedruckt, in: DzD BesBem 2012, Dok. Nr. 78, S. 170–171.
530 Oberst Kohoutek, Verwaltung Strafvollzug, an den Leiter der Abteilung SV der BDVP, Leiter der SV-Einrichtungen, ZLA Radebeul Berlin (Ost) vom 19. Dezember 1964, BArch, DO 1/3790. Vorausgegangen war am 22. Oktober 1964 eine einmalige Genehmigung für die Ausfuhr. Abgedruckt, in: DzD BesBem 2012, Dok. Nr. 104 (Anm. 3), S. 210.
531 Vermerk des Regierungsrats im BMB Rehlinger Berlin (August 1964), BArch, B 137/1974, Bl. 382. Abgedruckt, in: DzD BesBem 2012, Dok. Nr. 78.
532 Maßnahmeplan zur Durchführung des Amnestieerlasses vom 6. November 1964, LAB, C Rep. 303/1131, Bl. 113–117.
533 Schreiben der Vorprüfungsgruppe B I an die Abteilung III A im Bundesamt für Verfassungsschutz Gießen vom 1. Oktober 1968, BfV, Gz BIG–1/68–078–A–01–1. Abgedruckt, in: DzD BesBem 2012, Dok. Nr. 358, S. 567–568.
534 Stand der Gewährleistung der öffentlichen Ordnung und Sicherheit in der StVE und nach-

folgende Dienststellen 1. Halbjahr 1982, Bl. 8, LAB, C Rep. 330/2, o. Pag. Lageeinschätzung 1983 (1982) vom 13. Februar 1984, Bl. 2, ebd.; Lageeinschätzung 1. bis 3. Quartal 1984 (1983) vom 15. Oktober 1984, Bl. 20, ebd.; Lageeinschätzung 1986, LAB, C Rep. 330/9, Bl. 19. Lageeinschätzung 1988 vom 12. Januar 1989, Anlage 6, ebd.

535 Vgl. und zit. nach: Bath 2007, S. 238–240.

536 Vgl. Bastian/Neubert 2004, S. 103. Als Quelle genannt: Bestand Bürgerbüro.

537 Henneberg 2002, S. 137, hier Dok. Stellungnahme, HA IX, für Freikauf vom 13. Juni 1963.

538 Zit. nach einer Abb. in: Heinz/Krätzner 2011, S. 7, hier als Quelle angeführt: BStU, MfS, BV Rostock.

539 Ausführlich nachzulesen, in: Henneberg 2002. Vgl. auch Filmproduktion von Andreas Kuno Richter: »Kurzer Prozess – Eine Seefahrt in den Stasi-Knast«. Dokumentation von RTL und der evangelischen Kirche in Deutschland, gesendet: Sonntag, 6. November 2011, 22.55 Uhr.

540 Vgl und zit.: Interview mit Dietrich Gerloff: »Ich bin einer der ersten acht von der Bundesregierung freigekauften Häftlinge«, in: Diekmann 2012, S. 28–29. Auszug aus der Rede Ulbrichts, in: Henneberg 2002, S. 175, ohne Quellenangabe.

541 Für ihre Freilassung hatten sich neben ihren Familien u. a. maßgebliche Kirchenleute, einschließlich Bischof Scharf, Martin Niemöller und Albert Schweitzer verwendet. Abgedruckt, in: DzD BesBem 2012, Dok. Nr. 16 (Anm. 25 und 26), S. 32–35.

542 Vermerk des Regierungsrats im BMB Rehlinger Berlin (West) vom 26. September 1963, BArch, B 137/20083, Bl. 49–53 (Anm. 4). Abgedruckt, in: DzD BesBem 2012, Dok. Nr. 23, S. 62–63. Henneberg 2002, S. 127, ohne Quellenangabe.

543 Abb. Gnadenerlass vom 23. September 1963, in: Henneberg 2002, S. 128. hier BStU, Bl. 143, ohne weitere Quellenangabe

544 Vgl und zit.: Interview mit Dietrich Gerloff: »Ich bin einer der ersten acht von der Bundesregierung freigekauften Häftlinge«, in: Diekmann 2012, S. 28–29. Vgl. auch Filmproduktion von Andreas Kuno Richter: »Kurzer Prozess – Eine Seefahrt in den Stasi-Knast«. Dokumentation im Auftrag von RTL in Zusammenarbeit mit der evangelischen Kirche in Deutschland, gesendet: Sonntag, 6. November 2011, 22.55 Uhr.

545 DzD BesBem 2012, Dok. Nr. 16 (Anm. 25 und 26), S. 32. Dokumente zur Deutschlandpolitik 2012, S. 32-35, Quellen in Anm. 25 und 26 (Dok. Nr. 16: Treffbericht des Majors im MfS der DDR Volpert Berlin (Ost), 23. Juli 1963, BStU, MfS, AIM, Nr. 5682/69, Bd. 8, Bl. 165–173.

546 Dienststellenpässe StVE, JH, UHA 1986–1990 vom 10. April 1986, BArch, DO 1/3679, Nr. 15601 4 000 4.

547 Vgl. Pieper 2013, S. 108–111.

548 Ebd., S. 111, hier waren es zwei Wochen.

549 Zit. nach Aufzeichnung eines Gesprächs d. A. mit Rainer Dellmuth 2011. Vgl. auch Dellmuth 1999, S. 122.

550 Dienstversammlung am 3. November 1959, LAB, C Rep. 303/286, Bl. 218–222.

551 Nach Auskunft von Horst Jänichen 2014.

552 Dellmuth 1999, S. 78.

553 Bath 2007, S. 114–115, 117.

554 Bradler/Rothe 2016, S. 193.

555 Stellungnahme zu einigen Fragen der Entwicklung des SV vom 6. Dezember 1956, BArch, DO 1/28472, Bl. 214–251.

556 Versorgungsdienste vom 7. August 1964, LAB, C Rep. 303/1141, Bl. 217.

557 Struktureller Aufbau der StVA I vom 25. Februar 1963, Verwaltung Groß-Berlin, Abteilung VII/1, BStU, MfS, BV Berlin, Abt. VII, Nr. 7, Teil 2/2, Bl. 249–252.

558 Dellmuth 1999, S. S. 55, 59.

559 Lageeinschätzung 3. Quartal 1985 (1984) vom 11. Oktober 1985, Bl. 18, LAB, C Rep. 330/2, o. Pag.

560 Arbeitsgruppe Erziehungs- und Aufsichtsdienst, Bericht vom 27. Dezember 1957, LAB, C Rep. 303/1141, Bl. 247–263.
561 Vorschlag zur Reorganisation des U-Haftvollzugs vom 16. Oktober 1962, VSV, Abteilung III/2, BArch, DO 1/28568, Bl. 188–190, Anlage 191–194.
562 Lageeinschätzung vom 21. Januar 1986, VSV, BArch, DO 1/3705.
563 § 57. Abs. 1 StVG.
564 Wörterbuch der Staatssicherheit BStU (Hg) 1993, S. 161, unter: »Haftentlassene«.
565 Führungsabschlussbericht vom 10. März 1972, Entwicklungs- und Kontrollbogen A–K, BStU, MfS, AS, Nr. 89/73, Bl. 1056, 1065–1067.
566 Lageeinschätzung 1. Halbjahr 1987, o. D., LAB, C Rep. 330/9, Bl. 9.
567 Hausanweisung Nr. 13/53 Schreiberlaubnis für Untersuchungshäftlinge vom 20. März 1953, LAB, C Rep. 303/271, Bl. 108.
568 Dellmuth 1999, S. 53.
569 Dölling 2009, S. 75.
570 Vgl. Grundrissplan StVA [um 1970], BStU, MfS, BV Berlin, Abt. VII, Nr. 7, Teil 2/2, Bl. 221.
571 Objektsicherungsplan StVE Berlin von 1981, LAB, C Rep. 330/431, Bl. 38.
572 Grundrissplan Haus 3 von 1971, BStU, MfS, BV Berlin, Abt. VII, Nr. 7, Teil 2/2, Bl. 222.
573 Überprüfung der inneren und äußeren Sicherheit der StVA vom 24. September 1951, BStU, MfS, BV Berlin, Abt. VII, Nr. 7, Teil 2/2, Bl. 240–241.
574 Ausbau der Vollzugsanstalt Rummelsburg vom 26. September 1952, LAB, C Rep. 303/270, Bl. 243–246.
575 Aussage von Erhardt Neubert.
576 Anstalts- und Referatsleiterbesprechung vom 27. Juli 1955, LAB, C Rep. 303/285, Bl. 166.
577 Gemeint waren auch Arrestzellen.
578 Formblatt GM 1 MdI–VSV–Statistik, Gefangenenstatistik StVA I vom 1. Januar – Dezember 1957, LAB, C Rep. 303/282, Bl. 206–207.
579 Grundrissplan Haus 3 von 1971, BStU, MfS, BV Berlin, Abt. VII, Nr. 7, Teil 2/2, Bl. 222–223.
580 Belegungssituation des AE SG und ihrer materiellen Sicherung vom 9. Juli 1980, LAB, C Rep. 330/476. Vgl. auch Bath 2007, S. 178.
581 Vgl. Bath 2007, S. 118, 144.
582 Vgl. ebd., S. 181. Unbekannter Zeitzeugenbericht [um 1977], S. 33–44, 41 (die ersten 5 Seiten fehlen), BStU, MfS, HA XXII, Nr. 438/1.
583 Bath 2007, S. 182.
584 Zit. nach: ebd., S. 182.
585 Unbekannter Zeitzeugenbericht [um 1977], S. 33–44, 41 (die ersten 5 Seiten fehlen), BStU, MfS, HA XXII, Nr. 438/1. Vgl. Boysen 2010, S. 130.
586 Lageeinschätzung 1. Halbjahr 1987 [etwa Juli 1988], LAB, C Rep. 330/9, Bl. 10.
587 Vgl. Dölling 2009, S. 81–82.
588 Eingabenanalyse vom 2. Januar 1987, LAB, C Rep. 330/4.
589 Fernsprechverzeichnis StVE mit nachgeordneten Dienststellen und vorläufiges Fernwahlrufnummernverzeichnis (Sondernetz 1 des MdI) 1983–1989, LAB, C Rep. 330/538.
590 Lageeinschätzung 1. Halbjahr 1985 (1984) vom 12. Juli 1985, Bl. 18, LAB, C Rep. 330/2, o. Pag.
591 Lageeinschätzung 1. Halbjahr 1984 (1983) vom 13. Juli 1984, Bl. 12, LAB, C Rep. 330/2, o. Pag.
592 Ausbau der Vollzugsanstalt Rummelsburg vom 26. September 1952, LAB, C Rep. 303/26, Bl. 243–246.
593 Arbeitsbesprechung vom 8. Januar 1954, LAB, C Rep. 303/286, Bl. 101.
594 Finn 1960/1989, S. 166.

595 Analyse zum Jahresbericht (SV) 1962 vom 7. Januar 1963, LAB, C Rep. 303/1141, Bl. 90–92.
596 Ebd.
597 Bath 2007, S. 181. Dellmuth 1999, S. 46.
598 Lageeinschätzung 1988 vom 30. Januar 1989, VSV, BStU, MfS, HA VII, Nr. 3893, Bl. 182.
599 Arbeitsplan 1. Halbjahr 1989 vom 4. Januar 1989, LAB, C Rep. 330/10, Bl. 15
600 »Ordnung Nr. 88/77 über die Organisation und Sicherstellung der Verpflegungsversorgung – Verpflegungsordnung –« vom 16. Mai 1977.
601 Vgl. Bath 2007, S. 162–163.
602 Lebensmittelbestellungen und Speisepläne 1983–1989, LAB, C Rep. 330/606.
603 Vgl. Pieper 2013, S. 119–121.
604 Vgl. Dellmuth 1999, S. 82–83.
605 Vgl. und Teilzit. nach: Bath 2007, S. 132–133.
606 Ebd., S. 168–169.
607 Aussage von Wolfgang Rüddenklau.
608 Nach Frank Rössel, U-Häftling 1988 in Rummelsburg, in: Müller/Stephan 1997, S. 82, hier: Müller, Klaus-Dieter »Jeder kriminelle Mörder ist mir lieber«.
609 Ebd. und vgl. Dellmuth 1999, S. 55.
610 Vgl. Bath 2007, S. 157.
611 Vgl. Dellmuth 1999, S. 62, 87.
612 Operatives Forderungsprogramm vom 7. Mai 1979, LAB, C Rep. 330/572, Bl. 17–18.
613 Vgl. Bath 2007, S. 156.
614 Gespräch d. A. mit Carlo Jordan am 30. Juni 2015. Der Mitbegründer der Berliner Umwelt-Bibliothek saß selbst 1976 für Tage in der MfS-U-Haft in der Magdalenenstraße. Biographie unter: Müller-Enbergs u. a. 2010, unter dem Namen.
615 Hausanweisung Nr. 1/52 Sicherheit Durchführung der Sprechstunden vom 7. Januar 1952, LAB, C Rep. 303/271, Bl. 49.
616 Vgl. Bath 2007, S. 156.
617 Zit. nach: Martina Weyrauch, in: Ulrich/Kämper 2002, Vorwort.
618 Präzisierung des Arbeitsplans 2. Halbjahr 1988 vom 27. Juli 1988, LAB, C Rep. 330/10.
619 Dienststellen- und Referatsleiterbesprechung vom 21. März 1957, LAB, C Rep. 303/285, Bl. 200–203.
620 Kollegiumsvorlage zum Stand der Gewährleistung der Sicherheit im Organ SV vom 14. November 1989, BArch, DO 1/3669.
621 Jahresbericht 1961 vom 8. Januar 1962, LAB, C Rep. 303/1141, Bl. 1–18.
622 LAB, Rep. 330/604.
623 Bevor die Bücherei aus der UHA Magdalenenstraße (teils mit Büchern aus Rummelsburg) 1991 dem Schreddern anheim fiel, konnte sie die Autorin sicherstellen. Nachdem jedes Buch Blatt für Blatt unter einer Quarzlampe mit einer Lupe nach Zeichen und Bekenntnissen durchgesehen war, übergab sie den Bestand der Gedenkstätte Hohenschönhausen. Vgl. auch: Heidi Kuphal: Sie lassen mich hier sterben, in: Berliner Morgenpost vom 29. Februar 1992, S. 21. Die Gefängnisbibliothek Rummelsburg, die sich heute ebenfalls in Hohenschönhausen befindet, übernahm 1993 Help e.V., die Hilfsorganisation für die Opfer politischer Gewalt.
624 Vgl. Bath 2007, S. 159–160.
625 Seelsorge betreffend, Bericht vom 14. September 1962, LAB, C Rep. 303/1141, Bl. 168.
626 Ebd.
627 Kollegiumsvorlage zum Stand der Gewährleistung der Sicherheit im Organ SV vom 14. November 1989, BArch, DO 1/3669.
628 Dölling 2009, S. 72.

629 Provokation von Strafgefangenen am 17. Juni 1975 im Ausländervollzug der StVA Rummelsburg, Bericht vom 23. Juni 1975, Verwaltung für Staatssicherheit Groß-Berlin, Abteilung IX, BStU, MfS, HA IX, Nr. 1082, Bl. 317–319.
630 Finn 1960/1989, S. 61.
631 Vgl. und zit. nach Dellmuth 1968, besonders S. 59–60.
632 Zilli 1993.
633 Vgl. Bath 2007, S. 186.
634 Lageeinschätzung 1983 (1982) vom 13. Februar 1984, Bl. 17, LAB, C Rep. 330/2, o. Pag.
635 Lageeinschätzung 1983 (1982) vom 13. Februar 1984, Bl. 9, LAB, C Rep. 330/2, o. Pag.
636 Bath 2007, S. 206.
637 Übersicht über Verwahr- und Folgekapazität Strafvollzug vom 10. März 1978, LAB, C Rep. 330/476.
638 Übersicht über Verwahr- und Folgekapazität Strafvollzug vom 10. März 1978, LAB, C Rep. 330/476.
639 Vgl. Grundrissplan Krankenhaus o. D. [Ende 1980], LAB, C Rep. 330/588.Bl. 21–24.
640 Richtlinien Ordnung und Sicherheit 1977–1980 vom April 1977, Anlage 1, LAB, C Rep. 330/476, Bl. 1–4.
641 Aussagen von Wolfgang Rüddenklau und Rainer Delmuth.
642 § 32 Abs. 4 StVG 1977.
643 Vgl. Zilli 1993.
644 Wie sein Leben und seine Gesundheit zersetzt wurden, kann im Internet nachvollzogen werden. http://adamlauks.de/
645 Hausanweisung Nr. 11/51, Abteilung SV, LAB, C Rep. 303/271, Bl. 48.
646 Bericht über die Vergangenheit der StVA I vom 7. November 1957, BStU, MfS, BV Berlin, Abt. VII, Nr. 7, Teil 2/2, Bl. 237–239.
647 Analyse über die politisch-operative Lage im Strafvollzug der DDR vom 22. Februar 1978, BStU, MfS, BV Berlin, Abt. VII, Nr. 16, Bl. 70–88.
648 Lageeinschätzung 1983 (1982) vom 13. Februar 1984, Bl. 3 und Anlage 1, LAB, C Rep. 330/2, o. Pag.
649 BArch, DO 1/3705.
650 Fernschreibstelle – Weiterleitung von Sofortmeldungen, 1987–1990, vom 23. Dezember 1988, LAB, C Rep. 330/378.
651 Ebd.
652 Dienstsache 397/90, Lagefilm 18. Juli 1990, LAB, C Rep. 330/5, Jahr 1990.
653 BStU, MfS AU 1117/58.
654 Tatortuntersuchung der HA IX/7 zur Todesermittlungssache des Strafgefangenen G. D. in der StVA I vom 1. August 1967, BStU, MfS, AS, Nr. 2502/67, Bl. 1–4.
655 Zeitungsausschnitt »Telegraf« vom 19. August 1967, BStU, MfS, ZKG, Nr. 1255, Bl. 108. Hier wurde als Todesdatum Oktober 1966 angegeben.
656 Vernehmungsprotokoll vom 2. Dezember 1965 (MfS), BStU, MfS, ZKG, Nr. 1255, Bl. 119.
657 Zeitungsausschnitt »Telegraf« vom 19. August 1967, BStU, MfS, ZKG, Nr. 1255, Bl. 108.
658 BStU, MfS, ZKG, Nr. 18584. Vgl. auch Bath 2007, S. 155.
659 Aussagen von Nils Dettmer und Hartmut Richter 2017.
660 Ebd. S. 166.
661 Analyse über die politisch-operative Lage im Strafvollzug der DDR vom 22. Februar 1978, BStU, MfS, BV Berlin, Abt. VII, Nr. 16, Bl. 70–88.
662 Lageeinschätzung 1983 (1982) vom 13. Februar 1984, Bl. 3 und Anlage 1, LAB, C Rep. 330/2, o. Pag.
663 Ebd.

664 Lageeinschätzung 1. Halbjahr 1984 (1983) vom 13. Juli 1984, Bl. 3, ebd.

665 Lageeinschätzung 1. bis 3. Quartal vom 17. Oktober 1986, Anlage 5, LAB, C Rep. 330/9, Bl. 43.

666 BArch, DO 1/3705.

667 »Verordnung über die Beschäftigung von Strafgefangenen« vom 3. April 1952 und zweite Durchführungsbestimmung vom 5. Mai 1952 (GBl. 1952 Nr. 43), BArch, DO 1/28583 (Mikrofilm, hier Altakte 1583), Bl. 128. »Verordnung über den Arbeitseinsatz von Strafgefangenen« vom 10. Juni 1954 (GBl. 1954 Nr. 56 S. 567)

668 Grundsätze der Hauptabteilung SV für eine Änderung der Regierungsverordnung vom 3. April 1952 über die Beschäftigung von Strafgefangenen vom 1. Juli 1953, BArch, DO 1, 11/1585, Bl. 28–30; Richtlinie der VSV zur Durchführung der Anordnung über den Arbeitseinsatz von Gefangenen vom 28. Mai 1957, BArch, DO 1, 11/1584, Bl. 181–188. Quellen nach: Wölbern 2015, S. 12.

669 §§ 4, 7, 21 SVWG 1968.

670 §§ 5, 6 Abs. 1,3, 21 StVG 1977.

671 Information über die Auswirkung der Amnestieverordnung im Kombinat VEB Elektroapparatewerk Berlin-Treptow vom 11. Dezember 1972, BArch, SAPMO DY 3023/1181.

672 Zit. nach: Sachse 2014, S. 380, Fragebogen 3324.

673 Vereinbarung zwischen StVE und VEB Narva »Rosa Luxemburg« über die Durchführung von Lohnarbeiten durch Verhaftete und Strafgefangene vom 1. September 1988, LAB, C Rep. 330/362.

674 Lageeinschätzung 1983 (1982) vom 13. Februar 1984, LAB, Bl. 18, C Rep. 330/2, o. Pag.

675 Vgl. Dölling, S. 77.

676 UHVO Nr. 160/80 des Innenministers vom 4. Juli 1980, BArch, DO 1/61450), i.d.F. der 1. Änderung vom 11. Oktober 1982, BArch, DO 1/61451.

677 Nach Jahrgängen quartalsweise in den Lageeinschätzungen, LAB, C Rep. 330/2 und 330/9.

678 Ebd.

679 Lageeinschätzung 1. Halbjahr vom 20. Juli 1988, LAB, C Rep. 330/10, Bl. 29.

680 Torsten Nitschke, Keine schwedischen Gardinen mehr, in: Berliner Stadtzeitung »Scheinschlag« 4/2007.

681 Biographie unter: Müller-Enbergs u. a. 2010, unter dem Namen.

682 Vgl. Rüddenklau 1995.

683 Arbeitskräftelenkung und Arbeitskräfteberichtsbogen, o. D. [um 1953], BArch, DO 1/28583 (Mikrofilm, hier Altakte 1582), Bl. 203–204.

684 Dienstbesprechung vom 14. Mai 1957, LAB, C Rep. 303/286, Bl. 161–162. Meldung der VSV, Abteilung Produktion an BV SV o. D., BArch, DO 1/28583 (Mikrofilm, hier Altakte 1584), Bl. 132.

685 Vgl. Finn/Fricke 1981, S. 33.

686 Vgl. Finn 1960/1989, S. 166.

687 Dienstversammlung am 5. November 1959, LAB, C Rep. 303/286, Bl. 230–234.

688 Bericht zu Fragen der Produktion in der StVA Berlin I vom 23. November 1960, LAB, C Rep. 303/288, Bl. 92. Vertrag zwischen dem MdI, Verwaltung Rückwärtige Dienste, Versorgungsdienste und der StVA I über den Einsatz Strafgefangener vom 21. März 1963, BArch, DO 1/40391.

689 Abteilungsleiterbesprechung vom 29. Mai 1959, LAB, C Rep. 303/286, Bl. 204–201.

690 Vgl. Sachse 2014, S. 402.

691 Arbeitsbesprechung vom 21. Oktober 1955, LAB, C Rep. 303/286, Bl. 139–140.

692 Einsatz von Strafgefangenen vom 12. November 1954 (Anhang), BArch, DO 1/28583 (Mikrofilm, hier Altakte 1584), Bl. 181.

693 Arbeitsbesprechung vom 21. Oktober 1955, LAB, C Rep. 303/286, Bl. 139–140.

694 Hausanweisung 3/63 vom 24. April 1963, Leiter StVA I, LAB, C Rep. 303/1130, Bl. 138–143.
695 Jahresbericht 1961 vom 8. Januar 1962, LAB, C Rep. 303/1141, Bl. 1–18.
696 Beurteilung der Sicherheit der SV-Dienststellen vom 20. April 1963, LAB, C Rep. 303/1141, Bl. 247–263.
697 Ebd.
698 Stellungnahme zu einigen Fragen der Entwicklung des SV vom 6. Dezember 1956, BArch, DO 1/28472, Bl. 214–251.
699 Einschätzung der Lage und der Leitungstätigkeit in der StVA I vom 3. November 1966, LAB, C Rep. 303/1143, Bl. 111-117. Auch Aussage von Erhardt Neubert.
700 Aussage von Lutz Hildebrandt für 1968.
701 Unterbringung Strafgefangene, Plan, LAB, C Rep. 330/595.
702 Objektsicherungsplan StVE Berlin von 1981, LAB, C Rep. 330/431, Bl. 38.
703 Bericht der HA IX/7 Untersuchungsvorgang zum Brand vom 22. Juli 1973, BStU, MfS, AS 46/76, Bl. 204–206.
704 Ebd.
705 Bericht der Abteilung VII des MfS Berlin, BStU, MfS BV Berlin, Abt. VII, Nr. 16, Bl. 36–88.
706 Hausmitteilung MdI, Leiter VSV vom 22. Dezember 1989, BArch, DO 1/3707.
707 Produktionswettbewerb Strafgefangene Rummelsburg 1987, LAB, C Rep. 330/358.
708 Schreiben VEB Kombinat Rewatex Berlin an StVE vom 1. März 1984, LAB, C Rep. 330/357.
709 Vertrag zwischen dem MdI, Verwaltung Rückwärtige Dienste, Versorgungsdienste und der StVA I über den Einsatz Strafgefangener vom 21. März 1963, BArch, DO 1/40391.
710 Bericht für das Jahr 1964 vom 6. Januar 1965, LAB, C Rep. 303/1143, Bl. 47–53.
711 Jahresanalyse zur Statistik 1965 vom 10. Januar 1966, LAB, C Rep. 303/1143, Bl.10–24.
712 Bericht 1. Halbjahr vom 3. Juli 1961, LAB, C Rep. 303/1141, Bl. 62–68.
713 Jahresbericht 1961 vom 4. Januar 1962, ebd., Bl. 19–25.
714 Kollegiumsvorlage zum Stand der Gewährleistung der Sicherheit im Organ SV vom 14. November 1989, BArch, DO 1/3669.
715 Kontrolle der Verwendung der Prämienmittel für Gefangene in der StVE vom 28. Januar 1987, BArch, DO 1/3707.
716 Lageeinschätzung 1. bis 3. Quartal 1984 (1983) vom 15. Oktober 1984, Bl. 14, LAB, C Rep. 330/2, o. Pag.
717 Vereinbarung StVE und VEB Kombinat Rewatex vom 4. Mai 1988, LAB, C Rep. 330/358.
718 Lageeinschätzung 1988 vom 12. Januar 1989, LAB, C Rep. 330/9, Bl. 23.
719 Formblatt MdI–VSV–Statistik, Gefangenenstatistik (1961–1965), LAB, C Rep. 303/1147, Bl. 40.
720 Befehl Nr. 4/63 vom 15. Juni 1963, Leiter StVA I, LAB, C Rep. 303/1130, Bl. 153–154.
721 Befehl 17/64 vom 10. Oktober 1964, Leiter StVA I, LAB, C Rep. 303/1131, Bl. 74–76.
722 Jahresanalyse 1951 vom 31. Dezember 1951, LAB, C Rep. 303/281, Bl. 1–24.
723 Lageeinschätzung 3. Quartal 1985 (1984) vom 11. Oktober 1985, Bl. 9, LAB, C Rep. 330/2, o. Pag.
724 Vgl. Sachse 2014 und Wunschik 2014.
725 Dienstversammlung vom 3. November 1959, LAB, C Rep. 303/286, Bl. 218–222.
726 Instruktion Nr.1/61 vom 2. Februar 1961 zur Durchführung des Außenkommandos in Berlin NO 54, Wörtherstraße 45, LAB, C Rep. 303/1130, Bl. 1–4.
727 Ebd.
728 StVE und Betriebsleitung VEB Narva – Leuchtenbau, Protokoll vom 8. Juli 1981, LAB, C Rep. 330/362.
729 Einschätzung der gegenwärtigen politisch-operativen Situation in der StVE und StV-Abteilung Berlin-Grünau vom 29. April 1981, BStU, MfS, BV Berlin, Abt. VII, Nr. 16, Bl. 59–66.

730 StVE und Betriebsleitung VEB Narva – Leuchtenbau, Protokoll vom 8. Juli 1981, LAB, C Rep. 330/362.
731 Ebd. S. 225.
732 Ebd. S. 225.
733 Vgl. Wunschik 2014, S. 155.
734 Nachweise/Registrierungen von Unfällen 1982–1989, LAB, C Rep. 330/324.
735 Jahresanalyse zur Statistik 1965 vom 10. Januar 1966, LAB, C Rep. 303/1143, Bl.10–24.
736 Lageeinschätzung 1983 (1982) vom 13. Februar 1984, Bl. 3 und Anlage 1, LAB, C Rep. 330/2, o. Pag.
737 Ebd.
738 Unfallmeldungen von Betrieben, LAB, C Rep. 330/325.
739 Sachse 2014, S. 293.
740 Abteilungsleiterbesprechung vom 17. April 1959, LAB, C Rep. 303/286, Bl. 200–201. Sachkonten und Einnahmen vom 15. Mai 1961, BArch, DO 1/28583 (Mikrofilm, hier Altakte Nr. 1584), Bl. 275–277, hier Verweis auch auf Berlin-Rahnsdorf.
741 Bericht Verwaltung Groß-Berlin, Abteilung VII [MfS] vom 4. März 1963, BStU, MfS, BV Berlin, Abt. VII, Nr. 7, Teil 1/2, Bl. 172.
742 Bericht 1. Halbjahr vom 13. Juli 1963, LAB, C Rep. 303/1141, Bl. 222–237. Die Sportstätte befand sich seit 1956 im Aufbau. Bis 1990 war hier das Zentrum leistungssportlicher Förderung der DDR.
743 Sachkonten und Einnahmen vom 15. Mai 1961, BArch, DO 1/28583 (Mikrofilm, hier Altakte Nr. 1584), Bl. 275–277.
744 Begründung der Nachforderung von Planstellen für die Vollzugsgeschäftsstelle vom 15. Oktober 1958, BArch, DO 1/28695, Bl. 85–93.
745 Ebd.
746 Dienstanweisung Nr. 1/52 des Ministers für Staatssicherheit vom 15. Mai 1952, betreffend Befehl Nr. 74/52 vom 15. Mai 1952, BStU, MfS, Abt. XVIII, Nr. 922, Bl. 104–108.
747 Formblatt MdI–VSV–Statistik, Gefangenenstatistik (1957–1960) vom 30. November 1958, LAB, C Rep. 303/282, Bl. 203–204.
748 Übersenden von Begleitakten bzw. von operativem Material, Leiter Abteilung VII der BV MfS Cottbus an den Leiter HA IX/Sonderreferat MfS Berlin vom 6. August und 13. November 1974, 20. Oktober 1975 und 8. Januar 1976, BStU, MfS, HA II, Nr. 35001, Bl. 1–12. Vgl. weitere Beispiele, BStU, MfS, AS, Nr. 118/77, Bd. 1/Begleitakten A–L 1973/75. Vgl. Nachweis über Bestand, Zu- und Abgänge sowie Verlegungen von Strafgefangenen, darunter Abgänge an das MfS, Belegungsbuch vom 12. September 1974 – 30. Mai 1975, LAB, C Rep. 330/481, o. Pag.
749 Stellenplanvorschlag für die Vollzugsgeschäftsstelle vom 29. Mai 1959, BArch, DO 1/28840, Bl. 215–222.
750 Ebd.
751 Eine ähnliche Umschreibung lässt sich übrigens 1943 für die der Organisation Todt unterstellten Sonderkommandos des Strafgefangenenlagers West–Emsland finden, vgl. Bührmann-Peters 2002, S. 249.
752 Jahresbericht 1956 des Referates Vollzug vom 3. Januar 1957, BArch, DO 1/28472, Bl. 195–198.
753 Bericht 1. Halbjahr vom 7. Juli 1962, LAB, C Rep. 303/1141, Bl. 104–126.
754 Vermutlich handelte es sich um Akten oder Formblätter/Vordrucke mit Personendaten von Häftlingen im Strafvollzug, für die sich das MfS interessierte. Die Bedeutung der Ziffer 18 konnte nicht geklärt werden.
755 Bericht 1. Halbjahr vom 7. Juli 1962, LAB, C Rep. 303/1141, Bl. 104–126.

756 Erlebnisbericht des ehemaligen Häftlings N.N. über die Haftbedingungen im HAL Berlin-Hohenschönhausen von 1960, in: Staatssicherheitsdienst 1962, S. 227–231, hier S. 231.
757 Grundrissplan StVA [um 1970], BStU, MfS, BV Berlin, Abt. VII, Nr. 7, Teil 2/2, Bl. 221.
758 Schreiben des Ministerrats der DDR, MfS, Verwaltung Rückwärtige Dienste, Abteilung Kfz-Wesen (MfS-Oberst Aumert), an die Verwaltung für Staatssicherheit Groß-Berlin (MfS-Oberst Schwanitz) von 1975 (ohne weitere Datierung), BStU, MfS, BV Berlin, Abt. VII, Nr. 7, Teil 2/2, Bl. 206–211.
759 Maßnahmeplan zur Durchführung des Amnestieerlasses vom 6. November 1964, LAB, C Rep. 303/1131, Bl. 113–117.
760 Vgl. Erler 1997, S. 34.
761 Häftlingskartei 1963–1975, nach Namen alphabetisch geordnet, BStU, MfS, AS, Nr. 243/86.
762 Für die Dauer vom 13. Dezember 1981 bis 31. Dezember 1982.
763 Stand der Gewährleistung der öffentlichen Ordnung und Sicherheit in der StVE und nachfolgende Dienststellen 1. Quartal 1982, Bl. 18, LAB, C Rep. 330/2, o. Pag. Das Kriegsrecht wurde erst am 22. Juli 1983 aufgehoben.
764 Ebd., Bl. 5.
765 Lageeinschätzung 1983 (1982) vom 13. Februar 1984, Bl. 3 und Anlage 1, ebd.
766 Lageeinschätzung 1. Halbjahr 1984 (1983) vom 13. Juli 1984, Bl. 3, ebd.
767 Lageeinschätzung 1. bis 3. Quartal 1984 (1983) vom 15. Oktober 1984, Bl. 13, ebd.
768 Lageeinschätzung 3. Quartal 1985 (1984) vom 11. Oktober 1985, Bl. 10, ebd.
769 Lageeinschätzung 1983 (1982) vom 13. Februar 1984, Bl. 3, ebd.
770 Ebd.
771 Lageeinschätzung 1. bis 3. Quartal vom 17. Oktober 1986, LAB, C Rep. 330/9, Bl. 25.
772 Vgl. Abteilung VII der Bezirksverwaltung für Staatssicherheit Berlin: Einschätzung der politisch-operativen Lage für die Jahresplanung 1988 vom 1. Oktober 1987; BStU, ZA, HA VII, AKG PK 1/2.2., Quelle entnommen: Wunschik 2001, S. 285.
773 Lageeinschätzung 1988 vom 30.Januar 1989, VSV, BStU, MfS, HA VII, Nr. 3893, Bl.178.
774 Lageeinschätzung 1988 vom 12. Januar 1989, Bl. 10, LAB, C Rep. 330/9. o. Pag.
775 Lageeinschätzung 1. Halbjahr vom 20. Juli 1988, Bl. 7, ebd.
776 Lageeinschätzung 1988 vom 12. Januar 1989, Anlage 1 B, Bl. 35, ebd.
777 Fernschreibstelle – Weiterleitung von Sofortmeldungen, 1989–1990, 24. März 1989, LAB, C Rep. 330/377.
778 Vgl. Wagner 2014, S. 230–246. Allerdings gab es die Nazipunks, die gelegentlich Gewaltbereitschaft zeigten.
779 Vgl. Boehlke/Gericke 2007, S. 82–83.
780 Vgl. Herne, Mecy und Micha 2005, S. 108–110. Beispielsweise in Ost-Berlin in der Galiläa- und in der Erlösergemeinde.
781 Vgl. Stock/Mühlberg 1990, S. 172–173.
782 Vgl. Schnell 2001, S. 76, 79–83.
783 Vgl. Furian/Becker 2012, S. 100 und Boehlke/Gericke 2007, S. 61. Der Autor Gilbert Furian war in der DDR selbst 1985 wegen Interviews mit Punks zu einer Freiheitsstrafe von zwei Jahren und zwei Monaten verurteilt worden, wurde dann 1986 von der Bundesrepublik freigekauft, aber in die DDR entlassen.
784 Vgl. Wagner 2014, S. 381–394.
785 Vgl. ebd., S. 236–239. Allerdings war auch damals nicht jeder Skinhead ein Nazi. Die rechte Szene in der DDR wurde aber in den Achtzigern beispielsweise durch sich »Faschos« selbstnennende Neonazis breiter.
786 Vgl. ebd., S. 403–404.
787 Vgl. Eisenfeld 2002, S. 224.

788 Protokoll Durchsuchungsgruppe vom 19. August 1983, LAB, C Rep. 330/563.
789 Lageeinschätzung 1. Halbjahr vom 12. Juli 1985, Anlage 6, Bl. 10, LAB, C Rep. 330/2, o. Pag.
790 Nachgewiesen bei Wagner 2014, S. 400.
791 Ebd., S. 404.
792 Lageeinschätzung 1988 vom 12. Januar 1989, LAB, C Rep. 330/9, Bl. 35, Anlage 6: Jahresstatistik Gefangenenbewegung 1988.
793 Vgl. Wagner 2014, S. 463–464.
794 Bericht Ministerium des Innern – PdVP (2. Dezember 1988), BStU, MfS – HA XX, Nr. 1361, p. 221, Quelle nach: Wagner 2014, S. 402.
795 BStU, MfS, HA VII, Nr. 2217, o. D. [1987/1988], Bl. 106–109.
796 Lageeinschätzung 1. Quartal vom 25. März 1988, Bl. 11a, LAB, C Rep. 330/9.
797 1988/89 S. M., H. J. und M. St.
798 Fernschreibstelle – Weiterleitung von Sofortmeldungen, 1987–1990, mit dem Datum, LAB, C Rep. 330/378.
799 Vgl. »Das Spektrum der Oppositionsgruppen«, in: Neubert 1997, S. 704–706.
800 Lageeinschätzung 1983 vom 13. Februar 1984, Bl. 23, LAB, C Rep. 330/2, o. Pag.
801 Die jeweiligen Biographien unter: Müller-Enbergs u. a. 2010, unter dem Namen.
802 Zit. in Auszügen nach einem im Auftrag d. A. von Wolfgang Rüddenklau 2010 geführten Interview mit Vera Lengsfeld.
803 Vgl. Sélitrenny 2003, S. 394–395.
804 Information vom 8. Juni 1989, BV für Staatssicherheit Berlin, Abteilung IX, BStU, MfS, HA XX, AkG, Nr. 1511, Bl. 108.
805 Bericht mit Plan zur Einleitung politisch-operativer Sicherungsmaßnahmen zur Verhinderung einer geplanten Provokation am 7. Juli 1989 auf dem Alexanderplatz/Weltzeituhr vom 5. Juli 1989, BV für Staatssicherheit Berlin, BStU, MfS, HA XX, AkG, Nr. 1511, Bl. 1–5, 7.
806 Vgl. Kriz/Gräfe 2014, S. 133, 136.
807 Nach Dahn/Kopka 1991, S. 19.
808 Ebd., S. 245–246.
809 Ebd., S. 148. Dahn/Kopka 1991, S. 19
810 Kriz/Gräfe 2014, S. 148. 164.
811 Er trat in diesem Zusammenhang am 13. Dezember 1989 zurück. Ab dem 5. Januar 1990 übte Generalmajor Dirk Bachmann, zuvor Stellvertreter des Leiters der Politischen Verwaltung des MdI, dieses Amt aus.
812 Kriz/Gräfe 2014, S. 153–155, 157.
813 Handschriftlicher Bericht vom 25. Oktober 1989 über die Situation im Zuführungspunkt Rummelsburg am 8. Oktober 1989, BStU, MfS, HA IX, Nr. 16261, Bl. 101–111.
814 Kriz/Gräfe 2014, S. 168.
815 Einstellung der Strafverfolgung, BStU, ZA, HA IX, Nr. 1586.
816 Tätigkeitsbuch, Mitteilungsbuch der Diensthabenden der StVE Berlin vom 25. März 1989 – 24. September 1990, LAB, C Rep. 330/316, Bl. 202.
817 Information zu Vorgängen in der U-Haftanstalt Rummelsburg vom Oktober 1989 nach einer inoffiziellen Quelle, BStU, MfS, HA II, Nr. 20922, Bl. 1–2.
818 Vgl. Stadtjugendpfarramt Berlin/Kontakttelefon 1989 und AG »Materialsichtung« der »Zeitweiligen Kommission der Stadtverordnetenversammlung von Berlin« 1989.
819 Zit. nach: Heinke, Lothar: 7. Oktober 1989. Vor 20 Jahren. Der letzte Tanz der Totgesagten beim 40. Geburtstag der DDR, in: Der Tagesspiegel vom 6. Oktober 2014.
820 Ebd. Vgl. auch: Kleinschmid, Harald: Geschichte aktuell. Wasserwerfer und bestellter Jubel, in: Deutschlandfunk vom 7. Oktober 2009.
821 Handschriftlicher Bericht vom 25. Oktober 1989 über die Situation im Zuführungspunkt

Rummelsburg am 8. Oktober 1989, BStU, MfS, HA IX, Nr. 16261, Bl. 101–111. Bericht der HA IX/AKG/AB AK vom 25. Oktober 1989 über die Situation im Zuführungspunkt Rummelsburg am 8. Oktober 1989, BStU, MfS, HA IX, Nr. 19473, Bl. 101–107.

822 Schreiben an das MdI, z. Hd. des Ministers: Beschwerde über die unbegründete Festnahme in der Nacht 7./8. Oktober 1989, Bericht von C. B., BStU, MfS, HA VII, Nr. 388, Bl. 8.

823 Ebd., Bl. 25.

824 Information zu Vorgängen in der U-Haftanstalt Rummelsburg vom Oktober 1989 nach einer inoffiziellen Quelle, BStU, MfS, HA II, Nr. 20922, Bl. 1–2.

825 Schreiben an das MdI, z. Hd. des Ministers: Beschwerde über die unbegründete Festnahme in der Nacht 7./8. Oktober 1989, Bericht von U. Sch., BStU, MfS, HA VII, Nr. 388, Bl. 11.

826 Information zu Vorgängen in der U-Haftanstalt Rummelsburg vom Oktober 1989 nach einer inoffiziellen Quelle, BStU, MfS, HA II, Nr. 20922, Bl. 1–2.

827 Schreiben an das MdI, z. Hd. des Ministers: Beschwerde über die unbegründete Festnahme in der Nacht 7./8. Oktober 1989, Bericht von W. St., BStU, MfS, HA VII, Nr. 388, Bl. 37.

828 Ebd.

829 Vgl. Bästlein 2009, S. 827–829.

830 Zit. nach: Dahn/Kopka 1991, S. 23.

831 Förster: Die Schuldigen blieben unangetastet, in: Berliner Zeitung, 11. Oktober 1990, S.16.

832 Zit. nach: Kurzbegründung zum Vorschlag der Auszeichnung des Genossen Lustik mit dem Vaterländischen Verdienstorden in Gold 1988, BArch. DO 1/3655 und DO 6.

833 Lageeinschätzung 1988 vom 30. Januar 1989, VSV, BStU, MfS, HA VII, Nr. 3893, Bl. 171, 176.

834 Plan der außerschulischen Weiterbildung der operativen Diensthabenden vom 18. Januar 1988, LAB, C Rep. 330/1. Dienstbesprechung vom 27. Juni 1989, Leitung StVE, LAB, C Rep. 330/3. Konzeption zur Durchführung der gemeinsamen Weiterbildungsmaßnahmen mit den operativen Diensthabenden der StVE und den Diensthabenden der nachgeordneten Dienststellen vom 5. Juli 1989, Oberst der SV Witschel, LAB, C Rep. 330/1.

835 Bis 1990 Tschechoslowakei.

836 Dienstbesprechungen vom 10. und 24. Oktober 1989, LAB, C Rep. 330/3.

837 Dienstbesprechung vom 14. November 1989, ebd.

838 Kollegiumsvorlage zum Stand der Gewährleistung der Sicherheit im Organ SV vom 14. November 1989, BArch, DO 1/3669.

839 Erich Honecker (1912–1994), Biographie unter: Müller-Enbergs u. a. 2010, unter dem Namen.

840 Angaben darüber vgl. Knabe 2007, S. 87–88.

841 Werner Krolikowski (1928–2012). Biographie unter: Müller-Enbergs u. a. 2010, unter dem Namen.

842 Bestandsbuch Haus 8 vom 22. Oktober 1988 – 10. August 1990, LAB, C Rep. 330/479, Bl. 186–187, 200–201.

843 Ebd.

844 Ebd.

845 Günter Mittag (1926–1994), Biographie unter: Müller-Enbergs u. a. 2010, unter dem Namen.

846 Hermann Axen (1916–1992), Biographie unter: Müller-Enbergs u. a. 2010, unter dem Namen.

847 Bestandsbuch Haus 8 vom 22. Oktober 1988 – 10. August 1990, LAB, C Rep. 330/479, Bl. 194–195, 198–199.

848 Wolfgang Junker (1929–1990), Biographie unter: Müller-Enbergs u. a. 2010, unter dem Namen.

849 Bestandsbuch Haus 8 vom 22. Oktober 1988 – 10. August 1990, LAB, C Rep. 330/479, Bl. 198–199, 200–201.

850 Ebd. und Haftakte Horst Sindermann 1990, LAB, C Rep. 323/97, Bl. 4.
851 Horst Sindermann (1915–1990), Biographie unter: Müller-Enbergs u. a. 2010, unter dem Namen.
852 Bestandsbuch Haus 8 vom 22. Oktober 1988 – 10. August 1990, LAB, C Rep. 330/479, Bl. 198–99. Lagefilm der StVE vom 29. Januar 1990, Dienstsache Nr. 57/90, LAB, C Rep. 330/417.
853 Lagefilm der StVE vom 30. Januar 1990, Dienstsache Nr. 59/90, LAB, ebd.
854 Wegen der Todesschüsse an der Mauer kam im November 1990 erneut ein Haftbefehl gegen Honecker zustande, vor dem er im März 1991 nach Moskau floh. Im Juli 1992 erfolgte seine Rückführung nach Berlin, wo er bis zum Januar 1993 in Berlin-Moabit seine zweite U-Haftzeit verbüßte.
855 Verfügt vom Staatsrat am 27. Oktober 1989, Anweisung Nr. 12/89 des Generalstaatsanwalts der DDR (GBl. I S. 237).
856 Egon Krenz (Jahrgang 1937), SED-Funktionär in hohen Positionen in der DDR und am 24. Oktober 1989 zum Vorsitzenden des Staatsrats und des Nationalen Verteidigungsrates gewählt worden. Biographie unter: Müller-Enbergs u. a. 2010, unter dem Namen.
857 Abschlussbericht zur Amnestie vom 4. Dezember 1989, VSV, BArch, DO/1/3716.
858 Dölling 2009, S. 180.
859 Abschlussbericht zur Amnestie vom 4. Dezember 1989, VSV, BArch, DO/1/3716.
860 Übersicht Bestand VH/SG 1989, BStU, MfS, HA VII, Nr. 3893, Bl. 96.
861 Zwischenbericht zur Amnestie vom 5. Januar 1990, Ministerium für Innere Angelegenheiten, BArch, DO/1/3716.
862 Fernschreibstelle – Weiterleitung von Sofortmeldungen, 1989–1990, 12. November 1989, LAB, C Rep. 330/377.
863 GBl. I S. 266.
864 Am 6. Dezember 1989 traten das ZK und das neue Politbüro der SED mit Egon Krenz als Generalsekretär zurück und Manfred Gerlach (1928–2011), LDPD, wurde zum Staatsratsvorsitzenden gewählt, Biographie unter: Müller-Enbergs u. a. 2010, unter dem Namen.
865 Kriz/Gräfe 2014, S. 245, hier als Quelle angegeben: Lagevortrag für den Zeitraum 1.–15. Januar 1990 in der Leitung des PdVP Berlin, S. 2.
866 Abschlussbericht zur Amnestie vom 15. März 1990, Anlage, BArch, DO/1/3716.
867 Vgl. Dölling 2009, S. 246, hier als Quelle angegeben: Vorschlag zur konzentrierten Verwahrung ausländischer SG der StVE Bautzen II in der StVE Berlin sowie zu praktischen Konsequenzen für die künftige Verantwortung des AfNS im Zusammenhang mit dem SV der DDR vom 4. Dezember 1989, BSTU, ZA, HA VII, Nr. 598, Bl. 10–11.
868 Konzeption zur Vorbereitung inhaltlicher und organisatorischer Absicherung einer konzentrierten Unterbringung aller Strafgefangenen aus nichtsozialistischen Staaten und Berlin (West) in der StVE vom 23. Januar 1987, BStU, MfS, HA VII, Nr. 606, Bl. 2–4.
869 Hausmitteilung MdI, Leiter VSV vom 22. Dezember 1989, BArch, DO 1/3707.
870 GBl. DDR I S. 332 und BGBl II S. 537. Faktisch aufgehoben durch Einigungsvertrag vom 31. August 1990 (BGBl. II S. 889).
871 GBl. I Nr. 39 S. 526–541.
872 Anja Reich: Rummelsburger Häftlinge wollen Haft in Rummelsburg, in: Berliner Zeitung vom 21. September 1990, S. 16.
873 Liste aller nicht beantworteten bzw. gestellten Gnadengesuche Januar bis August 1990 vom 19. September 1990, und Schreiben des MdI, i. A. SV-Direktor Martens, an die Präsidentin der Volkskammer Bergmann-Pohl vom 26. September 1990, BArch, DA 5/2292.
874 Dienstsache 365/90 und 367/90, LAB, C Rep. 330/5, Jahr 1990.
875 Zweite VzA, Station C I und D I, Dienstsache 419/90, Lagefilm, LAB, C Rep. 330/5, Jahr 1990. Nach Verhandlung mit den SV und Zusicherung, die Lohngelder vom Mai bis zum 1.

August 1990 zu zahlen, wurde der Streik beendet, Dienstsache 421/90, Lagefilm 30. Juli, ebd.

876 T. war ein Neuzugang in Rummelsburg. Als Sprecher des Gefangenenrates im Strafvollzug Brandenburg hatte er bereits dort gegen die menschenunwürdigen Haftbedingungen einen Protest angezettelt. Im Gefängnis Torgau war er wegen des gleichen Versuchs vom 21. bis 24. Dezember 1989 angekettet worden. Vgl., Ilona Rothin und Peter Leske: Dann geh ich aufs Dach, in: NBI vom 17. August 1990, S. 17, 24.

877 Fernschreibstelle – Weiterleitung von Sofortmeldungen, 1989–1990, mit dem Datum, LAB, C Rep. 330/377.

878 Fernschreibstelle – Weiterleitung von Sofortmeldungen, 1989–1990, mit dem Datum, LAB, C Rep. 330/377. Vgl. auch: Diestel holte Häftling vom Schornstein, in: Berliner Zeitung vom 7. September 1990.

879 Bischoff: Strafgefangene wollen nicht verlegt werden, in: Berliner Zeitung vom 19. September 1990, S. 16.

880 Fernschreibstelle – Weiterleitung von Sofortmeldungen, 1989–1990, mit dem Datum, LAB, C Rep. 330/377.

881 Michael Behrendt: Gefängnisrevolten gegen politisch motivierte Urteile, in: Berliner Morgenpost vom 22. September 1990.

882 Zimmermann: Bei schlechtem Wetter steigen Besetzer vom Dach, in: Neue Zeit vom 25. September 1990.

883 Fernschreibstelle – Weiterleitung von Sofortmeldungen, 1989–1990, mit dem Datum, LAB, C Rep. 330/377.

884 GBl. 1990 I Nr. 65 S. 1987–1988 und Drucksache Nr. 247 der Volkskammer der DDR, 10. Wahlperiode 1990.

885 Häftlinge hoffen auf die Volkskammer, in: Berliner Zeitung vom 28. September 1990, S. 16. Anja Reich: Wir kommen nicht runter, in: Berliner Zeitung vom 29./30. September 1990, S. 16.

886 Vgl. Wunschik 2009, S. 24.

887 April bis zum 2. Oktober 1990 Nachfolger von Wilfried Lustik.

888 Vgl. Dölling 2009, S. 401.

889 Die einst zentrale MfS-UHA Hohenschönhausen führte das MdI zunächst als StVE weiter, wie ebenso das Haftkrankenhaus auf dem Gelände. Vor der Schließung im Oktober 1990 übernahmen die JVA Moabit und Plötzensee die letzten Insassen.

890 Lagefilm der StVE Berlin vom 12. Oktober 1990, LAB, C Rep. 330, Nr. 421.

891 Tätigkeitsbuch, Mitteilungsbuch der Diensthabenden der StVE Berlin vom 25. März 1989 – 24. September 1990, LAB, C Rep. 330/316, Bl. 202.

892 Ebd.

893 Vgl. Dölling 2009, S. 403.

894 Vgl. Flügge 1995, S. 21–24.

895 Ebd.

896 Vgl. Michael Kahle: »Über Waschbären und Familienleben«, Berliner Woche vom 12. Dezember 2007.

897 Friedrich Jacobs (1889–1964): Deutsch-russischer Arzt, lebte von 1914 bis 1948 in Deutschland, wirkte hier vor allem an der Berliner Charité und am Oskar-Ziethen-Krankenhaus in Berlin-Lichtenberg.

898 Nach Verkündung des Vorhabens 1993 verkaufte Help e.V. bei einem Tag der offenen Tür alles restliche Inventar des Gefängnisses zu symbolischen Preisen. Die eingenommenen fast 2000 DM sollten vier politischen Häftlingen zugute kommen. Berliner Kurier vom 12. August 1993 und Lichtenberger Monatsblatt vom September 1993, S. 7.

899 http://www.stadtentwicklung.berlin.de/bauen/entwicklungsgebiete/pdf/Rummelsburger-BuchtBilanz.pdf

900 Mieter Magazin, Juni 2008, »Von Knastzelle zum Luxusappartement«.

901 Anregungen kommen besonders vom Berliner Arbeitskreis »Marginalisierte – gestern und heute!«, der seit 2008 jährlich am Jahrestag der »Aktion Arbeitsscheu Reich« (1938) vor Ort ein Gedenken für die Opfer der »Asozialen«-Verfolgung in dem früheren Arbeitshaus organisiert.

902 »Eingeliefert nach Rummelburg« vom 9. Januar – 30. Juni 2011 im Museum Berlin-Lichtenberg, Christine Steer (Ausstellungskonzeption und Umsetzung, Recherche und Text: Arbeitshaus, DDR-Gefängnis), Thomas Irmer (NS-Zeit).

903 https://www.berlin.de/ba-lichtenberg/auf-einen-blick/freizeit/kultur/mdb-balichtenberghohenschoenhausen-freizeit-kultur-gedenken-rb-abb._geschichtstafeln_rummelsburg.pdf

904 Rainer E. Klemke, bis 2012 Museums- und Gedenkstättenreferent von Berlin, leitete den Runden Tisch und koordinierte den Wettbewerb.

905 http://www.gedenkort-rummelsburg.de/ Eine Smartphone-App informiert über das Gelände und hält Interviews und Dokumente bereit. Abrufbar unter: www.rummelsburg-app.de

906 Überarbeitete Haus- und Zellenordnung für Untersuchungsgefangene vom 1. September 1958. MdI, BV Strafvollzug Berlin, LAB, C Rep. 303/270, Bl. 127–130.

907 Stellenplan für Strafgefangenen-Ärzte STVA I und UHA vom 3. März 1957, MdI, Abteilung Gesundheitswesen, BArch, DO 1/28583 (Mikrofilm, hier Altakte Nr. 1585), Bl. 149–152.

Quellen und Literatur

AG »Materialsichtung« der »Zeitweiligen Kommission der Stadtverordnetenversammlung von Berlin« 1989 = Ich zeige an. Berichte von Betroffenen zu den Ereignissen am 7. und 8. Oktober 1989 in Berlin, AG »Materialsichtung« der »Zeitweiligen Kommission der Stadtverordnetenversammlung von Berlin« (Hg.), Berlin 30. November 1989.

Aly 1985 = Aly, Götz: Medizin gegen Unbrauchbare, in: Aussonderung und Tod. Die klinische Hinrichtung von Unbrauchbaren, in: Beiträge zur nationalsozialistischen Gesundheits- und Sozialpolitik, Bd. 1, Rotbuch Verlag, Berlin 1985, S. 9–74.

Ayaß 1992 = Ayaß, Wolfgang: Das Arbeitshaus Breitenau. Bettler, Landstreicher, Prostituierte, Zuhälter und Fürsorgeempfänger in der Korrektions- und Landarmenanstalt Breitenau (1874–1949), Dissertation, in: Hessische Forschungen zur geschichtlichen Landes- und Volkskunde, Heft 23, Verein für hessische Geschichte und Landeskunde e.V. (Hg.), Kassel 1992.

Ayaß 1993 = Ayaß, Wolfgang: Die »korrektionelle Nachhaft«. Zur Geschichte der strafrechtlichen Arbeitshausunterbringung in Deutschland, in: Zeitschrift für Neuere Rechtsgeschichte (ZNR), 15 (1993), Wilhelm Brauneder u. a. (Hg), Wien, S. 184–201.

Ayaß 1995 = Ayaß, Wolfgang: »Asoziale« im Nationalsozialismus, Klett-Cotta Verlag, Stuttgart 1995.

Ayaß 1998 = Ayaß, Wolfgang: »Gemeinschaftsfremde«. Quellen zur Verfolgung von »Asozialen« 1933–1945, in: Materialien aus dem Bundesarchiv 5/1998, Eigenverlag Bundesarchiv Koblenz.

Bästlein 2009 = Bästlein, Klaus: Der letzte Tag der Republik. Die staatsanwaltlichen Ermittlungen zum 7./8. Oktober 1989 in Berlin, in: Deutschland Archiv, 42. ./(2009), S. 821–831.

Bath 2007 = Bath, Matthias: Gefangen und freigetauscht. 1197 Tage als Fluchthelfer in der DDR-Haft, Stiftung Gedenkstätte Berlin-Hohenschönhausen (Hg.), Jaron Verlag, Berlin 1987.

Bastian/Neubert 2004 = Bastian, Uwe/Neubert, Hildigund: Schamlos ausgebeutet. Das System der Haftzwangsarbeit politischer Gefangener des SED-Staates, Bürgerbüro Berlin e.V. – Verein zur Aufarbeitung von Folgeschäden der SED-Diktatur (Hg.), Eigenverlag Bürgerbüro, Berlin 2004.

Beleites 1998 = Beleites, Johannes: Die Rolle des MfS im Bereich des Untersuchungshaft- und Strafvollzugs der DDR, in: Horch und Guck 3/1998, Heft 24, Bürgerkomitee Leipzig e.V. (Hg.), S. 46–55.

Beleites 2009 = Beleites, Johannes: Abteilung XIV: Haftvollzug, BStU (Hg.), Berlin 2009. (MfS-Handbuch, III/9).

Benjamin 1968 = Benjamin, Hilde: Strafgesetzbuch der DDR – Beitrag zu einem einheitlichen Rechtssystem, in: Das neue Strafrecht – bedeutsamer Schritt zur Festigung unseres sozialistischen Rechtsstaates (Aus der Tätigkeit der Volkskammer und ihrer Ausschüsse, Heft 4, 5. Wahlperiode, 1968), Staatsrat der DDR (Hg.), Berlin (Ost) 1968, S. 12–33.

Bernstein 1907 = Bernstein, Eduard: Die Geschichte der Berliner Arbeiterbewegung, 1. Teil: Vom Jahre 1848 bis zum Erlaß des Sozialistengesetzes, Buchhandlung Vorwärts, Berlin 1907.

Blankenstein 1882 = Blankenstein, Hermann: Das städtische Arbeitshaus zu Rummelsburg, in: Wochenblatt für Architekten und Ingenieure, Jg. IV, Berlin 1882, Nr. 8, Bl. 39–40.

Boehlke/Gericke 2007 = Boehlke, Michael/Gericke, Henryk (Hg.) Künstlerhaus Bethanien: »Too Much Future«, Punk in der DDR, erw. und veränd. Neuaufl., Verbrecher Verlag, Berlin 2007 (Erstauflage 2005).

Boerner 1885 = Boerner, Paul: Das städtische Arbeitshaus zu Rummelsburg bei Berlin, in: Bericht über die Allgemeine deutsche Ausstellung auf dem Gebiete der Hygiene und des Rettungswesens, Berlin 1882/83, Bd. 1, Breslau 1885, S. 475–482.

Boysen 2010 = Boysen, Jacqueline: Das »weiße Haus« in Ost-Berlin. Die Ständige Vertretung der Bundesrepublik bei der DDR, 2. Aufl., Christoph Links Verlag, Berlin 2010.

Bradler/Rothe 2016 = Bradler, Michael/Rothe, Michael: »Ich wollte doch nicht an der Mauer erschossen werden!«, 5. überarb. Aufl., KDD Kompetenzzentrum Digital-Druck GmbH, Berlin 2016.

Breunig/Herbst 2011 = Breunig, Werner/ Herbst, Andreas: Biografisches Handbuch der Berliner Stadtverordneten und Abgeordneten 1946–1963, Uwe Schaper (Hg.), Berlin 2011. (Schriftenreihe des Landesarchivs Berlin, Bd. 14/ 2011).

Brömse 2013 = Brömse, Julia: »Die Lebensaufgabe«, in : »Dreiundfünfzig. Der vergessene Volksaufstand vom 17. Juni«, Journalisten-Akademie der Konrad-Adenauer-Stiftung e.V. (Hg.), Sankt Augustin 2013, S. 12–15.

Buchwald 2012 = Buchwald, Rainer: »Es ging um die Schockwirkung«, in: Rüchel u.a. 2012, S. 40–47.

Buchwald/Sachse 2014 = Buchwald, Rainer/Sachse, Christian: »Durchschnittlich intelligent und sehr vergammelt«. Das illegale Arbeits- und Erziehungslager 1966/1967 in Rüdersdorf, Initiativgruppe Gedenkstätte Geschlossener Jugendwerkhof Torgau e.V. (Hg.), Torgau Druck, Sächsische Lokalpresse GmbH, 2014. (JWH Torgau, Schriftenreihe »Auf Biegen und Brechen«, Bd. 3).

Bührmann-Peters 2002 = Bührmann-Peters, Frank: Ziviler Strafvollzug für die Wehrmacht. Militärgerichtlich Verurteilte in den Emslandlagern 1939–1945, Dissertation, Universität Osnabrück, Fachbereich 2 – Kultur- und Geowissenschaften, Fachgebiet Geschichte, Sommersemester 2002.

Dahn/Kopka 1991 = Dahn, Daniela/Kopka, Fritz-Jochen (Red.), Autorenkollektiv: Und diese verdammte Ohnmacht. Report der Untersuchungskommission zu den Ereignissen vom 7./8. Oktober 1989 in Berlin, 2. Aufl., BasisDruck Verlag, Berlin 1991.

Dellmuth 1999 = Dellmuth, Rainer: Ausflüge im »Grotewohl-Express« – Operativ-Vorgang »Lehrling«: eine Jugend wird zerstört!, Anita Tykve Verlag, Berlin 1999.

Die Landesbeauftragten für die Unterlagen des Staatssicherheitsdienstes der ehemaligen DDR Berlin und Sachsen 1996 = Die Landesbeauftragten für die Unterlagen des Staatssicherheitsdienstes der ehemaligen DDR Berlin und Sachsen (Hg.): Der Beitrag des Arbeitsgebietes I der DDR Kriminalpolizei zur politischen Überwachung und Repression. Dresden/Berlin 1996 (ungedruckte Studie).

Diedrich u.a. 1998 = Diedrich, Torsten/Ehlert, Hans/Wenzke, Rüdiger (Hg.): Im Dienste der Partei. Handbuch der bewaffneten Organe der DDR, 2. Aufl., Christoph Links Verlag, Berlin 1998.

Diekmann 2012 = Diekmann, Kai (Hg.): Freigekauft. Der DDR-Menschenhandel, Piper Verlag, München 2012.

Dirksen 1998 = Dirksen, Hans-Hermann: Die Zeugen Jehovas in der DDR, in: »Am mutigsten waren immer wieder die Zeugen Jehovas«. Verfolgung und Widerstand der Zeugen Jehovas im Nationalsozialismus, Hans Hesse (Hg.), Verlag Edition Temmen, Bremen 1998, S. 256–276.

Dölling 2009 = Dölling, Birger: Strafvollzug zwischen Wende und Wiedervereinigung. Kriminalpolitik und Gefangenenprotest im letzten Jahr der DDR, Christoph Links Verlag, Berlin 2009.

DzD BesBem 2012 = Dokumente zur Deutschlandpolitik »Besondere Bemühungen« der Bundesregierung 1962 bis 1969, Hammer, Elke-Ursel (Bearb.), Bundesministerium des Innern und Bundesarchiv (Hg.), VI. Reihe, Bd. 1 (Sonderedition), Oldenbourg Wissenschaftsverlag, München 2012.

Eisenfeld 1996 = Eisenfeld, Bernd: Die Zentrale Koordinierungsgruppe. Bekämpfung von Flucht und Übersiedlung, BStU (Hg), Berlin 1996. (Anatomie der Staatssicherheit. Geschichte, Struktur und Methoden. MfS-Handbuch, III/17).

Eisenfeld 2002 = Eisenfeld, B.: Rechtsextremismus in der DDR – Ursachen und Folgen, in: Agethen, Manfred/Jesse, Eckhard/Neubert, Ehrhart (Hg.): Der missbrauchte Antifaschismus. DDR-Staatsdoktrin und Lebenslüge der deutschen Linken. Freiburg im Breisgau, Herder Verlag, S. 221–236.

Engeli 1987 = Engeli, Christian: Die nationalsozialistischen Kommunalpolitiker in Berlin, in: Berlin-Forschungen II., Einzelveröffentlichungen der Historischen Kommission zu Berlin, Bd. 61, Wolfgang Ribbe (Hg.), Colloquium Verlag, Berlin 1987, S. 128–139.

Erler 1997 = Erler, Peter: »Lager X«. Das Haftarbeitslager des MfS in Berlin-Hohenschönhausen, in: Horch und Guck 1/1997, Heft 20, Bürgerkomitee »15. Januar« – Verein zur Aufarbeitung der Stasi-Vergangenheit e.V. (Hg.), Selbstverlag, S. 30–42.

Erler/Knabe 2005 = Erler, Peter/Knabe Hubertus: Der verbotene Stadtteil: Stasi-Sperrbezirk Berlin-Hohenschönhausen, Stiftung Gedenkstätte Berlin-Hohenschönhausen (Hg.), Jaron Verlag, Berlin 2005.

Finn 1960/1989 = Finn, Gerhard: Die politischen Häftlinge der Sowjetzone 1945–1958, Kampfgruppe gegen Unmenschlichkeit (Hg.), Illmgauverlag, Pfaffenhofen 1960/Verlag Wissenschaft und Politik, Berend von Nottbeck, Köln (Reprint) 1989.

Finn/Fricke 1981 = Finn, Gerhard/ unter Mitarbeit von Fricke, Karl Wilhelm: Politischer Strafvollzug in der DDR, Verlag Wissenschaft und Politik, Köln 1981.

Flügge 1995 = Flügge, Christoph: Wie war es wirklich in den DDR-Gefängnissen? Über die Schwierigkeiten mit einer »amtlichen Auskunft«, in: Horch und Guck 4/1995, Heft 17, Bürgerkomitee »15. Januar« – Verein zur Aufarbeitung der Stasi-Vergangenheit e.V. (Hg.), Selbstverlag, S. 21–24.

Fricke 1990 = Fricke, K. W.: »Politik und Justiz in der DDR«, Zur Geschichte der politischen Verfolgung 1945–1968. Bericht und Dokumentation. Verlag Wissenschaft und Politik, 2. Aufl. Köln 1990 [1. Aufl. 1979].

Furian/Becker 2012 = Furian, Gilbert/Becker, Nikolaus: Auch im Osten trägt man Westen, Archiv der Jugendkulturen Verlag KG, Berlin 2012 (Neuauflage gebunden).

Gabert 1991 = Gabert, Josef (Hg.): Zur Entlassung werden vorgeschlagen... Wirken und Arbeitsergebnisse der Kommission des Zentralkomitees zur Überprüfung von Angelegenheiten von Parteimitgliedern 1956. Dokumente. Dietz Verlag, Berlin 1991.

Galen von, 2004 = Galen von, Margarete: Rechtsfragen der Prostitution. Das Prostitutionsgesetz und seine Auswirkungen, C.H. Beck, München 2004.

Geschichte der Deutschen Volkspolizei 1983 = Autorenkollektiv: Geschichte der Deutschen Volkspolizei 1961–1975, Ministerium des Innern (DDR), Kommission zur Erforschung und Ausarbeitung der Geschichte der Deutschen Volkspolizei (Hg.), Deutscher Verlag der Wissenschaft, Berlin (Ost), 1983.

Heinz/Krätzner 2011 = Heinz, Michael/Krätzner, Anita: Verurteilt wegen »staatsgefährdender Hetze« – Reaktionen auf den Mauerbau im Bezirk Rostock, Fach-Aufsatz in: Zeitgeschichte regional. Mitteilungen aus Mecklenburg-Vorpommern 15 (2011), 2., Geschichtswerkstatt Rostock e.V. (Hg.), Ingo Koch Verlag, Rostock 2011, S. 39–49.

Henneberg 2002 = Henneberg, Hellmuth: Meuterei vor Rügen – Was geschah auf der Seebad Binz? Der Prozeß gegen die Junge Gemeinde 1961 in Rostock, Hinsdorff Verlag, Rostock 2002.

Herbermann 2012 = Herbermann, Reinhard: »Ab dann habe ich mich ruhig verhalten«, in: Rüchel u. a. 2012, S. 56–61.

Herne, Mecy und Micha 2005 = Herne, Mecy und Micha: AlösA – Punk in der Erlöserkirche Berlin [Lichtenberg], in: Galenza/Havemeister 2005, S. 108–119.

Hüge 1991 = Hüge, Bernd-Dieter: »Mein Knastbuch. Ein Bericht«, Aufbau-Verlag (Aufbau-Taschenbuch 47), Berlin 1991.

Juritza 2008 = Juritza, Cliewe: Als die Berliner Mauer noch kein Denkmal war. Norderstedt: Books On Demand, 2008.

Kaminsky 2007 = Kaminsky, Anne (Hg.): Orte des Erinnerns. Gedenkzeichen, Gedenkstätten und Museen zur Diktatur in SBZ und DDR, Christoph Links Verlag, Berlin 2007.

Keiderling 1987 = Keiderling, Gerhard: Berlin 1945–1986. Geschichte der Hauptstadt der DDR, Dietz Verlag, Berlin 1987.

Kind/Uebelgünn 2013 = Kind, Christian/Uebelgünn, Horst: Spuren 150 Jahre SPD in Lichtenberg, Festschrift zum 150-jährigen Jubiläum der SPD, SPD Lichtenberg (Hg.), Berlin 2013.

Klier 2003 = Klier, Freya: Gesichter des 17. Juni 1953, Essay SFB 2003.

Knabe 2007 = Knabe, Hubertus: Die Täter sind unter uns. Über das Schönreden der SED-Diktatur, Propyläen-Verlag Berlin, 3. Aufl. 2007.

Korzilius 2008: Korzilius, Sven: Asozialität mit Tradition, in: Horch und Guck 2/2008, Heft 60, Bürgerkomitee Leipzig e.V. (Hg.), S. 14–19.

Kriz/Gräfe 2014 = Kriz, Karl-Heinz/Gräfe, Hans-Jürgen: Mittendrin. Die Berliner Volkspolizei 1989/90, edition ost, 2014.

Laudien/Sachse 2012 = Laudien, Karsten/Sachse, Christian: Erziehungsvorstellungen in der Heimerziehung der DDR. Erziehung in den Heimen der Jugendhilfe, in: Aufarbeitung der Heimerziehung in der DDR – Expertisen, Expertise 2, S. 130–294, Beauftragte der Bundesregierung für die Neuen Länder (Hg.), Arbeitsgemeinschaft für Kinder- und Jugendhilfe – AGJ, Eigenverlag, Berlin 2012.

Lindenau 2012 = Lindenau, Clemens: »Alle die in diesem Lager gewesen sind, waren für den Sozialismus verloren«, in: Rüchel u. a. 2012, S. 48–55.

Lindenberger 1998 = Lindenberger, Thomas: Die Deutsche Volkspolizei (1945–1990), in: Diedrich u. a. 1998, S. 97–152.

Marxen/Werle 2007 = Marxen, Klaus/Werle, Gerhard (Hgg.): Strafjustiz und DDR-Unrecht. Dokumentation, Bd. 5/1, Teilbd.: Rechtsbeugung, Berlin 2007.

Mehls 1990 = Mehls, Hartmut (Hg.): Im Schatten der Mauer. Dokumente. 12. August bis 29. September 1961, Deutscher Verlag der Wissenschaft, Berlin 1990.

Michalski 1996 = Michalski, Bettina: Gisela Mießner, in: »Louise Schroeders Schwestern«. Berliner Sozialdemokratinnen der Nachkriegszeit, Franz-Neumann-Archiv (Hg.), Verlag J.H.W. Dietz Nachf., Bonn 1996.

Müller 2012 = Müller, Jörg: Strafvollzugspolitik und Haftregime in der SBZ und in der DDR. Der sächsische Raum in der Ära Ulbricht, Vandenhoeck & Ruprecht, Göttingen 2012. (Schriften des Hannah-Arendt-Instituts für Totalitarismusforschung, 48).

Müller-Enbergs u. a. 2010 = Müller-Enbergs, Helmut/Wielgohs, Jan/Hoffmann, Dieter/Herbst, Andreas/Kirschey-Feix, Ingrid (Hg.): Wer war wer in der DDR? Ein Lexikon ostdeutscher Biographien. 2 Bde., 5. Aufl., Christoph Links Verlag, Berlin 2010.

Müller/Stephan 1997 = Müller, Klaus-Dieter/Stephan, Annegret: Die Vergangenheit lässt uns nicht los. Haftbedingungen politischer Gefangener in der SBZ/DDR und deren gesundheitliche Folgen. Erweiterte Berichte der gleichnamigen Fachtagung am 25. April 1997 in Hamburg. Landesbeauftragten für die Unterlagen der Staatssicherheit der ehemaligen DDR des Landes Berlin, für Mecklenburg-Vorpommern und Sachsen-Anhalt (Hg.), Oktoberdruck Berlin 1997.

Neubert 1997 = Neubert, Erhart: Geschichte der Opposition in der DDR 1949–1989. Verlag: Bundeszentrale für Politische Bildung, Bonn 1997 (Schriftenreihe Bd. 346).

Pieper 1997 = Pieper, Bernd, Roter Terror in Cottbus. Siebzehn Monate in den Gefängnissen der DDR, 2. und aktualisierte Aufl., Anita Tykve Verlag, Berlin 1997. Ebd. 2013

Plato 1999 = Plato, Alexander von: Sowjetische Speziallager in Deutschland, in: Reif-Spirek/Ritscher 1999, S. 124–149.
Poppe 2014 = Poppe, Grit: Schuld, Dressler Verlag, Hamburg 2014.
Rasch 1871/1986 = Rasch, Gustav: Berlin bei Nacht, Schattenseiten einer Großstadt (Eine Auswahl aus den Schriften von Gustav Rasch 1871), Paul Thiel (Hg.), Verlag Das Neue Berlin, Berlin 1986.
Raschka 2000 (fhi) = Raschka, Johannes: Militarisierung der Gesetzgebung in der DDR (13. Juli 2000), in: »forum historiae iuris« (fhi) – eine elektronische Zeitschrift für Rechtsgeschichte; http://www.forhistiur.de/2000-07-raschka/?l=de
Rehlinger 2011 = Rehlinger, Ludwig A.: Freikauf. Die Geschäfte der DDR mit politisch Verfolgten 1963–1989, 2. Aufl., Mitteldeutscher Verlag Halle/Saale, 2011.
Reif-Spirek/Ritscher 1999 = Reif-Spirek, Peter/Ritscher, Bodo (Hg.): Speziallager in der SBZ. Gedenkstätten mit »doppelter Vergangenheit«, Christoph Links Verlag, Berlin 1999.
Rosenbaum 2006 = Anatol Rosenbaum: Die DDR feiert Geburtstag, und ich werde Kartoffelschäler. Als Arzt und »Agent« im »Kommando X« des MfS, Nea Weissberg-Bob (Hg), Lichtig-Verlag, Berlin 2006.
Rüddenklau 1995 = Rüddenklau, Wolfgang: »Nur krank darfst Du nicht werden!« Versuch einer Lokalisierung von Erinnerungen an alte Ostberliner Knäste (1995), in: »telegraph« 11/12 1995, S. 16–33.
Rüter/de Mildt 1968–2012 = Rüter, Christiaan F./de Mildt, Dick W. (Hg.): Justiz und NS-Verbrechen. Sammlung (west-)deutscher Strafurteile wegen nationalsozialistischer Tötungsverbrechen, 1945–2012. 49 Bde., Amsterdam, München 1968–2012.
Sachse 2014 = Sachse, Christian: Das System der Zwangsarbeit in der SED-Diktatur. Die wirtschaftliche und politische Dimension. Ein Forschungsprojekt im Auftrag der Union der Opferverbände Kommunistischer Gewaltherrschaft e.V., Leipziger Universitätsverlag 2014.
Sandvoß 1998 = Hans-Rainer Sandvoß: Widerstand in Friedrichshain und Lichtenberg, Gedenkstätte Deutscher Widerstand (Hg.), Berlin 1998. (Schriftenreihe über den Widerstand in Berlin von 1933 bis 1945, 11).
Schalck-Golodkowski 2001 = Schalck-Golodkowski, Alexander: Deutsch-deutsche Erinnerungen, Rowohlt Taschenbuch Verlag GmbH, Reinbeck bei Hamburg 2001.
Schnell 2001 = Schnell, Gabriele: Jugend im Visier der Stasi, Brandenburgische Landeszentrale für politische Bildung (Hg.), Potsdam 2001.
Schroeder 2003 = Schroeder, Friedrich-Christian: Rechtsgrundlagen der Verfolgung deutscher Zivilisten durch Sowjetische Militärtribunale, in: Hilger, Andreas/Schmidt, Ute/Schmeitzner, Mike (Hg.): Sowjetische Militärtribunale. Die Verurteilung deutscher Zivilisten 1945–1955, Böhlau Verlag, Köln, Weimar, Wien 2003, S. 37–58. (Schriften des Hannah-Arendt-Instituts für Totalitarismusforschung, 17, Bd. 2).
Schroeder, Klaus 2013 = Schroeder, Klaus: Der SED-Staat. Geschichte und Strukturen der DDR, Bayrische Landeszentrale für politische Bildungsarbeit München (Hg.), 3. überarb. und stark erweitert. Neuaufl., München 2013.
Schröder/Wilke 1998 = Schröder, Wilhelm Heinz/Wilke, Jürgen: Politische Strafgefangene in der DDR. Versuch einer statistischen Beschreibung, in: Historical Social Research 23 (1998), 4, pp. 3-78. URN: http://nbn-resolving.de/urn:nbn:de:0168- ssoar- 31808
Schuller 1980 = Schuller, Wolfgang: Geschichte und Struktur des politischen Strafrechts der DDR bis 1968, Ebelsbach 1980.
Sélitrenny 2003 = Sélitrenny, Rita: Doppelte Überwachung. Geheimdienstliche Ermittlungsmethoden in den DDR-Untersuchungshaftanstalten, Christoph Links Verlag, Berlin 2003.
Staatssicherheitsdienst 1962 = Der Staatssicherheitsdienst. Ein Instrument der politischen Verfolgung in der Sowjetzone Deutschlands, Bundesministerium für gesamtdeutsche Fragen Bonn/Berlin (Hg.), Deutscher Bundes-Verlag, Bonn 1962.

Stadtjugendpfarramt Berlin/Kontakttelefon 1989 = Tage und Nächte nach dem 7. Oktober 1989 in Berlin/DDR. Gedächtnisprotokolle von Verhafteten, Stadtjugendpfarramt Berlin/Kontakttelefon (Hg.), Berlin Oktober 1989.

Steer 1995 = Steer, Christine: Lichtenberg. Zur Siedlungs- und Baugeschichte und Straßennamen, in: Berliner Straßennamen. Ein Nachschlagewerk für die östlichen Bezirke, verschiedene Autoren, Christoph Links Verlag, Berlin 1995.

Steer 2008 = Steer, Christine: Stadterkundungen in Berlin-Lichtenberg. Geschichte und Sehenswürdigkeiten Bezirksamt Lichtenberg von Berlin, Museum Lichtenberg (Hg.), Berlin 2008.

Steer 2010 = Steer, Christine: Rummelsburg mit der Victoriastadt, be.bra verlag, Berlin 2010.

Stock/Mühlberg 1990 = Stock, Manfred/Mühlberg, Philipp: *Die Szene von innen – Skinheads, Grufties, Heavy Metals, Punks*, Christoph Links Verlag, Berlin 1990.

Suckut 2001 = Suckut, Siegfried (Hg.): Das Wörterbuch der Staatssicherheit. Definitionen zur »politisch-operativen Arbeit«. Der Bundesbeauftragte für die Unterlagen des Staatssicherheitsdienstes der ehemaligen DDR; 3. Aufl., Christoph Links Verlag, Berlin 2001. (Analysen und Dokumente, 5).

Ulrich/Kämper 2002 = »Prügelkinder«. Jugendliche im Strafvollzug. Porträtiert von Holde-Barbara Ulrich (Text) und Andreas Kämper (Fotografie), Brandenburgische Landeszentrale für politische Bildung (Hg.), Potsdam 2002.

Vogt-Müller 2003 = Vogt-Müller, Christine: Hinter dem Horizont liegt die Freiheit: Flucht über die Ostsee. Schicksale, Fotos, Dokumente, Delius Klasing Verlag, Bielefeld 2003.

Wagner 2014 = Wagner, Bernd: Rechtsradikalismus in der Spät-DDR. Zur militant-nazistischen Radikalisierung. Wirkungen und Reaktionen in der DDR-Gesellschaft, edition widerschein, 2014.

Wapler 2012 = Wapler, Friederike: Rechtsfragen der Heimerziehung in der DDR. Die Strukturen der Heimerziehung in der DDR, in: Aufarbeitung der Heimerziehung in der DDR – Expertisen, Expertise 1, S. 10–118, Beauftragte der Bundesregierung für die Neuen Länder (Hg.), Arbeitsgemeinschaft für Kinder- und Jugendhilfe – AGJ, Eigenverlag, Berlin 2012.

Weber 2012 = Weber, Hermann: Die DDR 1945–1990, 5. Aufl., Oldenbourg Wissenschaftsverlag GmbH, München 2012. (Grundriss der Geschichte, 20).

Wenzel 2004 = Wenzel, Jürgen-Kurt: »Freiheit, die ich meine. Mein Leben in der DDR«, autobiografischer Bericht. www.mdr.de

Werkentin 1997 = Werkentin, Falco, Politische Strafjustiz in der Ära Ulbricht. Vom bekennenden Terror zur verdeckten Repression, 2. Aufl., Christoph Links Verlag, Berlin 1997.

Werkentin 2008 = Werkentin, Falco: Das sozialistische Strafgesetzbuch der DDR vom Januar 1968, in: Deutschland Archiv 41 (2008) 4, S. 645–655. W. Bertelsmann Verlag im Auftrag der Bundeszentrale für politische Bildung, Bonn.

Wiedmann 2010 = Wiedmann, Roland: Die Organisationsstruktur des Ministeriums für Staatssicherheit 1989, BStU (Hg.), Berlin 2010. (MfS-Handbuch).

Wiedmann 2012 = Wiedmann, Roland: Die Diensteinheiten des MfS 1950–1989. Eine organisatorische Übersicht, BStU (Hg.), Berlin 2012. (Anatomie der Staatssicherheit. Geschichte, Struktur und Methode. MfS-Handbuch).

Willing 2003 = Willing, Matthias: Das Bewahrungsgesetz (1918–1967). Eine rechtshistorische Studie zur Geschichte der deutschen Fürsorge, Mohr Siebeck, Tübingen 2003. (Beiträge zur Rechtsgeschichte des 20. Jahrhunderts, 42).

Wölbern 2014 = Wölbern, Jan Philipp: Der Häftlingsfreikauf aus der DDR 1962/63–1989: zwischen Menschenhandel und humanitären Aktionen, BStU (Hg.), Verlag Vandenhoeck & Ruprecht, Göttingen 2014. (Analysen und Dokumente, 38).

Wölbern 2015 = Wölbern, Jan Philipp: Die historische Aufarbeitung der Zwangsarbeit politischer Häftlinge im Strafvollzug der DDR (Studie), Zentrum für Zeithistorische Forschung (ZZF), Potsdam 2015.

Wörterbuch der Staatssicherheit BStU (Hg) 1993 = Das Wörterbuch der Staatssicherheit. Definitionen des MfS zur »politisch-operativen Arbeit« (GVS JHS 001 – 400/81), Juristische Hochschule (JHS) des MfS Potsdam-Eiche (Golm) in 3. Aufl. 1985 herausgegeben. Dokumentiert in: Das Wörterbuch der Staatssicherheit. Definitionen des MfS zur »politisch-operativen Arbeit«, BStU (Hg.), 2. Aufl., Reihe A: Nr. 2/93, Berlin 1993.

Wrobel 2003 = Wrobel, Johannes: Zeugen Jehovas im Strafvollzug der DDR, in: Repression und Selbstbehauptung. Die Zeugen Jehovas unter der NS- und SED-Diktatur, Gerhard Besier/Clemens Vollnhals (Hg.), Duncker & Humblot, Berlin 2003, S. 201–227.(Zeitgeschichtliche Forschungen, Bd. 21).

Wunschik 1997 = Wunschik, Tobias: Der Strafvollzug als Aufgabe der Deutschen Volkspolizei in den fünfziger Jahren, in: Archiv für Polizeigeschichte, 3/97, Lübeck 1997.

Wunschik 1999 = Wunschik, Tobias: Der DDR-Strafvollzug unter dem Einfluss der Staatssicherheit, in: Engelmann/Vollnhals 1999, S. 467–493.

Wunschik 2001 = Wunschik, Tobias: Selbstbehauptung und politischer Protest von Gefangenen im DDR-Strafvollzug. In: Neubert, Ehrhart; Eisenfeld, Bernd (Hg.): Macht – Ohnmacht – Gegenmacht. Grundfragen zur politischen Gegnerschaft in der DDR. Bremen 2001, S. 267–292.

Wunschik 2009 = Tobias Wunschik: Hauptabteilung VII: Ministerium des Innern, Deutsche Volkspolizei, BStU (Hg.), Berlin 2009. (Anatomie der Staatssicherheit. Geschichte, Struktur und Methode. MfS-Handbuch).

Wunschik 2014 = Wunschik, Tobias: Knastware für den Klassenfeind.

Häftlingsarbeit in der DDR, der Ost-West-Handel und die Staatssicherheit (1970–1989), Vandenhoeck & Ruprecht, Göttingen 2014. (Analysen und Dokumente, 37).

Zeittafel Volkspolizei Berlin [DDR] 1985 = Zeittafel zur Geschichte der Volkspolizei Berlin [DDR], Bd. 1: 1945–1961, Präsidium der Volkspolizei Berlin, Geschichtskommission (Hg.), Berlin 1985, chronologisch o. Seitenangaben.

Zeittafel Volkspolizei Berlin [DDR] 1988 = Zeittafel zur Geschichte der Volkspolizei Berlin [DDR], Bd. 2: 1962–1975, Präsidium der Volkspolizei Berlin, Geschichtskommission (Hg.), Berlin 1988, chronologisch o. Seitenangaben.

Zilli 1993 = Zilli, Timo Folterzelle 36 Berlin-Pankow. Erlebnisbericht einer Stasihaft, Verlag Edition Hentrich, Berlin 1993.

Zimmermann 2004 = Verena Zimmermann, Den neuen Menschen schaffen. Die Umerziehung von schwererziehbaren und straffälligen Jugendlichen in der DDR (1945–1990), Böhlau Verlag, Köln, Weimar, Wien 2004.

Personenregister

Bildnachweis

Archiv Gedenkstätte Deutscher Widerstand, Berlin: 129
Archiv Polizeihistorische Sammlung Berlin: 71 oben (061/78), 161 (028/65, Mappe 001/65)
Archiv Zeugen Jehovas: 95, 97
Bath, Matthias: 119, 191, 220
Boerner 1885: 17
Buchwald, Rainer: 93 links
Kranz, Rolf: 143
Kuhn, Gino: 65, 69, 182
Landesarchiv Berlin: 19 oben (F Rep. 290, 61/796), 19 unten (F Rep. 290, 95/440), 24 (F Rep. 290, 66/5198), 192 (C Rep. 330/554)
Lindenau, Clemens: 93 rechts
NARA Washington D.C.: 27 (Bl. 12496)
Privat: 21, 71 unten, 115, 117, 119, 162, 164, 167, 177f., 197
Schwanitz, Markus: 219
Steer, John: 47, 161 oben, 222 oben
Steer, Christine: 49f., 52ff., 60, 75, 123, 137, 140, 150, 153, 155, 208f., 221, 222 unten
Toepfer, Günter: 130
www.anderes-berlin.de: 15

Die Autorin

Christine Steer, geboren 1947, arbeitete zeitweise im Landesarchiv Sachsen-Anhalt an Projekten über Kriegsinvaliden des Ersten Weltkrieges und an der Entnazifizierung der NS-Justiz, im Antiquariats- und Buchhandel sowie in verschiedenen Kultureinrichtungen. Nach dem Studium in Leipzig und Berlin (hier aus politischen Gründen exmatrikuliert) war sie seit 1978 Gründerin und Leiterin des Museums Lichtenberg, Kuratorin von zahlreichen Ausstellungen und veröffentlichte publizistische Beiträge und Bücher. Ihre Forschungsschwerpunkte konzentrieren sich auf Widerstand und Zwangsarbeit in der NS-Zeit, Stadtentwicklung, Zeitgeschichte und Gedenken und Erinnerung. Zu DDR-Zeiten in einer Umweltgruppe engagiert, gehörte sie 1990 für die Grüne Liga der Arbeitsgruppe des Zentralen Runden Tisches Berlin zur Erarbeitung eines geplanten Gleichstellungs- bzw. Frauenministeriums an. Von 1992 bis 1993 leitete sie als Vorsitzende die Kommission des Berliner Abgeordnetenhauses »Zum Umgang mit den politischen Denkmälern der Nachkriegszeit im ehemaligen Ost-Berlin«. 1993 erhielt sie den Verdienstorden des Landes Berlin. Zuletzt erschien von ihr im be.bra verlag »Rummelsburg mit der Victoriastadt«.